Politik am Pranger

Michael Winkler

Originalausgabe 10/2009

D-63571 Gelnhausen-Roth, Herzbergstraße 5-7

Tel 06051 - 47 47 40 Fax 06051 - 47 47 41

www.j-k-fischer-verlag.de

Umschlaggestaltung & Satz:

Studio Phoenix, A-4810 Gmunden

Printed in Germany

ISBN 978-3-941956-34-6

Politik am Pranger

Michael Winkler

J.K.Fischer-Verlag

Inhalt

GESCHICHTE - was uns alles verschwiegen wird

MITBÜRGER - die Menschen, mit denen wir leben

ERNEUERUNG - die Hoffnung stirbt zuletzt

Vorwort

Die Idee zu diesem Buch kam ursprünglich von meinem Verleger, Herrn Jan Karl Fischer. Er betrachtete das Archiv meiner Pranger-Artikel als eine Art Schatzkammer, in der vieles verstaubte, was wertvoll genug war, um ans Tageslicht gebracht zu werden.

Natürlich hat ein Verleger zugleich den Nachteil, dass er ein wenig bei der Gestaltung des Buches mitreden möchte. Sollte es ein „Best of" werden, eine Sammlung der subjektiv besten Artikel, oder ein Themenband, der eine Vorauswahl trifft und nur Artikel mit Bezug zu diesem Thema zulässt.

Die Pranger kämpfen sich durch alle Themen, von Politik über Philosophie bis hin zur Esoterik. Da Leser, die vor allem Politik interessiert, mit einem Klamauk-Artikel über Umweltschutz wenig anfangen können, bei dem Gerätschaften angeboten werden, um das Vorkommen von Feldhamstern vorzutäuschen, was zuverlässig Bauprojekte verzögert, habe ich das Thema Politik gewählt.

Bei einem Fundus aus 240 Artikeln lässt sich ein solches Buch recht schnell zusammenstellen. Am Ende sind 70 Artikel in die Vorauswahl gekommen, was 770 Buch-Seiten gewesen wären. Mein Verleger wäre hellauf begeistert, das Buch hätte 39,95 Euro gekostet und wäre schon allein wegen seiner abschreckenden Dicke im Lager des Verlags verstaubt.

Die Vorgabe waren 300 Seiten, also sollte das eine oder andere besser herausfliegen. Überleben sollten etwa 30 Artikel, aktualisiert und in Kapitel zusammengestellt. Im Lauf von fünf Jahren haben sich manche Artikel thematisch überschnitten, was die Auswahl ein wenig erleichtert hat. Ich habe meistens unter der Artikelüberschrift angegeben, wann dieser Artikel erschienen ist, um dem Leser so eine chronologische Einordnung zu ermöglichen.

DEMOKRATIE

- die beste aller Staatsformen

Die beste Staatsform

Unabhängig von der Staatsform gilt, dass es einem Land gut geht, wenn Patrioten in der Regierung und Verbrecher im Gefängnis sitzen. Schlecht hingegen geht es einem Land, wenn sich die Verhältnisse umkehren. Wie die Verhältnisse aktuell in Deutschland gelagert sind, kann jeder in §130 StGB nachlesen.

Wenn es um die beste aller Staatsformen geht, lautet die gebetsmühlenartige Antwort: die Demokratie. Das Volk regiert sich selbst, der Wille der Mehrheit entscheidet, die Wirtschaft kann sich frei entfalten, jeder genießt die größtmögliche Freiheit.

Oh ja, auf dem Papier liest sich das alles großartig. Es ist sogar so großartig, dass es nirgendwo auf der Welt eine wirkliche Demokratie gibt. Sobald man bei uns nachfragt, wird aus der "Demokratie" eine "parlamentarische Demokratie" oder eine "repräsentative Demokratie". Diese Eigenschaftswörter enthalten vor allem eines: eine Einschränkung. In der Theorie besagen diese Einschränkungen, dass die eigentlichen Vertreter der Staatsmacht, die Bürger, ihr Entscheidungsrecht an Repräsentanten delegieren, die ihre Interessen im Parlament als Organ der Demokratie vertreten. Aber das ist, wie gesagt, nur eine Theorie.

Dic "Demokratie" wird von kleinen Grüppchen organisiert, den Parteien. Diese Parteien sind zwar keine geschlossenen Zirkel, doch innerhalb einer Partei kommt nur derjenige nach oben, der sich der Partei und damit der Parteiführung am besten anpasst. "Querdenker" stehen in einer Partei als selten auftretende Hofnarren unter Artenschutz, doch wenn sie zu häufig auftreten, wird der Bestand rigoros ausgedünnt.

Ich kann es nur immer wiederholen: Eine Partei funktioniert wie eine Geheimgesellschaft. Nehmen wir eine ganz kleine Gruppe von zehn Leuten, die sich sogar nur ein einziges Jahr kennen und sich einmal im Monat treffen. Wenn eine elfte Person in diesen Kreis aufgenommen werden möchte, muss sich diese Person erst einmal begutachten lassen. Selbst, wenn die formale Mitgliedschaft akzeptiert wird, gehört der Neuling noch nicht dazu. Er wird herumgereicht (private Einladungen) und es wird über ihn geredet. Wichtige oder gar einträgliche Pöstchen vergeben die zehn "Alten" erst einmal unter sich, bevor der Neue herangelassen wird. Erst, wenn die Mehrheit zur Ansicht kommt, dass der Neue dazu passt, also nach ein bis zwei Jahren, ist er wirklich integriert.

Dieses Verhalten ist zutiefst menschlich. In einer größeren Gruppe, einer Partei mit Zehntausenden Mitgliedern, dauert die Durchdringung deutlich länger. Wer da ein Mandat bekommt, also für die Partei die Bürger vertreten darf, wird lange beobachtet und nur, wenn er die Parteilinie verinnerlicht, wird er aufgestellt. Zwar wählen letztlich die Bürger, aber sie können nur unter dem Angebot wählen, das die Parteien für sie zusammengestellt haben. Sie können nicht zwei Drittel aus dem Programm der KGV und ein Drittel aus dem der GGT wählen, sondern nur das gesamte Paket der einen Partei. Die Repräsentanten sind damit nicht mehr die Vertreter des Volkes, sondern die Erfüllungsgehilfen der Parteien. Diese Leute sind im Interesse ihres Mandats an die Weisungen der Parteiführung gebunden. Da mag noch so eindeutig im Grundgesetz stehen, dass ein Abgeordneter nur seinem Gewissen unterworfen ist - sein Gewissen schreibt ihm vor, der Partei zu gehorchen, denn nur das sichert seine Wiederwahl.

Im Ergebnis mutiert die vielbeschworene Demokratie zu einer Oligarchie, der Herrschaft einer kleinen Gruppe von Partei-Aristokraten. Der Bürger darf gerade einmal entscheiden, welche Oligarchen die Vormacht haben sollen. Die Parteien fühlen sich nicht einmal an das gebunden, was sie ihren Wählern versprochen haben, nach der Wahl zählt das, was mit anderen Oligarchen in Koalitionsverträgen ausgehandelt wird. Diese Oligarchie setzt sich regelmäßig über das hinweg, was die Mehrheit des Volkes will. Die Frustration darüber lässt sich deutlich an der sinkenden Wahlbeteiligung ablesen.

Die BRD-Oligarchie ist jedoch keine Aristokratie. In diese würde jemand durch Geburt eintreten. Auch wenn Söhne oder Töchter von Parteioberen oft genug eine sichere Parteikarriere vor sich haben, ist diese kein Geburtsvorrecht. Außerdem unterscheidet sich die Aristokratie in einem wichtigen Punkt: Die Adligen waren immer wirtschaftlich unabhängige Großgrundbesitzer, die Partei-Oligarchen hingegen brauchen ihr Amt und ihr Mandat, um zu Geld, Vermögen und Reichtum zu kommen. Auch das ist ein zutiefst menschlicher Zug: Wenn persönliche Macht und persönliches Vermögen auseinander driften, wird die Macht dazu genutzt, um sich Vermögen zu verschaffen - und Vermögen, um Macht zu kaufen.

In einer reinen Aristokratie - und einer Plutokratie - herrschen jene, die bereits reich sind, das heißt, Reichtum und Macht liegen in denselben Händen. Eine Funktionärs-Oligarchie hingegen nutzt ihre Macht, um sich Geld zu verschaffen. Die Funktionärskaste der DDR war in dieser

Beziehung noch richtig ehrlich, sie hat den Staat ausgeplündert, um sich in Wandlitz ein kleines Paradies zu verschaffen. Der ungelernte Dachdeckerhelfer Honecker legte sich das Aristokratenhobby der Jagd zu, seine obersten Genossen pflegten gleichfalls einen aufwendigen Lebensstil.

Westliche Oligarchen sind da zumeist ein wenig geschickter, von Ausnahmefällen wie den Mann ohne Schul- und Berufsabschluss abgesehen, der als Außenminister unbedingt eine Minibar in seinem Dienstfahrzeug haben musste. Andere erhalten "Spenden", arbeiten in einträglichen "Nebentätigkeiten" oder bekommen "Preise" verliehen. Wir haben in Deutschland die einmalige Regelung, dass ein Beamter, der eine Entscheidung zu Gunsten eines Bürgers trifft und im Nachhinein ein Geschenk in Höhe von 5 Euro dafür annimmt, eine Strafe wegen Bestechlichkeit riskiert, ein Abgeordneter, der dafür 50.000 Euro einsteckt, dies dagegen völlig legal tun darf.

Parteifunktionäre sind nicht mehr als eben Parteifunktionäre. Wem Gott ein Amt gibt, dem gibt er auch Verstand, besagt ein Sprichwort. Aber wo soll eine Partei Verstand hernehmen, wenn sie ein Amt vergibt? Ein Minister verfügt nur in extrem seltenen Ausnahmefällen über einschlägige Fachkenntnisse, wenn er sein Amt antritt. Bestenfalls ist der Minister noch der beste "Fachmann" innerhalb der Parteiführung, doch oft genug verhindert das der geliebte Proporz - Männlein und Weiblein, Nordlichter und Südländer, Wessis und Ossis, Katholiken und Protestanten, sie alle müssen in ausreichender Menge vertreten sein. Der Koalitionspartner hat Sonderwünsche, die Landesfürsten der eigenen Partei bestehen auf eine Extrawurst - heraus kommen Minister, deren Fachkenntnisse gerade dafür ausreichen, das abzulesen, was ihnen ihre Beamten aufgesetzt haben.

Wen wundert es da, dass diese Parteifunktionäre auf "externen Sachverstand" setzen? Dieser "externe Sachverstand" besteht jedoch nur selten aus Professoren oder angestellten Beratern, dagegen oft genug aus Vertretern von Interessenverbänden. Dies geht soweit, dass die Industrie sich ihre eigenen Gesetze schreibt, die der Minister ins Kabinett und in seine Parteiführung einbringt, worauf das so beschlossen wird, wie es die Industrie haben möchte. Wenn der Minister im Sinne der Industrie funktioniert, darf er anschließend mit ein paar schönen Pöstchen rechnen, ob als Verbandsfunktionär oder Aufsichtsrat, oder gleich als Mitglied des Vorstands. Auf jeden Fall wird das besser bezahlt, als der vorherige Posten in der Politik. Was aber nicht bedeutet, dass der Herr auf seine angesammelten Staats-Pensionen verzichtet.

So wird aus einer als Oligarchie konstruierten Demokratie eine Plutokratie, in der jene regieren, die das Geld besitzen. Mit genügend Geld lassen sich Regierung und Parlament ebenso kaufen wie die Gerichte. Zwar werden die Richter nicht bestochen, aber wenn zwei Staranwälte einen Fall vertreten, hat deren Auftraggeber wesentlich bessere Chancen, als ein Sozialhilfeempfänger mit einem unwilligen Pflichtverteidiger. Gegen Prominente lassen die Gerichte Milde walten, schon allein um dem Vorwurf zu entgehen, ein Exempel statuieren zu wollen. Dies hingegen wird beim "kleinen Mann" gerne getan.

Das "Mutterland der Demokratie", als das sich die USA gerne selbst bezeichnen, ist noch weitaus stärker zur Plutokratie entartet. Wer dort ein Amt haben möchte, muss schon für den Kongress riesige Summen aufbringen, um einen erfolgreichen Wahlkampf bestreiten zu können. Ohne spendierfreudige Millionäre geht da gar nichts. Gouverneur und Präsident zu werden, ist noch weitaus teuerer. Nach der Wahl wird dann geliefert, wofür bezahlt wurde. Oder glauben Sie etwa, dass da nur aus Menschenfreundlichkeit Millionen fließen?

Die repräsentative Demokratie konzentriert die Macht, die in den Händen des Volkes liegen sollte, auf einige wenige auserwählte Personen. Diese Personen sind natürlich keine Heiligen, die über jede Versuchung erhaben sind. Das Spiel funktioniert, wenn es Patrioten sind, die zum Wohl ihres Landes handeln. Das System gibt seinen Repräsentanten aber auch die Macht, die Patrioten ins Gefängnis zu werfen und sich selbst schamlos zu bereichern.

Laut Lehrbuch ist Demokratie Macht auf Zeit, doch jeder Machthaber in einer Demokratie versucht, die Zeit seiner Macht so lange auszudehnen, wie nur möglich. Der Plenarsaal im Bundestag ist selten auch nur zu einem Fünftel besetzt, richtig aktiv werden die Damen und Herren Abgeordneten vor allem dann, wenn es um eine Diätenerhöhung geht. An die Luxuspensionen der Parlamentarier legt niemand Hand an. Wo Beamte sich Nebentätigkeiten genehmigen müssen, müssen Parlamentarier sie nur dem Parlamentspräsidenten anzeigen. Jeder Chef horcht auf, wenn ein Angestellter plötzlich große Nebeneinkünfte bezieht, die Bürger dürfen nicht einmal erfahren, wie hoch diese bei den Parlamentariern, also ihren angestellten Volksvertretern, wirklich sind. Mit anderen Worten: die Pfründen sind gesichert und das Volk hat sich gefälligst herauszuhalten.

Leider kennen wir die Demokratie nur in ihrer entarteten Form, deshalb kann ich nicht sagen, ob sie die Versprechen, die mit ihr verbunden sind, wirklich einhalten kann. Das praktizierte System korrumpiert durch die eingeräumte Macht. Wer als Patriot angefangen hat, wird vielfältigen Versuchungen ausgesetzt, zum Verbrecher zu werden, der die Macht zum eigenen Nutzen missbraucht. Es bedarf eines starken Charakters, diesen Versuchungen nicht zu erliegen. Es bedarf jedoch eines anpassungsfähigen Charakters, um in einer Partei voranzukommen, um in den Höhen der Macht anzulangen.

Parteien sind selbsterhaltende Systeme, in denen nur vorankommt, wer die Ideologie der Partei in sich aufgesogen hat. Der ideale Parteifunktionär ist völlig von seiner Partei abhängig, weil er in seinem erlernten (oder nie erlernten) Beruf nicht fähig ist, sich durchzusetzen. Der Tischlermeister muss mit Säge und Hobel umgehen können, seine Produkte müssen dem Kunden gefallen und sich im Alltagsgebrauch bewähren. Der Politiker muss nur reden, und das derart viel, dass sich nach fünf Minuten keiner mehr daran erinnern kann, was er eigentlich gesagt hat.

Der Politiker muss freundlich lächelnd dem Hund den Maulkorb überstreifen können (also mittels Versprechen an die Stimmen der Wähler kommen), um ihn dann mit dem Knüppel zu bearbeiten (was beschönigend "das Machbare tun" genannt und von der Partei vorgegeben wird).

Ein preußischer König prägte den Satz: "Gegen Demokraten helfen nur Soldaten". Natürlich meinte er damit nicht die Demokratie, die Wähler, die machtfernen Parteimitglieder, sondern die führenden Korruptokraten. Denn das ist das Endergebnis, wenn Funktionärs-Oligarchie auf Lobby-Plutokratie trifft: die Herrschaft bestechlicher Funktionäre. Sind wir schon soweit? Und wenn wir es sind - würden wir es erkennen?

Wann hat die Politik das letzte Mal eine Reform durchgeführt, von der wir Bürger alle profitiert haben? Was wirklich passiert, sind Flickschustereien, die den Bürger viel Geld kosten, die Plutokraten bereichern und dem Volk schaden. Wann wurde das letzte Mal ein Problem gelöst? Deutsche Kinder sind in den Klassen deutscher Schulen inzwischen in der Minderheit? Hurra, wir brauchen noch mehr Zuwanderung! Uns fehlen Ingenieure? Klasse, bilden wir noch mehr Juristen und Betriebswirte aus! Das Land stöhnt unter der Teuerung durch den Euro? Bestens, da erhöhen wir die Mehrwertsteuer! Ärzte, Krankenkassen und Apotheken stöhnen unter der Bürokratie? Wunderbar, wir richten einen Gesundheitsfonds ein, der noch mehr Verwaltung benötigt!

Ist die Unfähigkeit Zufall, böser Wille oder ein Fehler im System? Aber die Demokratie ist doch die beste aller Staatsformen? Ja, wie immer, differieren hier Anspruch und Wirklichkeit. "...dem deutschen Volk zu dienen, seinen Nutzen mehren, Schaden von ihm wenden..." - wie viel von diesem Amtseid ist ehrlich gemeint? Tja, dann wird daraus ein Meineid, ein Verbrechen - und die Verbrecher sitzen in der Regierung. Kein Wunder, dass dann die Patrioten ins Gefängnis wandern.

Inzwischen können wir die Gegenentwürfe zu unserer Form der Korruptokratie studieren. Russland und China haben "autoritäre" Staatsführungen, Regierungen, die sich über den Willen des Volkes genauso hinwegsetzen, wie es die unsere tut. Eines kann man diesen Regierungen allerdings nicht vorwerfen: Sie handeln immer und ausschließlich zum Wohl des eigenen Landes und des eigenen Volkes. Weder China noch Russland dienen fremden Interessen oder schicken ihre Soldaten in anderer Völker Kriege. Das heißt aber nicht, dass die Korruption dort kein Problem ist, denn auch dort liegen Macht und Vermögen in verschiedenen Händen.

Es soll aber auch Staaten gegeben haben, in denen das funktioniert hat. Das Musterbeispiel, der Gegenentwurf zur eingeschränkten Demokratie, ist das alte Preußen. Haben Sie sich schon einmal gefragt, warum dieser Staat von den Siegermächten des zweiten Weltkrieges "verboten" wurde? An der Spitze des Staates stand ein autoritärer König, der sich jedoch nicht als Herr, sondern als erster Diener seines Staates verstanden hatte. Der Unterbau des Staates bestand aus "preußisch korrekten" Beamten, unbestechlichen Leuten, die dem Staat und nicht dem eigenen Geldbeutel verpflichtet waren.

Sogar dem Dreiklassen-Wahlrecht lässt sich aus heutiger Sicht Gutes abgewinnen: jene Schicht, die besonders leicht populistischen Demagogen erliegt, die ihnen die Erleichterung der Armut versprechen, konnte nur ein Drittel des Parlaments besetzen. Stimmen wurden nicht nur gezählt, sondern zusätzlich gewogen. Es hat dem Staat nicht geschadet. Der Weg dorthin ist längst verstellt, das heißt aber nicht, dass wir nichts von Preußen lernen können - und lernen sollten!

Wenn wir gebetsmühlenartig wiederholen, dass unsere Spielart der Demokratie die beste aller Staatsformen sei, begeben wir uns der Möglichkeit, diese Staatsform zu einer noch besseren weiterzuentwickeln. Jedes Gedankengebäude, das zum unantastbaren Dogma erhoben wurde, ist letztlich unter seinen Fehlern zusammengebrochen. Die Sonne dreht sich eben doch nicht um die Erde, die Erde ist nicht wirklich flach - und die parlamentarische Demokratie ist nicht mehr als ein marodes Gebäude, das gründlich saniert werden muss, um wirklich zur besten aller Staatsformen zu werden.

George Orwell

George Orwell ist nicht nur der Verfasser von "Animal Farm", in der wunderbare Dinge über die parlamentarische Demokratie stehen ("Alle Tiere sind gleich, nur Schweine sind gleicher"). Er hat auch eine Art Handbuch für unsere Zeit geschrieben, das "1984" heißt. Er hat das 1948 verfasst und die einfach die Ziffern der Jahreszahl vertauscht.

Wie viel "1984" steckt in unserem Jahr 2009? Orwell ging von drei Weltmächten aus, eine davon Großbritannien. Die drei Weltmächte gibt es, aber dass Großbritannien nicht dazugehören würde, hätte man schon 1948 sehen müssen. Irgendwie dumm gelaufen für die Briten: Da entfesseln sie als führende Weltmacht die beiden größten Kriege der bisherigen Weltgeschichte, gewinnen diese sogar dank ihrer Verbündeten und sind danach auf Mittelmacht-Niveau geschrumpft, die sich nur dank eifrigster Vasallentreue zur ehemaligen Kolonie USA eine gewisse Weltgeltung erhalten kann. Die Weltmächte heute sind USA, Russland und (Rot-)China.

Im England Orwells herrscht eine kommunistische Partei, die "Engsoz", die "Englischen Sozialisten". Im realen England herrscht Labour, also die linkere der beiden Großparteien. Und in Deutschland herrscht eine nach links gerückte CDU mit einer in die Mitte orientierten SPD, die sich kaum noch voneinander unterscheiden lassen. Parteien mit Profil sind immer mehr die Ausnahme, vor allem in Deutschland. Doch richtig schöne Parteiuniformen, wie der Blaumann bei Orwells Engsoz, gibt es nicht. Der Hosenanzug der Frau Bundeskanzler ist höchstens eine persönliche Uniform.

Widmen wir uns jetzt den drei Orwellschen Welterklärungen und wie weit diese auf Merkel-Deutschland zutreffen. Wir haben die Demokratie schliesslich verinnerlicht, also sollte eine so brauchbare Anleitung wie "1984" sich in unserem Staatswesen niedergeschlagen haben. Schließlich ist die BRD der Musterschüler aller westlichen Demokratien.

"Freiheit ist Sklaverei"

Wir haben heute die freieste Gesellschaft aller Zeiten, nicht wahr? Sagt man uns jedenfalls. Sklaven hingegen bekommen vorgeschrieben, was sie arbeiten sollen, wo sie arbeiten sollen, und wie viel sie arbeiten sollen. Und das passiert uns doch wirklich nicht, oder?

Oh ja, aber sind wir wirklich FREI? Wir wohnen da, wo wir Arbeit finden. Wir arbeiten das, was uns erlaubt ist zu tun. Wer selbst Gebackenes Brot verkaufen möchte, muss Bäcker oder Konditor sein, tunlichst mit Meisterbrief. Wir arbeiten zu Zeiten, die uns vorgegeben werden und die Früchte unserer Arbeit werden uns in Form von Steuern und Abgaben geraubt, auf deren Verwendung wir keinerlei Einfluss haben.

Aber wir dürfen doch wählen, oder? Ja, aber wen denn? Wir bekommen immer nur Parteifunktionäre vorgesetzt, die andere Parteifunktionäre in diese Ämter gehievt haben. Wir dürfen in Parteien eintreten, in denen zuverlässige Mechanismen verhindern, dass unsere Meinung gehört wird. Für die Partei arbeiten und an sie Beiträge bezahlen dürfen wir jedoch. Und manchmal sogar einem Parteifunktionär die Hand geben...

Wenigstens haben wir eine freie Meinungsäußerung. Zumindest in gewissem Rahmen, versteht sich. Sie dürfen zwar sagen: "Merkel ist doof", da hindert Sie keiner daran. Zumindest wenn Sie nicht gerade im Kanzleramt oder im Konrad-Adenauer-Haus arbeiten. Dafür kommen Sie nicht mal wegen Majestätsbeleidigung ins Gefängnis und sie müssen Ihre Behauptung noch nicht einmal mit Fakten unterlegen. Aber bei: "Hitler war Klasse!" hört die freie Meinungsäußerung auf, vor allem, wenn Sie auch noch vorhaben, das mit Fakten zu belegen.

Wenigstens können Sie verschiedene Zeitungen kaufen. Also verschiedene Zeitungen von Springer, von Bertelsmann, von Holtzbrinck... Nur schreiben die eben alle über Schweinegrippe oder das iranische Atomprogramm – zwar ein wenig anders formuliert, aber alle einhellig der gleichen Meinung. Als Regulativ tritt die freie Presse schon lange nicht mehr auf.

Was Freiheit eigentlich ist, merken Sie so richtig beim Scheidungsrecht. Anno Tobak, so vor 1975, klärte man bei einer Scheidung die Schuldfrage. Wer durch sein Verhalten dafür sorgte, dass die Ehe scheiterte, musste die Lasten aus der Scheidung tragen. Heute ist grundsätzlich der schuld, der das Geld ins Haus bringt. Da darf der gehörnte Ehemann auch gerne seine ungetreue Gattin samt ihres Liebhabers finanzieren, das ist absolut gerecht. So frei sind wir heute in der Liebe.

Aber natürlich können Sie sich aus Ihrem Sklavenstatus herausarbeiten. Vorausgesetzt, Sie haben die richtigen Eltern, besuchen die richtigen Schulen und kennen die richtigen Leute. Denn sonst wird es sehr, sehr schwer. Aber wenigstens sind Sie ein völlig freier Sklave.

Das heißt, niemanden stört es so richtig, wenn Sie unter einer Brücke nächtigen oder sich den goldenen Schuss auf der Bahnhofstoilette verabreichen. Sie gehören ja niemandem, anders als ein Sklave. Auf dessen Gesundheit muss der Besatzer nämlich achten, denn Sklaven kosten viel Geld. Sie hingegen nicht. Wenn Sie also nicht mehr in der Lage sind, diesem Staat durch Ihre Arbeitskraft zu nutzen, dann... Aber soweit sind wir noch nicht. Also ertragen wir die Sklaverei unserer Freiheit.

"Krieg ist Frieden"

Wir in Deutschland haben von 1945 bis zum Kriegseinsatz der Bundeswehr im Kosovo 1999 unter dem "Friedenskanzler Schröder" samt seinem grünen und pazifistischen Komplizen eine der längsten Friedensperioden der Geschichte genossen. Sagt man uns jedenfalls.

Tatsache ist, dass wir seit dem 1. September 1939 ununterbrochen Krieg haben. Mit Polen, kurz danach mit England und Frankreich, Holland und Belgien. Bald auch mit Dänemark, Norwegen, Jugoslawien, Griechenland, Russland, den USA und Italien. Und mit einer weiteren Anzahl Länder, die uns noch 1945 den Krieg erklärt haben.

Aber der zweite Weltkrieg ist doch zu Ende? In gewisser Weise schon, schließlich gibt es einen Waffenstillstandsvertrag und eine Kapitulation der Wehrmacht. Aber offiziell durch einen Friedensvertrag wurde der Krieg nie beendet. Es gibt noch nicht einmal eine ordentliche Kapitulation des Deutschen Reiches durch einen offiziellen Vertreter der Reichsregierung. Theoretisch könnte Uruguay eine Kompanie Soldaten herüberschicken und die Bundesregierung internieren. Ganz legal, im Rahmen des noch immer andauernden Krieges.

Ja, die Niederlande sind berechtigt, zwecks Förderung des Käsabsatzes das Ruhrgebiet zu besetzen. Und Frankreich könnte die Weinberge in Rheinhessen niederbrennen, um dafür eigenen Wein nach Deutschland zu liefern. Das sind zwar kriegerische Akte, aber wir sind ja noch im Krieg. Nur mit einem Staat, der besonders gerne Forderungen stellt, sind wir nicht im Krieg. Israel wurde erst 1947 gegründet und hat es bisher versäumt, auf Seiten der Alliierten in den zweiten Weltkrieg einzutreten.

Die Frage stellt sich nun, was mit Leuten geschieht, die in deutscher Uniform für die Kriegsgegner arbeiten. Am besten ist die Situation für die Polizei. Gewiss, es sind Kollaborateure, aber auf der anderen Seite benötigt Deutschland nun einmal Polizei, da ist es weitaus besser, wenn Einheimische die Kriminalität bekämpfen. Zoll und Grenzschutz sind da schon von anderer Qualität, denn sie bewachen als uniformierte Hilfstruppen das Kriegsgebiet Deutschland im Auftrag der Feindmächte. Ich bin mir sicher, dass Wehrmachtsgerichte das nicht allzu gerne sehen. Da das dem einzelnen Zöllner oder Grenzschützer so nicht bewusst ist, dürfte er aber straffrei ausgehen. Dies gilt nicht für die juristisch ausgebildeten Führer. Bei denen muss man auf Grund dieser Ausbildung davon ausgehen, dass ihnen die Rechtslage bekannt ist. Schließlich wissen wir seit den Nürnberger Prozessen, dass Anführer grundsätzlich schuldig sind und bestraft werden müssen.

Mit der Bundeswehr sieht es ähnlich aus. Soldaten, die der Landesverteidigung dienen, gleich welchen Ranges, haben nichts zu befürchten. Kritischer ist es mit jenen Einheiten, die sich als Söldner bei den Feindmächten verdingen, um beispielsweise deren Besatzungsregime am Hindukusch aufrecht zu erhalten. Solange diese Truppenteile abkommandiert werden, begehen nur die Kommandeure nach den Statuten der Wehrmacht Hochverrat. Wer sich jedoch freiwillig für solche Hilfsdienste meldet, bekommt ein Problem. Obwohl, der einfache Soldat kann nicht wissen, dass er Feindmächten zuarbeitet. Hier wird es nur die Offiziere treffen, soweit sie eine Ausbildung haben, bei welcher davon ausgegangen werden kann, dass sie die Hintergründe kennen müssten. Bei Stabsoffizieren sollte man diese Kenntnisse voraussetzen.

Es ist nicht nur der zweite Weltkrieg, der nie zu Ende gegangen ist. Der heutige Frieden ist ein nie endender Krieg, der in allen Teilen der Welt geführt wird. In Afrika dienen Hunger und Seuchen als Waffen, in weiten Gebieten der Erde wird gekämpft und geschossen. Zu Goethes Zeiten war es weit weg, wenn sich "dort wo hinten in der Türkei" Osmanen mit Tartaren kloppten. Damals bedeutete es für Würzburg Krieg, wenn der Feind in Frankfurt stand, drei Tagesmärsche entfernt. Heute ist jeder Krieg der Welt nur einen einzigen Tagesmarsch von Würzburg entfernt - oder von jeder anderen Stadt der Welt.

Indien und Pakistan sind ein klassisches Beispiel. Beide Mächte stehen sich waffenstarrend gegenüber, kampfbereit und mit Atomwaffen bestückt. Doch auch auf Würzburg ist eine Atomwaffe gerichtet, auf Frankfurt, auf Berlin. Zwar ist der "kalte Krieg" vorbei, aber binnen Minuten können die Raketen auf neue Ziele programmiert werden - und diese Ziele binnen einer Stunde erreichen. Die Welt ist noch immer ein Pulverfass, in das jederzeit ein Funke fallen kann.

Der aktuelle Krieg viel ist noch weitaus totaler. Wir alle stehen in einem Krieg, der uns von einem Tag auf dem anderen die Existenz kosten kann. Dieser Krieg wird beschönigend "freier Wettbewerb" genannt, auch bekannt als "Globalisierung". Deutschland kämpft gegen China, gegen

Japan, gegen Indien... gegen die ganze Welt. Die Arbeit, die SIE heute leisten, kann schon morgen ein Inder erledigen. Sie stehen dann auf der Straße. In diesem Krieg leiden die Alten und Gebrechlichen, also die Leute ab 35 und mit leichten körperlichen Verschleißerscheinungen, die vergeblich Arbeit suchen. Aber auch die Jungen und Verwahrlosten unseres Bildungssystems, die ohne oder mit schlechtem Schulabschluss erst gar keine Arbeit finden.

Es gibt keine Sicherheit mehr, in diesem Frieden, der in Wirklichkeit ein Krieg ist. Ein Krieg, dem man nur den Namen "Frieden" gegeben hat.

"Unwissenheit ist Stärke"

Ja, das galt zu allen Zeiten. IHRE Unwissenheit ist Stärke - aber nicht IHRE Stärke. Schon vor 5.000 Jahren nutzen Priester und Schamanen die Unwissenheit ihrer Mitmenschen, um daraus Macht zu beziehen. Gott spricht - mit mir, natürlich, mit mir, seinem Priester. Deshalb könnt ihr IHN nicht hören, denn ihr seid ja keine Priester. Ich verkünde euch den Willen Gottes! Beugt euch SEINEN Befehlen, die ich euch vermittle!

Gott, das Universum, der Erzengel Gabriel - sie sprechen immer nur mit Einzelnen, mit Auserwählten. Warum wohl? Es ist immer der einzelne Abgesandte, der uns den Willen Gottes verkündet. Dabei ist es egal, ob der Priester im Tempel meditiert oder mit einer bühnenreifen Darstellung ein Orakel befragt, es ist immer er allein, der berechtigt ist, den Willen der Himmlischen zu verkünden.

Als der Papst mit "Deus lo vult!" (Gott will es) die Kreuzritter losschickte, bewies das Abendland seine kriegerische Stärke gegenüber den damals kulturell überlegenen Arabern. Wenn ein religiöser Unterführer heute Selbstmordattentäter losschickt, ist das von derselben Qualität. Versprochen wird immer das Paradies, aber noch nie ist jemand zurückgekommen, um die Erfüllung dieses Versprechens zu bestätigen.

Schauen Sie sich unsere Zeitungen und unsere Nachrichten an. Auch hier bekommen Sie den Willen Gottes - oder die täglichen Ereignisse - aus zweiter Hand berichtet. Sie erfahren nicht das, was geschieht, sondern das, was der jeweilige Chefredakteur für berichtenswert erachtet. Und Sie erfahren es auf eine Weise, die von der jeweiligen Redaktion für richtig erachtet wird.

"Erwerbsarbeit in Deutschland nimmt zu" - "Zahl der Arbeitslosen sinkt" - "Anstieg der Arbeitslosigkeit deutlich rückläufig"!

Drei hervorragende Schlagzeilen, finden Sie nicht? Möchten Sie diese lesen? In drei bis fünf Zeilen steht mit Zahlen unterlegt genau das Positive, das Sie zu lesen erhoffen. Aber vielleicht interessiert Sie auch das, was nicht gedruckt wurde? Oh, die Zahl der Erwerbstätigen steigt um eine Million - wenn eine Million Vollzeitarbeitsplätze in zwei Millionen Teilzeitarbeitsplätze umgewandelt werden. Oder zwei Millionen Vollzeit in nur DREI Millionen Teilzeit... Klingt nicht mehr ganz so gut, nicht wahr? Es ist auch gut, wenn statt 5,2 Millionen Menschen nur noch 5,1 Millionen Menschen arbeitslos sind. Weniger gut ist, wenn 150.000 Menschen aus der Klientel der Arbeitsagentur herausgefallen sind, weil ihr Arbeitslosengeld abgelaufen ist und sie kein Hartz IV bekommen - und sich dann auch noch 50.000 neue Arbeitslose bei der Agentur gemeldet haben. Nur das steht nicht in den Nachrichten. Die letzte Schlagzeile ist noch plumper. Wenn sich im Vormonat 100.000 Menschen neu arbeitslos gemeldet haben, in diesem aber "nur" 50.000, ist der ANSTIEG der Arbeitslosigkeit tatsächlich rückläufig - doch die Arbeitslosigkeit selbst steigt unaufhörlich.

Nehmen Sie sich einmal die Zeit, und schauen Sie einen Tag lang einen Nachrichtensender wie N-TV oder N24. Zehn Stunden Nachrichten, da erfahren Sie doch unheimlich viel? Nein, leider nicht. Jede Stunde werden die gleichen Nachrichten wiederholt, vielleicht ein Dutzend Meldungen. Da treten Experten auf und diskutieren, da laufen die immer gleichen Bildbeiträge - und insgesamt erfahren Sie womöglich sogar weniger als in 15 Minuten Tagesschau auf ARD um 20:00 Uhr.

Vor einigen Jahren war "Joschka" Fischer der beliebteste Politiker Deutschlands und Angela Merkel die männermordende Schreckschraube von der CDU. Heute ist Frau Merkel unendlich beliebt und Herr Fischer der Gestrige mit dem Knittergesicht. Ich persönlich wurde zwar früher zu allem Möglichen befragt - inzwischen beende ich solche Telefonumfragen schnell und wenn es nötig wird auch mit reduzierter Höflichkeit - nur nach meinen bevorzugten Politikern hat mich nie jemand gefragt. Weder mich, noch jemand, den ich kenne. Die haben sich höchstens für mein Spülmittel interessiert. Aber natürlich stimmen diese Meldungen, es steht ja in der Zeitung, oder?

Besonders interessant sind die Tabus unserer Gesellschaft. Die Jahre 1933 bis 1945 werden uns unablässig dargeboten, auf allen Kanälen. Doch das dient nur dazu, das immer gleiche offizielle Geschichtsbild darzustellen. Zweifel daran sind nicht erlaubt, abweichende Meinungen dazu dürfen nicht veröffentlicht werden. Die "Rechtfertigung und Verherrlichung des

Nationalsozialismus" ist in Deutschland strafbar. Nur, wozu benötigen wir dieses Gesetz? Sollen wir unwissend gehalten werden, damit der Staat stark ist? Oder sollte es tatsächlich Gründe geben, die den Nationalsozialismus rechtfertigen? Oder gar Gründe, ihn zu verherrlichen? Gründe, die wir nicht wissen DÜRFEN? Denn Unwissenheit des Volkes ist schliesslich die Stärke der Herrschenden.

Wieso ist der Holocaust keine geschichtliche, sondern eine gesetzlich festgeschriebene Tatsache? Selbst Überlegungen dazu, Zweifel an den Zahlen, technische Berechnungen über Kapazitäten von Krematorien sind VERBOTEN. Warum? Wenn sich alles so zugetragen hat, wie es offiziell festgelegt wurde, lässt sich doch alles leicht beweisen?

Ein einfaches Durchlesen zeigt, dass die berühmten Wannsee-Protokolle nichts mit jener Realität der "Juden-Vernichtung" zu tun haben, die uns heutzutage jeder "Dokumentarfilm" vorführt, aber das wird schamhaft verschwiegen. Die Protokolle haben als echt zu gelten. Offiziell als Fälschung entlarvt sind jedoch die "Protokolle der Weisen von Zion".

Ja, Unwissenheit IST Stärke. Was Sie nicht wissen, macht Andere stark und gibt diesen Anderen Macht über Sie. Ganz nach Orwell.

"Big Brother is watching YOU"

Damit sind natürlich nicht diese dämlichen Fernsehsendungen gemeint, die sich inzwischen überlebt haben. Im Original von Orwell steht ein Zwei-Wege-Fernseher in den Zimmern, auf dem zum einen die staatliche Propaganda ausgestrahlt wurde, zum anderen konnte sich "der große Bruder" auf den Apparat schalten und beobachten, was der Untertan so trieb.

Nun, Orwell und die Fernsehproduzenten glauben, es sei interessant, Otto Normalverbraucher bei seinem Alltagsleben zu beobachten. Kennen Sie den Begriff "Scheißhaus-Tiroler"? Damit wurde jemand belegt, der im Alltagsleben ein guter angepasster Italiener war, aber zu Hause, auf den stillen Örtchen, ein Plakat "Südtirol - Deutsch seit 1200 Jahren" hängen hatte. Ein guter Untertan eben, der es nicht wagt, eine abweichende Gesinnung zu haben, aber tief im Inneren andere Verhältnisse wünscht.

Was soll es bringen, solche Leute zu überwachen? Denen "Televisoren" in die Wohnung stellen? Wozu? Schade um die Zeit, die ein Beobachter damit verbringt, auf die zu achten! Was kümmerte es die Stasi, wenn der DDR-Bewohner im stillen Kämmerlein "Erich ist doof" murmelte? Was kümmert es den Verfassungsschutz, wenn ich auf meinen Punching-Ball ein Foto von Wolfgang Schäuble klebe? Nur weil sich die Leute unheimlich konspirativ fühlen, müssen sie es noch lange nicht sein. Da lohnt es sich nicht, einen teueren Mitarbeiter dafür abzustellen.

In früheren Zeiten trafen sich die Rebellen in dunklen Hinterzimmern von Kneipen. Da saß dann ein "Spitzel" in der Gaststube und notierte, wer sich da einfand - und gab seinen Bericht weiter. Oder der Spitzel wurde gleich Mitglied... Ja, das funktioniert heute auch noch. Nicht einmal der Verfassungsschutz selbst weiß, wer von den führenden Leuten der NPD welchem Dienst angehört. Sonst könnten die Herren Beamten gleich eine eigene Abteilung gründen und einen Personalrat wählen.

Der große Bruder funktioniert heute ganz anders. Auch wenn es in Deutschland sehr leicht geworden ist, eine Abhörerlaubnis für Telefone und Wohnungen zu bekommen, gehe ich nicht davon aus, dass ich derzeit überwacht werde. Aber wenn gewisse Dienste herausbekommen wollen, dass ich am Sonntag meine Cousine angerufen habe, erfahren die das - direkt von der Telefongesellschaft. Auch die E-Mail, die ich am Montag an deren Tochter geschickt habe, können sie noch in einem halben Jahr von meinem Provider abrufen - und nachprüfen, ob das wirklich nur jene harmlose Geschichte über einen Kindergeburtstag war, um die sie mich gebeten hatte.

Ich weiß nicht, ob diese Zeilen hier dienstlich gelesen werden - wenn ja, einen schönen Gruß! - aber ausgewertet werden sie, ganz automatisch. Computer in Deutschland und in den USA werten den Text aus, vielleicht auch einer in Israel. Ich könnte ja einen Anschlag auf das World Trade Center planen - ach nein, das steht ja nicht mehr, das haben Spreng-Profis längst entsorgt. Aber sicher ist sicher, folglich werden Texte routinemäßig untersucht.

Orwells Held konnte sich noch ein bisschen frei bewegen, trotz der visuellen Überwachung. Sie hingegen... Ihr Handy meldet ständig, in welcher Funkzelle Sie sich aufhalten. Die Telefongesellschaft zeichnet auf, wen Sie angerufen haben - und siebt so die uninteressanten Leute aus. Natürlich zeichnet Ihr Provider auch auf, dass Sie diese Internetseite abrufen. Vielleicht sogar regelmäßig?

Die berühmten "Scheißhaus-Tiroler" sind einzeln so ungefährlich wie es die DDR-Bürger waren. Die Spitzel konnten es zulassen, dass alle Ost-Berliner Fernsehantennen ganz offensichtlich auf den West-Berliner Funkturm ausgerichtet waren. Warum auch nicht? Der Westen konspirierte schließlich mit der DDR-Regierung, gab bereitwillig Kredite und hielt das System am Leben. Einzelne graue Mäuse sind ungefährlich, aber wenn tausend Mäuse gleichzeitig über einen Menschen herfallen, setze ich mein Geld auf den Sieg der Mäuse.

Die Dienste müssen nur verhindern, dass sich die Mäuse organisieren. Dafür braucht es keine Televisoren, sondern eine Kontrolle der Kommunikationsmittel. Das können heute Computer, da benötigt man viel weniger Menschen als früher. Und das, liebe Leser, passiert. Der große Bruder hat aus den Demonstrationen von Leipzig gelernt. Als 2005 die ehemalige DDR gegen Hartz IV mobilisieren wollte, schlug das fehl. Man brauchte keine Polizeiknüppel, es reichte, Lafontaine zu schicken.

Anders als früher kennt das Finanzamt alle Ihre Konten. Ihre Steuererklärung dient nur noch dazu, um dem Finanzamt zu zeigen, wie ehrlich Sie sind. Das Finanzamt hat die Daten längst in seinem Bestand. Früher gab es Tafelgeschäfte. Als ich so 1972 ganz stolz - und mit elterlicher Genehmigung - einen Pfandbrief über 1.000 DM gekauft habe, bekam ich ein Stück Papier ausgehändigt, von dem ich einmal im Jahr einen Coupon abgeschnitten und zur Gutschrift eingereicht habe. Heute würde die Bank gar nicht begreifen, wieso ich dieses Wertpapier nicht in das ach so sichere und staatlich kontrollierte Depot legen möchte.

Früher ging man zur Bank, holte sich dicke Geldbündel und ging damit zum Autohändler. Das nannte sich "bar bezahlen". Heute bedeutet "bar" eine Überweisung vom Konto. Und sollten Sie mit mehr als 15.000 Euro aufgegriffen werden, müssen SIE nachweisen dass dieses Geld Ihnen gehört und Sie es legal erworben haben. Hierbei gilt keine Unschuldsvermutung, Sie sind erst einmal schuldig, bis zum Beweis des Gegenteils.

Höchstens Gold und Silber erlauben eine gewisse Anonymität bei der Wertanlage. Aber kaum eine Bank verkauft Ihnen das noch bar am Schalter. Sie müssen es über Ihr Konto abwickeln und das erfährt der große Bruder. Bei mehr als 2.000 Euro Volumen meldet die Bank das sogar von sich aus (Stand 2003), es könnte ja Geldwäsche im Spiel sein. Nur wenn Sie die Sammlerpreise im Münzhandel auf sich nehmen, können Sie noch nach BAT kaufen (Bar auf Tresen).

Dem Finanzamt bleibt weder meine Diamantenmine in Südafrika noch meine Yacht in der Karibik verborgen. Spätestens wenn ich dorthin fliege, um Geld zu holen oder ein paar schöne Tage zu verbringen, hinterlasse ich eine Datenspur auf dem Flughafen. Meine Fahrten nach Liechtenstein werden registriert, ebenso meine Besuche in der Schweiz. Das internationale Schiffsregister kann das Finanzamt jederzeit abfragen. Wenn mein Auto vor dem Liechtensteiner Notariat Einnehmer parkt, wird es fotografiert und ich darf mich mit einem freundlichen Finanzbeamten über meinen Ausflug unterhalten. Selbst ein Mietwagen hilft nicht, denn da muss ich meinen Führerschein vorlegen.

Ja, die Zeiten sind schlecht geworden für anonyme Geschäfte. Der große Bruder hat rationalisiert und arbeitet mit neuester Technik. Aber das dient nur zu unserem Schutz. Schließlich ist ein großer Bruder dafür da, um seine kleineren Geschwister zu beschützen.

1984 = 2009

Ja, wir leben in einem Orwell-Staat, selbst wenn wir nur oberflächlich hinschauen. Es ist nicht die primitive Version des Jahres 1948, die wurde nicht realisiert. Das war die "Beta-Version", die DDR 0.9, die anders als bei Microsoft nicht an die Kunden ausgeliefert wurde. DDR 1.0 (Codename "Ulbricht") hingegen wurde ausgeliefert, dann durch DDR 1.1 ("Honecker") ersetzt, um schließlich als DDR 1.2 ("Krenz") zu scheitern. Helmut Kohl hat die Installation der DDR 2.0 ("Schröder") vorbereitet. Aktuell ist die Version DDR 2.0.2 ("Merkel").

Die Version 2.0.2 wurde optisch aufgewertet (der Staat, nicht die Kanzlerin), aber der Kern des Systems (Technoslang "Kernel") ist noch der von Version 2.0. Wir leben in einem Staat, in der wie in Orwells Animal Farm alle gleich sind, bis auf Politiker und Manager. Die sind gleicher.

Klassengesellschaft Deutschland

Als Inbegriff der Rückständigkeit und des Ewig-Gestrigen gilt hier im Land das Drei-Klassen-Wahlrecht des alten Preußen. Damals wählte jede der nach Besitz eingeteilten Klassen ein Drittel des Landtages, was dazu führte, daß die Stimme eines Fabrikanten soviel zählte wie die Stimmen aller seiner Arbeiter. Und ein Bauer, der durch eine Viehseuche seine Schweine verloren hatte, fand sich in der untersten Wählerklasse wieder - und fragte sich, ob er oder seine Schweine das "bessere" Wahlrecht besessen hatten.

Dies soll aber keine Abhandlung über das alte Preußen werden, deshalb belasse ich es bei diesen groben Pinselstrichen. Als typische Klassengesellschaft gilt heute noch England. Die "Upper Class" und die unteren Schichten hatten und haben wenige Berührungspunkte. Es geht sogar soweit, daß Angehörige der Oberschicht einen anderen Dialekt sprechen als die "Gewöhnlichen". Offiziell ist die Macht der Oberschicht beschränkt, das englische "House of Lords" ist politisch entmachtet, die politischen Entscheidungen werden im "House of Commons" getroffen, dem Unterhaus und eigentlichem Parlament.

Doch die Klassenschranken bestehen in England nach wie vor. Die Oberschicht diniert in Clubs, die Unterschicht besäuft sich in Pubs. Deutsche Touristen, die mit brillantem Oxford-English einen Pub besuchen, werden schon mal darauf angesprochen, dass sie hier falsch seien (und das nicht immer freundlich).

Die Bundesrepublik Deutschland begann als durchlässige Gesellschaft. Im Rahmen des Wirtschaftswunders schafften es viele Angehörige der Unterschicht (nicht "Unterklasse"), durch harte Arbeit in die Mittelschicht aufzusteigen. Arbeiter bauten sich eigene Häuser, ihre Kinder besuchten kostenlose Universitäten. Allerdings hatte die Durchdringung auch damals schon ihre Grenzen. Die Oberklasse des Kaiserreiches hatte sich erhalten, allerdings durch Krieg und Inflation ausgedünnt.

Die englische Oberklasse schickt ihren Nachwuchs auf das Elite-Internat Eaton, die deutsche Oberklasse auf das Elite-Internat Salem. Der Vorteil solcher deutschen Kaderschmieden bestand damals noch nicht darin, dass sie besseren Unterricht boten als staatliche Schulen, sondern im sozialen Netzwerk, das dort aufgebaut wurde. Zukünftige Unternehmensführer, Professoren, Erben großer Vermögen saßen in der gleichen Klasse, kannten sich später und halfen sich. (Auch das möchte ich nicht auf Salem beschränken, dieses Institut ist nur das bekannteste.)

Die Oberschicht hat keinerlei Existenzsorgen. Villen, Ferienhäuser, Luxuslimousinen, Yachten - alles ist selbstverständlich vorhanden. Gearbeitet wird freiwillig, aber höchst einträglich. Deutschland ist nicht mehr als eine Basis, ein zeitweiliger Lebensstandort. Das eigene Vermögen ist international gestreut und wird professionell verwaltet. Es gibt keine Anhängigkeit, nur freiwillige Vereinbarungen. Soziale Sicherungssysteme sind unnötig.

In der frühen Bundesrepublik war jedoch "da oben" noch Platz, da konnten sich wagemutige Unternehmer wie beispielsweise Max Grundig durchaus noch hocharbeiten. Platz war auch in der Politik, damals konnten Quereinsteiger noch vorankommen. Der Vorteil dieser Jahre war der ständig wachsende Kuchen, den es zu verteilen galt, wodurch auch Leute mit schlechterer Ausgangsposition immer größere Stücke erhielten.

Die neue Bundesrepublik hingegen wird immer mehr von Klassenschranken geprägt. So ist es für politische Karrieren sehr hilfreich, wenn der Vater Ministerpräsident war (in Bayern Thomas Goppel, der Sohn von MP Alfons Goppel, Monika Hohlmeier, Tochter von MP Franz Josef Strauß, im Bund Monika von der Leyen, Tochter von MP Ernst Albrecht). Vorstände von Großunternehmen werden bevorzugt Leute, die in großen Städten aufgewachsen sind und ihre künftigen Kollegen schon von klein auf kennen.

Die alte Oberschicht hat mittlerweile einen Stallgeruch ausgebildet, der sie zur Oberklasse formt. Man trifft sich bei Premieren und Vernissagen, in VIP-Logen und VIP-Lounches. Wer sich dort locker und natürlich bewegen kann, gehört dazu, wer nicht, wird in diese Kreise gar nicht erst aufgenommen.

Gibt es noch einen Aufstieg, von ganz unten nach ganz oben? Ja, theoretisch, durch Leistung und Gehirnwäsche. Das Arbeiterkind, das studiert, ein besonders erfolgreicher Steuerberater wird und so seinen Platz am (Katzen-)Tisch der Mächtigen findet, mag es noch geben. Etwas wahrscheinlicher ist der "Junge vom Land", der in die Stadt zieht, dessen Nachkommen Akademiker werden und deren Nachkommen wieder die richtigen Schulen etc. besuchen.

Doch das zentrale Problem dieser Republik ist nicht die abgeschottete Oberklasse, sondern die schrumpfende Mittelschicht. Die Mittelschicht sind jene Leute, die mehr haben, als sie für ihren Lebensunterhalt brauchen. Die Mittelschicht baut Einfamilienhäuser oder kauft Eigentumswohnungen, die Mittelschicht leistet sich neue Autos und besitzt Geld, das sie in diversen Anlageformen investieren kann. Die Mittelschicht genießt einen bescheidenen Wohlstand und eine gewisse Sicherheit. Deutschland ist das Lebenszentrum, höchstens der Altersruhesitz wird in wärmere Gefilde verlegt. Soziale Sicherungssysteme werden gerne akzeptiert.

Das große Versprechen der sozialen Marktwirtschaft war der Aufstieg in die Mittelschicht für alle. Abitur und Studium für die Kinder, eigener Wohlstand durch harte Arbeit und Überstunden. Es gehört zur Ironie der Geschichte, dass dieses Versprechen ausgerechnet unter einer Sozialliberalen Regierung uneinlösbar wurde. Willy Brandt hatte damals in bester Absicht Perfektion angestrebt, wollte den "Wohlstand für alle", den Ludwig Erhard vormals angekündigt hatte. Es erwies sich als die falsche Idee zum falschen Zeitpunkt. Unter seinem Nachfolger Helmut Schmidt kam das Ende der alten Bundesrepublik, begann der Weg in die Drei-Klassen-Gesellschaft.

Die Unterschicht ist jene Gruppe, für die es gerade zum Überleben langt. Dabei kommt es nicht darauf an, dass es der heutigen Unterschicht objektiv besser geht, als der Mittelschicht vor hundert Jahren. Dieser Vergleich ist so sinnlos, wie der Hinweis auf die hungernden Kinder in Afrika, wenn der eigene Sprössling seinen Spinat nicht essen mag. Auch die Unterschicht besitzt heute oft ein eigenes Fahrzeug, auch die Unterschicht kann im Ausland Urlaub machen. Aber die Unterschicht lebt von der Hand in den Mund. Es reicht nicht, um Reserven zu bilden. Die eigene Existenz ist zwar nicht physisch bedroht, aber es ist ein Leben in völliger Abhängigkeit.

Die Unterschicht lebt in Mietwohnungen. Sie ist von ihrem Arbeitgeber abhängig, ein Wechsel des Arbeitsplatzes ist fast unmöglich. Bei Entlassungen droht der Abstieg in die Sozialhilfe. Eigene Absicherungen existieren nicht, die Unterschicht ist auf die sozialen Systeme angewiesen. Aufstieg gibt es höchstens durch einen Lottogewinn.

Wie aber wird aus einer Unterschicht eine Unterklasse? Entscheidend dafür ist die Abschottung nach oben.

Das zentrale Element ist die Beschränkung der Bildungsmöglichkeiten. Auch hier wirkten sich kurzsichtige Gutmenschen katastrophal aus. Das Ziel dieser Illusionäre war eine multikulturelle Gesellschaft, die niemanden ausgrenzt und allen alle Möglichkeiten eröffnet. Das Ergebnis ist eine in kleinste Gruppen zerfallene Klassengesellschaft, in welcher die Herkunft der Kinder deren Zukunft weitaus stärker bestimmt als zu Kaisers Zeiten.

Die Oberklasse schickt ihre Kinder erst gar nicht auf Schulen, die auch das gewöhnliche Volk besucht. Lehrinstitute, die Geld kosten, schrecken unerwünschte Mitschüler von vorne herein ab. Zudem sind die Lehrer dort Angestellte, keine Beamten. Bei mangelnder Eignung und Leistung werden diese Lehrer wie jeder andere Arbeitnehmer entlassen und durch geeignetere Leute ersetzt. Deshalb bemühen sich diese Lehrer viel intensiver um den Lernerfolg ihrer Schüler.

Staatliche Schulen hingegen unterliegen der Reformwut von abgehobenen Ministerialpädagogen und bekommen alle Schüler, welche die Multikulti-Gutmenschen ins Land gelockt haben. In meiner Volksschulklasse (ab 1963) saßen 40 Schüler. Einer davon war Italiener und ich kann mich nicht erinnern, dass er außer seinem Namen in der Schule auch nur ein Wort Italienisch gesprochen hätte. Dafür hatten wir all die alten Zöpfe der gestrigen Pädagogik, vom Frontalunterricht über Kopfnoten zu voll benoteten Zeugnissen schon in der ersten Klasse. Es herrschte Ruhe während es Unterrichts und bei Bedarf setzte es Ohrfeigen. Schon nach dem ersten Schuljahr konnten alle lesen, schreiben und rechnen. (Zugegeben, dem Alter entsprechend, aber es reichte für das Lesen von Märchenbüchern und für die Zahlen von eins bis hundert.)

Über diese schrecklichen Zeiten sind wir zum Glück hinweg. Heute haben Kinder bei der Einschulung bereits Glück, wenn zwei bis drei Mitschüler ebenfalls genug Deutsch verstehen, um sich mit ihnen zu unterhalten. Wie man ein Buch einschaltet, erfahren die Kinder frühestens in der Hauptschule. Dafür können die Kinder Taschenrechner bedienen, was ich erst so mit 18 vollbracht habe (vorher gab es diese Dinger nicht).

Die Unterklasse ist auf diese Schulen angewiesen. Eltern, welche selbst kein Deutsch beherrschen, können ihren Kindern natürlich nicht helfen, wenn diese beim Unterricht Probleme haben. Außerdem sollen die lieben Kleinen ihre Erzeuger weder beim Fernsehprogramm noch beim Bier trinken stören. Gewiss, auch Eltern der Unterschicht haben hin und wieder Kinder mit einem IQ von 150, der Genie-Grenze, die sich als Hochbegabte trotz unseres Schulsystems voran kämpfen. Aber die deutliche Mehrheit liegt im Intelligenzdurchschnitt und kann die schulischen Probleme nur unzureichend bewältigen.

Die Mittelklasse hat hier die Möglichkeit zur Abhilfe. Nachhilfelehrer sind deutlich billiger als Privatschulen, damit kann die Mittelklasse sie noch bezahlen. Ob es sich dabei um Institute handelt oder um angeheuerte Studenten, dank des "Erfolgshonorars" sind diese Privatlehrer motivierter als ihre beamteten Gegenstücke, außerdem betreut ein Nachhilfelehrer bestenfalls eine Handvoll Schüler. Dank dieser Maßnahme entscheidet der Geldbeutel der Eltern über den Schulerfolg.

Die Mittelklasse hat noch eine weitere Möglichkeit: sie kann ihre Kinder auf Schulen in anderen Stadtteilen schicken, also auf Schulen, in die weniger Ausländer gehen. Zwar gibt es noch so etwas wie Schulsprengel, aber ein Anwalt regelt das im Sinne der Eltern. Und wenn Mama die Kinderchen hinfährt und abholt, sind auch zehn Kilometer Schulweg kein Hindernis.

Die Unterklasse schafft es nicht mehr, sich für weiterführende Schulen zu qualifizieren, insbesondere für Gymnasien. Dank der so getroffenen Auslese bleiben die meisten Ausländer auf der Hauptschule zurück und das Gymnasium kann sich um die Vermittlung von Wissen kümmern, anstatt rudimentäre Deutschkenntnisse nachzubessern. In den Gesamtschulen der Gutmenschen bleiben die Klassen gemischt, hier wird der Schulerfolg weiterhin gebremst.

Ohne kostenträchtige Nachhilfe schaffen es die Kinder immer seltener aufs Gymnasium. Das heißt, der "Aufstieg durch Bildung" wird der Unterklasse immer stärker verwehrt. Zudem gibt es immer weniger staatliche Förderungen. In der Unterklasse ist es sehr wohl von finanzieller Bedeutung, ob das Kind nach Abschluss der Realschule eine Lehre beginnt oder die Fachoberschule besucht und so die Hochschulreife erlangt. In der Mittelklasse stellt sich dieses Problem nicht, im Gegenteil, dort wird gestritten, wenn das Kind NICHT auf die FOS gehen möchte, nachdem es doch schon auf dem Gymnasium versagt hatte.

Qualifizierte Berufe setzen ein Fundament an Bildung voraus. Nur qualifizierte Berufe ermöglichen einen guten Verdienst und damit eine gewisse Unabhängigkeit. Wer begehrt ist, kann sich die Stelle aussuchen - und er kann eigene Forderungen stellen. Hauptschulabsolventen hingegen müssen nehmen, was ihnen angeboten wird. Wenn sie überhaupt ein Angebot bekommen!

Im Ergebnis findet sich die Unterschicht in ungeliebten Berufen wieder, in denen die Betreffenden entbehrlich und Manövriermasse für Rationalisierungen sind. Diese ungeliebten Tätigkeiten werden schlecht bezahlt, das Betriebsklima entspricht der Motivation der Mitarbeiter. Ein Aufstieg ist nicht möglich. So wird die Abstammung aus der Unterschicht zu einem Leben in der Unterklasse. Der Fernseher dient der beschränkten Flucht aus der Realität, mit billigen Seifenopern und dem Glanz von Gottschalk und Jauch.

Während die Unterklasse kaum noch Möglichkeiten zum Aufstieg hat, bewahrt eine Abstammung aus der Mittelklasse nicht vor dem Abstieg. Die neue Bundesrepublik unterliegt dem Jugendwahn. Alt und angestaubt dürfen gerade einmal Politiker sein, oder Vorstände von Unternehmen. Die normalen Mitarbeiter sollen so jung wie nur möglich sein. Das heißt, der typische jung-dynamische Ingenieur, um den sich alle Firmen reißen, hat ein Verfallsdatum. So ab 40 sollte er sich etabliert haben - und nicht mehr unangenehm auffallen, denn ab jetzt ist er zu alt. Was als die klassische Karriere begonnen hatte, endet auf der Arbeitsagentur, wo ein "Betreuer" bedauernd den Kopf über das völlig veraltete Wissen des "Kunden" schüttelt.

Der arbeitslose Ingenieur hat aber wenigstens genug Zeit, um eigenen Kindern Nachhilfe zu erteilen. Zumindest in jenen Fächern, die nicht gerade einer pädagogischen Neuorientierung unterliegen, also den Experimenten unfähiger Bildungstheoretiker. Eines dieser Experimente ist die bekannte Rechtschreibreform, dank derer die Eltern in die Aufsätze der Kinder Fehler hinein korrigieren und der "Duden" von 1956 (älter als ich), der mir während meiner Schulzeit beste Dienste geleistet hatte, in den Giftschrank gesperrt werden muss.

Ist diese neue Klassengesellschaft ein Unfall oder eine Absicht?

Die Antwort ist kurz: **Absicht**.

Zu Zeiten des Wirtschaftswunders war die Oberschicht von der Mittel- und Unterschicht abhängig. Es gab zu wenige Arbeitskräfte, deshalb konnten die Arbeiter sich aussuchen, wo sie arbeiten wollten. Selbstbewusste Arbeitskräfte durften stolz auf ihre eigene Leistung sein. Und sollte es zu Verstimmungen im Betrieb kommen, konnte der Arbeiter jederzeit wechseln und woanders seinen Broterwerb finden.

Freie, selbstbewusste Arbeiter lassen sich jedoch nur schlecht führen. Führen im Sinne von über sie bestimmen. Zunächst wurden "Gastarbeiter" ins Land geholt, als Gegengewicht und Druckmittel gegen eine allzu aufmüpfig werdende Unterschicht. Als nächstes wurde Wissen exportiert. Forschung und Entwicklung wird ins Ausland verlagert, wodurch die Mittelschicht unter Druck gerät. Die dritte Maßnahme ist, das Wissen der Mittelschicht veralten zu lassen. Es ist kein Zufall, dass eine innerbetriebliche Weiterbildung in Deutschland die große Ausnahme ist.

Langjährige Mitarbeiter sind nach deutschem Arbeitsrecht schwer zu kündigen, außerdem erhalten sie die höchsten Gehälter. Mit veraltetem Wissen aber bekommt man nicht nur die Möglichkeit, sich der Alten zu entledigen, man gewinnt auch einen handfesten Grund, preiswerte junge Leute einzustellen. Gerade die Leute, die sich etwas aufgebaut haben, bei denen noch die Hypothek auf das Eigenheim abbezahlt wird, das sie sich im Vertrauen auf den sicheren Arbeitsplatz und dem Gefühl, gebraucht zu werden, angeschafft haben, landen auf der sprichwörtlichen Strasse. Nach der Zwangsversteigerung stehen diese Leute vor dem Nichts.

Das Volk wird damit zur abgestumpften, manipulierbaren Masse. Niemand wagt es, dagegen aufzubegehren, denn es gibt ja noch etwas zu verlieren. Die Mittelklasse muss sich anpassen und unterordnen, um ihren bescheidenen Wohlstand zu halten. Sie muss sich abzappeln und darf keine Zeit zum Nachdenken erhalten, um manipulierbar und abhängig zu bleiben. Mit der Keule der Globalisierung lässt sich alles zerschlagen, was an Resten von Unabhängigkeit und Freiheit verblieben ist.

Die Unterschicht fliegt nach Mallorca zum Ballermann, die Mittelschicht "all inclusive" in die Karibik. Aber alle stehen unter Druck und sind in ihrer Existenz gefährdet. Niemand kann mehr auf lange Sicht vorplanen. Die Bevölkerung, mit Ausnahme der Oberklasse, ist abhängig geworden, ohnmächtig ausgeliefert den Veränderungen. Kaum jemand hat noch Alternativen.

Die sozialen Sicherungssysteme, die gedacht waren, um eine gewisse Planbarkeit herzustellen, wurden gezielt gegen die Wand gefahren. Aus der Rentenkasse wurde alles finanziert, was gerade Stimmen einbrachte: Renten von Zuwanderern, Ausländern oder Wiedergutmachung an Israel. Kindergeld, das deutschen Nachwuchs herbeiführen sollte, fließt nutzlos in die Taschen von Ausländern. Sozialhilfe, einstmals gedacht, die Ärmsten unseres Landes vor dem Verhungern zu bewahren, lockt dank großzügiger Vergabe Asylanten ins Land. So wird gerade die Unterklasse unter Druck gesetzt, werden gerade jene betrogen, die damit unterstützt werden sollten.

Wer nach Deutschland einwandert, ist kein wohlhabender Investor oder gut ausgebildeter Ingenieur, sondern ein Bedürftiger, der hierher kommt, um die Hilfen abzugreifen, die für unsere eigenen Bedürftigen erarbeitet worden sind. Jeder Zuwanderer verkleinert den Anteil für alle, schmälert die Hilfe, um wieder auf die Beine zu kommen.

Der Jugendwahn wirkt besonders perfide. In dem Lebensalter, in dem sich aktive Leute eine Existenz im Ausland aufbauen könnten, sind sie hier in Deutschland begehrt. Beginnen jedoch ihre Kräfte nachzulassen, so dass eine Auswanderung zu einem gefahrvollen Abenteuer wird, werden sie in Deutschland immer mehr eingeschränkt und verlieren ihre Freiheiten.

Die Politik ist nur ein weiteres Symptom dieser Alternativlosigkeit. Wofür steht die SPD noch? Eine Partei, unter deren Regierung die Arbeitslosigkeit unaufhaltsam angestiegen ist, kann sich nicht mehr Arbeiterpartei nennen. Wofür stehen CDU und CSU? Doch nicht für konservativ und christlich, denn eine christliche Partei würde Abtreibungen deutlich erschweren und eine konservative Schritte gegen Multikulti und die Bildungsmisere ergreifen. Wer ist die Partei der Besserverdienenden? Die FDP oder die Grünen? Wer steht für Frieden? Unter grüner Mitregierung flog die Bundeswehr ihre ersten Kampfeinsätze. Wer kümmert sich um die Arbeitslosen? Etwa die PDS bzw. "die Linke“, die zu gerne wieder das Arbeiter- und Bauerngefängnis DDR errichten möchte?

In der Politik haben sich alle großen Parteien derart angenähert, dass es für die Wähler keine wirkliche Wahl zwischen Alternativen gibt. Zudem setzt sich die Politik über den eindeutigen Volkswillen hinweg, denn wer wollte den Euro oder die EU-Verfassung? Doch nur die Parlamentarier! Aber auch diese sind längst nicht mehr das, was Abgeordnete nach Grundgesetz sein sollten: unabhängig und nur ihrem Gewissen verantwortlich. Die meisten Abgeordneten sind vom Wohlwollen ihrer Partei abhängig. Sie können sich ein Aufbegehren oder ein Ausbrechen so wenig leisten wie die anderen Bundesbürger auch.

Ein paar von den Dingen, die ich hier aufgezählt habe, kommen schon mal in den besten Teilen der Wahlkampf-Reden unserer Parteibonzen vor. Ich befasse mich jetzt 30 Jahre mit Politik und ich gebe zu, ich habe sehr lange gebraucht um zu verstehen, dass ein Politiker, der die richtigen Dinge anspricht und Veränderungen ankündigt, damit nur Applaus ernten will und trotzdem nichts geschieht. Ich habe an einem spektakulären Beispiel gelernt: Ein Edmund Stoiber hatte in Bayern mit einer 2/3-Mehrheit der eigenen Partei regiert, also ohne einen Koalitionspartner. Nicht einmal diese umfassende demokratische Ermächtigung reicht aus, um jene Reformen durchzuführen, die das Land bitter nötig hätte. Statt in Bayern erfolgreich zu arbeiten, stürmte der Mann als brüllender Löwe nach Berlin, um als plattgetretener Bettvorleger nach München zurückzukehren.

Deshalb glaube ich nicht mehr an Unfähigkeit der Politiker, sondern gehe von böser Absicht aus.

Ja, Deutschland ist eine Klassengesellschaft geworden. Dieses Land hat sich verändert, und das nicht zu seinem Vorteil.

Staatsaufgaben

Was jetzt folgt, ist ein völlig banaler Artikel, in dem nur aufgezählt wird, was Sie sowieso schon wissen. Jeder Sechstklässler sollte das alles kennen, was ich hier aufführe. Allerdings hatten wir schon mal einen Aussenminister, bei dem noch immer unklar ist, ob er die sechste Klasse überhaupt geschafft hat. Doch auch bei anderen Politikern, die laut Lebenslauf sogar legale und selbsterarbeitete Doktortitel tragen, scheint die Erinnerung an die Grundlagen der Sozialkunde (bzw. Staatsbürgerkunde) derart verblasst zu sein, dass eine Auffrischung dringend erforderlich ist. Als Autor von wohlmeinenden und erzieherischen Kommentaren sehe ich mich deshalb bemüßigt, diesen kleinen Kurs zusammenzustellen, auch auf die Gefahr hin, meine sonstigen Leser zu langweilen.

Gemeinnutz geht vor Eigennutz

Für die Damen und Herren Doktoren: Das Ziel des Nullsummenspiels der Güterverteilung besteht nicht in der größtmöglichen Akkumulation der Güter bei einer selektierten Minimalgruppe, sondern in der möglichst gleichförmigen Verteilung über die gesamte Bezugsgruppe.

Für die Damen und Herren Ehrendoktoren: Dem Volk geht es nur dann gut, wenn es der großen Mehrheit des Volkes gut geht. Wenn der Reichtum bei einigen Wenigen angehäuft wird, können Euch diese Wenigen zwar gut dotierte Beraterverträge für wenig Arbeit bieten, aber Ihr habt trotzdem schlecht regiert. Das gibt dann immer so eine schlechte Presse, wie damals bei Gerhard Schröder, der Deutschland in den wirtschaftlichen Niedergang führte, die Arbeitslosen mit Hartz IV beschränkte und selbst gut bezahlter Gashandelsvertreter, Bankagent und Verlagsvertriebsleiter wurde.

Es war auch nicht so toll, dass ein Oskar Lafontaine, der Kurzzeitfinanzminister, den wenigen Großkonzernen mit Steuererleichterungen die Kassen füllte, den vielen Rentnern hingegen mit einer unsinnigen Reform die Kassen leerte.

Es gibt jedoch ein paar kleine Einschränkungen bei dieser Regel. Niemand ist verpflichtet, sich für andere Menschen aufzuarbeiten. Eine Währung, die 300 Millionen Europäern nützt, aber 80 Millionen Deutschen schadet, fällt da garantiert nicht darunter. Ähnlich eine Verfassung, die kein Deutscher haben will, aber angeblich "Europa" nutzt. Wir brauchen auch nicht sechs Millionen Israelis Unterseeboote schenken, mit Geld, das wir zuvor fünf Millionen deutschen Arbeitslosen weggenommen haben. Und unter 300 Millionen Amerikanern finden sich viel mehr Leute, die am Hindukusch die Demokratie einführen können, als unter den 80 Millionen Deutschen.

Ah, jetzt hab ich's! Das versteht sogar ein gewesener Außenminister... Seit Auschwitz wissen wir, wer gemein ist: Gemein sind immer die Deutschen. Deshalb ist alles gut und richtig, was den Gemeinen nutzt, also den Deutschen. Und zwar möglichst vielen Deutschen, wenn möglich, allen Deutschen. Eigen hingegen sind die Leute, über die namentlich im Fernsehen berichtet wird. Diese Eigenartigen sollen sich selber nutzen, den Gemeinen darf man deshalb nichts abnehmen. Hast das sogar Du verstanden, "Joschka"?

Jeder soll nach seiner Fasson selig werden

Für die Damen und Herren Doktoren: Die Realisierung der individuellen Wunschprojektionen darf nicht durch staatliche Präliminarien dem Selbstbestimmungsrecht des Individuums entzogen werden.

Für die Damen und Herren Ehrendoktoren: Jeder weiß selbst am besten, was er werden und erreichen will. Wer seine eigenen Ziele verfolgt, arbeitet gern und motiviert. Wer hingegen seine Ziele und Mittel vorgegeben bekommt, leistet Widerstand und erreicht weniger. Es nützt nichts, den Leuten vor zu denken und vorzuschreiben, wie sie zu leben haben. Der eigene Antrieb ist durch nichts zu ersetzen.

Das letzte große, weltweit praktizierte Erziehungsexperiment liegt in den letzten Zügen. Es ist nicht gelungen, den "Sowjetmenschen" zu schaffen, den "sozialistischen Menschen" oder auch "den neuen Menschen". Umerziehung in Form von Gehirnwäsche mag bei einzelnen Menschen gelungen sein, aber bei ganzen Völkern war und ist es nirgendwo erfolgreich gewesen, weder in der Sowjetunion, noch in der DDR, noch in China. Auch Hitler-Deutschland hat es nicht geschafft, den "nationalsozialistischen Menschen" zu schaffen, was nicht an der zu kurzen Zeit gelegen hat.

Das sollten mittlerweile sogar Leute wie Jürgen Trittin begriffen haben, oder Claudia Roth und Rainer Bütigkofer, die ihr grünes, multikulturelles Wolkenkuckucksheim Deutschland überstülpen wollen. Staatliche Gängelung, staatliche Vorschriften, staatliche Regelungen behindern die Entfaltung des Individuums, blockieren jene Kräfte, die ein Land braucht, um zu wachsen und zu gedeihen.

Das Streben des Einzelnen nach Glück und Entfaltung muss sich jedoch dem Allgemeinwohl unterordnen. Niemand soll sich zum Herrn seiner Mitmenschen erheben, denn die eigene Freiheit muss da enden, wo sie die Freiheit eines Anderen einschränkt. Wenn der Staat zu sehr lenken will, ziehen sich die Menschen zurück ins Privatleben. Geht es nicht in der Öffentlichkeit, wird das eigene Glück zu Hause ausgelebt. Der DDR-Bürger, der im Betrieb nur stumpfsinnig das erfüllte, was der Staat ihm vorgab, wurde zu Hause, in seiner geliebten "Datsche" zu einem findigen Meister der Improvisation.

Nicht die Partei hat immer recht und unfehlbar ist höchstens der Papst. Was für Sie das Beste ist, wissen Sie besser als ich. Deshalb soll sich ein guter Musiker um seine Musik kümmern, auch wenn der Staat noch so viele Ingenieure brauchen sollte. Ein Zwang zur Unterordnung dient niemals dem Allgemeinwohl, denn Zwang erweckt Gegenkräfte. Ein drittklassiger, nach Staatsvorgaben erzwungener Ingenieur schadet, wo ein erstklassiger Musiker inspiriert und motiviert hätte.

Gleiches Recht für alle

Für die Damen und Herren Doktoren: Der Grad der Kondemnität einer Tat liegt ausschließlich in der Tat selbst begründet und nicht in der sozialen Gruppenzugehörigkeit des Täters.

Für die Damen und Herren Ehrendoktoren: Vor Gericht zählen weder die Prominenz noch die Vermögensverhältnisse des Angeklagten, sondern allein dessen Taten und Motive. Vor dem Gesetz sind alle gleich, es gibt keine Ausnahmen und Privilegien.

Fahren Sie sturzbetrunken einen Menschen zu Tode, dann kann dies das Ende Ihrer Karriere bedeuten. Es sei denn, Sie heißen Otto Wiesheu, dann dürfen Sie nicht nur Minister in Bayern bleiben, nein, Sie steigen sogar noch zum wesentlich besser bezahlten Vorstand der Deutschen Bahn auf. Werden Sie zugekokst erwischt, wie sie sich mit den Sklavenmädchen osteuropäischer Menschenhändler vergnügen, landen Sie im Gefängnis. Heißen Sie hingegen Michel Friedmann, bezahlen Sie eine geringe Strafe, kehren nach ein paar Monaten auf die Fernsehbildschirme zurück und dürfen wieder im Brustton der persönlichen Integrität anderen Menschen Vorhaltungen über deren lasterhafte Moral machen.

Wenn ein Beamter eine Flasche Wein annimmt, kann das zu einem Verfahren wegen Bestechlichkeit führen. Wenn ein Abgeordneter bei einem Beratervertrag 300.000 Euro ohne erkennbare Gegenleistung einsteckt, ist das völlig in Ordnung. Ein Johannes Rau durfte unbestraft seine Landesbank als private Fluglinie nutzen, eine Rita Süßmuth aus nichtigen "Dienstgründen" auf Staatskosten in die Schweiz fliegen und ihre Tochter besuchen.

Gleiches Recht bedeutet Rechtssicherheit für alle. Im Wettbewerb soll der Bessere gewinnen, nicht derjenige mit den besseren Parteiverbindungen. Gleiches Recht bedeutet auch und insbesondere Gerechtigkeit. Gleiches Recht bedeutet Verzicht auf und Bekämpfung von Korruption, denn bei dieser zählte das Geld und nicht das Recht.

Gleiches Recht bedeutet auch gleiche Chancen, unabhängig von Geschlecht, Alter oder Herkunft. Gleiches Recht bedeutet Wettbewerb, Entwicklung und stete Verbesserung. Nur ein gesicherter, allgemein gültiger Rechtsrahmen sorgt für die Entfaltung der Wirtschaft und des Individuums. Recht, nicht Privilegien, begründet eine Gesellschaft, bildet das Fundament eines Staates. Kodifiziertes, nachschlagbares Recht wird als eine der Grundlagen aller Zivilisation betrachtet.

Vorher gab es nur das Recht des Stärkeren und die Willkür der Mächtigen. Wenn dies in einer Demokratie Einzug hält, dann hat die Demokratie aufgehört zu existieren.

Volksvertreter erfüllen den Willen des Volkes

Für die Damen und Herren Doktoren: Der rechtliche Vertreter handelt ausschließlich als Erfüllungsgehilfe des Willens des Vollmachtgebers. Er ist nicht berechtigt, seinen eigenen Interessen im Namen des Vollmachtgebers nachzugehen.

Für die Damen und Herren Ehrendoktoren: Wer in ein Parlament einzieht, tut dies, um den Willen des Volkes zu erfüllen. Er oder sie wurde nicht in das Mandat gewählt, um darin schrankenlos die eigenen Interessen auszuleben und bei allen Festivitäten als Ehrengast begrüßt zu werden, sondern um für das Wohl des Volkes nach dem Willen des Volkes zu regieren.

Kein Mensch in Deutschland wollte den Euro, kein Mensch in Deutschland wollte die EU-Verfassung. Das war allen Abgeordneten bekannt, trotzdem haben sich diese Damen und Herren angemaßt, gegen den Willen des Volkes zu entscheiden, also gegen den Willen des Souveräns dieses Landes. Ein Staubsaugervertreter, der in dieser Weise seine Firma schädigt, wird zum Schadenersatz verurteilt und rausgeworfen.

Der Ehrentitel eines Abgeordneten ist "Volksvertreter", nicht "Volksverräter".

Dabei gibt es durchaus Fälle, in dem Gesetze gegen den Willen des Volkes verabschiedet werden müssen. Dabei gilt jedoch die Regel ganz oben: Das Allgemeinwohl geht vor Eigennutz. Sind solche Gesetze für das Allgemeinwohl erforderlich, dann dürfen diese Gesetze durchaus dem momentanen Volkswillen widersprechen, denn sie ordnen sich dem obersten Volkswillen unter, der Förderung des Allgemeinwohls.

Der Euro hat dem Volk mehr gekostet als genutzt, seine Einführung war ein eindeutiger Verstoß gegen den erklärten Willen des Volkes und gegen das oberste Prinzip, die Verfolgung des Allgemeinwohls. Dabei wäre es so einfach gewesen, dem Euro zu entgehen: Bei einer ehrlichen Buchführung hätte Deutschland die Maastricht-Kriterien nicht erfüllt und wäre nicht in den Euro-Verbund aufgenommen worden. Das wäre geschickte Staatsführung gewesen. Jeder Winkeladvokat hätte das herausgefunden, aber unserer Damen und Herren Volksverräter nicht. Volksvertreter, natürlich. Entschuldigung.

Offiziell folgt der Abgeordnete nur seinem Gewissen. Das wird gerne so ausgelegt, als sei er in seinem Mandat an keinerlei Weisungen von außen gebunden. Dies aber so zu deuten, dass der Abgeordnete völlig frei in seinen Entscheidungen sei, ist absoluter Unsinn. Nicht umsonst wird hier der Begriff "Gewissen" benutzt, im Sinne von "nach bestem Wissen und Gewissen". Wo aber muss der Abgeordnete auf sein Gewissen hören? Er begeht schließlich keine Verbrechen, zumindest in der Theorie. Das Gewissen, von dem hier die Rede ist, bedeutet nichts anderes, als die Orientierung am Wohl des Landes und des Volkes. Es ist eben dieses Gewissen, dem sich die Abgeordneten unterordnen sollen, das nichts anderes ausdrückt, als den Willen des Volkes.

Der Abgeordnete empfängt sein Mandat, seine Vertretungsbefugnis vom Volk. Natürlich nur auf dem Papier der Lehrbücher, denn in Wirklichkeit verdankt der Abgeordnete sein Mandat der Partei. Anstatt seinem Gewissen und damit dem Willen des Volkes zu folgen, ordnet er sich dem Willen der Partei unter, wird bloßes Stimmvieh im Parlament. So war das nie gedacht, es ist eine Pervertierung dessen, was Demokratie bedeuten soll. Deshalb, liebe Abgeordnete, solltet Ihr dringend die sechste Schulklasse wiederholen!

So viele Vorschriften wie nötig, soviel Freiheit wie möglich

Für die Damen und Herren Doktoren: Freiheit verhält sich reziprok zu Restriktionen. Deshalb dürfen Restriktionen nur restriktiv eingeführt werden.

Für die Damen und Herren Ehrendoktoren: Jede Vorschrift ist eine Einschränkung und eine Behinderung. Deshalb sind Vorschriften und gesetzliche Regelungen nur da erforderlich, wo sie zur Förderung des Allgemeinwohls und dem Schutz des Einzelnen erforderlich sind. Vorschriften und Gesetze haben ein Verfallsdatum und müssen regelmäßig überprüft werden, ob sie noch sinnvoll sind. Einfache Vorschriften sind immer besser als komplizierte.

Wenn das deutsche Steuerrecht 80% der Weltliteratur über Steuervorschriften füllt, dann ist das ein erbärmliches Zeugnis über die Leistungsfähigkeit deutscher Regierungen. Eine effiziente und überschaubare Steuergesetzgebung gab es zuletzt im Deutschen Kaiserreich. Weimar, Hitler, Adenauer bis Merkel haben immer nur hinzugefügt und kaum einmal weggeschnitten. Selbst Parlamentarier fänden es verrückt, wenn auf dem elektrischen Triebkopf eines ICE plötzlich ein Heizer mitfahren soll, aber alle finden es völlig in Ordnung, Steuergesetze aus der Zeit der Dampflokomotiven weiterhin zu befolgen.

Das Steuerrecht ist nur das offenkundigste Symptom einer wildgewordenen Bürokratie. Wir haben in Deutschland eine unglaubliche Menge von Gesetzen und Vorschriften angesammelt, die längst nicht mehr regeln und steuern, sondern nur noch behindern und lähmen. Jeder Kanzler verspricht gebetsmühlenartig einen Abbau der Bürokratie und Reformen. Wobei der vorletzte bereits einschränkte, nicht alles anders machen zu wollen. Das ist ihm gelungen, nur der Teil mit dem "vieles besser machen" fiel schließlich der "ruhigen Hand" zum Opfer. Die letzte, noch amtierende Kanzlerin, will sich selbst auf kleine Schritte beschränken. Kleine Schritte bedeuten jedoch den Ausbau der Bürokratie. Ihre Ministerialbürokratie hat sie bereits erfolgreich und kostenträchtig erweitert.

Wenn ein Abgeordneter seine Erfolge aufzählen möchte, dann berichtet er, an wie vielen Gesetzesvorlagen er mitgewirkt, wie viele parlamentarische Anfragen er gestellt und bei welchen "großen Entscheidungen" er mitgestimmt hat. (Vermutlich sagt er "mitgewirkt", aber das brauchen

Sie ihm nicht zu glauben, woher sollte ausgerechnet Ihr Abgeordneter gelernt haben, um was es bei dieser "großen Entscheidung" überhaupt gegangen ist?) Kein einziger Abgeordneter rühmt sich damit, wie viele Vorschriften er abgeschafft, wie viele Gesetze er verhindert hat.

Neben dem überreichen Gesetzeswust aus fast 60 Jahren BRD beglückt uns jetzt auch noch Europa mit immer neuen Regelungen und Vorschriften. Wenn Europa flache Küstenländer zwingt, eine Seilbahnverordnung zu erlassen, mag das noch ein Lächeln entlocken, aber diese völlig überflüssige Verordnung muss von Beamten des Landes erarbeitet, vom Landesparlament beschlossen und danach im Landesgesetzesblatt veröffentlicht werden. Dieser Blödsinn wird gedruckt, in Aktenschränken eingelagert und dann vergessen, weil er niemals benötigt wird. Aber der Prozess hat Geld gekostet und damit verschwendet. Das Ding steht jetzt herum und setzt Staub an. Und wieder eine Vorschrift mehr...

Der Paragraph 1 der Straßenverkehrsordnung heißt sinngemäß: Ein jeder hat sich im Straßenverkehr so zu verhalten, dass er andere weder behindert noch schädigt. Damit ist alles ausgesagt! Der Rest der Straßenverkehrsordnung ist eigentlich überflüssig. Doch da der Gesetzgeber den Bürgern nicht zutraut, mit ihrer Freiheit umzugehen, wird daraus ein Buch, das von Juristen kommentiert und schließlich von Anwälten und Gerichten ausgelegt wird.

Die Freiheit des Einzelnen wird nicht zuletzt deshalb von Vorschriften so stark eingeschränkt, weil jene, die diese Vorschriften erlassen haben, von sich selbst ausgehen. Wer selbst weder Anstand noch Ehre besitzt, will alles regeln, was sonst Anstand und Ehre vorgeben. Jedes Gesetz ist ein Ausdruck des mangelnden Vertrauens in den Bürger. Deshalb haben wir in Deutschland diese unglaubliche Menge nutzloser Paragraphen.

Gedanken und Meinungsäußerungen sind frei

Für die Damen und Herren Doktoren: Die Kondemnität der mentalen Produktion bewirkt eine Akkumulation destruktiver Effektivität, die bei unreguliertem Abfluss niemals zu befürchten wäre.

Für die Damen und Herren Ehrendoktoren: Die Gedankenfreiheit zählt zu den höchsten Staatsgütern überhaupt. Denkverbote sind immer ein Zeichen von Schwäche und wecken genau jene Gedanken, die man eigentlich unterdrücken möchte. Alles, was durch Verbote geschützt werden muss, wirkt unglaubhaft.

Das prominenteste Denkverbot in Deutschland ist der berühmte Paragraph 130, der "Auschwitzleugnung" als "Volksverhetzung" mit Strafe bedroht. Vor Gericht werden alle Beweisanträge von "Auschwitzleugnern" wegen "Offenkundigkeit der geschichtlichen Tatsachen" abgelehnt. Das erinnert derart an den Prozess der Inquisition gegen Galilei, dass schon allein die von staatlicher Seite aufgebotene schwere Artillerie die Fragen nährt, was hier vertuscht werden soll.

Erkenntnisse und Entwicklungen basieren auf klarer Datenlage. Wenn in Kriminalstatistiken verschleiert wird, welche Volkszugehörigkeit die Täter besitzen, dann ist das falsch verstandenes Gutmenschentum. Jedes Kaufhaus sammelt alle Daten, die es bekommen kann, schlüsselt diese auf und wirbt auf dieser Basis ganz gezielt Kunden. Durch Verzicht auf die Daten, welche Ausländergruppen in Deutschland welche Straftaten überproportional begehen, verzichten wir auf gezielte Prävention und den Schutz der Bevölkerung.

Staatliche Sprachregelungen behindern immer die Entfaltung. Gedankenverbote sind Denkverbote und Denkverbote haben immer nur geschadet. Beim Jahrestag der DDR 1989 haben die Massen Honecker noch zugejubelt, die sozialistische Rhetorik vollendet ausgeschöpft, nur Wochen später brach sein Staat zusammen, der alles regeln und die Sprache beherrschen wollte. Der Gedanke des Konfuzius, einen Staat über die Sprachregelung zu beherrschen, mag bestechend klingen, aber er hat in der Praxis versagt. Unterdrückte Ideen sammeln Energie und gewinnen an Macht, bis sie schließlich die Barrieren beseitigen. Frei fließende Gedanken sind weitaus weniger gefährlich als unterdrückte Gedanken. Wer Gedanken und Meinungen unterdrückt, unterminiert damit die Fundamente des Staatswesens.

Beamte sind Diener des Staates

Für die Damen und Herren Doktoren: Die Exekutive ist der untergeordnete und zur größten Effizienz verpflichtete Erfüllungsgehilfe der Legislative.

Für die Damen und Herren Ehrendoktoren: Beamte sind dazu da, die Vorgaben und Vorschriften des Staates zum Wohl der Bürger umzusetzen. Beamte sind nicht Herren des Staates, sie sind auch nicht die Vorgesetzten der Bürger, sondern nur eines der Mittel, die der Staat zum Zweck seines Funktionierens bedarf.

Die Verwaltung des Staates wurde in Deutschland immer weiter ausgeweitet, mit dem Ergebnis, dass diese Verwaltung zum großen Teil Selbstzweck geworden ist. Der ach so streng reglementierte Obrigkeitsstaat des Deutschen Kaiserreiches kam bei 63 Millionen Einwohnern mit 600.000 Beamten aus. Die ach so freiheitlich-demokratische Bundesrepublik Deutschland benötigte demnach 800.000 Beamte, um gleich restriktiv vorgehen zu können, wie damals der Kaiser. Zu Kaisers Zeiten gab es keine Computer, alles musste "von Hand" getan werden. Es gab keine Faxgeräte, dafür aktenschleppende Büroboten. Dank der Effizienz-Steigerung, die in den letzten hundert Jahren erfolgt ist, sollte man eher weniger Beamte erwarten als diese 800.000. Statt dessen haben wir aber fünfmal so viele, nämlich vier Millionen Beamte.

Anwachsende Verwaltungen und ausufernde Bürokratien sind ein klares Zeichen eines Staatswesens, das sein Verfallsdatum erreicht hat. So viele Vorschriften wie nötig bedeutet auch, soviel Verwaltung wie nötig. Beamte sind für Staat und Volk ein Kostenfaktor. Viele Beamte bedeuten hohe Kosten für den Steuerzahler. Gerade hier wirkt Wildwuchs progressiv, sich selbst immer weiter verstärkend. Beamte lesen, entgegen der Volksmeinung, während ihrer Dienststunden weder Zeitung, noch halten sie einen Büroschlaf, sondern sie arbeiten tatsächlich. Alle Beamten sind beschäftigt, wenn auch nicht effizient. Die eine Behörde arbeitet der anderen zu, eine dritte prüft und alle zusammen überhäufen den Bürger mit den Ergebnissen dieser Arbeit, was weitere Kosten und Verdruss beim Bürger erzeugt.

Auch deshalb werden die Steuererklärungen immer umfangreicher, müssen immer mehr Menschen immer mehr Formulare ausfüllen. Selbst Effizienzgewinne durch Elektronik werden dadurch aufgefressen, denn diese weckt neue Begehrlichkeiten, nach noch mehr Verwaltungsakten, um die zeitweise freigesetzten Beamten wieder zu beschäftigen. Stellen Sie einmal einen Bauantrag, und Sie lernen Behörden kennen, deren Existenz Sie bisher nicht einmal geahnt haben! Zahlreiche Formulare, umfangreiche Anträge, immer neue Genehmigungen werden erforderlich. Die Beamten sind beschäftigt - Sie aber auch!

Ein Abbau der Bürokratie ist immer mit der Reduzierung der Beamtenschaft verbunden. Aber niemand beabsichtigt wirklich, die Beamtenschaft abzubauen, vor allem nicht die Parlamentarier, die zu einem weit überproportional großen Teil selbst Beamte sind. Damit sind Beamte nicht nur Diener, sondern auch Herren des Staates geworden. Gerade in der Beamtenhierarchie lassen sich die Inhaber des richtigen Parteibuches viel leichter fordern als anderswo. Die Staatsdiener sind Beute der Parteien geworden, wo gedient werden sollte, wird nur bedient - und zwar sich selbst.

Maß halten!

Für die Damen und Herren Doktoren: Die Kennzahl der Mächtigkeit der Ausgaben darf in ihrer absoluten Größe nicht die Kennzahl der Mächtigkeit der Einnahmen überschreiten.

Für die Damen und Herren Ehrendoktoren: Man darf nur das ausgeben, was man einnimmt. Schulden sind böse, böse, böse!

Dieser kurze Satz bedeutet selbst für CSU-Politiker nicht "die Maß" halten, sondern "das Maß" halten. Die Maß dürfen Stoiber & Co. gerne popularitätsheischend in die Kameras halten, ob auf Nockherberg oder Oktoberfest, wenn es ihnen gelungen ist, das Maß zu halten, und auf diesen Erfolg anzustoßen.

Maß halten bedeutet, sich der eigenen Möglichkeiten und Größe bewusst zu sein. 80 Millionen Deutsche können nicht für die Ausgaben von 400 Millionen Europäern aufkommen, 40% der Einwohner können nicht das erarbeiten, was volle 100% ausgeben, und daneben noch den Militärhaushalt Israels bezuschussen, Truppen am Hindukusch und Horn von Afrika unterhalten, französische Großbauern subventionieren und alle (Wirtschafts-)Flüchtlinge der Welt bei sich aufnehmen.

Maß halten bedeutet, sich der eigenen Grenzen bewusst zu sein. Das Märchen vom "wirtschaftlichen Riesen" hat man uns lange genug eingeredet. "Mehr Verantwortung übernehmen" war zeitweise richtig, aber jetzt gehört es zur politischen Verantwortung, sich zu groß gewordene Schuhe wieder auszuziehen. Ein Deutschland, das im wirtschaftlichen Würgegriff des Euro steckt, das dank politischer Fehler von Ausländern übervölkert ist (offiziell fast 20%), dessen Kommunen überschuldet und bei dem mindestens acht von 16 Bundesländern Sanierungsfälle sind, muß sich auf sich selbst besinnen, anstatt sich in Abenteuer jenseits der deutschen Grenzen zu stürzen.

Das erforderliche Maß im Auge zu behalten bezieht sich auf alle vorher aufgeführten Punkte. Wer das erforderliche Maß beachtet, der setzt das Allgemeinwohl über den Eigennutz, der erlaubt jedem, nach eigener Fasson selig zu werden, bei dem gilt gleiches Recht für alle, dessen Volksvertreter erfüllen den Willen des Volkes, der begrenzt Vorschriften und gewährt Freiheiten, lässt Gedanken und freie Meinungsäußerungen zu und dessen Beamte sind die Diener des Staates, nicht dessen Geißel.

Das rechte Maß zu halten, sich nicht größer zu machen, als man ist, wird so zur höchsten Tugend der Staatskunst. Das rechte Maß bedingt die Anwendung der Vernunft und das Absetzen der Parteibrille. Sobald die Politiker das Maß verlieren, ihre Selbstbeschränkung aufgeben, wird der Staat überfordert und geschädigt.

Maß halten ist eine Tugend, nicht nur für den Staat, sondern auch für Betriebe und Familien. Wenn das rechte Maß gehalten wird, stecken nicht Manager das 200-fache Gehalt ihrer Angestellten ein und der Familienvater fährt kein Auto mit drei Litern Hubraum, wenn das Einkommen nur für einen Kleinwagen ausreicht.

Ja, es sind Banalitäten, die ich hier aufgeführt habe, Dinge, die wir alle wissen. Es sind die "Paradigmen" des täglichen Lebens, der Rahmen der Gesellschaftsordnung auf allen Ebenen, auf denen wir zusammenarbeiten. Jetzt bleibt nur eine Frage übrig, die ich aber nicht beantworten werde:

Wenn diese Regeln so banal sind - warum übertreten wir sie dauernd?

Warum ich Monarchist geworden bin

Ja, ich gestehe: Es gibt keine bessere Regierungsform als die Demokratie. Ja, davon bin ich überzeugt. Also, so wie es auf dem Papier steht, ist sie als Regierungsform absolut optimal.

Was steht denn auf dem Papier?

Statt jetzt ein großes Lexikon zu zitieren, drücke ich es lieber mit eigenen Worten aus. Demokratie bedeutet Volksherrschaft. Herrschaft durch das Volk und für das Volk. Die besten Köpfe der Gesellschaft erhalten von der Allgemeinheit das Mandat, die Macht über den Staat auszuüben, zum Wohle aller. Das Mandat ist zeitlich begrenzt und es endet, wenn das Volk dieses Mandat an andere, fähigere Leute überträgt. Da die zeitweiligen Herrscher wieder in die Reihen des Volkes zurücktreten, werden sie das Beste für das Volk und die Allgemeinheit anstreben.

Ja, das steht auf dem Papier. Das Gegenstück dazu ist die Monarchie. Der Monarch bekommt sein Amt nur deswegen, weil er sich die richtigen Eltern herausgesucht hat. Ob befähigt oder nicht, er wird schließlich König, zum Glück oder Unglück seines Landes. Verantwortlich ist er höchstens dem lieben Gott und der hat sehr viel Geduld. Wohl und Wehe des Volkes hängen von seinen Launen ab, und sollte er Spaß daran haben, erhöht er die Steuern oder zettelt Kriege an. Sein Amt hat er auf Lebenszeit, und oft genug werden gerade die übleren Burschen enorm alt.

Ja, das kennen wir alle. Jeder kann auf Anhieb einen verrückten König nennen, beispielsweise Ludwig II. von Bayern. Der war so durchgeknallt, der hat sogar das Cinderella-Schloß von Disneyland nachbauen lassen. Oder Krösus von Lydien, der nach einem zweifelhaften Orakelspruch sein Land in einen Krieg stürzte und dabei Macht und Reich verloren hat.

Was aber passiert, wenn wir näher hinsehen? Wenn wir nicht auf das vertrauen, was auf dem Papier steht?

Demokratie

Vielleicht heißen Sie zufällig Thomas Goppel, Monika Hohlmeier oder Ursula von der Leyen und Ihr Vater war Ministerpräsident. Dann haben

Sie beste Chancen, es in der Politik zu etwas zu bringen, geradezu auf dem "Königsweg". Der normale Weg geht jedoch ein wenig anders.

Die besten Köpfe?

Sie treten in jungen Jahren einer Partei bei. Sie können dann auf einen guten Schulabschluss hinarbeiten oder auf ihre Parteikarriere. Im Ortsverein steigen Sie schnell auf, da gibt es nichts zu verteilen, aber schon auf der nächsten Ebene müssen Sie Geschick zeigen. Also arbeiten Sie. In der Jugendorganisation scheiden die Leute altersbedingt nach relativ kurzer Zeit aus, also gibt es dort eher eine Chance voranzukommen.

Jetzt müssen Sie zweigleisig fahren. Zum einen brauchen Sie einen Mandatsträger, an den Sie sich hängen müssen, zum anderen benötigen Sie eine Hausmacht. Als stellvertretender Kreisvorsitzender der Jugendorganisation arbeiten Sie ein paar Vorträge aus und bieten den Ortsvereinen der Partei an, diese auf den Ortsversammlungen zu halten. Ortsvorsitzende mögen das, denn das erleichtert ihre Arbeit und bietet Abwechslung. So werden Sie bekannt und können bei der nächsten Kreisdelegiertenversammlung damit rechnen, dass viele Leute für Sie stimmen werden.

Andere Leute studieren, Sie halten unwichtige Reden vor kleinen Parteiversammlungen und arbeiten Ihrem Seilschaftsführer zu. Und Sie benutzen Ihre Ellbogen, denn schließlich wollen auch andere aufsteigen. Vielleicht müssen Sie noch Ihren Gönner auswechseln, falls der nicht so weit aufsteigt, dass er Sie anständig fördern kann. Achten Sie darauf. Machen Sie sich unentbehrlich. Als Beruf werden Sie am besten Lehrer oder sonstiger Beamter, denn da kann die Partei dafür sorgen, dass Sie entsprechend unterkommen. Und sie sorgt für Dienstposten, auf denen Sie viel Zeit für die Parteiarbeit haben.

Um es kurz zu machen - Sie taktieren sich nach oben. Es kostet Mühe, manchmal müssen Sie darauf warten, dass jemand, der vor Ihnen sitzt, in ein symbolisches Schwert fällt oder auf natürliche Weise ablebt. Das ist eine Ochsentour, die Mühe und Geduld kostet. Nur in Zeiten des Umbruchs geht es schneller. So sind viele Politiker aus den "fünf neuen Ländern" durch glückliche Umstände schnell nach oben gespült worden. Es hat auch für einige Grüne funktioniert, aber das sind Ausnahmefälle. Ein Aufstieg in der Partei dauert in der Regel Jahrzehnte.

So also werden Sie zum Demokraten. Nicht, weil Sie zu den Besten des Volkes gehören, sondern weil Sie sich in einer Partei nach oben gearbeitet haben. Ob Sie in Ihrem angestrebten Amt fachlich etwas können, dafür gibt es keine Garantie. Zumeist ist das gar nicht nötig, Hauptsache Sie sind ein guter Parteisoldat.

So kommen wir an die Kandidaten für die Führungsaufgaben. Nicht die Befähigung des Einzelnen entscheidet, sondern nur dessen Fähigkeit, die Partei zu beeinflussen. Denn es ist die Partei, welche die Kandidaten benennt. Die Partei stellt die Listen auf, nach denen der Bürger wählt. Sie benennt auch die Direktkandidaten. In zahlreichen Wahlkreisen könnte die Partei auch einen Schäferhund aufstellen, und der würde ins Parlament gewählt werden.

Es sind noch nicht einmal die Besten und Fähigsten in der Partei, zumindest in Bezug auf die Befähigung für Amt und Mandat. Es sind nur die besten Mauschler und Ellbogenartisten, die innerhalb der Partei den Widerstand gegen ihren Aufstieg niedergekämpft haben. Leute, die Kompromisse schließen und Kompensationen aushandeln können. Ein solcher Handel nennt sich auf neudeutsch "Deal", aber die Bezeichnung "Dealer" hat sich für jene Leute nicht eingebürgert.

Durch das Volk und für das Volk?

Ja, das Volk wählt tatsächlich. Doch es kann nur jene Leute wählen, welche die Parteien ihnen vorsetzen. Es sind auch nicht die besten Köpfe des Volkes, die zur Wahl stehen, sondern nur jene, die innerhalb der Parteien ihre Karriere erarbeitet haben. Der künftige Abgeordnete ist damit auf seine Partei angewiesen. Er ist praktisch untrennbar mit der Partei verbunden. Es gibt nur wenige Beispiele von Leuten, die sich soweit profiliert haben, dass sie gefahrlos die Partei wechseln konnten.

Da der Abgeordnete alles seiner Partei verdankt, muss er sich der Partei gegenüber dankbar zeigen. Er übt sein Mandat folglich nicht im Sinne des Volkes aus, sondern im Sinne seiner Partei. Anders ausgedrückt, er vertritt seine Parteilinie gegenüber dem Volk. Das Ziel der Partei hingegen ist der eigene Machterhalt. Im Zweifelsfall wird immer so entschieden, dass sich die bestmöglichen Chancen für eine Wiederwahl ergeben. Unpopuläre Entscheidungen, die Wählerstimmen kosten, werden vertagt und hinausgezögert.

Außerdem geht es immer ums Geld. Die Partei braucht Geld, der Abgeordnete braucht Geld, denn die Wiederwahl und Wahlkämpfe an sich kosten Geld. Dieses Geld stammt zwar auch aus den Beiträgen der Parteimitglieder, doch oft genug aus den Kassen spendierfreudiger Dritter.

Das sind Unternehmer oder Unternehmen, die sich solche Spenden leisten können. Und die dafür eine Gegenleistung erwarten. Auch hier werden wieder "Deals" geschlossen, und hier kommt der "Dealer" zum Einsatz.

Gleich einem Süchtigen ist der Abgeordnete auf den Dealer angewiesen, welcher die freundlichere Amtsbezeichnung "Lobbyist" trägt. Getreu dem, was der Abgeordnete während seines Aufstiegs erlernt hat, schließt er Abmachungen mit den Lobbyisten. So folgt die Politik den Vorgaben der interessierten Wirtschaft. Diese Mauscheleien sind durchaus legal und nur ganz selten wirkliche Bestechungen. Es gibt derart viele Begünstigungen, die ein Abgeordneter für sich nützen kann... Arbeitsplätze sind heute ein universales Druckmittel. Oder Stipendien, Professuren, Drittmittel für Universitäten... Für sein Wohlverhalten erhält der Abgeordnete vorzeigbare "Erfolge", die seine Wiederwahl sichern.

Herrschaft auf Zeit?

Es ist menschlich verständlich, einen hart erkämpften Posten möglichst lange behalten zu wollen. Deshalb wird mit allen Mitteln gekämpft. Der Amtsinhaber klammert sich an seinen Posten und unterdrückt jeden nach Kräften, der diesen Posten gefährden kann. Ober sticht Unter, heißt es im Kartenspiel - und so wird es in den Parteien praktiziert. Vorsitzende eliminieren Herausforderer gnadenlos. Lieber werden Lösungen blockiert, als einem Untergeordneten einen Erfolg zuzugestehen.

Zudem arbeitet jeder Politiker unablässig auf seine Wiederwahl hin. Deshalb tut sich die Politik mit Reformen so enorm schwer. Dringend notwendige Gesetze, die Wählerstimmen kosten, werden "entschärft", damit sie die eigene Klientel, die eigene Wählerschaft soweit wie möglich schonen.

Statt des ständigen Blutaustausches, bei dem immer wieder neue Männer und Frauen neue Ideen in die Parlamente tragen, also statt der ständigen Erneuerung aus der Mitte des Volkes heraus, haben wir die Berufspolitiker. Der Wahlkreisabgeordnete von Würzburg im Bundestag wurde nach 29 Jahren ausgewechselt, der im bayerischen Landtag hat sich 2008 nach 30 Jahren zur Ruhe gesetzt. Dank dieses Beharrungseffektes regiert in Deutschland eine kleine, exklusive Kaste von Politikern, die gar nichts anderes mehr kennen als die Politik. Leute, die den Problemen des regierten Volkes längst entrückt sind. Nicht umsonst spricht man von "Raumschiffen", wenn von Hauptstädten gesprochen wird.

Jeder dieser Langzeit-Politiker hat die berühmten Leichen im Keller. Jeder begeht Fehler. Politiker sind Meister im Vertuschen dieser Fehler, vor allem, wenn diese ihre Posten gefährden. Ihren Kollegen sind diese Fehler jedoch bekannt. Nicht nur eine Frau Hohlmeier hat Dossiers über ihre Parteifreunde, so ziemlich jeder besitzt derartiges Material. Damit lassen sich Hebel ansetzen, Hebel, die einem den Posten erhalten. Besser ausgedrückt, Minen und Bomben, die explodieren, um feindliche Angriffe abzuwehren. Deshalb halten sich viele unfähige Minister in ihren Ämtern, weil sie Druckmittel gegenüber ihren Chefs in der Hand haben. Deshalb werden auch so selten Minister gefeuert.

Auch hier werden die berühmten Deals geschlossen. "Ich bekomme ..., dafür vergesse ich, dass du ..." Das sichert einem das komfortable Weiterleben nach der Politik. Der Ministerpräsident, der einen Minister entlässt, muss dafür sorgen, dass dieser weich fällt. Weich genug, damit die Minen nicht hochgehen, die dieser zuvor ausgelegt hat.

Rückkehr ins Volk?

Die Fluktuation in den Parlamenten ist gering. Sollte aber wirklich einmal ein Politiker ausscheiden, so findet er fast immer eine Kompensation vor, von der das Volk bei einem Verlust des Arbeitsplatzes nur träumen kann. Es beginnt bei den Pensionen, die im Vergleich zu den Renten der Steuerzahler geradezu unvorstellbar hoch sind. Acht Jahre im Bundestag genügen für fast 2.000 Euro im Monat ab dem 55. Lebensjahr. Eine derart hohe Rente ab 65 kann ein Normalverdiener nicht in 45 Arbeitsjahren ansammeln.

Im Amt hat der Politiker ein Netzwerk aufgebaut. Er kennt seine Kollegen und die Lobbyisten. Er kann deshalb jederzeit die Seite wechseln und selbst einträglich als Lobbyist arbeiten. Oder er bekommt von der Parteiführung für treue Dienste einen neuen Posten, bei landeseigenen Firmen oder Behörden.

Selbst wenn der Abgeordnete sehr früh aus dem Parlament ausscheidet, hat er fast immer seine persönliche Situation dabei verbessert.

Das Beste für das Volk und die Allgemeinheit?

Muss ich das überhaupt noch ausführen? Der Egoismus ist im Menschen angelegt, also wird jeder Demokrat egoistisch handeln. Er möchte im Amt bleiben, seinen Beruf als Politiker behalten. Das ist sein höchstes Ziel. Das ist natürlich, darüber braucht sich niemand aufzuregen. Es entspricht leider nicht der hehren Theorie, deshalb wird es so zögernd eingestanden.

Dagegen helfen nur strenge Regeln, deren Einhaltung überwacht werden muss. Doch wenn Parlamentarier über diese Regeln und ihre Einhaltung wachen, wird der Bock zum Gärtner gemacht. Wenn das Recht zu Sanktionen in den Händen eines Parteipolitikers liegt, wie zum Beispiel bei dem früheren Bundestagspräsidenten Wolfgang Thierse, wird es streng gegen "feindliche" Parteien angewandt, während der eigenen Partei gegenüber Milde und Schonung waltet.

Die Theorie geht von Heiligen aus, von charakterstarken, rechtschaffenen Menschen, welche die Macht in einer Demokratie ausüben. Solche Menschen sind schon von Natur aus selten, in den Parteien werden sie rigoros ausgesondert. Der Aufstiegsprozess erfordert flexible Arrangeure, Händler, die jederzeit bereit sind, für den eigenen Vorteil über alles zu reden. Menschen, deren Loyalität solange unverbrüchlich ist, wie es dem eigenen Aufstieg dient. Ellbogen-Artisten, die einen Gegner gnadenlos aus dem Weg räumen können.

Es sind reale Menschen, ganz normale Egoisten. Wären sie es nicht, wären sie nie als Demokraten an die Macht gekommen.

Hauen und Stechen - der Kampf um die Macht

Da es für den Einzelnen in der Politik um so viel geht - immerhin um die berufliche Existenz - wird dabei mit allem gefochten, was greifbar ist und Erfolg verspricht. Doch jeder Erfolg hat sein Verfallsdatum. Parteiämter werden auf zwei Jahre vergeben, doch gerade der Parteivorsitzende hat nicht einmal dafür eine Garantie. Erleidet seine Partei in seiner Amtszeit katastrophale Wahlniederlagen, so wackelt sein Stuhl. Da es für die anderen Funktionäre um die lukrativen Posten in Parlament und Regierung geht, stürzen sie den Vorsitzenden, wenn sie sich davon Erfolg erhoffen.

Mandate hingegen werden für vier, fünf oder auch sechs Jahre vergeben. Wer ein solches Mandat erlangt, hat eine gewisse Planungssicherheit, aber auch nur für die Zeit der Legislaturperiode. Sobald der Wahltermin näher rückt, geht es nur noch um die Wiederwahl, nicht mehr um die Politik. Auch für die jeweiligen Gegner, denn wenn diese es nicht schaffen, ihren "Parteifreund" bei der Aufstellung der Parteiliste von den aussichtsreichen Posten zu verdrängen, müssen sie eine volle Periode warten, bis zur nächsten Gelegenheit.

Nicht umsonst gilt die Steigerung: Feind, Todfeind, Parteifreund.

Vier bis sechs Jahre sind jedoch ein sehr begrenzter Zeithorizont, wenn es um das Wohl des Landes geht. Hier zählen Jahrzehnte, oder gar Generationen. Aber dieses Denken ist den Demokraten fremd. Was jetzt die Wähler einschränkt und Stimmen kostet, sich dafür in zehn Jahren auszahlt und enorme Vorteile bringt, nützt womöglich schon der anderen Partei, einer Regierung, der niemand mehr angehört, der dies zuwege gebracht hat.

Helmut Kohl, mit 16 Jahren der "ewige Kanzler", wäre höchst wahrscheinlich nach acht Regierungsjahren abgewählt worden, ohne den Glücksfall der Wiedervereinigung. Konrad Adenauer hatte den Bonus des Wirtschaftswunders, deshalb blieb er 14 Jahre im Amt. Helmut Schmidt hatte acht Jahre, Gerhard Schröder sieben, Willy Brandt fünf, Kurt-Georg Kiesinger und Ludwig Erhard nur jeweils drei Jahre. Die Nation durch das Tal der Tränen ins Paradies zu führen, zahlt sich für Demokraten nicht aus, wenn der Marsch länger als eine Legislaturperiode benötigt. Kiesingers Erfolge im Haushalt verschleuderten Brandt und Schmidt, nur als Beispiel.

Monarchie

Meine Heimatstadt, Würzburg, wurde fast 1.000 Jahre von Monarchen regiert, allerdings von Monarchen zweiter Klasse, nämlich von Fürstbischöfen. Der Bischof wurde damals vom Domkapitel gewählt und erhielt bei seiner kirchlichen Bischofsweihe auch die weltliche Salbung zum Herzog von Franken. Diese Ämter übte er auf Lebenszeit aus. Aber warum ist ein Fürstbischof ein Monarch zweiter Klasse?

Thüngen, Scherenberg, Hutten, Seinsheim, Bibra, Echter, Schönborn, Zobel, Greifenklau - die Namen sagen Ihnen nichts? Braucht es auch nicht, das sind nur ein paar Familiennamen der Fürstbischöfe von Würzburg. Bischöfe hatten offiziell keine Kinder, und wenn doch, hatten diese keinen Anspruch auf das Erbe. Die zeitliche Perspektive des Fürstbischofs war zwar länger als die vier bis sechs Jahre eines heutigen Parlamentariers, aber sie reichte nicht über seine eigene Lebenszeit hinaus. Warum sollte er also Investitionen planen, die über seine Lebenszeit hinausgingen? Womöglich entstammte sein Nachfolger einer verfeindeten Familie? Zudem war der Fürstbischof nicht unbedingt auf sein Bistum Würzburg beschränkt. Oft regierte der Fürstbischof von Würzburg in Personalunion auch in Bamberg oder Mainz, oder er diente dem Kaiser als Reichskanzler.

Zur Ehrenrettung der Fürstbischöfe muss hier gesagt werden, dass viele von ihnen tatsächlich weiter planten, als bis an ihr Lebensende. Wir haben in der Stadt mehrere Einrichtungen, die von der Weitsicht der Fürstbischöfe Zeugnis ablegen, wie beispielsweise die Universität. Doch das sind die positiven Ausnahmen von der Regel.

Das Heilige Römische Reich Deutscher Nation litt unter demselben Problem: der Kaiser war ein Wahlmonarch. Deshalb zerfiel der größte und mächtigste Staat des Mittelalters im Lauf der Jahrhunderte, während unbedeutende Randmächte wie Frankreich, England und Russland zu Großmächten heranwuchsen. Es gab zwar kurze Dynastien in diesem Reich, jedoch oblag die Kaiserwahl den Kurfürsten, die damit natürlich ihre eigenen Interessen verbanden. Zusätzlich schwächte die Auseinandersetzung mit dem Papst das Kaisertum, wobei die Reichs- und Kirchenfürsten ihre Loyalität nach eigenem Vorteil verkauften.

Eine Verbesserung trat erst mit der Regentschaft der Habsburger ein, jedoch war zu diesem Zeitpunkt das Reich zu einer bloßen Hülle verfallen, unter der zahlreiche Fürsten ihre eigene Politik trieben. Wirkliche Monarchien gab es in Deutschland erst nach 1806 - mit der Ausnahme Preußens.

Es ist durchaus richtig, dass auch Könige ihre Fehler haben. Es ist auch richtig, dass Könige Kriege vom Zaun brechen. Aber die schlimmsten Kriege wurden von Demokratien begonnen und geführt. Die Vorzeige-Demokratie unserer Zeit, die Vereinigten Staaten von Amerika, führen seit ihrer Entstehung ununterbrochen Kriege in allen Teilen der Erde. Das revolutionäre Frankreich überzog ganz Europa mit Krieg, während das demokratische England dafür sorgte, dass es zu keinem vorzeitigen Friedensschluss kam. England und Frankreich - zwei Demokratien - begannen beide Weltkriege des 20. Jahrhunderts.

Übergeschnappte Ministerpräsidenten oder Premierminister richteten ähnlich großen Schaden an wie übergeschnappte Könige. Aber wenden wir uns lieber den positiven Seiten zu.

Der König

Der König erbt sein Amt von seinen Vorfahren. Das heißt, er wird von klein auf für dieses Amt vorbereitet. Er muss sich nicht bewähren. Er braucht auch nicht zu fürchten, dass ihm jemand sein Amt abjagt - von Staatsstreichen abgesehen. Der richtige König ist, wie Preußens Friedrich II., der erste Diener seines Staates. Er erbt Staat und Amt von seinen Vorfahren, er verwaltet ihn zum Wohle seines Volkes, behütet und vermehrt den Staatsbesitz und vererbt diesen Staat an seine Nachkommen.

So ließen beispielsweise die französischen Könige Eichenwälder anpflanzen, damit ihre Nachkommen genug Bauholz "ernten" konnten. Bis eine Eiche weit genug herangewachsen ist, um Bauholz zu werden, dauert es mindestens 100 Jahre. Einen derartigen Zeithorizont hat kein einziger Politiker in einer Demokratie jemals gehabt.

Der Monarch erbt seinen Posten und ruht darin. Er muss nicht ständig beweisen, dass er der Beste und Einzige ist, denn dies alles ist er durch Geburt und auf Lebenszeit. So es sich kann ein Monarch leisten, Leute zu fördern, die erkennbar klüger sind als er selbst. Anders als ein Demokrat, der nur ein paar Jahre Zeit hat, um sich ein Denkmal zu setzen, kann es sich ein König erlauben, seine Prachtbauten in Jahrzehnten zu errichten. Die Paläste der Demokratie, wie unser überdimensioniertes Kanzleramt, sind weder kleiner noch weniger protzig als die Paläste der Monarchie. Nur sind Schloss Sanssouci oder die Würzburger Residenz Touristenmagnete, während sich für das Bonner Kanzleramt kaum jemand interessiert - und es dem Berliner Kanzleramt nicht besser ergehen dürfte, wenn es seine Funktion verloren hat.

Moderne Monarchen bekommen zwar eine Apanage, der Zugriff auf die Steuergelder ist ihnen jedoch verwehrt. Dafür haben sie ein zumeist beträchtliches eigenes Vermögen. Vier ehemalige und ein amtierender Bundespräsident zusammen kommen uns teurer als ein König mit seiner Familie.

Herrschen, nicht regieren

L'etat c'est moi (Der Staat bin ich) - das sagte Ludwig XIV. von Frankreich, der Inbegriff des absolutistischen Königtums. Er hatte insofern recht, als dass das Frankreich seiner Zeit vollständig auf den Monarchen ausgerichtet gewesen war. Nach heutigem Verständnis wäre Ludwig XIV. ein Diktator, doch der Unterschied zwischen König und Diktator zeigt sich überdeutlich, wenn man Josef Dschugaschwili "Stalin", Pol Pot oder Kim Il Sung mit ihm vergleicht. Der König arbeitete für sein Land, die Diktatoren nur für die eigene Macht.

Ich spreche nicht für die Wiederkehr des Absolutismus, nicht für einen regierenden König. Ein moderner König entspricht jenen Königen, die um 1900 in Deutschland geherrscht haben. Wie der deutsche Kaiser setzt ein moderner König einen Kanzler ein, der die Regierung übernimmt. Dieser Kanzler ist kein Parteifunktionär, der vor allem auf das Wohl seiner eigenen Klientel achten muss, sondern ein Fachmann mit Führungsqualitäten. Er muss sich weder auf Parteitagen verantworten, noch altgediente Mitfunktionäre mit Ministerposten entschädigen. Der Kanzler muss effizient und erfolgreich regieren, das kann er nur, wenn er sich fähige Minister auswählt. Anders als ein heutiger Kanzler ist er nicht auf das Angebot seiner Partei und des Koalitionspartners gebunden, er muss keine Animositäten von Landesverbänden berücksichtigen, er kann sich ausschließlich von fachlicher Eignung leiten lassen.

Die moderne Monarchie benötigt ebenfalls ein Parlament. Was sie jedoch nicht braucht, sind Berufsparlamentarier. Wie bereits im allerersten Pranger (vom 27.10.2004) vorgeschlagen, werden Parlamentarier für zehn Jahre gewählt - und alle fünf Jahre das halbe Parlament erneuert. Eine Wiederwahl ist ausgeschlossen. Damit bleibt das Parlament im Volk verankert, weil jeder Abgeordnete sich auf die Zeit nach seinem Mandat vorbereiten muss.

Der Staat des Monarchen ist demokratischer als heute, da eine Gewaltenteilung stattfindet. Die Exekutive bestimmt der Monarch, aber er bestimmt nicht die Politik der Regierung. Die Legislative liegt beim Parlament, doch die Ausführung dieser Gesetze obliegt der Regierung. Die Judikative wiederum ist unabhängig, wobei jedoch der Monarch die Ernennung der obersten Richter bestätigen muss.

Dies ist kein Entwurf einer monarchistischen Verfassung, deshalb verzichte ich darauf, zahlreiche Regelungen auszuarbeiten. Natürlich muss diese neue Verfassung Sicherungsmechanismen enthalten, welche die Auswüchse der Monarchie verhindert, die in früheren Jahrhunderten stattgefunden haben. So benötigt der Monarch für eine Kriegserklärung die Zustimmung des Parlamentes, ebenso kann das Parlament mit Dreiviertel-Mehrheit den Kanzler absetzen.

Erblinie - und Adel?

Der Monarch und sein designierter Nachfolger (Kronprinz / Kronprinzessin) übernehmen die repräsentativen Aufgaben im Staat und halten so dem Kanzler den Rücken frei für die eigentliche Arbeit. Der Bruch von 1918 befreit eine neue deutsche Monarchie von dem alten Pomp und dem überholten Hofzeremoniell. Ein neuer Kaiser unterscheidet sich nicht besonders vom Auftritt des heutigen Bundespräsidenten, aber er steht wirklich über allen Parteien. Sein Amt wird nicht ausgekungelt, und wir bekommen nicht mehr einen Präsidenten des kleinsten gemeinsamen Nenners, einen schlechten Kompromiss wie Johannes Rau oder Horst Köhler.

Neben Orden, Preisen und Ehrendoktorwürden kann der Kaiser auch den Adel verleihen. Mit diesem Adel sind natürlich keinerlei Privilegien verbunden, es handelt sich dabei nur um eine vorzeigbare Auszeichnung. Adelige Traditionen hingegen sollten wieder gefördert werden. Familien, deren Angehörige seit drei Jahrhunderten preußische Offiziere gewesen waren, sollen dabei unterstützt werden, diese Tradition fortzusetzen, selbst wenn der jüngste Spross des Hauses nicht ganz den Anforderungen der Offiziersschule der Bundeswehr entspricht.

Ich propagiere nicht die Einführung eines "Oberhauses", als zweite Kammer des Parlaments. Der Bundesrat als Ländervertretung hat sich durchaus bewährt, auch wenn die derzeitige unglückliche Gesetzeslage immer wieder zur gegenseitigen Blockade führt. Dies liegt an der falschen Aufteilung der Kompetenzen, nicht an dem Bundesrat an sich. Denkbar wäre jedoch ein Sachverständigenrat, ähnlich den heutigen Wirtschaftsweisen, der im Auftrag von Kaiser, Kanzler oder Parlament Gesetzesvorlagen erarbeitet und auf Fehler überprüft. Dieser Rat, dessen Angehörige mit ihrer Berufung den persönlichen Adel erhalten, hat jedoch keinerlei Entscheidungsbefugnis, er kann dem Parlament nur Vorlagen liefern.

Erneuerung - und Restauration

In der jüngeren Geschichte begannen wir mit der "These" der Monarchie, der zentralisierten, vererbbaren Herrschaft, die als Dynastie einen sehr langfristigen Zeithorizont besessen hatte. Nachfolgend verwirklichten wir die "Antithese" der Demokratie, der Herrschaft der austauschbaren Parteifunktionäre, deren Zeithorizont bestenfalls bis zur nächsten Wahl reichte und die gerne bereit waren, für kurzfristige Vorteile langfristigen Schaden in Kauf zu nehmen, weil sie bei Eintritt des Schadens längst aus der Verantwortung geschieden waren.

Jetzt wird es Zeit für die "Synthese", die das Beste aus beiden Bereichen in sich vereinigt. Die Dauerhaftigkeit der Monarchie kompensiert das engstirnige Kurzzeitdenken der heutigen Demokraten, während die Kontrolle des Parlaments die Willkür des Alleinherrschers erfolgreich einschränkt. In der Synthese arbeiten alle Kräfte des Volkes für das Volk, da die gegenseitige Kontrolle verhindert, dass eine Seite hemmungslos in die eigene Tasche wirtschaftet.

Ja, die neue Monarchie ähnelt dem zweiten deutschen Kaiserreich. Das damalige Deutschland war ein überaus erfolgreicher Staat, und es war dieser Erfolg, nicht der angebliche Größenwahn von Kaiser Wilhelm II., der den ersten Weltkrieg ausgelöst hat. Deutschland wurde damals eingekreist und eingedämmt, nicht als militärische Gefahr, sondern als wirtschaftlicher Konkurrent.

Eine erneuerte Monarchie ist zugleich eine reformierte Monarchie, in die das, was schon 1900 überholt war, nicht wieder aufgenommen wird. Diese Monarchie orientiert sich nicht an den bestehenden Monarchien Europas, sondern sie strebt neue, bessere Lösungen an.

Und deshalb, weil ich das Gute sehe, das eine solche Monarchie mit sich bringt, bin ich Monarchist geworden.

ZERFALLSERSCHEINUNGEN

- die BRD am Abgrund

MHD abgelaufen

Ich sage Ihnen bestimmt nichts Neues, wenn ich hier berichte, dass auf Lebensmittelverpackungen und anderen Produkten ein Datum abgedruckt ist. In seltenen Fällen ist das ein Verfallsdatum, nach dem die Ware nicht mehr verwendet werden darf, in der Regel ist es aber das Mindesthaltbarkeitsdatum, auf gut Deutsch abgekürzt MHD. Bei Hackfleisch ist das der Tag der Herstellung, bei Konserven geht es bis zu fünf Jahren. Produkte mit abgelaufenem MHD sind deshalb noch nicht schlecht, sie dürfen aber nicht mehr zum vollen Preis in den Handel gebracht werden und müssen einen Vermerk tragen. Wenn Sie Ihr Hackfleisch in einer Kühltasche transportieren und gleich in den Kühlschrank legen, können Sie es auch morgen noch unbedenklich verzehren. Wenn Konserven keine sichtbaren Schäden oder Verformungen aufweisen, schmecken die auch noch Jahre nach Ablauf des MHD.

In diesem Fall ist der englische Ausdruck sogar besser als der deutsche, dort heißt es "best before" und drückt aus, dass der Hersteller Geschmack, Konsistenz und Aussehen bis zu diesem Datum garantiert. Danach kann sich das Produkt langsam verändern, ohne gleich ungenießbar zu werden. Es ist nur nicht mehr "best", sondern es wird langsam schlechter.

Wissen Sie schon, auf was ich heute hinaus will? Es geht um ein "Produkt", das uns ohne Mindesthaltbarkeitsdatum geliefert wurde, aber bei dem sich die Anzeichen mehren, dass dieses Datum abgelaufen ist. Welches Datum es war, ist umstritten. Die eine Gruppe sagt, 3. Oktober 1990. Ein anderes gutes Datum ist der 27. September 1998, das letzte der 31. Dezember 2001. Jetzt sollten Sie langsam wissen, von welchem "Produkt" ich hier rede. Das Datum der Wiedervereinigung, der Wahl von Rot-Grün und der letzte Tag der Deutschen Mark betreffen zusammen nur eines: Deutschland.

Ich will mich nicht festlegen, falls jemand glaubt, der Verfall hätte bereits mit dem Regierungsantritt von Willy Brandt oder dem Rücktritt von Konrad Adenauer begonnen, aber nach meinem Gefühl war Deutschland "best before" einem Datum zwischen dem Fall der Mauer mit dem nachfolgenden 2-4-Vertrag und der Abschaffung der D-Mark.

Jedenfalls haben wir jetzt 2009 und die Symptome des Verfalls sind nicht mehr zu übersehen. Wer die Endphase der DDR verfolgt hat, erlebt gerade ein dejá vu.

In Bad Reichenhall ist eine Eissport-Halle eingestürzt. Inzwischen wissen wir, dass es baubedingte Mängel gab. Da wurden "Kastenträger" eingesetzt, die dafür nicht geeignet waren, außerdem ein Leim, der sich in Feuchtigkeit langsam zersetzt. Die Stadt Bad Reichenhall hat bereits 2002 überlegt, diese Halle zu schließen, doch dann wäre eine Sportanlage weggefallen. Inzwischen werden immer mehr Hallen wegen Einsturzgefahr geschlossen.

In Würzburg gibt es eine Brücke über eine Bahnlinie, über die ich während meiner Studienzeit fast täglich gefahren bin. Die Brücke wurde 1974 gebaut - und 1991 gesperrt. Das ist sie auch heute noch, 18 Jahre später. Für eine Sanierung ist kein Geld da, außerdem haben die Oberbürgermeister von Würzburg seitdem andere Bauten errichtet, um sich dauerhaft im Stadtbild von Würzburg zu verewigen. So eine Brücke ist viel weniger spektakulär als der größte Zebrastreifen Europas, überdacht von der OB-Weber-Kuppel. Oder der OB-Beckmann-Tower, ein leider unvollendet gebliebener Hotelturm, der jetzt das Stadtbild verschandelt.

Wahrscheinlich kann mir jeder von Ihnen ein bis drei weitere Beispiele aus seiner Umgebung nennen. Ich könnte über Würzburg noch ein paar Absätze hinzufügen, aber ich beschränke mich darauf, hier zu versichern, dass die Stadt früher nicht das vernachlässigte Dreckloch war, als das es sich heute den Besuchern darbietet.

Als man 1990 durch die dahinschwindende DDR fahren konnte, hatten mitfühlende Bewohner Warnschilder aufgestellt - "Vorsicht, unsere Strassen sind so kaputt wie unser System". Selbst in Ostberlin, der Vorzeigestadt des deutschen Sozialismus', brauchte man nicht lange zu suchen, um Schlaglöcher zu finden. Ja, die Straßen der sterbenden DDR hatten massive Karies.

2009 hat sich die Karies auch auf die Straßen Westdeutschlands ausgedehnt. Laut SPIEGEL stehen für den Unterhalt und die Sanierung der Straßen nur zwei Milliarden Euro zur Verfügung, jedoch würden sechs Milliarden gebraucht. Was mich natürlich verwundert, denn allein die KFZ-Steuer sollte schon diese sechs Milliarden Euro einbringen. Dazu kommt noch die Mineralölsteuer und die Lkw-Maut - die alle mal eingeführt worden waren, um den Straßenbau zu finanzieren. Aber jetzt versickert alles in der Bundeskasse und die Schlaglöcher sorgen für Beschäftigung in den Autowerkstätten.

Die schönen Konjunkturpakete zur Überwindung der Weltwirtschaftskrise dürften ein paar Schäden beseitigen, sofern sie nicht für Fußballplätze oder Regattastrecken hergenommen werden.

Strom und Gas werden in Deutschland von Monopolgesellschaften zu europäischen Spitzenpreisen geliefert. Die Versorger schwimmen in Milliardengewinnen. Doch wie es um die so hoch gerühmte Versorgungssicherheit bestellt ist, erleben wir, wenn ein wenig zu viel Schnee reihenweise marode und schlecht gewartete Strommasten zusammenbrechen lässt.

In den deutschen Schulen herrscht Lehrermangel. Unterricht fällt aus, Schulturnhallen werden wegen Baufälligkeit geschlossen. Das heutige Schulsystem produziert Zweier-Abiturienten, die keine DIN-A4-Seite schreiben können, ohne mindestens fünf Rechtschreibfehler zu hinterlassen. Betriebe würden gerne Lehrlinge einstellen, aber solange sie die Beherrschung der vier Grundrechenarten voraussetzen, finden sie keine geeigneten Bewerber.

Gewiss, wenn mir mein Friseur sauber die Haare schneiden kann, sehe ich lächelnd darüber hinweg, wenn er für 14,75 + 5,25 den Taschenrechner bemühen muss. Trotzdem versündigen wir uns mit einer solchen Schulausbildung an der Zukunft unseres Landes. Zu gerne entschuldigen Politiker diese Zustände mit dem hohen Ausländeranteil in den Schulen. Wer so eine Entschuldigung vorbringt, gehört meiner Meinung nach mit harten Würsten aus der Stadt geprügelt (bei Knüppeln würden eventuell Knochen brechen, so böse will ich doch nicht sein). Wenn die Kinder unserer "ausländischen Mitbürger" nicht gut genug Deutsch verstehen, um dem Unterricht zu folgen, dann haben sie auf einer deutschen Schule nichts zu suchen. In ihrem Herkunftsland gibt es genügend Schulen, die in einer ihnen verständlichen Sprache unterrichten.

Wenn diese Kinder wirklich in Deutschland bleiben sollen, dann müssen sie spezielle Sprachkurse bekommen. 24 Stunden am Tag, in einer ausgedienten Kaserne und unter Anleitung stimmgewaltiger altgedienter Oberfeldwebel. Mit Disziplinarmaßnahmen, wenn es die Schüler wagen, untereinander in ihrer Heimatsprache zu reden. Binnen dreier Monate können die Deutsch, da bin ich mir völlig sicher!

Deutschland kann seinen Lebensstandard nur halten, wenn wir unsere Kinder so gut ausbilden wie nur möglich. Ein Schulsystem, das bei seinen Abschlüssen die Auswahl zwischen Analphabet und Legastheniker bietet, kann sich unser Land nicht leisten. Hätten die Kultusminister die Energie, die sie für die Durchsetzung der Schlechtschreibreform aufgewendet haben, in die Verbesserung des Unterrichtes investiert, hätten wir weitaus besser in den PISA-Studien abgeschnitten.

Seit mindestens 30 Jahren höre ich das Schlagwort "Bürokratieabbau". Statt dessen wucherte die Bürokratie munter weiter. Weder sozialliberale Regierungen, noch christlich-liberale Regierungen, weder Rot-Grün noch die große Koalition haben sich ernsthaft bemüht, den Abbau der Bürokratie tatsächlich anzugehen. Statt ihre Arbeit zu erledigen, treiben sich Politiker immer mehr in Talkshows herum und reden darüber, wie schwer sie doch arbeiten und was für grandiose Dinge sie beabsichtigen.

Die Bundeswehr, die aufgestellt wurde, um unser Land zu verteidigen, zerfällt heute in eine Schrottarmee, die im Inland so tut, als würde sie Wehrgerechtigkeit praktizieren, und eine professionelle Eingreiftruppe, die weltweit Hilfssheriff für den großen Bruder USA spielt. Sollte unser Land wirklich einmal angegriffen werden, stehen unsere besten Kräfte am Hindukusch, während die Rekruten im Inland mangels Textverständnis ratlos in der Bedienungsanleitung ihrer Kampfpanzer blättern.

Der finanzielle Handlungsspielraum der Regierung ist gleich Null. Mehr als vier Fünftel des Bundeshaushaltes gehen als Zuschüsse in die Rentenkasse, finanzieren die Arbeitslosigkeit, bezahlen die Bürokratie (Gehälter und Pensionen) und fließen als Zinszahlungen für aufgenommene Schulden ab. Wir hätten wahrhaft kreative Köpfe nötig, um in dieser verfahrenen Situation gestalten zu können. Statt dessen haben wir vier Jahre Merkel und Steinmeier hinter uns, mit ihrer Koalition des kleinsten gemeinsamen Nenners, und eine Gartenzwerg-Opposition der größten gemeinsamen Zerstrittenheit.

Ja, das Haltbarkeitsdatum dieses Staates ist überschritten. Der Verfall hat begonnen, und nichts passiert, um ihn aufzuhalten. Im Traumschiff Berlin sitzen eine Anzahl wohlbestallter Politiker und simulieren eine Regierung. Das Einzige, was dort wirklich noch funktioniert, ist die Beschaffung der Dienstwagen und die Flugbereitschaft für Kanzlerausflüge.

Der Zustand des Landes spiegelt sich überdeutlich im Zustand der "Führung" dieses Landes wider. Wieso ich das Wort Führung in Anführungszeichen gesetzt habe? Weil es eine wirkliche Führung in diesem Lande nicht mehr gibt. Von einer Führung erwarte ich Vorgaben, Ideen, Konzepte - und eine klar erkennbare Richtung, in die geführt wird. Statt dessen erleben wir eine Springprozession, zwei Schritte vor, einen zurück, einen zur Seite - und dann drehen wir uns mal eine Runde im Kreis.

Das Geld in der Kasse des Bundes ist knapp, wir reißen regelmäßig die Maastricht-Kriterien. Trotzdem hat unsere Bundeskanzlerin nichts Besseres zu tun, als der EU weitere Milliarden in den unersättlichen Rachen zu werfen. Für unsere eigene Armee fehlen Waffen und Ausrüstung. Der neue Euro-Fighter kann zwar fliegen, aber nicht schießen, weil die Bewaffnung noch nicht bezahlt werden kann. Aber Unterseeboote für Israel subventionieren wir bereitwillig. Der öffentliche Dienst ist teuer und die Pensionslasten steigen, trotzdem leistet sich diese Regierung so viele Staatssekretäre wie keine je zuvor.

Es wird über die Abhängigkeit von fossilen Energieträgern geklagt, aber trotzdem will die Regierung unbeirrt die Atomkraftwerke abschalten, die über Jahrzehnte hinaus die Grundlastversorgung sicherstellen könnten. Das ist noch nicht einmal eine Entscheidung gegen den Atomstrom, denn der wird weiter fließen - aus französischen oder tschechischen Kraftwerken, auf die unsere Regierung keinen Einfluss hat und deren Sicherheitseinrichtungen nicht von uns kontrolliert werden.

Die Rente wird immer unsicherer, es stehen schwere Einschnitte bevor. Deshalb empfiehlt die Bundesregierung schon seit Jahrzehnten die private Vorsorge. Im gleichen Zeitraum wurde der Steuerfreibetrag für angespartes Kapital immer weiter reduziert. Die beliebteste Form der Altersvorsorge, die Lebensversicherung, bekam ihr Steuerprivileg entzogen. In einer Nacht-und-Nebel-Aktion führte Rot-Grün Krankenkassenbeiträge auf Betriebsrenten ein. Aktien und Immobilien, riskante Anlagen, für die es als Zitterprämie nach einer gewissen Zeit des Haltens Steuerfreiheit auf Veräußerungsgewinne gab, verlieren diesen Vorteil demnächst, nachdem er bereits durch Ausdehnung der Haltezeit verwässert worden war. Und als Krönung des Ganzen muss jeder, der sich absichert und vorsorgt, diese Vorsorge auflösen, wenn er in "Hartz IV" absinkt.

Wenn unsere Politiker in die Schlagzeilen kommen, dann als vielverdienende Abkassierer, bei denen man sich fragt, wie die ihre ganzen Nebenjobs bewältigen können. Da auch für diese Herrschaften der Tag nur 24 Stunden hat und das Mandat angeblich 15 davon beansprucht, werden solche Zahlungen für ein Minimum an Leistung gewährt - oder es ist das, was man früher unschön als Korruption bezeichnet hatte.

Bei den letzten Bundestagswahlen gab es keinen Sieger. Zum einen, weil immer mehr Menschen diese Veranstaltung als Verschwendung von Zeit und Geld betrachten, bei denen das Volk nicht etwa seine Repräsentanten, sondern immer nur Parteifunktionäre wählen kann. Zum anderen sind sich Regierung und Opposition in den zentralen Fragen derart einig, dass wirkliche Alternativen nicht zur Wahl stehen. Ob die Hartz-Gesetze oder die EU-Verfassung, ob die Abschaffung der D-Mark oder

Diätenerhöhungen - bei den "großen Fragen" sind sich die Politiker immer einig und entscheiden dabei gegen den erklärten Willen des Volkes. So auch in diesem Fall. Die Wähler haben keiner Seite einen Regierungsauftrag erteilt, folglich haben sich die Verlierer zusammengetan und tun jetzt so, als würden sie tatsächlich regieren. Da jedoch jeder auf die Befindlichkeiten des Anderen Rücksicht nimmt, brauchen wir trotz der breiten parlamentarischen Mehrheit dieser Regierung nicht damit zu rechnen, dass die Probleme des Landes wirklich angepackt werden.

Je mehr Macht und Einfluss die Parteien erhalten, um so weniger geschieht in diesem Lande. Mag der einzelne Politiker im Vier-Augen-Gespräch noch halbwegs vernünftig erscheinen, so ändert sich das, sobald er in Rudeln auftritt, in jenen Rudeln, die unter der strengen Zucht des Fraktionsvorsitzenden stehen.

Als Parteien erleben wir die "Linken" Lafontaines, deren größte Leistung darin bestand, 40 Jahre lang das Gefängnis DDR für ihre sowjetischen Schirmherren verwaltet zu haben. Diese Partei gibt sich jetzt "demokratisch" und spielt sich auf als "Anwälte des Volkes", doch es geht ihnen nur um Macht und Posten, wie allen anderen Parteien. Die Grünen begannen als Protestpartei, als linke Alternative, bevor es die SED/PDS/Linke in Gesamtdeutschland gab. Der Zeitgeist trug diese Leute sogar in Regierungsämter, obwohl diese Partei nichts anderes zustande gebracht hatte, als Protest und Ablehnung. Die Minister, welche sie auf Bundes- und Landesebene stellten, fielen höchstens durch besondere Unfähigkeit auf, aber niemals durch Leistungen.

Das höchste Staatsamt, das des Bundespräsidenten, wurde spätestens bei den letzten beiden Amtsinhabern nach Parteipräferenz ausgekungelt und nicht nach den Erfordernissen des Landes besetzt. Damit Johannes Rau nach 20 Jahren endlich seinen Posten als Ministerpräsident aufgibt und Leuten mit moderneren Ansichten Platz macht, bekam er als Abfindung und Austragstelle das Amt des Bundespräsidenten. Und Horst Köhler bekam das Amt, weil CDU, CSU und FDP sich gegenseitig keinen wirklich repräsentativen Mann gönnten und deshalb einen Mann aus der dritten Reihe reaktivierten, der sich bereits aus Deutschland abgesetzt hatte.

Diese Praxis hatte übrigens das ZDF aufgebracht, dem für jede "Fernseh-Gala" nichts anderes einfällt, als Thomas Gottschalk einzufliegen. Und weil es so preiswert ist, abgehauene Leute in Vorzeige-Positionen zu holen, folgte auch der DFB diesem Modell und einigte sich auf den Bundestrainer Jürgen Klinsmann. Daraus lässt sich schließen, dass man sich in Deutschland in herzlicher gegenseitiger Abneigung und brennendem

Futterneid derart verbunden ist, dass nur Kandidaten, die nicht in den tagtäglichen Grabenkämpfen verwickelt sind, eine Chance haben.

Angeblich erfüllen die Medien in diesem Staat die Funktion des Kontrolleurs. In der Realität gibt es Springer und Bertelsmann. Gleichgeschaltete Medien, ohne staatlichen Zwang, von denen Josef Goebbels nicht einmal geträumt haben dürfte. Nachrichten werden lanciert, Meinungen gezielt herbei geschrieben oder herbei gesendet. Als die Weihnachts-Tsunami 2004 deutsche Urlauber ertränkt hatte, überschlugen sich die Medien mit Sonderberichten. Folglich gab es mehr Spendengelder, als die Hilfsorganisationen überhaupt sinnvoll ausgeben konnten. Die Katastrophe in Pakistan, bei der zwei Jahre später Leute hungerten und froren, fand keine Beachtung - und folglich gab es keine Spenden.

Für die gesetzlich vorgeschriebenen sechs Millionen Juden, die vor über 60 Jahren ums Leben gekommen sind, wird in allen Sendern die Werbetrommel gerührt. Von den zehn Millionen Afrikanern, die aktuell jedes Jahr an Unterernährung, Bürgerkriegen und Seuchen sterben, hört man bestenfalls einmal im Monat.

Angeblich war Joseph Martin Fischer über lange Zeit der beliebteste Politiker Deutschlands. Jetzt ist es Merkel. Nur nicht bei den Leuten, die ich kenne. Und bei den Leuten, die meine Bekannten kennen. Keiner mochte Fischer, keiner mag Merkel. Nur die einschlägigen Tabellen in den Medien. Das verdanken wir vermutlich denen, die niemand kennt in diesem Lande.

Was wir hier beobachten, sind Zerfallserscheinungen. Der Staat, wie wir ihn kennen, zumindest jene, die vor 1970 geboren worden sind, löst sich nach und nach auf. Die Finanzminister in Bund und Ländern sind längst Insolvenzverwalter geworden. In unseren gewählten Parlamenten sitzen Parteifunktionäre, die ideenlos Beschlüsse aus Brüssel in nationale Gesetze umschreiben.

Eine Besserung der Zustände ist nicht in Sicht. Die etablierten Parteien, welche sich an der Macht und an ihren Pfründen festklammern, haben weder Lösungen noch ein diskutierbares Konzept dafür. Die Kleinparteien und Grüppchen haben vielleicht Ideen und Konzepte, aber das Kartell der Macht hält diese Leute zuverlässig von den eigenen Futterkrippen fern.

Gewiss, wir sind das Land, dem zwei Weltkriege aufgezwungen wurden. Kriege, in denen Deutsche ermordet und Deutschland zerstört und ausgeplündert wurde. Die kulturelle Höhe des 18. und 19. Jahrhunderts wird dieses Land vermutlich nie wieder erreichen, ebenfalls seine wissenschaftliche und technische Stellung im 19. und der ersten Hälfte des 20. Jahrhunderts. Aber das heißt nicht, dass wir uns zurücklehnen können und beschaulich den weiteren Abstieg betrachten.

Das Land ist von einer Lähmung befallen. Junge, gut ausgebildete Leute spielen mit dem Gedanken, das Land zu verlassen. Hoffnung bedeutet mittlerweile nicht, dass es unseren Kindern mal besser gehen wird, sondern nur noch, dass es ihnen möglicherweise nicht viel schlechter gehen wird als uns heute.

Die Mindesthaltbarkeit dieses Landes ist abgelaufen, und anders als Konservendosen verfällt es schnell und merkbar. Das ehemalige "Modell Deutschland" hat ausgedient. Aufstieg und Verfall, Wachsen und Welken sind der natürliche Werdegang der Dinge. Im 10. und 11. Jahrhundert hießen die Zentren des kulturellen und naturwissenschaftlichen Fortschritts Kairo, Damaskus, Bagdad und Cordoba. Berlin war noch nicht gegründet und Amerika mit New York und Hollywood noch lange nicht entdeckt. Heute hechelt die arabische Welt dem Westen hinterher, ihre Wirtschaft lebt vom Erdöl und die Welt nimmt von der arabischen Kultur gerade einmal die Aufrufe zum Dschihad und die Selbstmordattentäter wahr.

Es gibt Beispiele genug, wohin der Abstieg eines Landes und eines Volkes führen kann. Viele unserer Politiker haben Geschichte studiert, einige von ihnen sie sogar in Schulen unterrichtet. Da wird es doppelt unverständlich, wieso sich niemand aufrafft und sich dem Gang der Dinge entgegenwirft. Nach dem Abstieg Roms hat Europa tausend Jahre gebraucht, um wieder zum Zentrum der Welt zu werden. Eine Erneuerung, eine Renaissance ist also möglich. Doch diese Erneuerung kommt nicht von selbst, sie muss herbei gedacht, herbei geschrieben und herbei gearbeitet werden.

Wenn die Haltbarkeit eines Produktes überschritten ist, dann ist das nicht schlimm, sondern ganz natürlich. Dann muss das Produkt verbraucht und ersetzt werden. In der Neuanschaffung steckt immer die Chance zur Verbesserung. Der neue Fernseher hat ein größeres, schärferes Bild als das alte, ausgediente Modell, die neuen Konserven enthalten schmackhaftere, schonender zubereitete und damit biologisch wertvollere Nahrung.

Der jetzige deutsche Staat ist ein Billigprodukt der Nachkriegszeit, rasch zusammengezimmert und gewissermaßen mit der Option zu verfallen, wenn sich Deutschland in Freiheit und Selbstbestimmung wiedervereinigt.

Vereinigt sind wir seit dem 3. Oktober 1990, doch weder frei noch selbstbestimmt. Der 2+4-Vertrag war kein Akt der deutschen Selbstbestimmung, sondern eine Abmachung mit den vier Besatzungsmächten des 2. Weltkrieges. Ein Weltkrieg, der selbst heute, nach über 60 Jahren, noch nicht beendet ist. Deutschland hat keinen Friedensvertrag, es wird von der UNO noch immer als Feindstaat geführt. Mag sein, dass dies Formalitäten sind, die keinen wirklichen Wert besitzen, doch wenn es bloße Formalitäten sind, dann sollte man diese Formalitäten einhalten.

Der Staat ist verbraucht und dabei, sich aufzulösen. Abwarten vergrößert den Schaden. Nützen wir die Zeit, die er noch mehr schlecht als recht funktioniert, um seinen Nachfolger zu planen. Lernen wir aus den Fehlern, die begangen wurden, damit das neue Deutschland ein freiheitlicher und demokratischer Rechtsstaat wird. Denn wenn wir es nicht tun, besteht die Gefahr, dass wir einen schlechteren Staat bekommen als wir ihn hatten. Anarchie ist sowenig wünschenswert wie eine Diktatur. Dem müssen wir heute entgegenwirken, nicht erst in einigen Jahren, wenn die Erneuerung unvermeidlich wird.

Keine Zukunft für Deutschland

Es gab Zeiten, da hießen die Helden deutscher Zukunftsromane "Dr. Wandel" oder "Professor Eggerth", waren ganz selbstverständlich Wissenschaftler oder Ingenieure, und ja, Deutsche. Amerikaner durften ihnen höchstens die Entwicklung finanzieren, aber nur, wenn die Patente danach in Deutschland verblieben und gerade einmal Lizenzen gewährt wurden.

Heutzutage heißen die Helden deutscher Science-Fiction-Romane – so man noch welche findet – "Cliff McClane" oder "Perry Rhodan", sind draufgängerische Raumfahrer und ballern in Cowboy-Manier um sich. Neu entdeckte Sonnensysteme werden "Redeye" genannt, oder auch mal "Blue", was wohl den Verleger an die rot unterlaufenden Augen der übernächtigten Autoren erinnern soll, oder an den Zustand, in dem diese Romane verfasst werden.

Kein Zweifel, die Zukunft ist englisch, genauer: sie ist amerikanisch. Amerikaner fliegen amerikanische Raumschiffe zu fremden Planeten, die amerikanische Namen erhalten und räumen die rückständige Urbevölkerung zu Gunsten amerikanischer Siedler aus dem Weg. Die Weltraumwährung heißt "Dollar", hin und wieder auch "Star-Dollar", die guten Völker haben Demokratie, die bösen eine Diktatur und die rückständigen einen König. Bei den Autoren deutscher SF-Verlage kann man rätseln, ob das wirklich ein Amerikaner ist oder ein Deutscher, der unter amerikanischem Pseudonym schreibt.

In einem Punkt sind sich die Autoren jedoch einig: Eine deutsche Zukunft findet nicht statt! Bestenfalls kann mal jemand "deutschstämmig" sein, oder sich der eine oder andere Bösewicht "Nazi-Methoden" bedienen, aber das war es auch schon. Immerhin, freuen wir uns, denn damit wird gezeigt, dass der Autor einmal gehört hat, dass da irgendwo in der Mitte Europa mal etwas gewesen ist... in der späten Bronzezeit.

Aber klar, wen interessieren schon Zukunftsromane... Höchstens Jugendliche, so zwischen 12 und 18 vielleicht. Die haben in früheren Zeiten gelesen, dass man als Held der Zukunft eine solide akademische und vor allem technische Ausbildung braucht. Heute lesen sie, dass es genügt, kräftige Muskeln für die allfälligen Schlägereien zu haben und gut schießen zu können. Früher haben Deutsche die Zukunft gestaltet, heute Amerikaner, deshalb sollte man als Jugendlicher tunlichst Amerikaner werden, oder sich damit abfinden, fern aller Weltraumherrlichkeit als Buchhalter zu verstauben.

Die Helden der Vorkriegszeit waren neben Herrmann dem Cherusker und Karl Martell auch Bosch und Diesel, Daimler und Siemens, Koch und Hertz - Physiker, Chemiker, Ingenieure, Tüftler, deren Namen Jahrzehnte und Jahrhunderte überdauern. Heute sind das irgendwelche Schauspieler, deren Namen schon in der nächsten Generation durch andere ersetzt werden. Früher haben die Mädchen bei Elvis und den Beatles gekreischt, heute kreischen die Girlies bei Tokio Hotel.

Der bekannteste Fernsehprofessor meiner Jugend hieß Heinz Haber und war Physiker, der bekannteste Fernsehprofessor heute heißt Hans Sinn, ist Wirtschaftler und kann für seinen Namen nichts. Haber erklärte die Welt in ihren Zusammenhängen, Sinn dagegen, dass die einfachen Leute mehr arbeiten und weniger verdienen sollen.

Ich finde die Bemühungen unserer Kanzlerin und ihres Trosses rührend, den Jugendlichen die Schönheiten des Ingenieurberufs nahezubringen. Und ja, ich kann einem Jugendlichen von ganzem Herzen empfehlen, Ingenieur oder Naturwissenschaftler zu werden. Mit dieser Ausbildung sind die Absolventen weltweit begehrt und können gleich nach dem Abschluss das immer weiter ausgemerkelte Deutschland verlassen.

In Deutschland sollte man besser kein Techniker werden. Hier im Land mag niemand wirklich Techniker. Wenn irgendwo ein Kraftwerk gebaut werden soll, denkt niemand an Arbeitsplätze, sondern an Feldhamster und Umweltverschmutzung. Der Strom kommt schließlich aus der Steckdose, warum also so ein Teufelszeug bauen? Und das hier, vor unserer Nase? 50 Kilometer weiter, wenn es denn sein muss, aber nicht HIER!

Als junger Ingenieur werden Sie natürlich auch in Deutschland gerne eingestellt. Selbstverständlich nicht für ein überhöhtes Gehalt, Sie müssen ja erst zeigen, was Sie wert sind, aber das kann man ja später ganz problemlos steigern. Später? Nun, in fünf Jahren ist Ihr Wissen leider veraltet, da braucht man Leute, die auf dem neuesten Stand sind, junge Leute, billige Leute. Und Sie? Mit 30 kommen Sie noch unter, keine Sorge. Gut, Sie sind jetzt zweite Wahl, aber Ihr neuer Arbeitgeber kann sich die erste Wahl sowieso nicht mehr leisten. Jedenfalls überstehen Sie die nächsten Jahre, bis Sie dann mit 45 oder 50 ausgemustert werden. Ganz zu Recht, natürlich, denn wer braucht noch Ideen und Methoden von gestern? Erfahrung ist Altersschwäche, Jugend und Dynamik werden gefordert, in dieser schnellen Zeit.

Was Unternehmen wirklich brauchen, sind jene drögen Herren aus gutem Hause, die neben einem altbekannten Familienamen und einem gut situierten Vater mit zahlreichen nützlichen Bekannten einen Titel wie

"MBA" vorweisen können. Das heißt "Meister der Unternehmens-Verwaltung", und genauso führen sie sich auch auf: Verwalter, die jedes Risiko scheuen, langfristige Engagements vermeiden und dafür gute Quartalszahlen vorweisen. Für diese Herrschaften sind Forschung und Entwicklung keine Investitionen in die Zukunft, sondern Kostenstellen mit Einsparpotential, genau wie Forscher und Ingenieure. Menschen sind Verfügungsmasse, vor allem jene, die keinen Familienamen tragen, keinen gut situierten Vater mit zahlreichen nützlichen Bekannten haben und nicht einmal einen Titel wie "MBA" vorweisen können.

Natürlich, wer in seiner Jugend nie einen echten Zukunftsroman gelesen hat, sondern immer nur Science Fiction mit herum ballernden Weltraumhelden, nimmt die Tüftler und Erfinder nur als untergeordnete Randfiguren wahr, Eierköpfe eben, die man an der kurzen Leine führen muss, damit diese nie den Wert des Geldes aus den Augen verlieren. James Bond ist wichtig, auch noch M, der die Befehle gibt, aber keinesfalls Q, der ja nur ein paar Spielzeuge bastelt.

Für diese Herren spielt die Zukunft in Amerika, nicht in Deutschland. Sie spricht Business-English, kein Techniker-Deutsch. Deshalb wurden Milliarden Mark und werden Milliarden Euro im Land des ewigen Heils versenkt, weil die Herren sich ein klein wenig von dieser goldenen amerikanischen Zukunft kaufen wollen. Dafür wird bereitwillig deutsche Zukunft verschenkt, denn deutsche Arbeiter müssen die abgehobenen Vorstellungen dieser Meister der Unternehmens-Zerstörung bezahlen, oft genug mit ihren Arbeitsplätzen.

Im Zukunftsroman kämpft sich der Wissenschaftler durch Experimente und Fehlschläge zum Erfolg, wehrt sich gegen die Nachstellungen fremder Mächte, die ihm seine Erkenntnisse stehlen wollen. Für heutige Unternehmenslenker fallen Erkenntnisse vom Himmel und werden gerne als kostenlose Dreingabe ans Ausland weitergegeben. Anschließend vergießt man Krokodilstränen, wenn der rumänische oder chinesische Kooperationspartner bald darauf die Produkte in Eigenregie fertigt und billiger anbietet, weil er keine deutschen Manager und Kapitaleigner bedienen muss.

Jetzt stellt sich die Frage, ob das alles Zufall ist oder dahinter böse Absicht steckt.

Offiziell wird eine deutsche Zukunft schon gar nicht mehr erdacht. Das Grundgesetz enthält schon jetzt Bestimmungen, wie die deutschen Souveränitätsrechte nach und nach an die EU zu übertragen sind, der berüchtigte Vertrag von Lissabon, die Einführung der gescheiterten

EU-Verfassung durch die Hintertür, wird diesen Prozess beschleunigen. Es genügt ja, wenn von diesem deutschen Staat genug übrig bleibt, um den Politikern die überhöhten Pensionen zu bezahlen.

Wenn Sie in den Veröffentlichungen der Regierung blättern, dann finden Sie dort Klimakonzepte, Umweltschutzkonzepte, Verkehrskonzepte, aber kein Deutschlandkonzept. Die Kanzlerin beabsichtigt, 2009 weiter zu regieren, die SPD, sie abzulösen. Das sind die am weitesten in die Zukunft reichenden Konzepte der größten deutschen Parteien. Gerhard Schröder war noch so vermessen, 2005 eine "Agenda 2010" aufzulegen, die über seine Legislaturperiode hinausreichen sollte. Diese lenkte von seiner "Politik der ruhigen Hand" ab, dem gemächlichen Vorgehen in dringenden Fragen. Vorsichtshalber spricht SPD-Kandidat Steinmeier schon von Deutschland 2020.

Amtsinhaberin Angela Merkel plant das Jahr 2010 Ende 2009, nach der gewonnenen Wahl. Konzepte erarbeiten hält ja nur von den ganzen schönen Weltreisen ab.

Natürlich haben Politiker mit einem auf den nächsten Wahltermin beschränkten Horizont keine wirklichen Zukunftsperspektiven zu bieten. Visionäre sind in Parteien unerwünscht, die wollen blasse, angepasste Funktionäre, "Meister der Partei-Verwaltung" eben. Visionäre Vordenker gefährden das Ansehen des Parteichefs, denn die Konzepte dürfen nur von höchster Stelle in die Welt gesetzt werden. So ist das nun einmal in einer obrigkeitlich organisierten Parteiendemokratie.

Das mag man noch als "Zufall" oder eben eingebaute Systemschwäche abtun, doch die Wirklichkeit geht über dieses Systemversagen hinaus. Die "Dr. Wandels" sind heutzutage unerwünscht, lassen sich da doch von pseudodeutschen Volldemokraten Züge des "arischen Übermenschen" hineindeuten. Die Abstammung von deutschen Massenmördern passt hingegen gut zur Ein-Mann-Armee John Rambo, aber der ist ja Amerikaner, also darf er um sich metzeln.

Eine irgendwie geartete Verherrlichung einer deutschen Zukunft wird als Nationalbewusstsein abgestempelt. Letzteres wird Deutschen nur zugestanden, wenn es um Autos, Fußball und den größten Bierbauch von Mallorca geht. Deutsch denken ist unerwünscht, eine deutsche Zukunft zu denken erst recht. Das durften bestenfalls noch DDR-Autoren, deren deutsche Wissenschaftler im Dienste der glorreichen Sowjetunion den Weltkommunismus fördern sollten.

Wer es hingegen im Westen oder in den wiedervereinigten Besatzungszonen wagt, eine rein deutsche Raumschiffsmannschaft auf einem fremden Planeten landen zu lassen, ist suspekt. Wenn diese dann äußern, dass die dortigen Einwohner "primitiv" seien, weil sie eine steinzeitliche Kultur haben, ist der Autor natürlich Rassist. Also schickt man lieber eine amerikanische Crew dorthin, die darf die Eingeborenen fröhlich niedermetzeln - in Notwehr, natürlich, mit Plasmakanone gegen Faustkeil - und alles ist in Ordnung.

Ein Roman, bei dem ein deutscher Wissenschaftler seine bahnbrechende Erfindung gegen den amerikanischen Geheimdienst, gegen Echelon und NSA-Computer verteidigt, ist zwar höchst realistisch, aber zutiefst antiamerikanisch. Und wenn auch noch eine böse Großbank mitmischt, die vielleicht einen jüdisch klingenden Namen trägt, ist das Buch ein antisemitisches Machwerk, das in Deutschland nicht publiziert werden darf oder sofort auf dem Index landet und eingestampft wird (weil Bücherverbrennungen ja auch ideologisch vorbelastet sind).

Wer eine deutsche Zukunft beschreibt, begibt sich in das ideologische Minenfeld der Volldemokraten, die in jedem Buch irgendwelche Aussagen hineininterpretieren, die von unverblendeten Menschen in diesem Buch gar nicht zu finden sind. Deshalb ist eine deutsche Zukunft unerwünscht - und deshalb wird es schließlich keine Zukunft für Deutschland mehr geben.

Aber auch hier wird die Rechnung ohne den Wirt gemacht. So sehr die amerikanische Zukunft herbei geschrieben wurde und wird, so wenig ist sie gesichert. Allen Glorifizierungen zum Trotz wird das Dunkle Imperium schon in wenigen Jahren nicht mehr existieren, Deutschland hingegen neu aufblühen. Die deutsch- und deutschenfeindlichen Volldemokraten von heute werden dann Geschichte sein und, falls sie überleben, ernsthaft behaupten, schon immer ganz anderer Meinung gewesen zu sein.

Was wir dann brauchen, sind Konzepte für eine deutsche Zukunft. Niemand hat mehr Bedarf an schießwütigen Cowboys, weder auf der Erde noch im Weltraum. Aber die Dr. Wandels und Professor Eggerths, die werden wir weiterhin benötigen. Jetzt - und vor allem in einer deutschen Zukunft!

Deutschstunde

Vor langer Zeit gab es in Deutschland eine Sprache, deren Worte landesweit das gleiche bedeuteten. Doch das war zu jener Zeit, als sich Politiker noch nicht der Sprache angenommen hatten. Oder der Rechtschreibung. Nun, ich erhebe hier keinen Anspruch darauf, ein deutsches Wörterbuch zu verfassen. Ich möchte nur den Sinn von ein paar Worten erklären, über deren Bedeutung heftig gestritten wird.

Reform

Das bedeutete einmal, dass etwas Altes, Überholtes durch eine überdachte, neue Regelung verbessert wurde. Als die preußischen Armeen oft genug von Napoleon (dem Ersten) geschlagen worden waren, führte Preußen eine Heeresreform durch. Dieses reformierte Heer verdrosch den dann amtierenden Napoleon (den Dritten) erfolgreich, also hatte sich die Reform gelohnt. Auch die in Deutschland so beliebte Währungsreform hat sich gelohnt. Zumindest die von 1948, die uns die D-Mark brachte. Die von 2002, die uns diese D-Mark wieder wegnahm, war nicht so erfolgreich. Aber das war ja auch keine Reform, hat man uns gesagt.

Unter Willy Brandt waren Reformen sehr beliebt. Wer damals so jung war wie ich, freute sich über diese Reformen, denn jede Reform brachte positive Veränderungen mit sich. Dachte ich damals jedenfalls. Heute überlege ich manchmal, wie Deutschland aussähe, hätte es 1969 einen Bundeskanzler Strauß gegeben.

Jedenfalls hat das Wort "Reform" heute eine andere Bedeutung als 1969. Heute bedeutet es, eine bewährte Regelung durch ein ineffizientes bürokratisches Ungeheuer zu ersetzen, das mehr kostet, mehr schadet als nutzt und die ganze Ministerialpropaganda benötigt, um den Sinn des Ganzen zu begründen. Wobei darauf geachtet wird, dass die Kosten der Reform vor allem auf die weniger wohlhabenden Mitbürger fallen, denn die Reichen im Lande will niemand verärgern.

Bei der vorletzten der vielen Gesundheits-Reformen wurde die Horst-Seehofer-Gedächtnis-Gebühr eingeführt, das Eintrittsgeld beim Arzt. Damit sollte Geld im "Gesundheitssystem" eingespart und sogar die Kassenbeiträge reduziert werden. Nun, da sich heute kaum noch jemand zum Arzt traut, könnte tatsächlich etwas gespart werden. Aber zum Ausgleich haben die Pharma-Firmen die Preise erhöht. Ärzte werden nach einem ausgeklügelten Punktesystem bezahlt, das sie ziemlich unabhängig von der tatsächlichen Anzahl der Patienten macht. Die Beiträge der Krankenkassen wurden jedoch nicht gesenkt. Da müssen erst mal Schulden abgebaut werden. Ach ja - und die Vorstände brauchen neue Dienstwagen.

Bei der letzten Gesundheits-Reform wurde der Gesundheits-Fonds eingeführt, mit einem einheitlichen Krankenkassenbeitrag, damit die Versicherten nicht mehr merken, wer mit ihren Geld vernünftig wirtschaftet und wer für seine Verwaltung gerne ein bisschen mehr Geld ausgibt.

Die alten Arbeitsämter wurden zu Bundesagenturen für Arbeit reformiert. Falls sich noch jemand an Herrn Florian Gerster erinnert – das war der große Reformator, der als ersten Reformerfolg ein doppelt so hohes Gehalt einstrich wie sein Vorgänger. Dies war so großzügig bemessen, dass selbst sein Nachfolger Frank-Jürgen Weise nicht mehr fordern musste. Um für seine Berater ein kreativitätsfördendes Ambiente zu schaffen, ließ Herr Gerster auch die Vorstandsetage seines Dienstsitzes renovieren. Ansonsten leisteten die neuen Bundesagenturen nicht ganz so viel wie die alten Arbeitsämter. Zumindest, wenn man die Vermittlungserfolge betrachtet.

Aber das war vor Hartz IV. Diese Reform müssen sie erst mal verkraften und damit das nicht in Überarbeitung ausartet, bekamen die Bundesagenturen auch noch die "Argen" an die Seite gestellt. Jetzt teilen sich zwei Behörden die Arbeit, und weil auch das noch nicht ausreicht, um jeden Erfolg zu vermeiden, hat man noch die kommunale Trägerschaft eingeführt.

Politiker

In den frühen Tagen meines Sozialkunde-Unterrichts wurde mir beigebracht, dass Politiker mutige Männer seien (damals gab es weniger Frauen in politischen Ämtern als heute und natürlich keine Quotenregelungen), die am Ruder unseres Staatsschiffes stünden und es aufopferungsvoll durch schwere Zeiten steuerten. Ach, wie so gerne habe ich dem gelauscht und in kindlicher Einfalt das Bild vom Guten im Menschen, das für mich noch früher Sankt Nikolaus verkörperte, auf diese Leute übertragen. Ich bin sogar in eine Partei eingetreten, habe in diversen Wahlkämpfen mitgearbeitet und ganz fest daran geglaubt, für DIE GUTEN einzutreten. Ja, es gab damals auch andere Politiker. Bei anderen

Parteien, deshalb waren das jedoch nicht DIE GUTEN. Weil die es eben nicht konnten.

Leider brachte das wechselvolle Schicksal dann auch mal DIE GUTEN an die Regierung. Da konnte ich dann feiern und mich des Lebens freuen. Bis dann... ja, bis die nächste Legende zerstört wurde. Nach Christkind, Osterhase und Sankt Nikolaus musste ich mich damit abfinden, dass es auch DIE GUTEN nicht gibt. Zumindest nicht unter den Politikern.

Damit es zukünftige Sozialkunde-Lehrer einfacher haben, erkläre ich dem geneigten Leser die Tätigkeit eines Politikers. Politiker sind Leute, die sich - gerne auch mit Rasierklingen in den Ellbogen - in Ämter vorkämpfen, für die ihnen jede Voraussetzung fehlt, sie auszufüllen. Dort halten sie dann als Laiendarsteller Sonntagsreden und verkünden jene Weisheiten, die ihnen die Parteioberen oder die Ministerialbeamten eingetrichtert haben. Dabei halten sie ihre Taschen nach allen Seiten offen und nehmen mit, was sie nur kriegen können. Ganz legal, versteht sich. Lässt sich schließlich ein Skandal absolut nicht mehr vertuschen oder klein reden, gehen sie bestens mit mehreren Pensionen versorgt in den Ruhestand. Im Ruhestand können diese fähigen Leute natürlich nicht still ihr dem Volk abgepresstes Geld verprassen. Nein, da müssen diese Herrschaften noch arbeiten. Aber bitte nicht dabei anstrengen. Also als Berater, Aufsichtsräte oder Werbedarsteller - eben Jobs, wo es für wenig Arbeit und wenig Können viel Geld gibt. Wie sie es von der Politik gewohnt sind.

Deutsch

Das war einmal die hiesige Landessprache. Gewiss, sie war zu allen Zeiten Infiltrationen ausgesetzt. Es gab Zeiten, da hat man sie mehr oder weniger erfolgreich verteidigen wollen. So wurde aus dem Trottoir erfolgreich der Gehsteig, aus der Nase hingegen erfolglos der Gesichtserker. Ich sage auch nichts gegen technische Begriffe, die sich so eingebürgert haben. Vermutlich werde ich noch in 20 Jahren die Strg-Taste an meinem Computer als Control-Taste bezeichnen, wie sie vor der Eindeutschung auch auf DIN-Tastaturen hieß. Ich frage mich jedoch, wieso geistlose Fernsehmoderatoren (Gibt es auch andere?) ihr Publikum "voten" lassen, anstatt es zur Abstimmung aufzufordern. Früher wurden Mitarbeiter informiert, heute "gebrieft". Wobei "brief" so viel wie "kurz" heißt. Entsprechend uninformiert gehen die Mitarbeiter auch aus solchen

"Briefings". Manager (die ehemaligen "leitenden Angestellten") besuchen (oder "attenden"?) Meetings. Früher waren das Besprechungen, aber da kam zu viel dabei heraus. Deshalb trifft man sich heute nur noch ("to meet") unverbindlich.

Englische Begriffe sind völlig in Ordnung, wenn sie durch die natürliche Entwicklung so eingeführt wurden. Jeder darf gerne sein Mountain-Bike fahren und muss nicht aufs Berg-Fahrrad umsteigen. Aber gutes Deutsch durch schlechtes Englisch zu ersetzen, nur um von den eigenen Bildungslücken abzulenken, sollte sogar unter dem Niveau von Fernsehleuten sein.

Innovation

Dieses Wort stand einst für Neuerung, insbesondere für Erfindung. Ganz einfach ausgedrückt, entwickelten kluge Leute etwas, das mutige Leute finanzierten und wenn zufriedene Kunden das begeistert gekauft haben, wurden sie alle reich. Eine lohnende Innovation besteht also aus drei Teilen. Bei Aspirin hat das so hervorragend geklappt, dass die Firma Bayer damit noch heute gutes Geld verdient. Wie viel sie damit verdient, merkt man, wenn man das Aspirin von der Firma Bayer in einer Apotheke im Ausland kauft. Dort ist es wegen der weiten Transportwege gerne mal um zwei Drittel billiger als in einer deutschen Apotheke. Diese Preis-Innovation haben die deutschen Konzernoberen begriffen.

Aber Aspirin ist eine Geschichte aus dem vorletzten Jahrhundert. Im letzten Jahrhundert lief das mit den Innovationen ein klein wenig anders. Da haben kluge Leute in Deutschland das Fax-Gerät entwickelt. (Ja, das ist ein Parade-Beispiel.) Oder eine Magnet-Schwebebahn. Beim Fax-Gerät gab es in ganz Deutschland keine mutigen Leute, die das bauen wollten. Die Japaner waren mutiger und verdienten einen Haufen Geld damit. Den Wert eines solchen Gerätes kennen die Konzernbosse mittlerweile. Deshalb stehen in deren Vorzimmern überall Fax-Geräte. Die Magnetbahn wollte in Deutschland auch niemand bauen. Statt dessen gab man eine Menge Geld aus, um ICE-Strecken zu errichten. Für den gemischten Betrieb, damit auch Güterzüge darauf fahren können. So wird der Streckenkilometer nämlich besonders teuer und der ICE fährt darauf nicht ganz so schnell wie er könnte. Die Franzosen haben für ihren TGV eigene Bahngleise gebaut, auf denen nur diese Züge fahren – mit voller Geschwindigkeit. Das kommt billiger. Billiger wäre es auch gekommen, statt der ICE-Strecken gleich Transrapid-Strecken zu bauen. Aber das wäre ja eine Innovation gewesen. Den Transrapid hätten wir überall hin verkaufen können, weil er seine Kinderkrankheiten im Betrieb auf deutschen Strecken abgelegt hätte. Ob die Chinesen uns noch mehr davon abnehmen, steht in den Sternen. Aber keine Sorge, in 20 Jahren können wir Maglev-Strecken aufbauen. Der Maglev ist das japanische Gegenstück zum Transrapid. Bis man bei uns entschieden hat, ob wir einen Transrapid vielleicht doch brauchen, sind die einst hoffnungslos abgehängten Japaner besser. Die verdienen dann damit richtig Geld.

Seit in Deutschland "Manager" am Ruder sind, die nach amerikanischem Vorbild nur auf Quartalsergebnisse starren, statt auf das Wohl der Firma zu achten, sind Innovationen unmodern. Innovation bedeutet nämlich, dass ich als Manager die Entwicklung finanziere – was meine Ergebnisse verschlechtert, denn ich trage die Kosten – und mein Nachfolger die Gewinne einfährt – und ein hervorragendes Ergebnis abliefert. Dafür wird der dann auch noch befördert... Deshalb lieber keine Innovationen. Bitte nicht. Reines Teufelswerk, so was.

Geil

Dieses Wort ist einfach nur... äh, ja, geil. Einstmals war es in besseren Kreisen tabu, es zu verwenden wies den Betreffenden als ungeschlachten Kerl aus. Heute weiß kaum noch jemand, was ein ungeschlachter Kerl ist, aber geil ist sehr vieles. Zum Beispiel Geiz. Oder geizen beim Sex. Denn damit hatte das Wort ursprünglich zu tun. Kinder bekommen ist eben nicht geil. Aber was soll's. Sterben wir aus und finden eben das geil. Jedenfalls ist das Wort modern und Multimillionär Dieter Bohlen benutzt es gern und häufig. Aber der hat auch das Wort "Penisbruch" salonfähig gemacht. Früher hätte man ihn dafür vermutlich als ungeschlachten Kerl bezeichnet.

Komiker

Vor vielen, vielen Jahren gab es einen Komiker, der hieß Herbert Hisel. Der arbeitete schon in den 60ern mit Multimedia, was heißt, es gab ihn auf allen damals verfügbaren Medien. Also Single-Schallplatten, Langspielplatten und Compact-Cassetten. Im Fernsehen trat er nur ganz selten auf, die große Zeit der Blödeleien hat "Herbatla" nicht mehr erlebt. Jou werkli. (Ja wirklich - sein bekanntester Spruch). Er starb als Komiker, wie Karl Valentin und Lisl Karlstatt. Mit dem, was eine einzige Single von Herbert Hisel enthält, könnte ein Harald Schmidt zehn Sendungen bestreiten und noch einzelne Gags an Anke Engelke abgeben.

Dafür kassiert Herr Schmidt für eine Sendung mehr als Herbert Hisel für zehn Singles.

Heute wäre Herbert Hisel natürlich kein Komiker, sondern ein "Comedian". Das sind so Leute wie Otto Waalkes, Mike Krüger, Jürgen Busse und Thomas Gottschalk, die ständig im Fernsehen auftreten und ihre beste Zeit längst hinter sich haben. Wie bitte? Thomas Gottschalk ist gar kein Comedian? Stimmt, der hat sich hier nur reingedrängt. Das macht er gerne, sich überall reindrängen. Wann haben Sie den letzten Fernsehabend ohne Gottschalk erlebt? Oder ohne den anderen Werbe-Tausendsassa Günther Jauch? Das muss zu Zeiten von Herbert Hisel gewesen sein, als Komiker noch mehr konnten als den Klamauk der heutigen Comedians.

Nebenverdienst

Einstmals war ein Nebenverdienst das Zeichen eines hart arbeitenden Mannes, der seiner Familie etwas bieten wollte und dafür nach Feierabend einem zweiten Job nachging. Inzwischen muss dieser Familienvater froh sein, wenn er überhaupt noch einen Arbeitsplatz hat. An die Möglichkeit, nebenbei etwas zu verdienen, braucht er gar nicht zu denken. Abgesehen davon, dass das ein normaler Arbeiter mit 40-Stunden-Woche gar nicht schafft. Er würde sich nämlich im Nebenjob verausgaben, und das mag sein Haupt-Arbeitgeber gar nicht.

Nebenverdienste gibt es nur noch für Politiker und Fernseh-Millionäre. Wenn also Thomas Gottschalk oder Günther Jauch neben ihren einträglichen Moderatoren-Jobs noch in der Werbung abkassieren, dann ist das ein einträglicher Nebenverdienst. (Hatte ich die beiden vorhin nicht schon mal erwähnt? Also, diese beiden drängen sich wirklich überall hinein!) Aber schließlich ist Werbung ja auch Fernsehen und wenn diese Herren bei der Konkurrenz anzeigen, dass es Zeit ist für eine Pinkelpause, dann hat ihr sonstiger Brötchengeber bestimmt nichts dagegen. Jeden Chef freut es, wenn seine bestbezahlten Mitarbeiter nebenher bei der Konkurrenz mit abstauben...

Bei Politikern sind Nebenverdienste inzwischen üblich. 370 der 603 Abgeordneten im Bundestag hat man bereits erwischt. Aber das hat natürlich keine Konsequenzen. Schließlich sind diese Damen und Herren laut eigenen Angaben mindestens 70 Stunden pro Woche "für Deutschland" tätig. Da bleibt genügend Zeit, um nebenher noch richtig Geld zu verdienen. Entschuldigung, das ist ein sehr beliebter Fehler im

Deutschen. Der feine Unterschied zwischen "verdienen" und "bezahlt bekommen" wird selten beachtet. Also, Bundestagsabgeordnete sind Leute, die das 30-fache eines Hartz-IV-Empfängers bezahlt bekommen. Bei so kärglichen Einnahmen haben sie ihren Nebenverdienst doch verdient, oder?

Aber sind es wirklich nur 370 von 603 Abgeordneten, die sich etwas dazu bezahlen lassen? Das sind ja nur gute 60% von denen... Wenn hingegen in den Nachrichten das Parlament gezeigt wird, sind zumeist nur zehn Prozent der Abgeordneten zugegen. Vermutlich weil die anderen im Nebenjob so richtig ranklotzen müssen. Nur leider gelten die Gesetze, welche die Hinzu-Kassierer beschließen, für das ganze Volk. Falls da mal jemand auf Abhilfe sinnt, einfach nur in meinem Buch "Das deutsche Jahrhundert" nachlesen. Und an mein Berater-Honorar denken, denn so ein kleiner Nebenverdienst wäre auch mir willkommen.

Science Fiction

Mein Lieblingsautor ist Hans Dominik. Ach, den kennen Sie nicht? Der lebte von 1872 bis 1945 und schrieb Zukunftsromane. Ja, wirklich. Also deutsche Science Fiction. Das Wort Zukunftsroman hat sich überlebt. Das klingt so... deutsch. Und deutsch war auch eine Fernsehserie namens Raumschiff Orion. Die kennen Sie aber? Unsere amerikanischen Freunde haben zur selben Zeit mit "Raumschiff Enterprise" experimentiert und sind damit auf den Bauch gefallen. Anders als unsere deutschen Fernsehgewaltigen, die eine erfolgreiche Serie wie Raumpatrouille nach sieben Folgen einstellen und vergessen, hatten die Amerikaner Mut zur Innovation (zu diesem Wort - siehe oben). Nach einer angemessenen Pause haben sie die Besatzung ihrer Enterprise ausgewechselt und statt Käpt'n Pike Käpt'n Kirk auf die Reise geschickt. Und dann Picard, Sisko, Janeway, Archer... jedenfalls produzieren unsere amerikanischen Freunde eine Staffel nach der anderen und verdienen richtig Geld an den Filmrechten. Was hätte aus Raumschiff Orion werden können unter amerikanischer Leitung? Aber wenigstens wiederholen unsere Fernsehoberen die Serie ab und zu. Also ein bisschen Geld bringt selbst die noch ein.

Die Helden von Hans Dominik waren Ingenieure und Naturwissenschaftler. Folglich waren in meiner Jugendzeit Atomphysiker für mich

Leute, mit denen sich der liebe Gott beriet, wenn er den Lauf der Dinge regeln wollte. Später habe ich erfahren, dass Atomphysiker alle Verbrecher sind, deren Kraftwerke uns auf jahrzehntausende verstrahlen und außerdem die Feldhamster vertreiben, die früher auf dem Gelände des heutigen Kraftwerkes gelebt hatten. Überhaupt ist Gewalt gegen Atomanlagen und Atomtransporte Pflicht. Immer schön auf die Polizisten einprügeln, die solche Anlagen des Todes bewachen. Und zu Hause freuen wir uns über den billigen Strom aus französischen Kernkraftwerken...

Vielleicht habe ich als Autor von Science Fiction und studierter Naturwissenschaftler eine andere Einstellung zu dieser Literatur. Ja, es handelt sich um reine Fiktion, also um etwas, was nur erdacht wurde und kein Fünkchen Wahrheit enthält. Aber eines enthält ein Zukunftsroman: ein Bild einer möglichen Zukunft. Wenn in Deutschland Zukunftsromane erdacht, geschrieben und veröffentlicht werden, dann zeigt das, dass wir an eine Zukunft glauben und uns dafür interessieren. Wenn ein Zukunftsroman nur einen einzigen jungen Mann dazu bringt, Ingenieur zu werden, hat sich dieser Roman bereits gelohnt. Wir leben in einer Welt, die von Technik und Wissenschaft bestimmt wird. Ob wir das gut heißen oder nicht. Ohne Technik und Naturwissenschaft könnten wir nicht so leben, wie wir es heute tun. Auf dem Gebiet der Bundesrepublik Deutschland lebten im Mittelalter ohne jede Technik gerade mal 20 Millionen Menschen. Das heißt, drei von vier Menschen in Ihrem Heimatort leben nur deshalb, weil es die Technik gibt. Sind Sie über 40? Im Mittelalter wären Sie damit schon eine Ausnahme. Eben uralt. Also genau das, was ein Personalchef von Ihnen denkt, wenn er Ihr Alter in der Bewerbung liest.

Mit Ausnahme einiger Heftserien gibt es keine nennenswerte deutsche Science Fiction mehr. Was bei uns auf den Markt kommt, stammt zumeist aus den USA. Anders ausgedrückt, wir beziehen unsere Zukunftsvisionen von dort. Weil wir - oder unsere Verlagshäuser - nicht den Mut haben, eigene Zukunftsvisionen zu entwickeln. Für die deutsche Zukunft ist das alte Raumschiff Orion ein gutes Sinnbild. Schwarzweiß, nach sieben Folgen eingestellt, für ewig verschrottet. Wie großartig schaut dagegen die amerikanische Zukunft aus? Die Kirksche Enterprise war so primitiv wie McLanes Orion. Aber heute ist alles bunt, die Raumschiffe sind elegant... und es werden immer neue produziert.

Armes Deutschland.

Manipulation

Das war früher ein echtes Pfui-Wort! Roch nach Erich Mielke, nach Überwachungsstaat. Heute ist Manipulation urdemokratisch. Ob nun unsere amerikanischen Freunde interessante Bilder über die Massenvernichtungs-Waffen von Saddam Hussein vorführen und damit einen Kriegsgrund schaffen oder ob unser Fernsehen auf allen Kanälen die gleichen Bilder ausstrahlt. Haben Sie 2004 für die Flut in Südasien gespendet? Ja? Lehnen Sie sich zurück und fühlen Sie sich gut. In Afrika verhungern jedes Jahr viel mehr Menschen wegen Bürgerkrieg und Dürre. AIDS ist dort eine Volkskrankheit, Medikamente, die das Leben verlängern, sind zu teuer. Aber keine Sorge, Sie haben wenigstens für Asien gespendet. Da waren die Bilder viel spektakulärer. Eben fernsehgeeignet.

Früher saß bei der Ziehung der Lottozahlen immer ein Notar im Studio. Aber da gab es ja auch noch Fernseh-Ansagerinnen. Heute braucht man keinen Notar. Wozu auch? Dank der Tricktechnik könnte jede Zahlenkombination gezogen werden. Die Computer sind heute leistungsfähig genug, um bis zur Ziehung alle Lottoscheine auszuwerten – schließlich sind diese alle erfasst. Dann könnte das Fernsehen aus 20.000 aufgezeichneten Ziehungen die gerade passende ausstrahlen, die dafür sorgt, dass der Jackpot wieder ein wenig höher wird. Höherer Jackpot bedeutet mehr Lottospieler, damit mehr Einnahmen und höherer Gewinn für die Lottogesellschaften, also den Staat. Wird das gemacht? Nein. Das glaube auch ich nicht. Aber es ist mittlerweile möglich. Und daran sollten wir denken.

Ein Ur-Demokrat wie Winston Churchill hat einmal gesagt, er traue keiner Statistik, die er nicht selbst gefälscht habe. Ein Un-Demokrat wie Erich Mielke hat Statistiken gefälscht, aber eben nicht professionell. Deshalb hat der andere Erich, sein Chef Honecker, immer so überzeugend die Wahlen gewonnen. 99%... das schafft ja nicht einmal die CSU. Dabei genügt es doch, 50,01% zu haben. Ganze 6.000 Stimmen haben uns eine zweite Kanzlerschaft von Gerhard Schröder beschert. Und nach der Wahl wollte sich keiner erinnern, dem seine Stimme gegeben zu haben. Aber keine Sorge, das ging alles mit rechten Dingen zu. Also ich habe ihn nicht gewählt. Falls Sie mir das glauben. Denn meinen Wahlzettel kennt niemand. Und dank des einfachen Kreuzes hätte ich ihn nicht mal selbst wieder erkannt.

Ach ja, Statistik. Früher fragte man, wem solche Fälschungen nützen. Nun, die USA und Großbritannien sind im Irak, also hat die Fälschung der Geheimdienste dem Militär-Budget genutzt. Und der wandelnde Gegenentwurf zu einem bürgerlichen Lebenslauf "Joschka" Fischer war mit großem Abstand der beliebteste deutsche Politiker. Ganz ehrlich. Denn wer hätte wohl welchen Nutzen davon, wenn er diese Zahl manipulierte?

Als die Wirtschaftskrise sich in die Köpfe des Publikums gedrängt hat, wurde ein gegelter Jungspund Wirtschaftsminister. Viel tun brauchte der Freiherr von und zu Guttenberg nicht, schon führte er die Beliebtheitsskala an. Weil es aber kurz vor der Bundestagswahl keine anderen Götter vor der Kanzlerin geben darf, rutschte er wieder auf Platz zwei.

Ein gewisser Edmund Stoiber bekam bei seiner letzten Wahl 2002 ein Drittel der Stimmen der bayerischen Wähler. Folglich regierte er anschließend mit einer Zwei-Drittel-Mehrheit. Ganz legal. Warum? Weil die Hälfte der Wähler keine Lust hatte, irgend etwas zu wählen. So wird aus einer Splitterpartei eine satte Regierungsmehrheit. Inzwischen wachsen nicht mal mehr für die CSU die Bäume in den Himmel.

Wenn 90% der Deutschen Politiker nicht ausstehen können, dann kann es sein, dass ein paar wenige Leute vom Rest ihre Angela Dorothea wirklich heiß und innig lieben. Ein paar müssen es ja schließlich sein, denn selbst linke Antifaschisten sollen Sympathisanten haben. Das war einst bei Mielke genauso. Da gab es Leute in der DDR, die wirklich Honecker gewählt haben. Ehrlich. Auch wenn sie sich heute nicht mehr daran erinnern können.

Anstand

Wann haben sie zuletzt das Wort "Anstand" im Zusammenhang mit Politikern oder Managern gelesen oder gehört? Also bei mir war das in den späten Sechzigern. Das ist so lange her, dass ich nur noch vermuten kann, dass sich dieser Satz auf die Vergangenheit bezogen hatte. Ging es damals um jene Politiker, die 1933 gegen das Ermächtigungsgesetz von Adolf Hitler gestimmt hatten? (Das berühmte: "Gebt mir vier Jahre Zeit!") Das ist wirklich sehr lange her. Aber das Wort Anstand gibt es noch in der deutschen Sprache. Das Wort Anstand kam aus der Mode. Sicher, ich könnte es erklären. Negativbeispiele dafür gibt es genug. Positive... Ach, schlagen Sie besser im Lexikon nach. Fritz Schäffer, hieß er, glaube ich, der letzte anständige Minister in Deutschland.

Der Untergang

Dieser Artikel erschien am 7. März 2007. Ich hatte damals erwartet, dass in der Neumond-Nacht vom 19. März 2007 der Überfall der USA auf den Iran beginnen würde. Die Kampfverbände waren aufmarschiert, die Propaganda trommelte aus allen Rohren... Ich habe falsch gelegen. Ich lasse den Artikel so stehen, wie er damals verfasst wurde, ergänze ihn aber mit aktuellen Kommentaren, die in dieser Hervorhebung gesetzt sind.

Erwarten Sie bei diesem Titel bitte keinen Erlebnisbericht vom Schlage "Ich war der Serviermeister von Hitlers Schäferhund". Der Untergang, den ich hier beschreibe, wird erst noch stattfinden. Wird? Nun, ich halte es für sehr wahrscheinlich, für so wahrscheinlich, dass ich hier konkrete Vorsorgetips geben möchte.

Der Untergang kann durch mehrere Faktoren ausgelöst werden. Die Szenarien gleichen sich schließlich an, so dass ich die freie Auswahl habe. Weltweit wirken ein Krieg gegen den Iran, ob nun konventionell oder atomar geführt, und ein Zusammenbruch des Weltwährungssystems, ausgelöst durch die Insolvenz eines oder mehrerer Hedgefonds. Europaweit würde sich die Krise aufschaukeln, wenn das erste große Land aus dem Euro aussteigt. Kandidaten dafür wären Frankreich, Spanien und Italien. Lokal wäre die Auflösung unserer Regierung durch einen Staatsbankrott.

Da es zu verwirrend wäre, mehrere Szenarien parallel durchzuspielen, habe ich mich für den Iran-Krieg entschieden, da dieser durchaus schon in den nächsten Wochen ausbrechen könnte. Der Iran ist ein großes, unwegsames Land, das im Bodenkrieg höchstens durch China oder Indien zu besiegen wäre, da nur diese Länder die nötigen Truppenzahlen ins Feld stellen könnten.

Des weiteren gehe ich davon aus, dass sich in der jeweiligen Situation alle Seiten "rational" verhalten und "auf Sieg spielen", anstatt durch Zugeständnisse und Kompromisse zu deeskalieren. Anders ausgedrückt, ich zeige keine Lösungswege und Austritts-Strategien auf, sondern beschreite konsequent den Weg in den Untergang.

Was ich hier schildere, ist ein möglicher Ablauf, keine Prophezeiung. So kann die internationale Lage von Phase 6 schon eintreten, wenn wir in

Deutschland noch in Phase 3 leben. Der rote Faden der einzelnen Phasen ist die Lage in Deutschland, in Ihrer unmittelbaren Lebensumgebung, nicht der Verlauf des Krieges im Iran.

Phase 0: JETZT

"Jetzt", in diesen Tagen Ende August 2009, habe ich bereits Phase 2,9 gesetzt, einen winzigen Schritt vor der Phase 3. Die Zeit wird immer knapper. Die Weltwirtschaftskrise weitet sich zur Depression aus und diese Depression wird uns auf der Schiene in den Untergang weiter voran bringen.

Jetzt ist noch alles normal, so normal, wie man es gewohnt ist. Ein Teil der Bevölkerung scheffelt Reichtümer ohne Ende, während es für den weitaus größeren Teil mehr oder weniger unmerklich immer weiter abwärts geht. Wir leben in der besten aller Welten, in einer freiheitlich-liberalen Demokratie, haben die beste aller Kanzlerinnen, unsere amerikanischen Freunde treten unentwegt für die Freiheit ein und unsere israelischen Freunde sorgen ständig dafür, dass wir ja nicht vergessen, was für üble Gesellen unsere Väter und Großväter doch waren.

Während die Börsen neuen Höchstständen zustreben, schippern ein paar amerikanische Trägerkampfgruppen auf einem Betriebsausflug im persischen Golf, begleitet von zwei Luxusdampfern der Marineinfanterie, deren Animateure sich die Köpfe zerbrechen über eine nette kleine Landpartie für ihre tapferen Jungs.

Unsere hochverehrte Bundeskanzlerin reist in der Weltgeschichte herum und lässt sich die Hände küssen, als gäbe es in Deutschland keine Seife mehr. Dafür überschlägt sie sich darin, deutsche Soldaten in alle Welt zu schicken und ununterbrochen die unverbrüchliche Solidarität mit Israel als historische Aufgabe Deutschland zu betonen.

Mit anderen Worten: Alles ist eitel Sonnenschein und höchstens ein paar Träumer und Geisterfahrer reden alles schlecht.

Bitte beachten Sie: Nur der Übergang von Phase 0 zu Phase 1 lässt sich klar erkennen. Die folgenden Phasen gehen fließend ineinander über. Es kann sein, dass eine Phase nur Tage dauert, aber auch mehrere Monate.

Der klar erkennbare Übergang im damaligen Szenario war der Kriegsausbruch im Iran, der bis jetzt nicht eingetroffen ist. Die Vorsorge-Ratschläge sind nach wie vor aktuell, nutzen Sie die Zeit, die uns allen geschenkt worden ist.

Vorsorge

Die ideale Vorsorge wäre ein Bauernhof, am besten im Voralpenland, mit Atombunker und Vorräten für drei Jahren. 50.000 Liter Heizöl, verteilt auf zehn unterirdische Tanks, Saatgut, einen eigenen Bach mit Wassermühle und Stromgenerator, eine Solaranlage... Das alles können Sie sich zulegen, wenn Sie einen genügend hohen Lotto-Jackpot knacken. Aber da Sie vermutlich nicht ganz soviel Geld flüssig haben, müssen Sie leider darauf verzichten. Ich darf Ihnen auch nicht zu Waffen und Munition raten, die wären zwar ab Phase 3 nützlich, aber die Beschaffung und der Besitz ist illegal.

Es gibt noch andere empfehlenswerte Gebiete in Deutschland: abseits der großen Städte, der Hauptdurchgangsrouten und über 250 Meter Meereshöhe gelegen. Wer sich wirklich bewaffnen will, schafft das auch, allerdings müssen Sie ein wenig altmodisch denken. Pfeil und Bogen, Armbrust, Vorderlader - das wird noch frei verkauft, allerdings erfordert die Handhabung eine gewisse Übung.

Sie bekommen jetzt noch alles, was Sie haben wollen. Gehen Sie zum Zahnarzt und lassen Sie Ihre Zähne kontrollieren. Ziehen Sie gegebenenfalls den Ersatz von Plomben / Kronen / Brücken vor. Jetzt geht das noch alles. Anstehende Operationen sollten ebenso stattfinden wie die Inspektion Ihres Autos oder Reparaturen an Ihrem Haus / Ihrer Wohnung. Falls Sie mit einer Steuererstattung rechnen, beeilen Sie sich mit der Steuererklärung, solange der Staat dafür noch das Geld besitzt.

Falls Sie nachzahlen müssen, haben Sie keine Eile. Lassen Sie sich zur Abgabe auffordern, eventuell ist bis dahin schon die Verwaltung zusammengebrochen. Wenn das Finanzamt Sie jedoch zur Zahlung auffordert, hat es keinen Sinn, auf Zeit zu spielen. Der Staat braucht bald so dringend Geld, dass er ganz schnell den Gerichtsvollzieher schickt.

Füllen Sie Ihre Gefriertruhe und kaufen Sie Konserven, jetzt gibt es alles in beliebigen Mengen. Nehmen Sie konsequent doppelt soviel an Konserven, Nudeln, Reis und anderen lagerfähigen Produkten mit nach Hause, wie Sie sonst einkaufen würden, dann wächst Ihr Vorrat wie von selbst. Denken Sie auch an Wasser und Getränke (darunter fallen allerdings nicht Bier, Wein und Spirituosen). Füllen Sie unbedingt Ihren Heizöltank, auch wenn derzeit nur 500 Liter hineinpassen.

Eine moderne Ölheizung funktioniert übrigens nicht ohne Strom, jedoch gehe ich davon aus, dass die Elektrizität während der ganzen Zeit verfügbar bleibt. Strom betreibt Fernseher - und Fernsehen stellt die Bevölkerung ruhig, deshalb sorgt der Staat dafür, dass die Apparate bis zuletzt laufen.

Sollten Sie in Ihrem Haus einen Holz- oder Kohleofen besitzen, lagern Sie dafür Brennstoff ein. Wenn es geht, richten Sie einen Raum in Ihrer Wohnung so her, dass er mit einem solchen Ofen beheizt werden kann. Holz finden Sie im Zweifelsfall auch dann noch, wenn im ganzen Land kein Tropfen Öl mehr vorhanden ist. Haben Sie diese Möglichkeit nicht, kaufen Sie sich ein paar preiswerte Wolldecken. Unsere Vorfahren haben auch in ungeheizten Hütten überlebt.

Denken Sie auch an einen Schlafsack, einen Rucksack oder eine Survival-Ausrüstung, falls Sie in sich eine Eignung zum Waldschrat vermuten. Eine Flucht sollten Sie jedoch nur für den äußersten Notfall einplanen, wenn Sie kein geübter Minimalist sind (Einzelkämpfer bei der Bundeswehr, Meisterschüler bei Herrn Nehberg). Sollten Ihre Mittel es allerdings zulassen, können Sie einen Fluchtpunkt ausrüsten (z.B. eine abgelegene Almhütte).

Sinnvolle Anschaffungen sind ein Werkzeugkasten, ein Verbandskasten, Heftpflaster, ein paar Seile, Nägel und Kerzen. Eine Packung Streichhölzer und mehrere Einwegfeuerzeuge gehören dazu wie ein Batterieradio und eine gute Taschenlampe. Falls Sie das alles im Haus haben, schauen Sie nach, ob es funktioniert.

In den Werkzeugkasten gehören handbetriebene Geräte. Was nützen Ihnen Bohrmaschine, Akkuschrauber, Kreissäge usw. bei Stromausfall? Wenn Sie damit nicht umgehen können, verbringen Sie mal einen halben Tag in einer gut sortierten Buchhandlung. Dort gibt es Bücher, die solche Anleitungen enthalten. Heute können Sie es sich leisten, kaputte Schuhe wegzuwerfen, ein Anruf beim Versandhaus genügt. Gibt es kein Versandhaus mehr, sollten Sie zu Ahle und Nadel greifen können, Zeit haben Sie im Krisenfall genug.

Auch den Verbandskasten können Sie erweitern: kleines OP-Besteck, medizinisches Nähzeug und kleines Zahnarztbesteck. Schneiden Sie dem Schweinebraten ruhig mal die Schwarte ein und üben Sie den Umgang mit dem medizinischen Nähzeug. Danach ziehen Sie die Fäden (sind ja steril) und können den Braten immer noch in die Backröhre schieben. Der Braten ist bestimmt geduldiger als Ihr dreijähriger Sohn, wenn Sie bei dem ohne ärztlichen Beistand eine Schnittwunde versorgen müssen.

Nützlich sind auch 60 Rollen Klopapier. Lagern Sie die ruhig auf dem Wohnzimmerschrank, dumme Fragen von Besuchern beantworten Sie mit einem Hinweis auf ein Projekt, das Sie mit dem bekannten Verpackungskünstler Christo durchführen wollen, das aber leider noch nicht spruchreif ist. Benötigen Sie Damenbinden oder Papiertaschentücher? Legen Sie sich einen großzügigen Sechs-Monats-Vorrat zu!

Holen Sie sich einen neuen Pass oder Personalausweis, wenn Ihrer zur Verlängerung ansteht. Und gewöhnen Sie sich das Rauchen ab, jetzt, wo es die ganzen Hilfsmittel wie Nikotinpflaster usw. noch gibt. Wer in der Krise auf Suchtmittel angewiesen ist, hat schlechte Karten.

Ich weiß, diese Vorsorgeliste ist sehr lang, aber keinesfalls vollständig. Sie müssen nicht alles haben, was hier steht. Lassen Sie es sich als Anregung dienen und setzen Sie eigene Prioritäten. Überlegen Sie einfach, was Sie alles brauchen, wenn Sie drei Monate nicht in den Supermarkt gehen können.

Wenn Sie in einer verlässlichen Dorfgemeinschaft leben, können Sie viel weiter gehen: der eine legt sich eine Schmiede zu, der andere eine Schreinerwerkstatt, der dritte Saatgut, einen pferdegezogenen Pflug, Zugpferde oder Zugochsen... Wenn Sie weitere Anregungen benötigen, lesen Sie mal das von mir entworfene Zukunftsszenario (Deutschland 2020, Pranger vom 24. August 2005).

Finanzielle Vorsorge

10.000 Euro auf der Bank sind zu wenig für eine Altersvorsorge und sie nützen Ihnen gar nichts, wenn die Bank ihre Pforten schließt. Was ich jetzt vorschlage, dient nicht der Liquidität in der Krise selbst, sondern einem Werterhalt für die Zeit danach.

Die Preise stammen von der Firma Westgold (www.westgold.de), Stand 1. März 2007:

10 Unzen Gold, Krügerrand (á 521,- Euro)	5.210,- Euro
200 Unzen Silber, Maple Leaf (á 13,20 Euro)	2.640,- Euro
Versandkosten	19,- Euro
Summe:	7.869,- Euro

Wenn Sie ein Überblick über den Markt interessiert, hier finden Sie eine entsprechende Übersicht: (http://bullionpage.de).

1.500 Euro legen Sie sich in bar nach Hause, natürlich so, dass Einbrecher nicht lange danach suchen müssen. Am besten, sie legen das Edelmetall auch gleich dazu, dann sind die Herrschaften Ihnen bestimmt dankbar. Noch besser aufgehoben ist es nur im Bankschließfach, da haben im Zweifelsfall Sie keinen Zugriff mehr, aber dafür jederzeit das Finanzamt.

Nehmen Sie kleine Scheine, Fünfziger fallen weniger auf als Hunderter, Zweihunderter und Fünfhunderter sind eindeutig zu protzig.

Für die Aufbewahrung habe ich den Ratschlag eines Fachmannes eingeholt:

Zur Aufbewahrung der wertvollen Sachen wie Bargeld und Edelmetall eignen sich die üblichen kleinen Stahlkassetten, die man von unten sauber durchbohrt und dann mit vier bis sechs Schrauben (8 bis 10 mm Durchmesser) sicher am Fußboden verdübelt. Selbstverständlich an einer Stelle, wo nicht gleich jeder drüber stolpert. Ideal wäre unter einem Möbelstück, das nicht täglich umgestellt wird, aber man doch recht leicht dran kommt. Eine so verdübelte Stahlkassette ist ohne den passenden Schlüssel weder leicht zu öffnen, noch vom Boden zu lösen.

Für die restlichen 600 Euro kaufen Sie Verkaufsoptionsscheine (VOS) auf den DAX. Bei einem DAX-Stand von 6700 Punkten bekommen Sie Papiere für einen Kurs von 4500 nachgeworfen. Der Schein mit Laufzeit bis 19.9.2007 kostet 0,12 Euro, Sie bekommen also 5.000 Stück davon (plus Bankspesen). Sicher, damit zocken Sie, aber jeder Punkt, den der DAX unter 4500 Punkte fällt, bringt Ihnen 50,- Euro ein. Im Zweifelsfall sind die 600,- Euro weg, aber das wären Sie auch, wenn Sie die einer von Günter Jauch beworbenen Klassenlotterie in den Rachen werfen.

Wo Sie Ihr Gold kaufen und welche VOS Sie erwerben, ist Ihre Angelegenheit. Ich habe nichts davon, es nützt weder Ihnen noch mir, wenn Sie sich auf mich berufen. Die Links habe ich nur zu Ihrer Bequemlichkeit beigefügt. Diese Empfehlung gebe ich, damit Sie mir nicht später vorwerfen, ich hätte Ihnen nichts gesagt.

Sollten Sie Aktien besitzen, dann tun Sie damit das, was derzeit die Profis tun: Verkaufen Sie diese einem Dümmeren! Gleiches gilt für Fonds mit Aktienanteil. Und flüchten Sie aus dem Dollar!

Denken Sie eventuell auch daran, dass sich in der Krise ein Schwarzmarkt bilden wird. Auf dem Schwarzmarkt zählen Tauschmittel. Dazu gehören: Alkohol, Tabak, Gewürze und Süßwaren.

Die Spekulation mit den Optionsscheinen hat nicht funktioniert. Da der Krieg nicht ausgebrochen ist, sind die Aktien erst Anfang 2009 eingebrochen. Der Silberpreis lag zwischendurch deutlich höher, ist aber ebenfalls wieder zurück gegangen. Der Preisanstieg beim Gold hätte bei der vorgeschlagenen Verteilung nicht nur alle Verluste ausgeglichen, sondern sogar für Gewinn gesorgt.

Phase 1: Kriegsausbruch

Sie schalten Ihren Fernseher ein und in der Tagesschau erfahren Sie folgendes:

Israelische Kampfflugzeuge haben heute um 6:48 Uhr mitteleuropäischer Zeit die iranischen Atomanlagen von Busheer und Natans angegriffen. Dabei wurden Atomsprengköpfe eingesetzt, die vermutlich die zehnfache Sprengkraft der Hiroshima-Bombe besessen haben. Der Iran hat daraufhin Israel den Krieg erklärt und mittels Raketen Tel Aviv und Haifa angegriffen. Laut ersten Meldungen gab es Tausende von Toten, fast ausschließlich zivile Opfer. Daraufhin haben die USA einen massiven Vergeltungsschlag begonnen, von allen Trägern und Luftwaffenbasen, von denen aus der Iran erreicht werden kann. Die ARD sendet im Anschluss an die Tagesschau einen Brennpunkt...

Natürlich spricht auch die Kanzlerin im Fernsehen, die uns erklärt, dass wir in unverbrüchlicher Solidarität zu Israel stehen und damit die historische Aufgabe Deutschlands erfüllen werden. Außerdem wird sie uns beruhigen, dass dieser Krieg uns nicht unmittelbar betreffen wird und wir uns keine Sorgen zu machen bräuchten. Halt das, was die Merkel immer sagt.

Ein paar unserer muslimischen Mitbewohner bestücken derweil ihre Sprengstoffgürtel und im deutsch-türkischen Freundschaftsverein diskutieren jene Leute, die in der Türkei selbst unerwünscht sind, wo sie denn nun am besten ein paar Bomben legen sollen.

Aber vielleicht müssen Sie gar nicht auf die Israelis warten. Womöglich explodieren ein paar Tage vorher irgendwo ein paar Bomben, so wie am 11.September 2001. Irgendwo in Amerika oder England, vielleicht in einem jüdischen Gemeindezentrum... Unsere israelischen Freunde bombardieren friedliebende Iraner schließlich nicht ohne Grund. Das World Trade Center gibt es ja nicht mehr, da brauchen die ein anderes Ziel. Aber bitte nicht Buckingham Palace, die Queen ist wie üblich "not amused", wenn sie beim Five o'clock Tea gestört wird.

Phase 1 habe ich am 9. November 2007 gesetzt, als der Goldpreis dauerhaft über 800 Dollar gegangen ist. Gold ist nach wie vor ein sicherer Krisenindikator. Die Weltwirtschaft ist damit in eine Krisenperiode eingetreten, die noch lange nicht ihren Höhepunkt erreicht hat. Hätten die hoch bezahlten Bankmanager und Minister diesen Krisenindikator beachtet, wäre das Jahr 2008 für uns bedeutend glimpflicher verlaufen. Aber warum hätten die Herrschaften in den Vorstandsetagen und am Kabinettstisch dem Weitblick eines kleinen Schreiberlings vertrauen sollen?

Vorsorge

Melden Sie sich krank oder nehmen Sie einen Tag bezahlten / unbezahlten Urlaub. Ihr Chef kann ruhig mal einen Tag auf Sie verzichten, seine Firma schließt sowieso spätestens in Phase 4. Wenn Sie jedoch diesen Tag nicht nützen, stehen Sie am Abend womöglich vor leergeräumten Regalen.

Erledigen Sie alles, was Sie in Phase 0 noch nicht getan haben!

Wenn Sie Medikamente benötigen, gehen Sie zum Arzt und lassen Sie sich einen Vorrat für ein halbes oder besser ein ganzes Jahr verschreiben. Kaufen Sie Aspirin (das Original ist zu teuer, aber z.B. die 500mg-Tabletten von ASS Ratiopharm lassen sich halbieren (ersetzt die 300 mg) oder vierteln ("100" mg). Denken Sie an Mittel zur Wundreinigung (z.B. Betaisodona) oder gegen Verstauchungen (Voltaren, Mobilat etc.). Was Sie nicht in der Apotheke kaufen sollten, sind Mutivitaminpräparate. Beim Discounter (ALDI, Norma) bekommen Sie zum Apothekenpreis die sechsfache Menge. Und die brauchen Sie auch, kaufen Sie ruhig 500 Stück davon.

Anmerkung: Dank der Gesundheitsreform wird es zunehmend schwerer, sich einen Medikamentenvorrat zuzulegen. Wenn Sie kein Privatpatient sind, darf Ihr Arzt nur noch das verschreiben, was Sie im üblichen Zeitraum benötigen. Deshalb müssen Sie dringend erforderliche Medikamente schon jetzt beschaffen, bevor dieser Schwachfug in Kraft tritt.

Kaufen Sie haltbare Lebensmittel ein, auch solche, an die Sie bis jetzt nicht gedacht haben. Fertigbackmischungen zum Beispiel und Trockenhefe, wenn Sie Hefe zufügen müssen. Fünf Pfund Salz und zehn Pfund Zucker, 200 Brühwürfel, gekörnte Brühe oder Soßenpulver sind nützlich, während sich andere Hamsterer jetzt schon um Konserven prügeln. Denken Sie auch an Speiseöl, das können Sie besser lagern als tierische

Fette. Legen Sie sich Wasser in 5-Liter-Kanistern zu, die Sie nach Verbrauch wieder mit Leitungswasser auffüllen.

Denken Sie auch an Knäckebrot (20 Packungen) und Schokolade (50 Tafeln). Das Brot hält sich Monate, die Schokolade Jahre. Zehn Scheiben Knäcke, eine Tafel Schokolade und eine Mutivitaminpille sind zwar nicht das, was die Deutsche Gesellschaft für Ernährungsforschung als Tagesration empfiehlt, aber ein paar Monate können Sie damit ohne Mangelerscheinung überleben.

Besorgen Sie sich Bargeld, solange die Auszahlungsautomaten noch welches ausgeben. Überziehen Sie ruhig Ihr Konto, mit ein wenig Glück ist die Bank am Ende, bevor sie Ihnen den Gerichtsvollzieher schicken kann. Im Zweifelsfall schlachten Sie das Sparschwein Ihrer Tochter.

Wenn Sie Daten aus dem Internet benötigen, legen Sie los. Speichern Sie diese lokal ab oder drucken Sie diese aus. Wie lange das Netz noch läuft, kann niemand vorhersagen. Womöglich dauert es noch Monate, bis das ganze Netz abgeschaltet wird, aber gerade Seiten von Dissidenten werden Sie nicht mehr lange erreichen können.

Als Verwaltungsbeamter oder Bankangestellter sollten Sie sich außerdem ein paar Bücher mit Titeln wie "Ich schreinere alles selbst", "Metallbearbeitung für Anfänger" oder "Mauern leicht gemacht" zulegen, nebst dem darin empfohlenen Werkzeug, denn in einigen Monaten braucht niemand mehr Verwaltungsbeamte oder Bankangestellte, aber Handwerker werden gefragt sein.

Tanken Sie Ihre Fahrzeuge voll und füllen Sie einen Reservekanister. Mehr ist gesetzlich nicht zulässig, ein Kanister zu 10 Liter. Sollte die Polizei Sie mit 20 Kanistern erwischen, berufen Sie sich bitte nicht auf mich, denn das ist eindeutig verboten.

Finanzielle Vorsorge

Plündern Sie Ihre Sparkonten und kündigen Sie Ihre Lebensversicherungen. 20 Krügerrand, die jetzt 800,- Euro das Stück kosten, sind allemal nützlicher, als ein Zettel, auf den Ihnen die Vollkasko-Sorglos-Lebensversicherung auf Gegenseitigkeit bescheinigt, dass sie dereinst gedenkt, Ihnen 30.000 Euro auszuzahlen. Vor allem, wenn die VSL Vers. a.G. sich rechtzeitig vor der Fälligkeit zahlungsunfähig gemeldet hat.

Für die Vorsorge nehmen Sie besser Bargeld, denn wenn es wirklich ernst wird, wird Brot mit Gold aufgewogen. Edelmetall dient zum Vermögenserhalt für die Zeit NACH der Krise. Oder um ab Phase 4

Schnäppchen zu erwerben, welche schlechter vorbereitete Menschen dann verkaufen müssen.

Mit dem Bargeld füllen Sie Ihre Vorräte auf, den Rest legen Sie unter die Matratze. Dort ist es recht bald besser aufgehoben als auf der Bank. Verlassen Sie sich für die Zukunft nicht auf Ihre EC- oder Kreditkarte. In dieser Phase wird sie noch überall akzeptiert, aber das dauert nicht mehr allzu lange. Wechseln Sie alle großen Scheine, die Sie noch besitzen, in kleinere Stückelungen.

Die Zeit für Rohstoff-Fonds ist ebenfalls abgelaufen. Zwar werden die demnächst noch steigen, doch niemand kann Ihnen versprechen, dass Sie zu diesem Zeitpunkt auch noch Geld dafür erhalten werden.

Ach ja, Ihre VOS... Der DAX steht immer noch auf 5500, noch haben Sie keinen Gewinn erzielt.

Phase 2: Ölpreise schießen in die Höhe

Der Iran hat mittlerweile trotz aller Bombardierungen der USA die Straße von Hormuz gesperrt. Amerikafeindliche Extremisten haben die eine oder andere Pipeline gesprengt, der Ölpreis steigt zusehends. Dafür fliegen immer wieder Gebäude in die Luft, nicht nur in den USA, Israel oder Großbritannien, sondern auch in Frankreich, Spanien, Italien, Deutschland... halt überall, wo der Feind sitzt. Die Taliban geben auch keine Ruhe, sondern schießen sich unter hohen eigenen Verlusten ihre Amis, Briten, Kanadier, Deutsche – alles jagdbare Wild, das in Afghanistan nichts zu suchen hat.

Die Kanzlerin spricht wieder im Fernsehen und erklärt uns, dass wir in unverbrüchlicher Solidarität zu Israel stehen und damit die historische Aufgabe Deutschlands erfüllen werden. Außerdem sei dieser Krieg weit weg, wir bis auf einige Irregeleitete nicht unmittelbar betroffen, jede Sorge überflüssig und die bevorstehenden Rationierungsmaßnahmen bei Benzin und anderen Treibstoffen nur eine vorübergehende Maßnahme. Die Behörden hätten die Lage im Griff und die kugelsichere Weste wäre die neueste Mode für Politiker.

Die Benzinpreise bewegen sich jetzt bei zwei Euro pro Liter. Das schlägt auf alle Produkte des täglichen Bedarfs durch, denn alles wird per Lkw angeliefert. Pendler sollten anfangen zu rechnen, ob sich der tägliche Weg zum Arbeitsplatz noch lohnt. Schließen Sie sich zu Fahrgemeinschaften zusammen, nehmen Sie Ihren Jahresurlaub oder provozieren Sie Ihren Chef derart, dass er Sie rauswirft. Noch kann Ihre Firma eine Abfindung bezahlen, noch das Arbeitsamt die Stütze. Auf diese Weise können Sie die nächsten Monate für sich nutzen, anstatt sinnlos im Hamsterrad zu laufen.

Sie können unseren Politikern in jeder Hinsicht vertrauen: keiner findet eine Lösung, alle verschlimmern sie nur die Situation. Mehr können Sie von Parteifunktionären wirklich nicht verlangen.

Die Phase 2 habe ich am 4. Juli 2008 gesetzt. Anlass waren die Benzinpreise, die an diesem Tag über 1,60 Euro / Liter gestiegen sind. Phase 2 sind beginnende Versorgungsmängel, zu dem Benzinpreis sind damals hohe Lebensmittelpreise hinzugekommen. Die aufkommende Weltwirtschaftskrise wurde mit Massen von frisch gedrucktem Geld bekämpft, wodurch jene Summen, die durch die Krise vernichtet worden sind, wieder ins System eingeflossen sind. Durch diese Maßnahmen wurde die Phase 2 verlängert und die Auswirkungen reduziert.

Vorsorge

Tasten Sie Ihren Vorrat nicht an! Leben Sie von dem, was es noch zu kaufen gibt. Kaufen Sie besser in kleinen Läden ein, bei Supermärkten besteht Anschlaggefahr. Meiden Sie bevölkerte Innenstädte. Kaufen Sie nur in haushaltsüblichen Mengen ein, die Zeit für Hamsterkäufe ist vorbei. Gehen Sie lieber sechsmal am Tag einkaufen. Womöglich ist ihr Nachbar mittlerweile arbeitslos und beobachtet Sie heimlich. Wenn Sie dann große Mengen Vorräte nach Hause schleppen, kommt der vielleicht auf die Idee, mit Ihnen zu teilen - gegen Ihren Willen, natürlich.

Befolgen Sie das Beispiel der Polizei und meiden Sie Stadtbezirke mit hohem Migrantenanteil. Die Lebensmittelpreise sind gestiegen und Hartz IV reicht nicht mehr aus, um jeden Tag satt zu werden. Sollte ein Dutzend junger Migranten Sie mit Springmesser und Baseballschläger um eine kleine Spende bitten, spenden Sie besser Ihre Geldbörse und Ihre Einkäufe als Ihre Leber oder Ihre Niere. Vermeiden Sie es unbedingt, reich auszusehen. Wenn Sie sich ohne Anzug und Krawatte nicht wohl fühlen, tragen Sie diese zu Hause, aber keinesfalls auf der Straße!

Sollten Sie noch Dinge erhalten, die ich in Phase 0 und Phase 1 aufgeführt habe, kaufen Sie diese, aber in begrenzten Mengen. Eine Packung geht immer, zwei auch noch, aber bei dreien erregen Sie bereits Aufmerksamkeit.

Finanzielle Vorsorge

In dieser Phase zählt nur noch Bargeld. Zwar funktionieren noch alle Zahlungsmittel des Systems, aber nutzen Sie diese nur, um sich Bargeld zu beschaffen. Für Lebensversicherungen ist die Zeit abgelaufen. Beleihen Sie alle Anlagen, die Sie nicht auflösen können, außer Aktien. Die haben nämlich alle Aussichten, unter ihrem Beleihungswert zu sinken. Börsenprofis können jedoch folgendes Spiel versuchen: Beleihen Sie die Aktien und stecken Sie das Geld in Verkaufsoptionen auf die gleichen Aktien. So sichern Sie Ihren Verlust ab und gewinnen sogar Liquidität.

Bei 1000 Euro pro Unze Gold und DAX 5200 greifen die Notenbanken ein, zumindest wird es die FED tun und ihren letzten Kampf um den Dollar beginnen. Werden Sie nicht nervös, die kämpfen auf verlorenem Posten. Vielleicht können Sie noch ein paar Kleinigkeiten in Ordnung bringen, aber die Zeit für die finanzielle Vorsorge läuft jetzt aus.

Das ursprüngliche Szenario ging von einem Krieg aus. Die Kriegshandlungen hätten die Phasen 1 und 2 auf wenige Wochen zusammengedrängt. In der tatsächlichen Phase 2 stieg Gold zeitweise auf über 1.000 Dollar/Unze, der Euro stand auf über 1,60 US-Dollar (bzw. der Dollar auf 1,22 DM) und der Ölpreis auf 145,32 Dollar / Barrel. Der DAX ging bis auf ca. 3500 Punkte zurück. Ohne Krieg gelang es, die Kurse am Ausbrechen zu hindern. Gold wurde in einem Kanal zwischen 920 und 960 Dollar gehalten, Öl schwankt um 70 Dollar, der Euro wird bei knapp über 1,40 Dollar gehalten. Der DAX hat sich auf über 5.500 Punkte erholt.

Phase 3: Schwere Verluste

Anders als der Irak steht der Iran nicht ganz allein da. Die Hisbollah hat genug Hass auf Israel, um freiwillig mitzuspielen. Inwieweit die Palästinenser Ruhe geben, lässt sich schlecht abschätzen. Syrien hingegen wird mit in den Krieg hineingezogen, entweder durch sein Bündnis mit dem Iran oder weil Amerikaner / Israelis präventive Maßnahmen ergreifen (also das Land überfallen und bombardieren).

Die Amerikaner werden Flugzeuge und Schiffe verlieren, auch wenn kein Soldat iranischen Boden betritt. Die Schiiten im Irak werden vermehrt Anschläge unternehmen und Afghanistan wird zum Hexenkessel. Es gibt Prophezeiungen über einen Atomangriff auf New York, doch dies möchte ich hier nicht einfließen lassen. Ich rechne jedoch weltweit mit Anschlägen auf amerikanische Einrichtungen und amerikanische Touristen.

Die Kanzlerin spricht natürlich im Fernsehen und erklärt uns, dass wir in unverbrüchlicher Solidarität zu Israel stehen und damit die historische Aufgabe Deutschlands erfüllen werden. Außerdem sei dieser Krieg weit weg, die Unruhe wegen der vereinzelten Anschläge in Deutschland völlig überzogen und die deutschen Verluste in Afghanistan im Vergleich zu jenen der Verbündeten relativ gering. Die Tankstellen seien angewiesen, Benzin nur gegen Bezugsscheine abzugeben und nicht mehr als zehn Liter pro Tankvorgang (Diesel für Lkw: 100 Liter). Außerdem bittet die Kanzlerin, überflüssige Fahrten zu unterlassen, und wirbt um Verständnis, dass alle Charterflüge in Urlaubsregionen eingestellt worden sind.

Bei 20 Liter Benzinzuteilung pro Monat können Berufspendler ihre Arbeitsstelle nicht mehr erreichen. Zwar bezahlt das Arbeitsamt ein Ausfallgeld in Höhe des Arbeitslosengeldes, doch dieses ist auf sechs Wochen befristet. Die Opposition geißelt die Regierung, doch bessere Konzepte hat sie natürlich nicht vorzuweisen.

Vor jeder jüdischen und amerikanischen Einrichtung in Deutschland stehen jetzt schwer bewaffnete Polizisten. Bekannte Juden können sich nur noch mit Leibwächtern in die Öffentlichkeit wagen. Schuld daran sind allerdings nicht "Neonazis" oder "Antisemiten", sondern der Nachwuchs muslimischer Migranten, der sich nach ausgiebigen Gebeten um Allahs Hilfe für die bombardierten Glaubensbrüder im Iran bemüßigt fühlt, hier bei uns sein Scherflein im Kampf gegen "den großen Satan" beizutragen.

Phase 3 bedeutet merkbare Versorgungsmängel. Kriegsbedingt hieße das leere Regale. Da der Krieg ausgeblieben ist, erwarte ich die Versorgungsmängel durch Preisanstieg. Zehn Prozent der US-Amerikaner leben von "Food Stamps", also von durch den Staat ausgegebenen Lebensmittelgutscheinen. Wenn in der BRD die Sozialhilfe durch die gigantische Staatsverschuldung auf Lebensmittelgutscheine umgestellt wird, ist die Phase 3 ohne jeden Krieg ausgebrochen.

Vorsorge

Es gibt nichts wirklich Neues. Jetzt sind wir in der Zeit drei bis sechs Wochen nach Kriegsausbruch, Anfang Mai. Der Krieg betrifft Deutschland und kein Politiker sagt offen, warum das so ist. In Berlin, Frankfurt am Main, Hamburg, Köln und dem Ruhrgebiet wird die Lage kritisch, wegen hoher Migranten- und Arbeitslosenanteile. Stuttgart und München sind noch relativ ruhig.

Ich unterstelle dabei weder den Arbeitslosen noch den Zuwanderern einen besonderen Hang zur Gewalt oder Kriminalität, sondern nur, dass diese Gruppen zuerst in Not geraten werden. Wer von Hartz IV bzw. Sozialhilfe leben muss, hat keine finanziellen Reserven, um die steigenden Preise auszugleichen. Genau diese Preise steigen aber jetzt, insbesondere Nahrungsmittel werden unverhältnismäßig teuerer. Rolex-Uhren und andere Luxusartikel, soweit sie noch über dem Materialwert liegen, dürften mangels Nachfrage jedoch preisgünstiger zu haben sein.

Verhalten Sie sich wie in Phase 2, aber seien Sie noch vorsichtiger.

Phase 4: Neue Mitspieler

Die damalige Phase 4, die Ausweitung des Krieges, ist so nicht mehr möglich. Die Versorgungsmängel der Phase 3 führen jedoch zu sozialen Unruhen in Deutschland. Das ist noch nicht der befürchtete Bürgerkrieg, das ist nur ein Vorgeschmack dessen, was kommen wird.

Dass der Krieg absolut nicht auf die aktuellen Teilnehmer beschränkt ist, merken wir hier, sobald vor dem Libanon das erste deutsche Schiff versenkt wird. Ob dann Merkel, Steinmeier und Jung ebenso überheblich lachen, wie damals, als sie deutsche Staatsbürger als Zielscheiben in den Nahen Osten geschickt haben?

Nicht umsonst spricht die Kanzlerin dauernd im Fernsehen und erklärt uns, dass wir in unverbrüchlicher Solidarität zu Israel stehen und damit die historische Aufgabe Deutschlands erfüllen werden. Dazu gehört natürlich die ständige Lieferung von Kalaschnikov-Futter nach Afghanistan (die Taliban haben keine Kanonen).

Auf dem Pokertisch steigt der Einsatz, denn die Amerikaner brauchen eine Entlastung. Folglich gewähren sie ihren kurdischen Freunden weitgehende Autonomie und Hilfe bei der Gründung eines eigenen Staates. Dieser Staat umfasst Teile des Irak, aber auch Teile der Türkei und des Iran. Die Führung des Iran wird sich ruhig verhalten, sie hat bereits einen Krieg am Hals. Um Kurdistan kann sie sich kümmern, wenn die USA ausgeblutet sind. Nur die türkischen Freunde der Amerikaner sehen das nicht ganz so gelassen, denn schließlich gibt es nach türkischer Auffassung gar keine Kurden, sondern nur ein paar Bergtürken, die man beim Mutterland halten muss. Und wenn man deswegen die bergtürkischen Teile des Irak und des Iran an die Türkei angliedern muss, wird man das tun. Die Türkei besitzt genügend Soldaten für einen Bodenkrieg.

Jetzt stellt sich die Frage, welcher arabische Staat als nächster zerfällt. Wird das saudische Königshaus weggefegt? Die Regierung von Kuwait? Oder gar die Regierung von Ägypten? Die Antwort ist: JA. Nur auf die Reihenfolge möchte ich mich nicht festlegen. Jedenfalls sind unsere armen israelischen Freunde (deren Existenzrecht zu sichern laut Kanzlerin die zentrale Aufgabe der Bundesrepublik Deutschland ist) nach und nach von immer mehr islamischen Republiken umgeben, die es gar nicht so gerne gesehen haben, dass Israel in reiner Notwehr einen Nuklearkrieg gegen ihre muslimischen Brüder begonnen hat.

Aber das ist nicht unsere Hauptsorge. Die Teuerung hat weiter zugenommen und die Regierung erwägt die Einführung von Lebensmittelmarken, um die Versorgung der Bevölkerung zu sichern. In einigen deutschen Großstädten wurden bereits Supermärkte und Kaufhäuser von organisierten Banden geplündert (hauptsächlich Jugendliche mit Migrationshintergrund, aber auch frustrierte Deutsche).

Doch das ist gar nichts verglichen mit den Zuständen in Frankreich. 2005 haben wir schon gesehen, wie wunderbar französische Autos brennen, in Paris oder anderen Städten. Und jetzt sehen wir in den Nachrichten, wie gut französische Städte brennen. Oder wie französische Polizisten auf jugendliche Einwanderer schießen, nur weil diese Polizisten flambieren wollen. Aus reiner Langeweile, die wollen ja nur spielen, ehrlich. Ein ganz tolles, packendes Spiel, eine Art Real-Life-Egoshooter. So nennt es jedenfalls die Marketingabteilung, das Lexikon bezeichnet das ganz banal als Bürgerkrieg.

Diese Phase dauert Monate und sie eskaliert langsam. In Deutschland schließen immer mehr Firmen, weil die Transportkosten nicht mehr zu bezahlen sind. Die Wirtschaft hier muss sich umstrukturieren. Aber noch geht es Deutschland gut, im Gegensatz zu den USA. Bei uns sind es Hunderte von Kilometern, dort drüben Tausende. Abgesehen vom Ruhrgebiet liegen unsere Städte recht gut über das Land verteilt, in den USA ballen sich die Städte im Nordosten (und Südwesten), die Nahrungsproduktion hingegen im "mittleren Westen", also im südlichen Teil des Zentrums. Schlecht versorgte, hungernde Leute sind gefährlich, vor allem, wenn sie wie die Amerikaner bis an die Zähne bewaffnet sind.

Überlebenstips

Verzeihung, für Vorsorge ist es leider schon zu spät. Gut, das eine oder andere bekommen Sie vielleicht noch, aber das sind Glücksfälle. Sie haben das Gefühl, dass es von Tag zu Tag schlechter geht - und das Gefühl trügt Sie nicht. In dieser Phase wird es enger.

Vorsorge ist dann nötig, wenn alles gut aussieht und man dem eigenen Gefühl nach gar nicht vorsorgen bräuchte. Wenn Sie einen Schirm erst kaufen, wenn es bereits regnet, sind sie schon nass geworden. Im Phasenmodell ist es noch schlimmer: Wenn Sie nicht rechtzeitig vorsorgen, bekommen Sie nichts mehr, mit dem Sie Vorsorge betreiben können.

Haben Sie genügend Multivitaminpillen? Leben Sie von den Lebensmittelrationen und nehmen Sie täglich eine dieser Pillen. Betrachten Sie das als eine willkommene Gelegenheit, ein paar Kilo abzunehmen, und sparen Sie Ihre Vorräte noch auf. Bis auf das Klopapier, das dürfen Sie gerne benutzen.

Fallen Sie auf gar keinen Fall auf! Wenn Ihr Nachbar über die Hunger klagt, klagen Sie mit! Hüten Sie sich vor dezenten Hinweisen, dass ein wenig Vorsorge das alles erspart hätte, denn Ihr Nachbar ist im Zweifelsfall Ihr Feind, auch wenn Sie sich schon dreißig Jahre kennen sollten.

Finanzielles

Oh ja, der DAX ist unter 4500 Punkte gesunken und Ihre VOS verdienen jeden Tag gutes Geld. Jetzt kommt es darauf an, wie gut Ihre Nerven sind. Wann stehen Sie vom Tisch auf und räumen den Jackpot ab? Wenn Sie zu früh zugreifen, verringert das Ihren Gewinn. Warten Sie zulange, bricht das Bankensystem zusammen und Sie verlieren alles.

Angenommen, Sie räumen ab. Entweder Sie bezahlen Ihre Schulden damit (Hypotheken usw.) oder Sie benutzen das Geld, um damit auf dem Schwarzmarkt einzukaufen. Der Euro wird nicht mehr lange existieren, spätestens in Phase 6 löst er sich in Wohlgefallen auf.

Aber warum sollten Sie jetzt Schulden zurückzahlen? Weil noch genug Staat da ist, um diese Schulden einzutreiben. Die Banken schließen, Sie kommen nicht mehr an Ihr Geld, aber zugleich verlangen diese Banken, dass Sie weiterhin Ihre Hypotheken bedienen. Gläubiger werden alles tun, um Geldforderungen in Sachwerte umzuwandeln. Und das geht am einfachsten, indem sie in Ihr Vermögen vollstrecken, soweit Sie ein Schuldner sind. Man wird versuchen, Ihnen Haus und Hof wegzunehmen, um so in der Krise Vermögenszuwachs für die Zeit danach zu erlangen.

Phase 5: Weltwirtschaftskrise

Die Phase 5 wird jetzt als Einführung von Notstandsgesetzen definiert. Ohne einen Krieg im Iran verläuft der Untergang anders. Ich lasse den folgenden Text trotzdem so stehen, wie er 2007 geschrieben worden ist.

Von Bombenanschlägen der jeweiligen muslimischen Mitbewohnern abgesehen hat es bis jetzt in den westlichen Ländern noch keine Kriegshandlungen gegeben. Abgesehen davon, dass Paris brennt, Rom, Berlin... aber auch das sind nur unsere netten muslimischen Mitbewohner, keine feindlichen Soldaten. In Klein- und Mittelstädten ohne jüdische oder amerikanische Einrichtungen merkt man noch wenig vom Bürgerkrieg.

Höchstens die Kanzlerin fällt langsam lästig, wenn sie im Fernsehen immer noch erklärt, dass wir in unverbrüchlicher Solidarität zu Israel stehen und damit die historische Aufgabe Deutschlands erfüllen werden. Nur leider ist von der Bundeswehr nicht mehr viel übrig, das für das Existenzrecht Israels ins Gras beißen kann. Die gut ausgerüsteten Bodeneinheiten hat die Kanzlerin in Afghanistan verheizt, die besten Schiffe der Marine liegen vor der Küste des Libanon auf Grund.

Zugegeben, die Amerikaner hat es härter getroffen. Allein die beiden versenkten Flugzeugträger... Außerdem müssen die Marines die Stützpunkte in den neuen Islamischen Republiken am Golf sichern, gegen die Terrorkommandos, die mit Unterstützung der Revolutionsregierungen gegen die Amerikaner vorgehen.

Dafür haben unsere türkischen Freunde mittlerweile alle Bergtürken unter den Schutz ihrer Truppen gestellt. Allerdings haben kurdische Rebellen Pipelines und Staudämme gesprengt, das eroberte Gebiet muß erst einmal aufgebaut werden. Zum Glück hat die deutsche Bundeskanzlerin bereits versichert, sich für die großzügige Vergabe von EU-Mitteln für diesen Zweck einzusetzen.

An den Weltbörsen bricht von einem Tag auf den anderen die Panik aus. Kursstürze um 1000 Indexpunkte an einem Tag übertreffen alles, was bis jetzt erlebt wurde. Auslöser dafür war ein Hedgefonds, der seine Kredite nicht mehr prolongieren konnte und Insolvenz anmelden musste. Dieser ersten Multi-Milliarden-Pleite folgten im Stundentakt die nächsten, wodurch Aktienpositionen liquidiert werden mussten, um Kredite zu tilgen. In den folgenden Tagen müssen zahlreiche Unternehmen Insolvenz anmelden. Dem einen werden die Kredite gekündigt, dem anderen brechen die Kunden weg, dem dritten die Lieferanten. Die hoch qualifizierten und noch weitaus höher bezahlten Manager rennen völlig konzeptlos herum und verbarrikadieren sich in ihren Vorstandsbüros, um nicht von ihren Arbeitern gelyncht zu werden.

Überlebenstips

Dank der fortgesetzten Teuerung sind Bedürftige auf Suppenküchen und andere öffentliche Versorgung angewiesen. Verhalten Sie sich unauffällig! Zwar sind solche Verteilerstellen mögliche Ziele für Anschläge, aber die Wahrscheinlichkeit, dass es Sie trifft, ist recht gering, wenn Sie nicht gerade in den Brennpunkten leben. Ihre Nachbarn hingegen achten ganz genau darauf, ob es Ihnen besser geht. Wenn Sie also nicht unrasiert und abgerissen bei der Suppenküche auftauchen, kommen die auf den Gedanken, dass bei Ihnen etwas zu holen sei...

Seien Sie vorsichtig beim Lüften, wenn Sie gekocht haben. (Ja, gönnen Sie sich *gelegentlich* etwas aus Ihren Vorräten, aber zelebrieren Sie das als Fest. Sie werden diese Vorräte noch dringend brauchen.) Passen Sie auf Ihre Kinder auf, wenn die in der Nachbarschaft erzählen, dass bei Ihnen im Keller noch 800 Dosen Ravioli stehen, organisieren die lieben Nachbarn bei Ihnen eine Essensausgabe.

Erinnern Sie sich an die Bücher über Handwerkstechniken? Jetzt haben Sie Zeit, die zu lesen. Üben Sie ein bisschen, eignen Sie sich neue Fertigkeiten an. Beschäftigen Sie so Ihre Familie, das lenkt von den Sorgen ab.

Finanzielles

Räumen Sie den Tisch ab! Die Banken werden in Kürze schließen. Verkaufen Sie Ihre Optionsscheine und tilgen Sie Schulden oder treten Sie selbst als Immobilienhai auf, der jetzt Anderen billig abkauft, was diese nicht mehr bezahlen können. Seien Sie dabei allerdings vorsichtig, manche Leute neigen zu Gewaltausbrüchen. Noch wird man Sie bestenfalls verprügeln, noch wird nicht gestochen oder geschossen. Allerdings brauchen Sie nicht damit zu rechnen, dass die Polizei Ihnen helfen wird. Die ist zu sehr damit beschäftigt, Politiker, Amtsgebäude sowie jüdische, amerikanische und britische Einrichtungen zu beschützen.

Mit genügend Euros bekommen Sie immer noch Gold oder Silber. Wenn der DAX auf 3000 Punkte gesunken ist, haben Sie jetzt 75.000 Euro auf der hohen Kante. Allerdings brauchen Sie entweder einen Dummen, der Ihre Scheine kauft, oder Sie halten sie bis zum Ende der Laufzeit, wo Ihnen die Bank eine "Barabfindung" bezahlt (natürlich nicht in bar, sondern aufs Konto überweist). Sollten die Banken noch geöffnet haben, lassen Sie sich das Bargeld auszahlen. Und da ein Krügerrand derzeit nur 25.000 Euro kostet, haben Sie Ihren Einsatz immerhin verdreifacht.

Phase 6: Währungskrise

Phase 6 ist in der aktualisierten Fassung ein Bürgerkrieg in der BRD.

Unsere iranischen Freunde haben gerade einen größeren Anschlag in Deutschland verübt (oder unsere Freunde von der Mossad, der CIA oder NSA, die haben Übung, als Iraner aufzutreten). Oder sie haben eine Mittelstreckenrakete auf München abgefeuert (oder unsere amerikanischen Freunde, oder unsere israelischen Freunde, die haben wunderbare Unterseeboote, von denen aus man "iranische" Marschflugkörper auf deutsche Städte abfeuern kann). Jedenfalls kann unsere Kanzlerin jetzt endlich zeigen, dass wir in unverbrüchlicher Solidarität zu Israel stehen und damit die historische Aufgabe Deutschlands erfüllen. Das heißt, wir erklären dem Iran den Krieg und ziehen Reservisten ein. Die haben zwar kaum Waffen und keine Transportmittel, aber falls Israel Kanonenfutter braucht, können wir welches hinschicken.

Wenn es Sie erwischen sollte, legen Sie jedes Rechtsmittel ein, das Ihnen zur Verfügung steht. Ja, Sie können auch untertauchen und sich verstecken, nur wäre das illegal, also werde ich mich hüten, Ihnen das zu empfehlen. Es gibt jedoch genügend Menschen in Deutschland, die so vehement für Israel eingetreten sind, dass die sich ganz bestimmt danach drängen, jetzt mit der Waffe in der Hand dieses Land zu verteidigen. Michael Friedmann zum Beispiel, und alle Mitglieder jüdischer Gemeinden zwischen 16 und 60. Wenn die nicht kämpfen wollen, warum wir? Außerdem wäre es unfair, tapferen Verteidigern ihres Heimatlandes die wenigen Transportplätze nach Israel wegzunehmen. Soviel Solidarität sollten wir zeigen.

Dafür nehmen wir großzügig Flüchtlinge aus dem gelobten Land auf. Wenn wir schon Gutes tun, werden wir natürlich darüber reden. Soll ruhig die ganze Welt wissen, dass wir arme, verfolgte Juden südlich von Karlsruhe unterbringen, in sauberen, großzügigen Häusern, in offenen, gut erreichbaren Dörfern. Zeigen wir unseren arabischen Freunden ruhig, dass wir in unverbrüchlicher Solidarität zu Israel stehen und damit die historische Aufgabe Deutschlands erfüllen.

Obwohl es uns schwer fällt, denn der Staat treibt zunehmend in die Insolvenz. Falls Sie mit dem Begriff "Fiat Money" nicht vertraut sind: Das, was wir Geld nennen, sind letztlich Schulden. Die tausend Euro, die Sie zur Sparkasse getragen haben, legen die nicht etwa in ihren Tresor. Sie erhalten dafür einen Schuldschein, auch wenn darauf "Sparbuch" steht. Ihr Geld hat jetzt das Schuhgeschäft zwei Häuserblocks neben der Sparkasse, das dafür der Sparkasse ebenfalls einen Schuldschein ausgestellt hat, der in diesem Fall "Kreditvertrag" heißt. Und das Schuhgeschäft zahlt damit seine Lieferanten...

Aber mehr brauchen wir nicht. Das Schuhgeschäft kann leider seine Kredite nicht mehr bedienen, weil die Lieferanten nichts mehr liefern können, der Transport zu teuer geworden ist und die Kunden sich keine Schuhe mehr leisten können. Gut, *ein* bankrottes Schuhgeschäft kann sich die Sparkasse leisten, aber wenn auch der Metzger und der Schlüsselladen schließen müssen... Jedenfalls sind jetzt Ihre tausend Euro weg und Ihr schönes Sparbuch besitzt nur noch den Heizwert, den es im Ofen hat.

Wenn niemand mehr dem Staat Geld leihen kann, hat der Staat kein Geld mehr zum Ausgeben. Zu diesem Zeitpunkt zahlen Firmen kaum noch Steuern, weil sie die Arbeit eingestellt haben. Der Handel ist zum Erliegen gekommen, weshalb auch keine Mehrwertsteuer mehr fließt. Alles in allem brechen dem Staat die Einnahmen weg, während die Ausgaben sogar steigen, denn die Beamten müssen weiterhin bezahlt werden (vor allem die Personenschützer, die unsere Politiker vor den Danksagungen des Volkes bewahren). Außerdem kosten die Suppenküchen Geld, Hartz IV muss ausgezahlt werden, Renten... alles, was das Volk noch einigermaßen ruhig stellt.

Anders als zu Zeiten der Deutschen Mark herrscht die deutsche Regierung nicht mehr über ihre Währung (Volkswirte bitte überlesen, ich weiß durchaus, dass die Deutsche Bundesbank nicht weisungsgebunden war). Damals hätte die Regierung ein Gesetz erlassen können, das die Notenpresse anwirft. Korrekt ausgedrückt, hätte sich die Regierung das Geld bei der Deutschen Bundesbank geliehen. Die Währungshoheit liegt jetzt jedoch bei der Europäischen Zentralbank und die EZB lässt sich nicht durch ein Bundesgesetz zum Gelddrucken zwingen.

Natürlich geht es anderen europäischen Regierungen genauso, aber dort gibt es anders als in der Regierung Merkel noch ein paar Politiker mit Rückgrat, was dazu führt, dass Italien die neuen Lire druckt und Frankreich den neuen Franc. Deutschland hingegen... Nun ja, Merkel, Steinbrück und Komplizen haben keine Ahnung, was man da macht, aber die Fachleute jener zwölf (rein zufällig jüdischen) Großbanken, denen der amerikanische Dollar gehört, wissen da Abhilfe. Der deutsche Staat gibt einfach Schuldscheine aus, die als gesetzliches Zahlungsmittel umlauffähig gemacht werden.

Das sind im Prinzip Wechsel, die jedoch ohne Auf- bzw. Abgeld weitergegeben werden können. Bei dem Papier, das Sie derzeit im Geldbeutel haben, garantiert die EZB, dass es eine Kaufkraft von 100 Euro besitzt, denn auch das sind nichts anderes als Schuldscheine. Beim Notgeld garantiert eben die Bundesregierung, dass dieser Zettel einen Wert von 100 Euro besitzt. Irgendwann, in besseren Zeiten, können Sie damit zur Bank gehen und wieder die vertrauten Schuldscheine der EZB dafür erhalten.

Dieses Notgeld ist übrigens nichts anderes als die von früheren Zeiten bekannte Kriegsanleihe. Das Notgeld wird zurückbezahlt, wenn der Krieg gewonnen ist, und sollten wir ausnahmsweise nicht gewinnen, dann... Na ja, das verlangt uns allen Opfer ab, nicht wahr? Ganz nebenbei wird der Zahlungsverkehr nur noch mit diesem Notgeld abgewickelt, weil alle Leute die verbliebenen "echten" Euros zurückhalten. Das war zu allen Zeiten so, das passiert auch diesmal.

Anders als früher brauchen wir diesmal das Zeug nicht einmal mehr zu drucken, das heißt, die Regierung gibt elektronische Karten heraus, vielleicht sogar als Chips, die in die Haut implantiert werden. Wenn Sie an das Geld Ihres Nachbarn wollen, hacken Sie ihm eben die Hand ab. Und übertragen Sie seinen Kontostand, bevor der Verwesungsgeruch zu penetrant wird. Aber sicher hat der Staat auch dagegen Vorkehrungen getroffen.

Falls Sie die Bibel kennen (oder wissen, wo Sie eine finden), da ist die Rede von einem "Zeichen des Tieres", ohne das man nichts mehr kaufen oder tauschen kann. Aber das ist natürlich reiner Zufall, und dass der Vater unserer hochverehrten Frau Bundeskanzler (die in unverbrüchlicher Solidarität zu Israel steht und damit die historische Aufgabe Deutschlands erfüllt) Pfarrer war, muss Sie auch nicht irritieren.

Sollten Sie diesem Chip entgehen wollen (was die Bibel Ihnen dringend anrät, aber wer glaubt schon einem so alten Schinken), dann müssen Sie ab jetzt von Ihren Vorräten leben. Wenn Sie Pech haben, wird man Ihnen jedoch Wasser und Strom abstellen, außerdem besuchen Sie ein paar energische Herren in Uniform, die Sie ganz freundlich und fast ohne Einsatz des Polizeiknüppels auf Ihre staatsbürgerlichen Pflichten hinweisen werden.

Allerdings gehen dem Land langsam die Polizisten aus, nachdem vor dem Kanzleramt, den Ministerien, den Parteizentralen, den jüdischen, amerikanischen und britischen Einrichtungen genügend davon zusammengeschlagen oder in die Luft gesprengt wurden. Was noch da ist, sichert das Leben der Kanzlerin und der Spitzenpolitiker, denn soweit geht die Solidarität der Kanzlerin zu Israel auch nicht, dass sie ein paar Synagogen beschützen lässt, während eine große Menge Wähler das Kanzleramt stürmen wollen.

Ohne diesen Chip gilt für Sie eine einfache Rechnung: Jedes Kilo Übergewicht bedeutet 7.000 kcal, die Sie "eingelagert" haben. Davon können Sie drei bis fünf Tage leben. Ein Zentner zu viel auf den Rippen bedeutet ein halbes Jahr (zwei Vitaminpillen pro Tag sollten Sie sich allerdings gönnen - und genügend Wasser). Ihr Arzt wird Ihnen bestimmt abraten, und wie gut Sie das überstehen, wage ich nicht vorauszusagen. Aber es kann funktionieren...

Überlebenstips

Die Situation gerät langsam außer Kontrolle. Rechnen Sie mit einer beginnenden Anarchie, auch in Deutschland. Wer sollte die noch verhindern? Die Bundeswehr wurde sinnlos verheizt, die Polizei schützt vielleicht noch das Kanzleramt und die Ministerien, ansonsten wird sie sich hüten, noch irgendwo in Erscheinung zu treten. Und Sie? Sie sollten es ebenfalls vermeiden, irgendwo in Erscheinung zu treten. Eine Maus, die sich versteckt, wird nicht von der Katze gefressen.

Finanzielles

Für Vorsorge ist es natürlich zu spät. Für ein paar Goldmünzen (oder einem Koffer voll ECHTER Euros) können Sie sich jetzt einen Bauernhof kaufen, oder ein Landhaus, einen Rolls Royce... In solchen Zeiten haben Rothschilds & Co. die Grundlagen riesenhafter Vermögen gelegt. Aber Vorsicht! Ein Objekt geht, aber wenn Sie richtig einsteigen wollen, sollten Sie auch eine Leibwache bezahlen können.

Phase 7: Der Weltkrieg beginnt

Phase 7 ist nach wie vor der Weltkrieg.

Ob zu diesem Zeitpunkt noch unsere Kanzlerin von unverbrüchlicher Solidarität zu Israel und der historischen Aufgabe Deutschlands reden wird, ist unwahrscheinlich. Vermutlich hat sie sich bereits in Sicherheit gebracht, mitsamt ihrer Regierung. Sollten Sie an einer Laterne einen Gehenkten baumeln sehen, denken Sie sich nichts dabei, das ist ein Politiker, der kürzlich den Dank des Volkes empfangen hat.

Unsere amerikanischen Freunde haben Vietnam im weitaus größeren Maßstab wiederholt. Ein paar Flugzeugträger sind versenkt, Israel hat die biblische Schlacht von Armageddon gewonnen, aber das Land ist unbewohnbar, New York in die Luft geflogen... Bedienen Sie sich aus der einschlägigen Literatur, da gibt es genug Anregungen.

Die Chinesen haben inzwischen ernsthafte Probleme im eigenen Land, denn das Millionenheer ihrer Arbeitssklaven hat keine Beschäftigung mehr - und kein Einkommen. Denn wohin sollten die Produkte geliefert werden? Die Amerikaner können längst nicht mehr bezahlen, auf der anderen Seite des Pazifiks herrscht Bürgerkrieg.

Jetzt muss die chinesische Staatsführung ihre Bevölkerung anderweitig beschäftigen. Da gibt es eine Insel, Formosa genannt, oder auch Taiwan. In besseren Zeiten haben die Amerikaner dafür gesorgt, dass Rotchina die Taiwanesen in Ruhe lässt. Jetzt hingegen... Die Olympiade findet sowieso nicht mehr statt, also können die Chinesen dieses kleine territoriale Problem bereinigen.

Ach ja, Israel... Dem Land fehlt der Nachschub aus den USA. Die können zwar noch Mekka und Medina atomar bombardieren, oder ein paar andere Städte weltweit, dank ihrer wunderbaren atomwaffentragenden Unterseeboote, aber das Land wird trotzdem überrannt. Die Muslime sind wirklich sauer... Und auch der jüdischen Armee fehlt der amerikanische Nachschub, also fehlt den Juden dort bald ihre Armee.

Finis

Was passiert bei uns? Fallen die Russen ins Land ein? Ja, womöglich. Die Welt, die wir kennen, geht jetzt unter. Endgültig. Und Sie? Ihnen wünsche ich viel Glück! Der Untergang führt zur "Stunde Null" und zu einem neuen Anfang. Wie viele Menschen sind gestorben oder werden noch sterben, in den Monaten nach der Stunde Null? Millionen? Ganz sicher. Milliarden? Vielleicht.

Aber jeder Untergang birgt in sich den Neuanfang. Vielleicht beginnt jetzt eine bessere Welt, jene Welt, auf die wir alle hoffen. Die Phasen 0 bis 7 ergeben sich aus Analyse und Extrapolation. Natürlich ist das kein Fahrplan, der zwanghaft eingehalten werden muss. Die Phasen gehen in-einander über, verschwimmen und sind nicht klar getrennt. Womöglich gibt es doch noch eine Möglichkeit zur Umkehr, an irgendeinem Punkt, der den Untergang noch abwendet.

Den Ablauf weiterzuführen, hieße zu spekulieren und eigenes Wunschdenken zu formulieren. Ich kann nicht in die Zukunft sehen, nur einen Entwicklungsweg aufzeigen, der sich durch Nachdenken ergibt. Wenn Sie das durchgelesen haben, tun Sie mich ruhig als Spinner ab, das ist nicht schlimm. Schlimm wäre nur, wenn Sie auf jegliche Vorbereitung und Vorsorge verzichten. Nicht für mich, ich halte mich nicht für so wichtig, dass ich um jeden Preis überleben will. Aber wenn **SIE** überleben wollen, sollten Sie dafür sorgen. **JETZT!**

Nachtrag

In den Tagen nach dem Erscheinen dieses Artikels wurde ich immer wieder nach Verkaufs-Options-Scheinen gefragt. Um es hier an zentraler Stelle zu erläutern: Die vorgestellte Strategie bestand aus 80% Edelmetall, 15% Bargeld und 5% VOS.

VOS sind dabei eine Lotterie-Komponente. Rechnen Sie damit, dass der Einsatz verloren ist und Sie davon absolut nichts wieder herausbekommen. Selbst wenn alles, was in "Der Untergang" aufgeführt wird, Punkt für Punkt eintrifft, ist das Verlustrisiko hoch. Kommt es zu einer massiven Inflation, dann geht der DAX womöglich auf 1000 Punkte herunter, nach heutigen Preisen. Trotzdem notiert er auf 12.000 Punkten und Ihre VOS werden wertlos.

In der Phase, in welcher der DAX radikal abstürzt, schließen womöglich schon die Banken. Dann besitzen Sie auf dem Papier 50.000 Euro, bekommen aber nichts davon ausgezahlt. Außerdem nützen Ihnen bündelweise Euro nichts, wenn diese Euro außer Kurs gesetzt werden.

Mit Gold haben Sie völlig ohne Risiko ein Kurspotential von Faktor 50 (also 25.000 bis 40.000 Euro pro Unze), mit Silber sogar eines von Faktor 100 (1.000 bis 2.000 Euro pro Unze). Diese Gewinne sind sicher vor Inflation und Geldentwertung. Goldbarren und Goldmünzen werden ohne Mehrwertsteuer verkauft, auf Silberbarren zahlen Sie 19%, auf Münzen 7% Mehrwertsteuer. Kein Plünderer zerlegt ein altes Radiogerät, weil er darin "Schätze" vermutet, aber SIE wissen, wo das Silber steckt - und es ist völlig egal, ob Ihre Hausbank die Pforten schließt, wenn das Metall bei Ihnen zu Hause lagert.

Edelmetalle dienen übrigens nicht zur Versorgung in der Krise, sondern zum Vermögenserhalt für die Zeit nach der Krise. Es ist zwar richtig, dass man für Gold noch Waren bekommt, wenn es für Geld schon lange nichts mehr gibt. Aber trotz allem kann man Gold nicht essen. Wenn Brot mit Gold aufgewogen wird, sollte man viel Brot besitzen, dann kommt das Gold von allein.

Wozu habe ich dann überhaupt die VOS erwähnt? Sie sind eine Möglichkeit, in letzter Minute zu Geld zu kommen, um damit Geldschulden abzulösen. Mit einem Einsatz einer Monatsrate können Sie genügend Geld erwirtschaften, um eine Hypothek komplett abzulösen und damit Haus und Hof zu erhalten, die sich sonst Krisengewinnler unter den Nagel reißen.

Anmerkung: *Die Strategie mit den VOS ist nicht aufgegangen, da der Iran-Krieg bis heute (9.2.2008) nicht stattgefunden hat. Wer jedoch Edelmetalle gekauft hat, hat allein am Gold seitdem über 1.000,- Euro verdient, also nicht nur den Verlust ausgeglichen, sondern mehr Gewinn erzielt, als es ein Sparbuch geschafft hätte.*

Ich wurde außerdem gefragt, wofür man so kurz vor dem Zusammenbruch noch Geld braucht, was man da kaufen sollte. Die Antwort lautet: "Langlebige Investitionsgüter". Dazu zählen Werkzeuge, stabile Schuhe, Decken, Schlafsäcke, Holzöfen – eben alles, was Ihnen noch zum Überleben fehlt. Mit ein wenig Glück erhalten Sie gerade dann noch eine "gefüllte Kriegskasse", wenn anderen Leuten bereits das Geld ausgeht.

Noch eine Anmerkung zur Elektrizität: Strom gibt es bis zuletzt, um durch Fernsehen die Bevölkerung ruhig zu halten. Deshalb versorgt Sie eine gefüllte Gefriertruhe bis weit in die Krisenzeit hinein. Erst in der letzten Phase, "Finis", dem Zusammenbruch, gibt es keinen Strom mehr. Für den Wiederaufbau habe ich deshalb "handbetriebene" Werkzeuge empfohlen. Sollte es anders sein, bekommen Sie die Maschinen sehr schnell: Sie als Handwerker tauschen ihre Produkte bei einem Bauern gegen Fleisch und Kartoffeln und die bei einem "Hobbyhandwerker" gegen dessen ungenutzte Bohrmaschine, mit der dieser sowieso nicht umgehen kann.

Ich wurde auch auf "die Russen" angesprochen, die laut diversen Prophezeiungen Deutschland besetzen werden. Das kann im "Finis" tatsächlich stattfinden, aber derzeit erkenne ich keinen logischen Grund, warum sie das tun sollten. Jedoch verschieben sich auf dem Weg in die Krise die weltpolitischen Gewichte. Die USA verlieren eine Menge Geld, massenhaft Kriegsgerät, viele Soldaten und alle Sympathie. Die Russen hingegen verdienen an den gestiegenen Energiepreisen klotzig und können dieses Geld problemlos in Aufrüstung investieren. Doch was sich in dieser Richtung abzeichnet, wird erst in den nächsten Monaten erkennbar.

Der nicht gehaltene Vortrag

Vorbemerkung: Dieser Vortrag ist die aktuelle Einschätzung. Was "Der Untergang“ nach dem Wissensstand von März 2007 geschildert hat, wird in diesem Vortrag auf dem Stand von September 2009 aktualisiert. Dieser Vortrag musste zweimal abgesagt werden, weil auf die Veranstaltungslokale Druck von "Antifaschisten" ausgeübt worden ist. Deshalb habe ich diesen gefährlichen und volksverhetzenden Vortrag ins Internet gestellt. Die Zwischenüberschriften sind Gliederungspunkte, die so im Programmblatt für diesen Vortrag aufgeführt worden sind.

Guten Abend, meine Damen und Herren!

In diesen Zeiten großer bewegender Fragen, von denen unsere Zukunft abhängt... so hat Außenminister und Reichskanzler Stresemann einmal eine Rede angefangen, um danach von Realpolitik zu sprechen, die in Wirklichkeit das Höchste an Idealismus sei, weil sie das heiße Herz da bändige, wo nur der kühle Verstand weiterzuhelfen vermag.

Nun ja, Stresemann hat nur als altmodischer Anzug überlebt und kühlen Verstand zeigen unsere Politiker nur dann, wenn es um die Ausstattung ihrer Dienstwagen geht. Realpolitik verhilft nun mal nicht zu Schlagzeilen und zu Wählerstimmen.

Zinsgeld / Echtes Geld und Papiergeld

Das hier, meine Damen und Herren, ist eine Silbermünze, die Nachprägung eines Maria-Theresia-Talers von 1780. Er enthält ein Feingewicht von einer Dreiviertel Unze Silber, was beim aktuellen Silberkurs etwa 10 Euro entspricht. Das andere ist ein Stück Papier, ebenfalls 10 Euro wert. *(Vorgezeigt wird ein Zehn-Euro-Schein)* Wert? Nein, dieser Papierschnipsel hat praktisch keinerlei Wert, selbst wenn wir den künstlerischen Entwurf und den Preis der Druckmaschinen auf diesen Schein umlegen, kommen wir bestenfalls auf fünf Cent Herstellungskosten.

Jetzt gehe ich mit diesen beiden Gegenständen in den Einkaufsladen. Wenn ich meine Waren mit dem Maria-Theresien-Taler bezahlen will, mit Silber im Wert von zehn Euro, schüttelt die Verkäuferin nur den Kopf. Es sei denn, Sie treffen eine Dame, die sich mit dieser Problematik beschäftigt hat, die akzeptiert die Münze, steckt sie ein und legt dafür einen eigenen Zehn-Euro-Schein in die Ladenkasse.

Mit dem Papierfetzen habe ich keine Probleme, die werden problemlos angenommen. Warum? Weil darin ein Polizeiknüppel steckt! Die Dame an der Kasse darf die Annahme nicht verweigern, denn dieses Papier ist das gesetzlich vorgeschriebene Zahlungsmittel. Ein Hotel in Ihrer Heimatstadt mag Schweizer Franken oder amerikanische Dollar akzeptieren, doch es ist nicht dazu verpflichtet. Euros hingegen muss dieses Hotel und jedes deutsche Geschäft annehmen, sonst können Sie die Polizei holen.

Was den Euro derzeit so angenehm macht, der eingebaute Polizeiknüppel, ist zugleich die große Gefahr: Der Polizeiknüppel kann per Gesetz entzogen werden. Bei der guten alten D-Mark haben Sie das erlebt: Gestern noch allgemein akzeptiertes Zahlungsmittel, heute bestenfalls als Kulanz entgegen genommen. Dabei haben Sie sogar noch Glück: Den Hundertmarkschein in Opas altem Anzug, den Sie durch Zufall finden, können Sie immer noch in Euro umtauschen, jetzt, morgen, in fünf Jahren – die Deutsche Bundesbank garantiert diese Einlösung. Unsere Nachbarn in den Niederlanden sind nicht so glücklich, deren Guldenscheine haben nur noch Sammlerwert, sie werden nicht mehr umgetauscht.

Das ist ein Gesetz, mehr nicht. Kein Naturgesetz, sondern menschliche Willkür. Wenn der Bundestag morgen eine andere Regelung beschließt, ist der schöne Blaue nur noch ein Andenken, kein Geld mehr. Gegen diesen Taler hilft kein Gesetz. Sicher, man könnte den Besitz verbieten, doch das haben sich in Deutschland nicht einmal Diktaturen getraut. Weder Hitler, noch Ulbricht oder Honecker haben Gold- und Silberbesitz verboten. Das blieb einem Demokraten wie Roosevelt vorbehalten, in den ach so freien und demokratischen USA.

Wir haben im Deutschen eine Wortfamilie: Geld ist das, was gilt, was Gültigkeit besitzt, was einem Geltung verschafft. Unsere amerikanischen Freunde sind in dieser Beziehung rückhaltlos ehrlich: die schreiben auf ihre Scheine und Münzen „In God we trust“. Wer damit bezahlt, vertraut auf Gott. Diese Aufschrift hat ihre Berechtigung seit 1971, als die Bindung des Dollars ans Gold aufgehoben worden ist. „In GOLD we trust“ musste niemand auf das Papiergeld schreiben, in Gold haben die Menschen immer vertraut.

1780 hat sich die Kaiserin Maria Theresia auf dieser Münze abbilden lassen. Dieser Taler war übrigens auch ein „Konventionstaler“, der mit gleichem Feingehalt von anderen Fürstentümern mit anderen Bildern geprägt worden ist. Da war der jeweilige Herrscher aufgeprägt, als Zeichen, dass die Bürger diesem Geld vertrauen können. Bei der 20-Mark-Goldmünze finden wir Kaiser Wilhelm, der ebenfalls persönlich garantiert, dass echtes Gold klimpert.

Heute zieren Persönlichkeiten bestenfalls Gedenkmünzen, ansonsten werden die geprägt, wenn die Herrschaften bereits gestorben sind, siehe die alten Zwei-Mark-Stücke. Lebende Bundespräsidenten haben sich nur auf Briefmarken getraut, wo das Volk sie hinten ablecken konnte.

Zinsgeld / Der Weg in die globale Katastrophe

Wenn ich einen Taler herstellen möchte, kaufe ich für 9,50 Euro einen Silberrohling, schlage mit dem Prägehammer drauf und gebe ihn für zehn Euro weiter. Die Gegenbuchung sind die Rohstoffkosten und der Arbeitslohn, der so genannte Schlagsatz.

Bei einem Zehn-Euro-Schein sieht das anders aus. Ich drucke eine Palette davon, 100.000 Stück. Als Druckerei berechne ich dafür 5.000 Euro Druckkosten und liefere die eine Million an die Zentralbank aus. Die lagert das in ihrem Tresor, bis jemand das Geld haben möchte. Und jetzt wird es interessant. Wenn Sie einen dieser Scheine haben wollen, bezahlen Sie dafür zehn Euro. Sie geben mir als Bundesbank einen Scheck, also einen Schuldschein auf Ihr Girokonto, in Höhe von zehn Euro, und erhalten dafür eines der Kunstwerke aus meinem Tresor.

Klingt umständlich und keine Sorge, das ist es auch. Jetzt gestatten Sie mir einen kleinen Ausflug in die Physik. Dort gibt es einen Effekt, der „Quantenfluktuation“ heißt. Diese wird in sehr schönen Formeln beschrieben, die auch ich nicht verstehe, sondern einfach glauben muss. Ich beschränke mich auf das Anschauliche. Stellen Sie sich ein absolutes Nichts vor. Vermutlich wird Ihnen dabei schnell langweilig und keine Sorge, das absolute Nichts langweilt sich ebenso. Dieses Nichts kann sich die Zeit vertreiben, indem es Teilchen erzeugt, und zwar paarweise, als Teilchen und Antiteilchen. Die Bilanz ist ausgeglichen, weil für jedes Teilchen das Gegenstück existiert, also dem Plus ein Minus gegenüber steht. Da das Nichts aber ein Nichts bleiben muss und kein Teilchenpärchen, vereinigt das Nichts diese Pärchen wieder und sie verschwinden. Das Nichts ist wiederhergestellt.

Damit hat das Nichts die Jahrmilliarden totgeschlagen und war zufrieden, bis ein großer Physiker namens Stephen Hawking kam. Der schlug dem Nichts vor, die Paarbildung doch am Ereignishorizont eines Schwarzen Loches vorzunehmen. Dem Nichts war ohnehin langweilig, also hat es den Vorschlag begeistert aufgenommen. Das eine Teilchen unternahm einen vorwitzigen Ausflug über den Ereignishorizont hinweg, das andere Teilchen blieb diesseits dieser Grenze. Damit hatte das Nichts ein Problem: Was sich hinter den Ereignishorizont eines Schwarzen Loches traut, bleibt für immer dort. Damit konnte das verbleibende Teilchen sich nicht mehr auflösen und musste in die Weltgeschichte auswandern. Und das Schwarze Loch? Das ist schließlich explodiert, aus lauter Wut über dieses blöde Spiel, das Stephen Hawking erfunden hat.

In der Physik haben wir diesen Effekt leider noch nicht nachgewiesen, deshalb wartet Hawking noch immer auf den Nobelpreis.

Allerdings gibt es etwas, das nennt sich Wirtschaftswissenschaften. Das kennen Sie, in der Wirtschaft gehen Sie Ihr Bier trinken und die Wissenschaft holen Sie sich von woanders. In diesem Fall haben sich die Wirtschaftswissenschaften bei Hawking bedient. Die Bundesbank erzeugt ein Pärchen aus Guthaben und Schulden. Die Bilanz ist ausgeglichen, die Summe ergibt Null. Jetzt brauchen wir noch ein Schwarzes Loch. Die Astronomen haben dafür so blödsinnige Bezeichnungen wie Sagittarius A, unter denen sich kein Mensch etwas vorstellen kann. Also wählen wir einen anschaulichen Begriff, beispielsweise „Bundeshaushalt“.

Als Physiker finden Sie das natürlich unwissenschaftlich, aber wenn Sie wissen, dass dies ein ganz normales Schwarzes Loch ist, können Sie das handhaben. In diesen Bundeshaushalt stopfen Sie die Schulden, also die „Antiteilchen“. Den Rest des Pärchens, das Guthaben, strebt nach außen, will dem Bundeshaushalt entkommen. Das geben Sie am besten sinnvoll aus, zum Beispiel als Wiedergutmachung an Israel, für den militärischen Schutz der Opiumfelder in Afghanistan oder für den Unterhalt arbeitsunwilliger Zuwanderer in der BRD, die dafür dankbar SPD oder Grün wählen, wenn sie einen deutschen Pass bekommen.

Wir können darauf warten, dass dieses Schwarze Loch explodiert, doch leider, da die Wirtschaftswissenschaftler so undankbar sind, wird Stephen Hawking auch dafür nicht den Nobelpreis bekommen.

Es mag daran liegen, dass Physiker ein bisschen beschränkt sind. Der Physiker erzeugt seine Teilchen aus dem Nichts, lässt eines davon im Schwarzen Loch verschwinden und kümmert sich nicht mehr darum, was das andere Teilchen so treibt. Er übt eben Toleranz und entlässt dieses in die Eigenverantwortung. Was hinter dem Ereignishorizont passiert, ist nicht definiert, weil dieser Ereignishorizont eben so definiert ist, dass alles, was dahinter passiert, nicht mehr bekannt ist.

Die Wirtschaftler sind weniger tolerant, die haben festgelegt, was in ihren Schwarzen Löchern passiert. Sie als Bankkunde werden dabei so unwissend wie ein Physiker gehalten, Ihnen wird erklärt, dass menschliche Zinswillkür ein Naturgesetz sei, das eben hinter dem Ereignishorizont stattfindet.

Haben Sie das Wort mitbekommen? ZINS? Damit tauchen wir hinter den Ereignishorizont. Die Schulden, die sich dort ansammeln, bekommen Junge, eben Zinsen. Wir alle haben in unserer Jugend von Freunden Geld geliehen. Solange das keine größeren Beträge gewesen sind, haben wir das einfach zurückgegeben und das war es. Das ist Paarbildung im freien Universum, Kredit und Schulden entstehen, existieren einige Zeit und verschwinden wieder, indem sie sich gegenseitig auflösen.

Am Schwarzen Loch einer Bank sieht das anders aus. Gehen Sie hin, lassen Sie sich 10.000 Euro auszahlen und geben diese sofort zurück – und Sie stellen fest, dass das nicht ausreicht. Die Bank will Gebühren von Ihnen, also ihre Arbeit bezahlt haben. Und sie will ZINSEN. Bei 10,37%, was einem normalen Dispokredit entspricht, müssen Sie für die fünf Minuten, die Sie brauchen, um das Geld nachzuzählen, bereits einen Cent Zinsen auf den Tresen legen. Dank kaufmännischer Rundung müssen Sie das auch bei ganz moderaten 5,2% bezahlen.

Genau das passiert im Schwarzen Loch der Banken. Zinsen generieren neue Guthaben und neue Schulden. Ein wenig davon verlässt den Ereignishorizont, landet als Zinsen auf Ihrem Sparbuch, doch der weitaus größte Teil bleibt in der Bank. Als Schuldner zahlen Sie dreimal, fünfmal, ja zehnmal soviel, wie Sie als Zinsen für Ihr Guthaben bekommen. Die Differenz versickert in der Bank, füllt die Taschen der Aktionäre.

Wir reden hier von Willkür, nicht von Physik. Unser Bankensystem basiert auf Mindestreserven, im Business-English „Fractional Reserve Banking" genannt. Die Bank muss nur eine Mindestreserve einbehalten, für einen Cent Guthaben dürfen zehn Cent Kredit herausgegeben werden. Die Bank schafft damit Guthaben und Schulden. Diese Geldschöpfung ist ganz legal, ein Knopfdruck und neues Geld entsteht. Geld in Computern, in Bits und Bytes. Die Zentralbank hat es noch besser, die braucht nicht einmal die Mindestreserve. Ein paar Tasten auf dem richtigen Computer und eine Billion Euro erscheint. Sie erscheint aus dem Nichts, aber nicht ohne Gegenbuchung. Wer immer dieses Geld erhält, er wird zum Schuldner über dieses Geld.

Wenn eine Regierung dieses Geld leiht, steht kein Kaiser Wilhelm dahinter, mit seiner persönlichen Glaubwürdigkeit, sondern eine Angela Merkel. Die haftet nicht persönlich, sie ist nur eine Angestellte, die sich irgendwann einmal aus dem Amt verkrümelt. Gerhard Schröder, Helmut Kohl, Helmut Schmidt, Willy Brandt, Kurt-Georg Kiesinger, Ludwig Erhard, Konrad Adenauer – kein Kanzler hat je persönlich für die Schulden gehaftet, die unter seiner Regierung angehäuft worden sind. Deshalb finden sich deren Abbilder auf keinem Geldschein, auf keiner Geldmünze.

Das System funktioniert, solange es neue Schuldner gibt, die den Banken erlauben, immer neues Geld zu erzeugen. Die höchste Summe, die sich ein Bürger für gewöhnlich leiht, fließt in eine Immobilie. 20.000 Euro kaufen ein Auto, 200.000 Euro ein Haus.

Jeder Schuld steht ein Guthaben gegenüber, denken Sie daran. Dank dem Mindestreservensystem kann eine Bank um so mehr Guthaben schöpfen, je mehr Schulden gemacht werden. Erinnern Sie sich, dass die Finanzkrise als Immobilienkrise in den USA begonnen hatte?

Im Nachhinein ist der Mechanismus ganz simpel: Billiges Geld verlockt viele Menschen dazu, sich eine Immobilie anzuschaffen, auf Kredit, natürlich. Das ging in den USA ganz leicht: Solange die Immobilien im Wert steigen, sich die Blase aufbläst, ist das ein sicheres Geschäft, selbst wenn Sie gar nicht kreditwürdig sind. Es genügt, wenn Ihr Haus kreditwürdig ist. 20.000 Dollar für ein Auto würde Ihnen niemand leihen, 200.000 Dollar für ein Haus dagegen schon, denn das Haus ist nächstes Jahr 250.000 Dollar wert. Das funktionierte nach 2001 wunderbar.

Wir sind nicht an die Gesetze der Physik gebunden, alles kann den Ereignishorizont verlassen. Das Guthaben landet bei reichen Leuten, die Schulden bei der Kreissparkasse von Mittelmietraching. Oder bei Otto Klawuttke, einem Rentner, der seine Altersvorsorge sicher anlegen möchte. Wie das? Das Zauberwort nennt sich Refinanzierung, auf gut Deutsch „Asset Backed Securities", kurz ABS. So ein Antiblockiersystem im Finanzbereich sieht auf den ersten Blick wie ein grundsolider Pfandbrief aus. Larry Sixpack nimmt 200.000 Dollar auf, um sich ein Haus in Oregon zu kaufen. Seine 1st National Bank gibt ihm das Geld, verpackt diesen Kredit und eine Menge anderer in ein Paket, das über den Atlantik wandert. Die Kreissparkasse von Mittelmietraching verkauft das ihren Kunden. Und Otto Klawuttke, der Neubürger aus dem Norden, bekommt dieses Zeug verkauft, als bombensichere Anlage in Betongold, also in Immobilien.

Der liebe Otto ist nicht allein, Yoko Suppukara aus Osaka hat ebenfalls solche Papiere erworben, der Schrott wurde weltweit verteilt. Nur die Guthaben, die sind in den USA geblieben. Zumindest dann, wenn ein gewisser Herr Madoff sie nicht in die Finger bekommen und nach Israel umgeleitet hat.

Was passiert, wenn das Häuschen im fernen Oregon an Wert verliert? Oh, Larry ist fein raus. Er gibt die Hausschlüssel ab, weil er sich die Hypothek nicht leisten kann, und zieht ganz weit weg, nach Nevada. Die 1st National teilt der Kreissparkasse in Mittelmietraching mit, dass sie leider keine Zinsen mehr bezahlen kann. Und Otto Klawuttke ist seine Altersversorgung los, weil kein Mensch mehr Geld für eine verfallende Hütte in Oregon bezahlen möchte.

Schulden sind Guthaben... Und wenn die Guthaben verfallen, bekommt eine Bank ein Problem, weil sie auf Grund dieser Guthaben Geld geschöpft hatte. Damit bekommen wir eine wunderschöne Bankenkrise, weil an allen Enden Geld fehlt. Dann gibt es nur noch den „Lender of last Ressort", den infalliblen Schuldner, den mit der unbegrenzten Bonität. Dieser Schuldner nennt sich Staat. Das ist aber nur ein Künstlername, seinen wirklichen Namen finden Sie in Ihrem Personalausweis.

Dumm gelaufen, oder?

Zinsgeld / Inflation und Deflation

Jetzt fehlt an allen Enden Geld. Schauen Sie nur mal in die Tageszeitung, da lesen Sie das. Die Banken halten sich mit der Kreditvergabe zurück... Blättern Sie weiter, da finden Sie die Angebote der Autohäuser. Die Preise werden angegeben, indem der Rabatt durch die Abwrackprämie bereits eingerechnet ist. Und sollten Sie keinen Anspruch darauf haben, gibt es ein spezielles Angebot...

Lebensmittel werden immer billiger, die Milchbauern stöhnen, aber Ihr Geldbeutel freut sich. Computer, Flachbildfernseher, Handys... Je länger Sie warten, desto mehr bekommen Sie für Ihr Geld.

Dieses Spiel nennt man Deflation. Ihr Geld gewinnt von Tag zu Tag an Kaufkraft... Ein schönes Spiel, wenn man Geld hat und warten kann. Warum heute 107 cm Bildschirmdiagonale kaufen, wenn es meine alte 63 cm-Röhre noch tut und ich nächsten Monat zum gleichen Preis 120 cm bekomme?

Weniger schön ist es, wenn Sie KEIN Geld haben. Auf dem Dachboden liegt Uropas Ulanensäbel... Vor zwei Jahren hat Ihnen ein Antiquitätenhändler dafür 3.000 Euro geboten. Jetzt brauchen Sie Geld und gehen hin. Der Händler schlägt die Hände über den Kopf zusammen, erzählt von schlechten Zeiten, von noch schlechterem Geschäft und bietet 300 Euro. Sie verhandeln, haben Glück mit Ihrer Hartnäckigkeit und bekommen tatsächlich 800 Euro für Ihr Erbstück. Sie haben keine Wahl, Sie müssen verkaufen...

Es geht weiter, denn auch der Autohändler kann nur mit Abschlägen verkaufen. Und der Autohersteller hat ein noch größeres Problem, er muss unbedingt seine Kosten reduzieren. Dafür gibt es ein probates Mittel: Arbeitskräfte entlassen.

Deflation heißt, dass Geld fehlt. Wenn Sie Sachwerte versilbern müssen, bekommen Sie nur wenig Geld dafür. Wenn Sie überleben wollen, müssen Sie billig verkaufen. Deflation ist nur gut, wenn Sie ein gesichertes Einkommen haben. Übrigens, auch Hartz IV ist ein gesichertes Einkommen, auch wenn es am absoluten Minimum liegt. In der Deflation wird es besser für Sie.

Deflation ist nur eine Seite der Medaille. Eine Atombombe hat eine Druck- und eine Sogwelle, letztere zerstört, was die Druckwelle übrig gelassen hat, weil die Kraft aus der entgegengesetzten Richtung einwirkt. Ein Hurrikan funktioniert genauso. Zuerst kommt der Wind von links, dann folgt das Auge und anschließend bläst es um so heftiger von rechts.

Die Sogwelle ist die Inflation. Gegen zu wenig Geld, gegen die Deflation, hilft nur Drucken, Drucken, Drucken. Das erfolgt heute elektronisch, nicht in Form von Unmengen Papier. Schauen Sie sich die Staatsverschuldung an, die steigt unaufhörlich. Nächstes Jahr wird viel mehr Geld aufgenommen als dieses Jahr... Schulden stehen Guthaben gegenüber. Das Geld, mit dem sich die BRD verschuldet, landet im Wirtschaftskreislauf. Wo gerade noch zu wenig Geld war, ist plötzlich zu viel Geld.

Zu viel Geld heißt, dass dieses Geld weniger wert sein wird. Mein Taler enthält eine Dreiviertel Unze Silber, warum soll ich die Ihnen für zehn Euro überlassen? Ihr Nachbar bietet bereits zwölf Euro...

Jetzt wird alles teurer. Uropas Säbel würde 5.000 Euro erzielen, aber Sie haben in der Deflation für 800 verkauft. Warum? Weil das so geplant worden ist! Sie verlieren, weil Sie verlieren sollten! Ihre Sachwerte, die in der Inflation an Wert gewinnen, hat man Ihnen in der Deflation abgenommen.

Wie sieht es bei den Ärmsten aus? Für Hartz IV bekommen Sie nicht mehr viel, wenn jeden Monat die Lebensmittelpreise um zehn Prozent steigen. Aber keine Sorge, Vater Staat wird Ihnen helfen. Sie bekommen kein Geld mehr, das in der Inflation verfällt, sondern wertstabile Gutscheine. 20 Pfund Brot, zehn Pfund Nudeln, fünf Pfund Fleisch – im Monat. Es sind keine Hungerrationen, wir haben schließlich keinen Krieg. Der Staat will Ihnen schließlich helfen.

Dieser Zehn-Euro-Schein erhält seinen Wert durch den Polizeiknüppel. Sie müssen akzeptieren, was Sie dafür erhalten. Das ist nicht verhandlungsfähig, das wird vorgegeben. Der Taler enthält Silber, er wird immer seinen Silberwert behalten...

Nahe Zukunft / Phase 3: Versorgungsmängel

Kennen Sie einen Ausländer? Ich meine keinen Computer-Inder, sondern einen jener Kulturbereicherer, die mit zehn Kindern ohne Arbeit Sozialleistungen erhalten. Kennen Sie einen? Jetzt stellen Sie sich vor, Sie seien ein Mitarbeiter der Sozialbehörde. Sie müssen zu diesem netten Mitmenschen gehen, um ihm zu erklären, dass er nicht mehr pauschal 2.500 Euro pro Monat überwiesen bekommt, sondern statt dessen diese hübschen Lebensmittelgutscheine. Leider hat niemand daran gedacht, diese in Türkisch, Arabisch oder Russisch zu beschriften, der Einwanderer kann diese nicht lesen und die Großzügigkeit der deutschen Sozialbehörden gar nicht erfassen.

Und Sie? Sie haben hoffentlich eine Hundertschaft Bereitschaftspolizei in der Hinterhand, falls unsere geliebten Gäste ein wenig... unfreundlich reagieren sollten.

Ist das weit hergeholt? Schauen Sie sich doch mal die Zahlen an! Die Bundesregierung allein plant bis 2013 neue Schulden in Höhe von über 300 Milliarden Euro. Mit den Ländern zusammen sind es 500 Milliarden. Die Regierung hat keine Möglichkeit, einfach Geld zu schöpfen, sie muss es sich leihen. Das ist aber nur der normale Haushalt, da steckt keine einzige größere Bürgschaft darin, die unter Merkel so großzügig eingegangen worden sind.

Am Ende kann nur die Notenbank helfen, indem sie Staatspapiere mit frischem Geld aufkauft. Anders als 1923 muss sie das Geld nicht erst drucken, das erscheint im Computer und fertig.

Gleichzeitig wechselt jeder neue Arbeitslose von der Seite der Steuerzahler auf jene der Beihilfeempfänger. Die Belastung des Sozialstaates wird immer größer. Lebensmittelgutscheine für Hartz IV Empfänger und Kleinrentner wären da eine Abhilfe.

Solche Lebensmittelkarten zeigen allerdings einen Versorgungsmangel an, weil Teile der Bevölkerung von der normalen Versorgung mittels Geld ausgeschlossen werden. Für diesen Versorgungsengpass habe ich schon lange einen Namen: Phase 3. Ich rechne mit der Phase 3 noch in diesem Jahr, zwischen September und Dezember. Das werden für viele Leute keine fröhlichen Weihnachten!

Nahe Zukunft / Phase 4: Soziale Unruhen

Eine solche Versorgungskrise bringt die Leute auf die Straße. Vielleicht nicht unbedingt die Deutschen, die hoffen, dass alles bald wieder besser wird. Wir haben jedoch Gruppen von Leuten im Land, die hier sind und Ansprüche stellen. Sie wollen ja nur Asyl, weil sie im Heimatland politisch, wegen ihres Glaubens oder wegen ihres Geschlechts verfolgt werden. Diese Leute sind froh, dass sie Leib und Leben retten konnten, hier eine Wohnung bekommen, komplett eingerichtet, Sozialhilfe, aber bitte keine Arbeit. Es genügt, wenn der Staat einen Anwalt bezahlt, der noch mehr heraus klagt.

Wer nach dem zweiten Weltkrieg aus Europa nach Kanada eingewandert ist, durfte erst einmal ein Jahr im Straßenbau arbeiten, ob nun Hilfsarbeiter oder Gehirnchirurg. Wer nach Deutschland einwandert, braucht nur einen guten Anwalt.

Glauben Sie, dass diese Leute ruhig bleiben, wenn das Wunderland plötzlich die milden Gaben einschränkt? Dafür sind sie schließlich nicht den weiten Weg hierher gekommen! Und wir haben Politiker, meistens Grüne, die sich für deren Belange einsetzen und massive Hilfen für jene Menschen anmahnen. Wenn aber die geschätzten Einwanderer mehr bekommen, raffen sich doch noch die Deutschen auf.

Einzelne Politiker haben es schon gesagt: Soziale Unruhen. Diese folgen auf die Phase 3, sie werden dadurch ausgelöst. In meiner Zählung ist das Phase 4. Je nach dem, wie handlungsfähig der Staat noch ist, dauert diese Phase eine Woche oder sechs Monate. Ich rechne mit vier bis sechs Wochen, da der Staat sich keinen offenen Aufruhr leisten kann.

Ein Wort der Warnung: Dies ist NICHT der allgemeine Volksaufstand, bei dem Politiker an Laternenpfähle gehängt werden. Der kommt auch noch, das ist Phase 6. Bis dahin vergeht jedoch noch eine Menge Zeit. Halten Sie sich in Phase 4 zurück, helfen Sie höchstens der Polizei. Das sind nämlich die armen Schweine, die für die Fehler der Politiker in dieser Phase den Kopf hinhalten müssen.

Nahe Zukunft / Phase 5: Notstandsgesetze

Der Staat wird diese Unruhen mit harter Hand bekämpfen, er hat gar keine andere Wahl. Haben Sie die Berichterstattung über den Iran mitbekommen? Das ist dann Deutschland! Massenverhaftungen, Schüsse in den Straßen, eingeschränkte Bürgerrechte, Ausgangssperren. Das ist die Phase 5, in welcher der Staat sich aufbäumt und mit Gewalt Ordnung schafft.

Dann redet niemand mehr über „Menschenrechte“. Ladendiebe und andere Kleinkriminelle dürfen hoffen, vorzeitig aus dem Gefängnis entlassen zu werden, weil man ihre Zellen für politische Gefangene benötigt.

Was im Einzelnen kommen wird, darüber lässt sich nur spekulieren. Im Rahmen der Notstandsgesetze kann alles eingeführt werden, von einer strengen Warenbewirtschaftung, mit rationiertem Benzin und Heizöl, bis hin zu einer Währungsreform. Die Regierung bemüht sich verzweifelt, die Wirtschaft irgendwie in Gang zu bringen. Rechnen Sie mit Zwangsarbeit, mit Dienstverpflichtung, der Staat ist zu allem fähig!

Die Phasen 3 bis 5 betreffen nicht nur Deutschland, sondern ganz Europa. Bei uns dürfte es sogar vergleichsweise ruhig bleiben. In Frankreich sind die europäischen Franzosen drauf und dran, eine Minderheit im eigenen Land zu werden. Die haben noch größere Probleme, ihre aus den Kolonien zugewanderten Mitbürger ruhig zu halten. In Italien wird es gären, der Staat gar zerreißen. In Spanien dürfte der König verjagt werden.

In den USA dürfte es ebenfalls schlimm werden. Ohne den Dollar, ohne die Weltleitwährung, zerbricht dieses Imperium. Die letzte verbliebene Supermacht wird sich in mehrere Einzelstaaten auflösen. Wie schnell? Ich weiß es nicht. Die Phasen 3 bis 5 betreffen Deutschland.

Ohne Weltleitwährung vermindert sich der Welthandel. Importware wird nur noch gegen harte Währung geliefert, also gegen Gold. International ist jedoch auch Tauschhandel möglich. Doch das wäre ein anderes Thema.

Eine Weltwirtschaftskrise führt zu weltweiten Umwälzungen. Wenn früher in China Menschen verhungert sind, war das weit weg und uns egal. Heute sind die Chinesen wichtige Handelspartner. Wenn China 50 Millionen neue Jobs schafft, werden wir das merken – insbesondere, wenn diese vielen Jobs bei der Infanterie sind!

Wer den Nil abriegelt, lässt Ägypten verdursten. Euphrat und Tigris bewässern den Irak, die Quellen lieben aber in der Türkei. Kriege ums Öl kennen wir, Kriege um Wasser werden wir bald genug erleben.

Die Welt wird nicht ruhiger – also sorgen Sie vor!

Vorsorge / Vorsorgen – für welchen Fall?

Meine Damen und Herren, ich möchte eine banale Frage stellen: Für was, für welchen Fall sorgen Sie vor?

Natürlich können Sie für den Fall vorsorgen, dass der Pizzadienst wegen eines Volksfestumzugs nicht zu Ihnen durchkommt. Und ebenso natürlich geht es in diesem Vortrag nicht darum, für diesen ach so fürchterlichen Notfall vorzusorgen.

Sie sorgen vor für die Phasen 6, 7 und 8. Ja, für die Phasen, die ich noch nicht erwähnt habe. In der Phase 3 bekommen Sie Lebensmittelkarten, da müssen Sie vielleicht einige Abstriche hinnehmen, aber das sollten Sie als jene Diät ansehen, zu der Ihnen Ihr Hausarzt sowieso die ganze Zeit rät. In der Phase 4, den sozialen Unruhen, kann es sein, dass Sie einige Tage besser nicht auf die Straße gehen, weil dort geschossen wird. Da sind Vorräte im Haus ganz nützlich, doch eine Woche Fasten ist kein großes Problem. Sie kämen also durch. In der Phase 5 gibt es wieder die Lebensmittelkarten, Ihre Vorräte sind nicht nötig, um zu überleben.

Jetzt muss ich mich auf das Feld der Prophezeiungen und Seherschauungen begeben, denn ich habe derzeit noch keine Vorstellung, durch welche Maßnahmen es in Deutschland zu einem offenen Bürgerkrieg kommen soll. Es geht um Fehler, die unsere Regierung noch gar nicht begangen hat. Wir müssen davon ausgehen, dass in schneller Folge neue Gesetze und neue Steuern beschlossen werden, die nur bewirken, dass im Volk die Wut wächst. Es kann schnell gehen, aber auch viele Monate dauern.

Im Bürgerkrieg bricht die Versorgung zusammen. Ihr Supermarkt um die Ecke ist leergekauft oder geplündert. Die staatliche Ordnung löst sich auf. Wie es dazu kommen kann? Lassen Sie doch mal die Ölversorgung zusammenbrechen! Ohne Öl, ohne Treibstoff fährt kein Lkw, folglich bekommen die Läden keine neue Lieferung. Ohne Treibstoff fährt nicht mal der Traktor des Biobauern.

Das, meine Damen und Herren, ist Phase 6. Ein Machtvakuum, ein Land in Anarchie, verlockt die Nachbarn dazu, in diesem Land Ordnung zu schaffen. Laut den Schauungen ist es Russland, das wieder kommunistisch wird und an den Atlantik vorstößt. Dabei marschieren diese Truppen durch unser Land. Das bezeichne ich als Phase 7.

Phase 8 habe ich als FINIS tituliert. Das ist der Zusammenbruch der Zivilisation, die neue Stunde Null. Die Russen sind vertrieben, doch wir haben Zustände, die schlimmer sind als 1945. Bis eine Versorgung der Bevölkerung wieder in Gang kommt, dauert es Monate, wenn nicht Jahre. Dafür, für diesen schlimmsten aller Fälle, müssen Sie vorsorgen.

Vorsorge / Die Zeit läuft ab!

Und nun kommt der dümmste Aspekt dieser Geschichte: Vorsorgen können Sie nur JETZT, vor Phase 3. Bei einer Mindestversorgung mittels Lebensmittelkarten ist es nicht mehr möglich, etwas abzuzweigen. Bei sozialen Unruhen können Sie nur begrenzt einkaufen. Bei einer Bewirtschaftung durch die Behörden bekommen Sie selbst mit viel Geld nichts mehr über offizielle Kanäle. Drei Dosen Linseneintopf, in Ordnung, das darf der Supermarkt noch verkaufen. Doch die vierte Dose ist bereits unzulässig.

Was in Phase 5 jedoch geht, ist Ihren Vorrat auffrischen. Eine Dose Corned Beef kaufen, eine aus dem Vorrat essen, das sollten Sie konsequent durchhalten.

Vorsorge / Welche Vorräte?

Seit Norbert Blüm wissen wir, dass die Rente sicher ist, nur hat er nicht verraten, in welcher Höhe. Wir hatten in Deutschland schon zwei Währungsreformen. 1948 haben Sie für einhundert Reichsmark ganze 6,50 D-Mark erhalten. Das heißt, eine zuvor komfortable Altersvorsorge von 200.000 Euro würde zu 13.000 neuen Mark. Was für 15 bis 20 Jahre gereicht hätte, reicht nun bestenfalls noch drei Jahre. Und das ist immer noch eine ganze Menge, 1923 bekam man für eine Billion alte Mark nur eine einzige neue. Sie müssten also fünf Milliarden herumliegen haben, um überhaupt und nur dank Aufrundung nur einen einzigen neuen Pfennig zu bekommen!

Diese Abwertung betrifft aber nur das Geld mit dem eingebauten Polizeiknüppel. Wer 1913 einen Zwanzigmarkschein in seinen vergessenen Anzug steckte, an den hatte die Familie 1923 ein wertloses Andenken. Hat besagter Vorfahr statt dessen ein goldenes Zwanzigmarkstück in seinem Anzug vergessen, dann hatte die Familie 1923 volle 20 Mark zum Einkaufen.

Gold und Silber haben ihren Wert seit 5.000 Jahren behalten, durch alle Währungsreformen hindurch. Ein Schuldschein von Kaiser Augustus auf einer Wachstafel ist ein schönes historisches Dokument. Ein Goldbarren von Kaiser Augustus ist ein Gegenstand, den Sie bei jeder Bank gegen Geld umtauschen können.

Wenn es um Gold oder Silber geht, dann ist der Rat ganz einfach: Haben Sie 10.000 Euro oder weniger, kaufen Sie ausschließlich Silber. Haben Sie bis zu 50.000 Euro, gehen Sie zur Hälfte in Silber und zur anderen Hälfte in Gold. Darüber nehmen Sie für 25.000 Euro Silber und für den Rest Gold.

Warum? Zum einen ist Silber die „kleine“ Münze. Mit Gold kaufen Sie ein Auto, mit Silber füllen Sie den Tank, ganz einfach. Zum anderen ist Silber gegenüber dem Gold unterbewertet. Für eine Unze Gold bekommen Sie heute 60 bis 70 Unzen Silber. Historisch ist ein Verhältnis von eins zu zehn. Das heißt, Silber steigt relativ zu Gold um das Fünffache. Der Krügerrand steigt von 700 Euro auf 5.000 Euro – und mein alter Taler von 10 Euro auf 350 Euro.

Natürlich hindert Sie niemand daran, nur Silber zu kaufen. 10.000 Euro sind aber schon 25 Kilo Silber, dagegen nicht einmal ein Pfund Gold. Für große Vermögen wird Silber einfach zu unhandlich.

Der zweite finanzielle Vorsorgepunkt betrifft Bargeld. Sollten die Banken schließen, sollten Euro- oder Kreditkarten nirgendwo mehr angenommen werden, weil auch die Bankcomputer nicht mehr arbeiten, brauchen Sie Bargeld, um noch ein paar letzte Dinge kaufen zu können. Ich rate Ihnen, einen Bargeldvorrat für drei Monate im Haus zu haben. Allerdings nicht ausschließlich in Papier. Es gibt Zehn-Euro-Münzen, die enthalten 16,65 Gramm Silber. Nach heutigen Preisen wäre das ein reiner Silberwert von sieben Euro.

Wenn ein Drittel Ihres Bargeldvorrats aus solchen Münzen besteht, haben Sie eine Anlage mit doppelter Sicherheit: In der Münze steckt der Polizeiknüppel, der ihren Wert auf zehn Euro festsetzt. Verschwindet der Knüppel, bleibt eine gute halbe Unze Silber zurück. Ihr Papier wird wertlos, die Münze steigt auf 250 Euro...

Wenn Ihnen das Geld für eine Silberanlage fehlt, dann sind zehn, zwanzig solcher Münzen immer noch besser als gar nichts. Das kann selbst ein Hartz-IV-Empfänger beiseite legen. Diese Münzen bekommen Sie bei Ihrer Hausbank oder bei Filialen der Deutschen Bundesbank. Wenn eine Neuprägung herausgegeben wird, fragen Sie danach – und nach Rückläufern. Schauen Sie einfach mal im Internet unter Deutsche Bundesbank, da sehen Sie, wann eine neue Münze herauskommt.

Kommen wir zur medizinischen Vorbereitung, denn auch daran müssen Sie JETZT denken. Gehen Sie zum Arzt und lassen Sie sich alles verschreiben, was Sie noch brauchen. Für fünf Euro in die Kaffeekasse sorgt die Sprechstundenhilfe dafür, dass der Arzt das Rezept doppelt ausstellt. Beim Herrn Doktor selbst müssten Sie 50 oder 100 Euro springen lassen. So haben Sie einen kleinen Medikamentenvorrat, den Sie regelmäßig erneuern, indem Sie die alten Packungen aufbrauchen.

Gehen Sie zum Zahnarzt und lassen Sie alles sanieren, was irgendwie in den nächsten Jahren Probleme bereiten könnte. Jetzt gibt es das noch alles auf Krankenkarte. Wie es später aussieht, kann Ihnen keiner vorhersagen.

Legen Sie sich eine vernünftige Hausapotheke zu. Ihr Verbandskasten ist im Auto? Gut! Kaufen Sie einen zweiten, den Sie im Haus haben.

Prüfen Sie das Haltbarkeitsdatum. Selbst abgelaufene Verbandmittel sind besser als gar keine. Aspirin, Jodtinktur, Mobilat – die kleinen Helfer, die es rezeptfrei in der Apotheke gibt, die sollten Sie sich in ausreichender Menge zulegen.

An Nahrungsmittel haben Sie bestimmt schon gedacht. Denken Sie aber an den Zeitplan: Sie kommen nur jetzt, vor der kleinen Versorgungskrise der Phase 3, mühelos an Vorräte. Heute ernten Sie nur amüsierte Blicke, wenn Sie 50 Dosen Ravioli aus dem Supermarkt karren. Später reichen Ihre Lebensmittelmarken nicht mehr aus, um Vorräte anzulegen.

Nebenbei: selbst wenn Ihr Arzt noch so darauf drängt – heute ist eine ganz schlechte Zeit für eine Diät. In den Phasen 3 bis 5 werden Sie von ganz alleine abspecken. Und wenn es gar nichts mehr zu kaufen gibt: Ein Kilo Übergewicht sind 7.000 Kalorien, genug, um eine Woche zu hungern. Sorgen Sie für Vitamin-Tabletten, die brauchen Sie, und vielleicht alle drei Tage eine kleine Mahlzeit, wie eine Fischkonserve für die Proteinzufuhr und ein paar Scheiben Knäckebrot.

Vitamintabletten kaufen Sie am besten in Spezialgeschäften wie ALDI oder Lidl, da sind sie deutlich billiger als in der Apotheke. Und selbst, wenn Sie erst 48½ sind, dürfen Sie die Pillen für "über 50" nehmen.

Haushalten Sie mit Ihren Vorräten! Ihre Nachbarn werden sich wundern, wenn Sie nicht bei der Lebensmittelausgabe erscheinen, und besorgt bei Ihnen vorbeikommen. Geben Sie denen dazu keinen Anlass, gehen Sie unbedingt zu solchen Lebensmittelausgaben, selbst wenn Ihre Vorratskammern überquellen, denn sonst helfen Ihnen Ihre Mitmenschen gerne beim Aufbrauchen Ihrer Vorräte.

Halten Sie in dieser Zeit Ihren Kopf unten. Ihr Betrieb hat längst vor der Versorgungskrise geschlossen, Sie müssen nicht zur Arbeit. Verlassen Sie das Haus nur dann, wenn es unbedingt erforderlich ist. Und schließen Sie sorgfältig alle Fenster, wenn Sie kochen wollen – Verhungernde riechen eine Dose Ravioli auf 50 Meter. Vor allem Ihre Kinder sind ein Schwachpunkt, wenn die ausplaudern, dass Ihr Keller randvoll mit Lebensmitteln ist, organisieren Ihre Nachbarn sehr schnell eine Verteilungsaktion.

Heute können Sie noch alles einkaufen. Seien Sie aber nicht zu gierig, wenn Sie palettenweise Konserven nach Hause tragen, wird das auffallen. Zehn große Dosen in einer blickdichten Einkaufstüte fallen nicht auf. Eine Stunde später holen Sie die nächsten zehn Dosen aus dem Auto, eine weitere Stunde später... Sie verstehen, ja?

Vielleicht verstehen Sie sich bestens mit Ihren Nachbarn, aber seien Sie nicht zu leichtgläubig. Wenn Ihre Nachbarn uneinsichtig sind, nicht selbst vorsorgen wollen, lassen Sie die Leute in Ruhe. Wenn Sie zu aufdringlich werden, vermuten die Nachbarn bei Ihnen Vorräte und wollen teilen – wenn es sein muss, mit Gewalt!

Planen Sie, 14 Tage mit dem auskommen, was sie im Haus haben. Drei Monate sind besser, ein Jahr noch besser. Die Krise ist NICHT mit einer Währungsreform beendet, auch nicht mit den Notstandsgesetzen der Regierung. Damit geht die Krise erst richtig los!

Für kleinere Beträge gibt es ebenfalls Anlagemöglichkeiten: Werkzeuge. Können Sie schreinern? Wenn Sie im Haus bleiben, weil die Straßen zu unsicher sind, haben Sie viel Zeit. Üben Sie den Gebrauch dieser Werkzeuge, um sich die Zeit zu vertreiben. Kaufen Sie Bücher über Landwirtschaft und Gartenbau, die werden Sie nach den Krisen brauchen. Ja, danach – und Mehrzahl: KRISEN!

Zu den Dingen, an die bei Vorräten nur wenige Leute denken, gehören Toilettenpapier und Papiertaschentücher, aber auch Waschpulver und Seife. Haben Sie Kerzen im Haus? Nicht für die Romantik, sondern um tatsächlich die Räume zu beleuchten. Haben Sie einen Ofen, in dem Holz verbrannt werden kann? Ihre Zentralheizung fällt aus, wenn es keinen Strom gibt. Wenn das nicht geht, weil Sie in einer Mietwohnung leben, kaufen Sie wenigstens ein paar Decken.

Sogar Müllbeutel sind wichtig – denn wenn die Müllabfuhr nicht kommt, müssen Sie das Zeug erst mal irgendwo lagern. Entsprechend verpackt stellen Sie alles einfach auf Ihren Balkon.

Sehr wichtig ist ein Wasserfilter. Kein Lifestyle-Produkt, um ein bisschen Kalk aus dem Wasser zu holen, sondern einen richtigen Outdoor-Filter, der verschlammte Kuhpisse zu sauberem, keimfreiem Trinkwasser aufbereiten kann. Wasser wird das größte Problem sein. Sie brauchen eine Anzahl Kanister, die Sie füllen, wenn die Lage kritisch wird. Sie benötigen zwei Liter Wasser pro Person und Tag, zum Überleben und für eine minimale Hygiene, selbst wenn Sie nur herumsitzen und nichts tun. Für Ihren Wasservorrat gibt es Tabletten, die diesen keimfrei halten. Wenn Sie diese nicht haben, legen Sie eine Silbermünze hinein, die wirkt ebenso. Der Maple Leaf und der Philharmoniker sind dafür die beste Wahl, weil sie das reinste Silber enthalten. Es gibt außerdem Hausmittel: Wasserstoffperoxid desinfiziert nicht nur Schwimmbäder. Und es gibt ein Mittel, das bereits die Römer gekannt haben: Essig. Ein Schuss Essig im Wasser schmeckt womöglich ungewohnt, sorgt aber dafür, dass dieses Wasser sich hält.

Spirituelle Vorbereitung / Wissen ist Überleben

Ich habe einen Bekannten, der zitiert öfter den Satz: Erkennen mindert Aufprall. Das drückt aus, dass derjenige, der weiß, was auf ihn zukommt, sich darauf einstellen kann. Ich persönlich ziehe die Formulierung vor: Wissen ist Überleben. Nur wenn Sie akzeptieren, dass eine Katastrophe auf Sie zukommt, können Sie sich mental darauf vorbereiten. Wer von der Krise überrascht wird, handelt kopflos.

Was haben Sie zu verlieren? Geht alles gut, essen Sie einmal die Woche Ravioli und die 50 eingelagerten Dosen sind aufgebraucht. Oder jede zweite Woche, wenn Ihnen das Zeug zum Hals raushängt. Kommt die Krise, haben Sie die Mittel zum Überleben.

Ich habe diesen Punkt "Spirituelle Vorbereitung" genannt, ich hätte ihn auch "Mentale Vorbereitung" betiteln können. Es geht dabei nicht darum, den lieben Gott zu bestechen, sondern sich selbst mental in eine vernünftige Kondition zu bringen. Sie müssen als erstes akzeptieren, dass es soweit kommen kann. Halten Sie Ihre fünf Sinne zusammen, bleiben Sie flexibel, passen Sie sich an. Handeln Sie immer angemessen! Die Krise gipfelt nicht mit ein paar geplünderten Supermärkten, mit einer Währungsreform und einer Allparteienregierung, sondern wahrscheinlich mit einem Weltkrieg. Für diesen müssen Sie planen – und für die erste Zeit danach.

Es wird zerstörte Städte geben, wenn der Krieg ausbricht. Ja, Sie werden um Ihr Leben fürchten. Aber Sie haben einen großen Vorteil: Sie werden davon nicht überrascht! Ihr Bruder, der Sie als "Eichhörnchen" ausgelacht hat, wird womöglich durchdrehen. So bedauerlich es ist, Sie werden ihm nicht helfen können.

Ist das pessimistisch? Mag sein, aber wenn Sie mit dem Schlimmsten rechnen, stehen Ihnen nur noch angenehme Überraschungen bevor.

Spirituelle Vorbereitung / Nachbarschaftshilfe und Notgemeinschaft

Streiten Sie sich mit Ihrem Nachbarn um einen Gartenzaun, der bald von russischen Panzern niedergewalzt werden wird? So ein Blödsinn! Sie werden Ihren Nachbarn dringend brauchen, denn Ihr Nachbar ist der erste Ansprechpartner, wenn Sie Hilfe benötigen. Einigen Sie sich rechtzeitig, geben Sie nach. Drücken Sie auch mal ein Auge zu, wenn die Geburtstagsfeier bis 22:15 Uhr dauert, anstatt die Polizei wegen Ruhestörung zu alarmieren. Und sorgen Sie dafür, dass Sie bei der nächsten Geburtstagsfeier eingeladen sind!

Wenn Einbrecher und Plünderer nach Essbarem suchen, sind drei bis fünf Nachbarn, die mit Schürhaken und Besenstilen in den Händen vorbeikommen, ein gutes Argument, um den Eindringling zu überzeugen, es besser anderweitig zu versuchen. Diese Nachbarn kommen aber nur dann zu Ihnen, wenn sie wissen, dass Sie bei Bedarf diesen Besuch erwidern werden.

Eine gute Nachbarschaft sichert Ihr Überleben! Versuchen Sie, mit Ihren Nachbarn eine Überlebensgemeinschaft zu bilden. Nur, wenn das nicht möglich ist, müssen Sie sich vor Ihren Nachbarn schützen.

Leider muss ich das mit einer Warnung verbinden: Seien Sie nicht zu aufdringlich! Wenn Sie Ihre Nachbarn ständig damit belästigen, dass diese sich vorbereiten sollen, obwohl diese längst abwinken, dann haben Sie später ein Problem. Dann erinnern sich die Nachbarn an Sie und vermuten bei Ihnen einen wohlgefüllten Keller. Dann wollen Sie einen Anteil daran... Und noch etwas: Ab einem gewissen Umfang erregen Vorräte in der Krise die Aufmerksamkeit von Behörden. 20 Dosen Ravioli lohnen keinen Polizeieinsatz, 500 Dosen schon. Sie sollten die Leute, die Sie für eine Überlebensgemeinschaft ansprechen, gut kennen.

Spirituelle Vorbereitung / Die drei Gruppen

Womöglich stört Sie der letzte Punkt in dieser Abteilung: Machen Sie Ihren Frieden mit Gott! Mit Gott? Mit einem Gott, der diese ganzen Krisen zulässt? Mit einem Gott, der zu bequem ist, einzugreifen und Ihnen zu helfen?

Ja, mit diesem Gott. Denn dieser Gott hat Ihnen den freien Willen gegeben. Diese Freiheit bedeutet wirkliche Freiheit, nicht das, was Ihnen die Politiker als solche andrehen wollen. Gott hindert Sie nicht daran, mit Tempo 160 durch die Fußgängerzone zu brettern, der Staat dagegen wird eingreifen. Gott hindert Sie nicht daran, Ihrer Schwiegermutter einen schönen Knollenblätterpilz-Auflauf zu servieren. Der Staat wird Ihnen das übel nachtragen.

Priester versetzen Sie gerne in Angst und Schrecken, doch das dient deren Marketing. Gott schickt Sie weder ins Fegefeuer, noch lässt er Sie in der Hölle braten. Es gibt ein Leben nach dem Tod, ein Jenseits. Sie kommen dort in eine Zone, in der alle Leute so sind wie Sie sind. Sind Sie ein betrügerischer Gebrauchtwagenhändler, dann treffen Sie dort eine

Menge Kollegen. Jeder wird Sie nach Kräften betrügen wollen, so wie Sie es ebenfalls tun werden. Ist das die Hölle? Für mich wäre es das, aber vielleicht ist das für Sie das Paradies.

Sind Sie ein guter, hilfsbereiter Mensch, werden Sie von guten, hilfsbereiten Menschen umgeben sein. Sie bekommen das, was Sie mitbringen. Sie entscheiden, nicht das Gericht Gottes.

Deshalb sollten Sie Ihren Frieden mit der Welt und mit Gott machen, um anschließend im richtigen Bereich zu leben. Gehen Sie nicht mit Hass ins Jenseits.

Der liebe Gott gibt Ihnen mit der Krise eine Chance. Es gibt derzeit drei Gruppen von Menschen. Ein Teil wird sterben, bevor die Krisen ihren Höhepunkt erreichen. Diese Menschen haben ihre Lebensaufgaben erfüllt und werden erlöst, bevor die bösen Zeiten kommen. Trauern Sie ruhig um Ihre Angehörigen, aber denken Sie hin und wieder an das, was diesen Toten erspart bleiben wird,

Die zweite Gruppe wird in der Krise sterben. Dieses Sterben ist ein Gnadenakt, weil er ihnen die letzte Möglichkeit gibt, ihr Leben neu zu beurteilen und ihre Fehler zu bereuen. Gott gibt Ihnen diese Chance, auf dem Weg ins Jenseits. Wenn Ihr eigener, plötzlicher und gewaltsamer Tod Sie nicht zur Umkehr bewegt, was sollte es dann tun?

Die dritte Gruppe wird für die Welt danach aufbewahrt. Nicht Ihre Vorräte sind entscheidend, nicht Ihre Vorbereitung, sondern Ihre Zugehörigkeit zu dieser Gruppe. Selbst, wenn Sie auf einen riesigen Supermarkt von Vorräten in einem Atombunker sitzen, können Sie auf einem Stück Seife ausrutschen und sich das Genick brechen. Andere Menschen fallen in zehntausend Meter aus dem Flugzeug und erleiden nur ein paar Prellungen.

Sind Sie fit für den Wiederaufbau?

Meine allerletzte Frage sollten Sie sich selbst beantworten. Wen, glauben Sie, wird die Welt nach der Krise für den Wiederaufbau brauchen? Versicherungsvertreter oder Schlossermeister? Verwaltungsangestellte oder Ackerbauern? Bankdirektoren oder Friseure?

Legen Sie sich ein Hobby zu, in dem Sie das erlernen, was im Wiederaufbau gebraucht werden wird. Selbst, wenn daraus nur ein kreativer Zeitvertreib wird, wäre das nicht vergeblich. Wenn alles so kommt, wie ich das geschildert habe, wird daraus ein Beruf, der seinen Mann nährt – oder seine Frau.

Meine Damen und Herren, ich danke Ihnen für Ihre Aufmerksamkeit!

Vorsorgeplan

Dies ist eine Ergänzung zu meinem Vortrag, die als Merkblatt bei diesen Veranstaltungen ausgelegt wird. Ich erhebe keinen Anspruch auf Vollständigkeit, andere Autoren haben darüber ganze Bücher geschrieben. Wenn Sie sich bisher aber noch gar keine Gedanken über Vorsorge gemacht haben, dient Ihnen diese Liste als erste Anregung.

1. Gesundheitsvorsorge

- Gehen Sie zum Arzt und lassen Sie sich untersuchen!
- Lassen Sie Ihre Zähne richten!
- Wenn bei Ihnen eine Operation ansteht, lassen Sie diese so bald wie möglich durchführen! Niemand weiß, wie lange das Gesundheitssystem noch funktionieren wird.

2. Vermögensvorsorge

- Geld ist unter der Matratze derzeit besser aufgehoben, als auf der Bank
- Wertpapiere sind Papiere, ebenso Aktien. Gold und Silber haben ihren Wert immer behalten, Papier wurde immer wieder wertlos.
- Zahlen Sie Schulden ab, soweit Sie können. Die Banken werden gnadenlos vollstrecken, wenn es ihnen selbst an den Kragen geht. Das Bankensystem ist extrem instabil. Rechnen Sie damit, dass die Banken für einige Zeit schließen.

3. Vorräte

- Seien Sie für drei Monate autark! Das heißt, haben Sie alles im Haus, was Sie für drei Monate brauchen.
- Sie brauchen für die Krise Bargeld, weil Kartenzahlung nicht möglich ist. Aber bitte nur kleine Scheine, 50er, 20er, 10er – größere Scheine erregen unnötige Aufmerksamkeit.
- Denken Sie an die Medikamente, auf die Sie angewiesen sind.
- Lebensmittel sind wichtig. Denken Sie an Konserven, Nudeln, Reis, aber auch an Instant-Sosse und Brühwürfel, Schokolade, Zwieback, Knäckebrot, Kekse...
- Denken Sie auch an das, woran Andere nicht denken: Vitaminpillen, Taschentücher, Klopapier. Das bekommen Sie noch in den letzten Stun-

den, wenn Andere bereits verzweifelt vor leeren Konservenregalen stehen.

- Womit wollen Sie Ihre Vorräte erwärmen, wenn der Strom ausfällt? Haben Sie einen Gaskocher, der mit Kartuschen funktioniert? Haben Sie Kerzen im Haus?
- Survival-Nahrung ist zwar hervorragend geeignet, aber überaus teuer.
- Denken Sie an Wasser! Dazu gehören Wasseraufbereitungstabletten und ein Wasserfilter – in Outdoor-Ausführung, kein einfacher Küchenfilter.

Fertigbackmischungen brauchen einen funktionierenden Ofen. Sie sollten die Nahrung mit möglichst wenig Aufwand zubereiten können. Und mit möglichst geringer Geruchsbelästigung, weil Sie sonst Besuch von hungrigen Nachbarn bekommen.

4. Verhalten in der Krise

- Die wichtigste Vorbereitung ist eine gute Nachbarschaft, auf die Sie sich verlassen können.
- Halten Sie Ihren Kopf unten! Benehmen Sie sich so normal wie möglich!
- Ihre Kinder dürfen nicht herumerzählen, dass Sie noch auf gefüllten Nahrungsdepots sitzen!
- Ansonsten bleiben Sie im Haus. Gehen Sie nicht auf die Straße, wenn es nicht unbedingt nötig ist.
- Sie haben viel Zeit, um nützliche Bücher zu lesen. „Lexikon des Überlebens" ist ein guter Titel, aber auch „Gartenbau für Anfänger" oder „Ich schreinere alles selbst". Sie müssen Ihre Kinder beschäftigen können, wenn weder Fernseher noch Spielcomputer funktionieren.

Wenn wir bei diesem Punkt angelangt sind, geht es um das Überleben. Bleiben Sie Mensch, aber vertrauen Sie niemandem leichtfertig. Packen Sie mit an, wenn Sie gebraucht werden, dann packen auch die Anderen an, wenn Sie Hilfe benötigen.

5. Wiederaufbau

- Gold ist erst einmal nichts wert, dafür Werkzeuge und gesunde, arbeitswillige Hände.
- Niemand braucht einen Verwaltungsinspektor, aber jeder einen Handwerker. Was können Sie anbieten?

- Häuptlinge werden erst später gebraucht, jetzt ist die Stunde der Indianer. Wer jetzt anpackt und überall hilft, hat beste Chancen, zum Häuptling aufzusteigen.

Bis Sie mit Gold und Silber etwas anfangen können, müssen erste Strukturen entstanden sein. Nach einem halben Jahr dürfte es soweit sein, nicht vorher.

Finden Sie diese Vorschläge banal? Ja, das sind sie wirklich. Aber nur einfache Anleitungen funktionieren in der Krise!

PARTEIEN

- die Stütze unseres Staates

Neulich, im Ortsverein...

In unermüdlicher Recherche gelang es dem Pranger, einer Sitzung des CSU-Ortsvereins Mittelmietraching beizuwohnen. Was hier steht, hätte sich aber auch bei der SPD oder der CDU in Nordoosterstedt ereignen können. Zur Bequemlichkeit der Leser wurden die Wortbeiträge der Mitglieder ins Hochdeutsche übertragen. Das zerstört zwar das Lokalkolorit, erhöht aber die Verständlichkeit.

Sepp Dimpfelbichler, Ortsvorsitzender: Liebe Parteifreunde, ich freue mich, dass ihr alle so zahlreich erschienen seid, und begrüße euch zu unserer heutigen Ortsversammlung. Auf das Verlesen des Protokolls der letzten Versammlung wird einstimmig verzichtet, da trinken wir doch lieber erst mal einen Schluck auf den heutigen Abend. *(Nimmt einen tiefen Schluck aus seinem Maßkrug - in Nordoosterstedt wäre es ein "Lütt un Lütt" gewesen.)* Ja, also kommen wir zum Bericht aus dem Gemeinderat. Die grüne Krampfhenne hat doch tatsächlich eine plattgefahrene Kröte angeschleppt und wollte, dass wir die B186 zwischen Dorfweiher und Mietrachinger Forst untertunneln sollen, das wäre ein Krötenwanderweg. *(Gelächter in der Runde, zwei Mitglieder tippen sich an den Kopf, zwei andere nehmen einen tiefen Schluck aus ihrem Maßkrug.)* Aber wir haben ihr dann gesagt, dass wir uns zwei Dinge sparen können: Zum einen die Untertunnelung der B186, zum anderen solche dämlichen Anträge. *(Zwischenruf: "Richtig! Der hast du es gegeben!" - Ein Mitglied signalisiert der Kellnerin, dass sein Maßkrug leer ist.)*

Michael Strempfel, Student, stammt aus Mittelfranken: Könnten wir uns heute vielleicht auch mal über Landes- oder Bundesprobleme unterhalten? Es geht schließlich um mehr als um Krötenwanderwege über die B186!

Xaver Mattleitner, Gastwirt und stellvertretender Ortsvorsitzender: Siehst du hier einen Landtagsabgeordneten? Oder einen Bundestagsabgeordneten?

Michael Strempfel: Nein.

Sepp Dimpfelbichler: Na also! Lies den Bayernkurier, da steht alles drin, was du wissen musst, und wenn du mit diskutieren willst, dann schreibst einen Leserbrief. Wir kümmern uns hier um das, was wir hier regeln können, das andere macht die Staatskanzlei für uns.

Michael Strempfel: Ja, aber die Millionen Arbeitslosen...

Xaver Mattleitner: Aber die sind doch nicht in Mittelmietraching! Weißt du was, ich spendier dir eine Maß, die trinkst du in aller Ruhe, und wir kümmern uns derweilen um unser Dorf.

Michael Strempfel: Ja, aber... *(Der neben ihm sitzende Karl Froschhammer stößt mit seinem Maßkrug gegen den des Studenten und nötigt ihn mit einem "Prost, Herr Nachbar!" zum trinken.)*

Xaver Mattleitner *(mit leicht angehobener Stimme)*: Was ist jetzt eigentlich mit der Martinusstrasse? Habt ihr darüber auch geredet?

Sepp Dimpfelbichler: Ja, natürlich. Also, vor dem Goldenen Löwen zur Metzgerei Obermoser einen Zebrastreifen anzulegen, kostet die Gemeinde 20.000 Euro, und die haben wir nicht, meine Damen und Herren.

Franz Obermoser, Metzgermeister und Mitglied im Ortsvorstand: Ja, aber das ist doch ein unfallträchtiger Überweg! Gibt es da keine Zuschüsse vom Land? Oder vom Bund oder von Europa? Wofür zahlen wir denen in Brüssel denn das ganze schöne Geld? Da sollen die uns doch wenigstens einen Zebrastreifen hin malen!

Ferdinand Hinterbauer, Gemeindeschreiber: Seit die B186 zur Umgehungsstraße ausgebaut wurde, ist da nur ein Unfall passiert, und das war vor acht Jahren, als der Besoffene da in ein Auto gelaufen ist.

Xaver Mattleitner: Da seht ihr, wie gefährlich das ist! *(Leert ergriffen seinen Maßkrug)* Zenzi, noch eins! - Also, der Überweg muss entschärft werden.

Michael Strempfel: Vermutlich nur, damit Durchfahrende abbremsen müssen und auf Ihre Wirtschaft aufmerksam werden. Warum bauen Sie nicht gleich eine Ampel da hin?

Xaver Mattleitner: Jetzt verstehen wir uns! Natürlich geht es hier um Wirtschafts-Förderung! Und das mit einer Ampel ist ein guter Vorschlag. Sepp, habt ihr das auch angesprochen?

Sepp Dimpfelbichler: Natürlich. Eine ganz normale Ampelanlage kostet 80.000 Euro, aber wir bekommen 70% Zuschüsse, da müßte die Gemeinde 24.000 Euro bezahlen. Eine Fußgänger-Bedarfsampel mit Induktionsschleifen in der Straße kostet 120.000 Euro, da bekämen wir sogar 85% Zuschüsse, müssten also nur 18.000 Euro selber zahlen. *(Unterbricht sich, weil die Kellnerin volle Maßkrüge bringt.)* Da ist doch klar, was wir nehmen? Also, bei der nächsten Gemeinderatssitzung werde ich den Antrag stellen, auf der Martinusstrasse eine Fußgänger-Bedarfsampel zu bauen.

Kreszenzia Unterhuber, Witwe: Also mein Konrad hat immer gesagt, ein Kreisverkehr wäre das richtige. Und die in Obermietraching haben auch einen Kreisverkehr. In unserem Dorf fehlt ein Kreisverkehr, mit ein paar Kastanienbäumen und einer Ruhebank in der Mitte.

Xaver Mattleitner: Aber Kreszenzia! Du willst doch nicht inmitten des Verkehrslärms und den ganzen Abgasen auf der Ruhebank sitzen?

Michael Strempfel: Welcher Verkehrslärm? Durch die Umgehungsstraße fließt der Verkehr doch fast vollständig um Mittelmietraching herum! Wir sollten über die Millionen Arbeitslosen sprechen, anstatt über eine unnötige Ampel in der Martinusstraße! *(Karl Froschhammer stößt mit seinem Maßkrug gegen den des Studenten und nötigt ihn mit einem "Prost, Herr Nachbar!" zum Trinken.)*

Kreszenzia Unterhuber: Da hörst du es, Xaver! Das wäre ein schönes, ruhiges Plätzchen, so ein Kreisverkehr. Da könnte ich in der Sonne sitzen...

Xaver Mattleitner: Das kannst du in meinem Biergarten auch! Da stehen sogar schon Kastanien. Und jetzt hören wir auf mit diesen Millionen Arbeitslosen, ich stelle den Antrag, dass der CSU-Ortsverein Mittelmietraching sich für eine Fußgänger-Bedarfsampel in der Martinusstrasse einsetzt. *("Sehr richtig!", aus dem Publikum, dann das Anstoßen der Maßkrüge.)*

Kreszenzia Unterhuber: Aber der Kreisverkehr...

Sepp Dimpfelbichler: ...ist deutlich teurer und wir bekommen dafür keine Zuschüsse.

Kreszenzia Unterhuber: Ach so - das hättest du mir gleich sagen müssen. Da wäre mein Konrad auch für eine Ampel gewesen. Obwohl die in Obermietraching einen Kreisverkehr haben. Aber ohne Ruhebank. Können wir in Obermietraching in dem Kreisverkehr eine Ruhebank aufstellen lassen?

Xaver Mattleitner: Nein, Kreszenzia, das ist doch Obermietraching. Wir sind hier Mittelmietraching. Stimmen wir jetzt ab?

Sepp Dimpfelbichler: Natürlich. Gibt es Gegenstimmen? Gut, einstimmig beschlossen. *(Der Vorsitzende nimmt einen tiefen Schluck aus seinem Maßkrug. Michael Strempfel hebt die Hand.)* Nein, wir reden nicht über Arbeitslose!

Michael Strempfel: Ich wollte dagegen stimmen, weil ich diese Ampel für völlig überflüssig halte.

Xaver Mattleitner: Also dazu warst du zu langsam. Wir können uns doch nicht den ganzen Abend mit einer einzigen Abstimmung aufhalten. Da kämen wir ja gar nicht weiter. *(Michael Strempfel will darauf erwidern, wird jedoch von Karl Froschhammer mittels eines "Prost, Herr Nachbar!" zum Trinken genötigt.)*

Sepp Dimpfelbichler: Schön, dann haben wir das ja beschlossen. Kommen wir zu Punkt Verschiedenes auf unserer Tagesordnung. *(Er ignoriert die Wortmeldung von Michael Strempfel.)* Ja?

Karl Froschhammer, Kirchenbeirat und Schullehrer: Nächste Woche hat Dr. Staß Geburtstag.

Sepp Dimpfelbichler: Der Staatssekretär im Verkehrsministerium? Der in Untermietraching geboren worden ist?

Karl Froschhammer: Ja, genau der. *(Er ignoriert einen Versuch von Michael Strempfel, ihn mit einem "Prost, Herr Nachbar!" zum Trinken zu nötigen.)*

Xaver Mattleitner: Also dem sollten wir im Namen des Ortsverbandes eine Karte schreiben. Vielleicht bekommen wir dann sogar 90% Zuschuss für unsere Ampel.

Sepp Dimpfelbichler: Das ist ein guter Vorschlag. Karl, machst du das? *(Karl Froschhammer nickt und stößt jetzt doch mit Michael Strempfel an.)* Übermorgen beim Stammtisch unterschreiben wir dann alle. Sonst noch etwas? Nein? Dann gehen wir zum gemütlichen Teil über. Zenzi, bring die Schafkopfkarten!

Überlassen wir den Ortsverein von Mittelmietraching für den Ausklang dieser denkwürdigen Sitzung wieder sich selbst. Das hat er schon allein deshalb verdient, weil er uns ein so gutes Beispiel gegeben hat für die politische Willensbildung in unserem Staat. Um die Arbeit so qualifizierter Leute zu unterstützen, wurden den Parteien zahlreiche Privilegien eingeräumt, die diese tapfer gegen alle Anfeindungen verteidigen.

Wir wissen jetzt auch, wieso sich die Ampelanlagen vermehren und die Arbeitslosenzahlen nicht verringern. Die Parteien kümmern sich um das, was sie regeln können, für alles andere ist die Obrigkeit zuständig. Das lernt jedes Parteimitglied von klein auf im Ortsverband, das beherzigt es auch noch als Vorsitzender. Dann ist die Obrigkeit nicht mehr die Landesleitung oder die Staatskanzlei, sondern der liebe Gott. Der wird das Problem schon lösen, dafür kann die Landesleitung Umgehungsstraßen und Ampelanlagen bauen.

Natürlich sind die handelnden Personen frei erfunden. Das was sie sagen, leider nicht. In 30 Jahren CSU-Mitgliedschaft habe ich es nur ein einziges Mal geschafft, einen Ortsvorsitzenden zu überreden, über Bundes- oder Landespolitik zu sprechen. Da kam dann ein Satz zur Bundespolitik, ein zweiter über Landespolitik - und der Rest des Abends ging über Zebrastreifen in der Martinusstrasse. Das war übrigens in München, nicht im abgelegenen Mittelmietraching. Aber die Strasse hieß nicht wirklich Martinusstrasse, ehe jetzt jemand einen Stadtplan hervorsucht.

Warum es nicht klappt

In diesem Artikel geht es um unseren hochverehrten Herrn Bundeskanzler Dr. Volker Müller. Natürlich ist dieser Herr Müller eine fiktive Person, auch wenn er Ähnlichkeiten mit mehreren lebenden Menschen hat. Dr. Volker Müller ist nicht Frank-Walter Steinmeier, obwohl er der SPD angehört. Wie man an seinen Schulabschlüssen und seiner Berufsausbildung erkennt, ist er auch nicht Prof. hc. Dr. hc. Dr. hc. "Joschka" Fischer. Er ist auch keine glaubwürdige Person, denn er stammt aus Bayern. Denn dass ein Bayer jemals Bundeskanzler wird, glaubt niemand. Höchstens Edmund Stoiber hat das mal angenommen. Angela Merkel hat es ihm später ausgiebig erklärt, worauf er wieder nach München abgereist ist, um auf sein Karriereende zu warten. Dr. Volker Müller hingegen steckt noch mittendrin im unaufhaltsamen Aufstieg. Er muss ja auch, denn er dient uns als Beispiel.

Jugendzeit

Selbst ein zukünftiger Bundeskanzler fängt einmal klein und harmlos an. Er wird geboren. Da die hier geschilderten Mechanismen des Aufstiegs erst in der bereits etablierten Bundesrepublik funktionieren, kann Volkerchen nicht vor 1940 geboren worden sein. Und, wenn er heute, im Jahr 2009, bereits Kanzler sein will, auch nicht nach 1970. Aber vielleicht wird er erst in ferner Zukunft Kanzler. Das setzt allerdings voraus, dass sich nichts ändert und gar nichts bessert. Letzteres liegt an Leuten wie Dr. Volker Müller. Davon gibt es ganz schön viele. Zum Glück werden die meisten davon niemals Bundeskanzler.

Lassen wir Jung-Volker in einer bayerischen Provinzstadt zur Welt kommen. Nicht in München, dort gibt es zu viele Chancen. Da wird aus dem Jungen am Ende noch etwas Solides, Anständiges. Bäckermeister zum Beispiel. Das ist ein schwerer Beruf mit einer harten Ausbildung, bei dem man dauernd gefordert wird. Manche Kunden von Bäckern kaufen täglich Brötchen (in Bayern natürlich Semmeln). Und jede Woche ein Brot. So ein Bäckermeister muss ständig gute Leistungen bringen. Anders als der Bundeskanzler. Der muss nur alle vier Jahre in den Augen seiner Kunden gut dastehen.

Jung-Volker beginnt als Versager. Er durchläuft die Grundschule und wechselt nach vier Jahren aufs Gymnasium. Dank der Gnade seiner frühen

Geburt blieb seine Schule von kultusministerialem Missmanagement und von regierungsamtlichen Sparmaßnahmen verschont. Leider weiß Volker das nicht zu würdigen, denn er bedauert, dass er keine Gesamtschule besuchen darf. Denn davor blieb ganz Bayern verschont, in jener Urzeit, als die CSU noch eine wahlfähige Partei gewesen war.

Da Volkers Proletarier-Seele jede sonstige Entfaltungsmöglichkeit verwehrt bleibt, tritt Volker mit 14 bei den Jusos ein. Mit seinen Eltern gibt es heftige Diskussionen deswegen, denn in Bayern ist man nun einmal konservativ. Jusos sind verpönt. Aber Volker versichert, so schnell wie möglich in die SPD einzutreten und ein königlich-bayrischer Sozialdemokrat zu werden. Als er seiner Mutter noch verspricht, auch brav sein Abitur abzuschließen, steckt diese ihm heimlich den Mitgliedsbeitrag zu.

Volker legt ein ganz passables Abitur hin, aber da er seine Abende bei Grundsatz-Diskussionen zugebracht hatte, ist er körperlich nicht ganz so fit, dass ihn die Bundeswehr sofort nimmt. (Wir reden schließlich über die Vergangenheit. Heute kostet die Bundeswehr ihm nur einen kleinen Anruf bei seinem Abgeordneten und er ist dauerhaft untauglich.) Dank seines Engagements hat Volker es zum stellvertretenden Juso-Unterbezirksvorsitzenden gebracht. Jetzt ist er bereit für die nächste Stufe seiner Karriere.

Mit seinem Abitur-Zeugnis erhält er sofort eine Lehrstelle als Maschinenschlosser. Bei Salzgitter, Preussag oder sonst einem Konzern, nicht bei einer kleinen, mittelständischen Klitsche. Damit hat Volker Müller das Recht, in die IG-Metall einzutreten. Zwei Jahre später ist er Vertreter der Auszubildenden im Betriebsrat. Auf diversen Partei- und Gewerkschaftstagen hat Volker Kontakte in die gelobten Länder der Sozialdemokratie geknüpft, also weit außerhalb des Machtbereiches der bayerischen CSU-Regenten. Dank seines Abiturs hätte er die Lehre in zwei Jahren abschließen können, doch da hätte er ein volles Jahr Zugehörigkeit zum Betriebsrat eingebüßt. Und womöglich sogar abends für seine Gesellenprüfung lernen müssen, anstatt sich als Vorsitzender im Ortsverein zu profilieren und bei der Gewerkschaft weiterzubilden.

Lehrjahre

Als frisch gebackener Schlosser kann Herr Müller nun seine eigentliche Karriere angehen. Zuerst erinnert sich jedoch die Bundeswehr seiner. Volker nutzt die Chance und bittet um heimatferne Verwendung. Raus

aus Bayern, irgendwo hin, wo die SPD regiert. Wo er neue Parteifreunde und Gewerkschafter kennen lernt. Seine Kompanie gibt ihm bereitwillig Urlaub, wenn gerade mal ein Parteitag stattfindet. Dafür hat der zuständige Landtagsabgeordnete bereits gesorgt. Das ist wichtig, denn auf den Parteitagen trifft Volker ein paar Professoren, die dort über Grundwerte der Politik diskutieren. Denen widerspricht er zuerst heftig, als Juso, um sich später von deren Weisheit überzeugen zu lassen und den verantwortungsvollen Sozialdemokraten herauszustreichen. Über so lernfähige junge Leute freuen sich die Professoren (schließlich haben sie die Diskussion gewonnen). Beim abendlichen Bier stellen sie fest, dass der junge Mann Abitur hat und überlegt, ob er doch noch studieren soll. Aus lauter Sympathie unterbreiten ihm die Professoren ein freundliches Angebot...

Als Gewerkschafter, Schlossergeselle und Reservist ist Volker Müller jetzt gestandener Sozialdemokrat und Vollproletarier, da darf er unbesorgt studieren. Das sieht ja fast so aus, als hätte er es auf dem zweiten Bildungsweg erreicht. Hilfreiche Parteifreunde besorgen ihm ein Stipendium, damit er sich ungestört seinem Studium widmen kann. Und der Juso-Hochschulgruppe, der Gewerkschaft (die gerne einen angehenden Politologen zur Indoktrination - äh, Unterweisung - ihrer Mitglieder begrüßt), und natürlich dem Juso-Bezirksverband.

Jedenfalls studiert der nicht mehr ganz so junge Volker eifrig. Nebenbei arbeitet er im Büro eines Landtagsabgeordneten und organisiert als Unterbezirksgeschäftsführer Wahlkämpfe. Dafür wird er mit einem Mandat als Stadtverordneter belohnt, da ein so umtriebiger junger Mann einen sehr guten Platz auf der Liste bekommen muss. Er wird natürlich Ortsvereinsvorsitzender der SPD, wird in den SPD-Bezirksvorstand und in den Juso-Bundesvorstand gewählt. Das alles, bevor er sein Diplom als Politologe erwirbt.

Da in Deutschland ein Mensch erst so richtig etwas gilt, wenn er den Vornamen Doktor trägt, promoviert Volker natürlich. Das Thema seiner Dissertation lautet: Der Ortsverband als Keimzelle der politischen Willensbildung. Dieses Thema bewältigt er problemlos, beschreibt er dabei doch nur seine eigene Tätigkeit als Ortsvorsitzender. Dank seiner guten Kontakte zur Gewerkschaft bekommt er einen Halbtagsjob bei Salzgitter oder Preussag, jedenfalls bei dem Betrieb, bei dem er einst Schlosser gelernt hat. Dort kümmert er sich um die Öffentlichkeitsarbeit und unterstützt im Namen seiner Firma aufstrebende junge Politiker mit Rat und Tat. Vor allem seine Freunde - oder die, die es jetzt werden.

Mit der neuen, strahlenden Doktorwürde ausgestattet, kann Volker endlich Vollzeit arbeiten. Als SPD-Unterbezirksvorsitzender und als Mitglied von zwei Kommissionen, in die er auf dem letzten Parteitag gewählt wurde. Ach ja, und gelegentlich auch für die Firma, die ihn bezahlt. Dr. Volker Müller ist nun bereit für den nächsten Schritt.

Landespolitik

So alle vier bis fünf Jahre hält jedes deutsche Bundesland eine Landtagswahl ab. Meistens werden dabei verdiente Parteimitglieder wiedergewählt, damit sie weiterhin für ihren Wahlkreis all die schönen Pöstchen ausfüllen können, die sie mittlerweile ergattert haben. Hin und wieder aber wechseln solche Mandate. Dr. Volker Müllers große Stunde schlägt, als er in einem Wahlkreis aufgestellt wird, der bisher der lästigen Konkurrenz gehört, also der CDU. Zu seinem Glück kam kurz nach seiner Kür zum Kandidaten heraus, dass der CDU-Abgeordnete leider bei einem guten Freund aus der Industrie seinen Urlaub verbracht hatte. Oder dass er durch Mandat erworbene Bonus-Meilen privat verflogen hatte. Oder dass er ein uneheliches Kind... Ach nein, das war höchstens noch in den 60ern ein Grund. Heute ist das salonfähig. Was für Boris Becker und Franz Beckenbauer erlaubt ist, gilt auch für Abgeordnete.

Dank der Unterstützung einiger Freunde aus der Industrie und eines Reporters, den er noch aus Studienzeiten kennt, entfesselt Dr. Volker Müller eine derartige Kampagne gegen seinen Gegenkandidaten, dass sogar dessen Schäferhund gegenüber der BILD-Zeitung gesteht, beim nächsten Mal Volker Müller zu wählen. Nach seinem Sieg sitzt Dr. Volker Müller jetzt im Landtag und im Landesvorstand seiner SPD. Bei den Jusos ist er stellvertretender Bundesvorsitzender. Natürlich stellt ihn seine Firma sofort frei und gewährt ihm die Option auf eine jederzeitige Rückkehr. So wie allen anderen Mitarbeitern auch, die sich zeitweise beruflich verändern wollen. Zumindest dann, wenn diese berufliche Veränderung die Politik betrifft.

Jetzt muss Dr. Volker Müller schwere Entscheidungen über seinen beruflichen Werdegang treffen. Soll er Juso-Bundesvorsitzender werden oder sich besser auf die SPD selbst konzentrieren? Oder anders ausgedrückt, als Juso-Vorsitzender in den Bundestag wechseln oder als seriöser Sozialdemokrat Minister werden? Noch zögert Herr Dr. Müller, da nimmt das Schicksal seinen Lauf. Ein Minister der Landesregierung hält bei einer privaten Geburtstagsfeier eine Rede, die als Angriff auf eine bestimmte

Religionsgemeinschaft aufgefasst werden kann. Und es auch wird, weil ein ehemaliger CDU-Abgeordneter, der sein Mandat an einen gewissen Dr. Volker Müller verloren hat, diese Rede jenen Journalisten zuspielt, die einst gegen ihn gehetzt haben. Der Minister muss daraufhin zurücktreten und der Ministerpräsident sein Kabinett umbilden. Da Dr. Volker Müller ja tatsächlich einmal als Schlosser gearbeitet hat, prädestiniert ihn das geradezu zum Minister für Arbeit und Soziales. Mit gut geschauspielertem schweren Herzen gibt der neue Minister Volker Müller auf einer Pressekonferenz seine Ambitionen auf den Juso-Bundesvorstand auf, um von nun an seine ganze Kraft dem Land zu widmen. Was bedeutet, dass er Bezirksvorsitzender der SPD bleibt und stellvertretender Landesvorsitzender der SPD wird.

Mit Minister-Bonus verteidigt Dr. Volker Müller sein Landtagsmandat, auch wenn er mittlerweile über die Liste bestens abgesichert ist. Er bleibt eine weitere Wahlperiode Minister und steigt auf in den SPD-Bundesvorstand. Bei der nächsten Wahl, leider, schafft es die bisher allein regierende SPD selbst nicht ganz so gut. Sie benötigt einen Koalitionspartner und der ist Grün. Nur von der Parteifarbe, dem bisher amtierenden Ministerpräsidenten ist er nämlich ganz und gar nicht grün. Über den fallen seine Parteifreunde her, hat er doch das Wahldebakel verschuldet (sagen die Freunde von Dr. Volker Müller). Jedenfalls tritt dieser Mann schließlich zurück. Als Retter und Koalitionär empfiehlt sich - richtig, Dr. Volker Müller. Und damit er als Ministerpräsident nicht in der Luft hängt, wird er Landesvorsitzender und stellvertretender Bundesvorsitzender. Als Bayer bei den Nordlichtern – aber das wissen nur wenige. Schließlich hat Dr. Müller sich alle Mühe gegeben, den lokalen Dialekt zu beherrschen – und sei das plattdeutsch.

Bundespolitik

Obwohl Ministerpräsident Müller mit seinen Ämtern so glücklich ist, versucht es das böse Wahlvolk bei der nächsten Wahl mit einer Koalition aus CDU und FDP. Dr. Volker Müller steht fast auf der Straße, abgesehen von seinen Bezügen als Abgeordneter und Fraktionsvorsitzender. Das heißt, er könnte Fraktionsvorsitzender werden, aber das gäbe wieder ein Hauen und Stechen. Da trifft es sich ganz gut, dass mal wieder ein Bundesminister den Lafo gemacht und alles hingeworfen hat. Vielleicht erlag er auch einer Pressekampagne, aber daran ist Dr. Volker Müller ausnahmsweise unschuldig. Er hatte ja fest damit gerechnet,

Ministerpräsident zu bleiben, und deshalb nichts unternommen, um sich einen neuen Posten freizuschießen. Jedenfalls braucht der Bundeskanzler einen neuen Minister und Herr Müller einen ähnlich großen Dienstwagen, wie er ihn zuvor als Ministerpräsident gehabt hatte. Da man sich aus dem Bundesvorstand so gut kennt, opfert sich Dr. Müller für die Partei auf und wird Verkehrsminister.

Anders als gewisse real existierende Verkehrsminister wird Volker Müller nicht als Generalsekretär gebraucht oder als Sponsor eines Fußballvereins auffällig. Er vermeidet sogar eigenmächtige Entscheidungen, die dem Staat Milliarden kosten und führt auch kein hochtechnisiertes Lkw-Mautsystem ein, das 16 Monate später fertig wird, als vom Minister vollmundig versprochen. Probleme erledigen seine Staatssekretäre und die Ministerialbürokratie, die er von seinem unglücklichen Vorgänger übernommen hat. Mit anderen Worten: Dr. Volker Müller tut nichts und das erfolgreich. Deshalb hat er Zeit für Talkshows und Fernsehdiskussionen. Dank seines politischen Instinkts vermeidet er alles, was nach Angriffen auf eine bestimmte Religionsgemeinschaft aussehen könnte und weicht auch anderen Fettnäpfchen sehr geschickt aus. Als Berater verpflichtet er seine früheren Professoren. Die haben zwar ebenfalls keine Ahnung vom Verkehrswesen, aber dafür um so mehr von Politik. Deshalb wird Dr. Volker Müller auch Parteichef und rechte Hand des Kanzlers.

Dr. Müller erhält bei der nächsten Wahl sein Bundestags-Mandat. Als Parteichef installiert er einen guten Freund aus Juso-Tagen als Generalsekretär und einen treuen Parteisoldaten als Fraktionsvorsitzenden. Als bei der Haushaltsdebatte eine Dame von der Opposition eine besonders bissige Rede hält, ereilt den Bundeskanzler ein Herzinfarkt. Leider verwechseln das seine Parteifreunde mit einem Lachanfall, deshalb kommt jede Hilfe zu spät. Der Vorsitzende der SPD (Dr. Volker Müller) hält eine ergreifende Rede. Nach dem Ende der Staatstrauer beginnen Verhandlungen, bei denen die Delegation des größeren Koalitionspartners vom Verkehrsminister (Dr. Volker Müller) geführt wird. Der Posten verbleibt natürlich beim größeren Koalitionspartner und der hat sich parteiintern bereits auf Dr. Volker Müller geeinigt. Nach zwei bis drei Tagen mit grösseren Pressekonferenzen willigt der kleinere Koalitionspartner ein, Dr. Volker Müller zum Bundeskanzler zu wählen.

Und falls der Volkszorn ihn nicht eines Tages an einem Laternenpfahl aufhängt, bleibt er es bis heute.

Nachlese

Dr. Volker Müller ist eine rein fiktive Person, auch wenn seine mustergültige Karriere immer wieder Parallelen zu heute regierenden Politikern aufweist. Er gehört der SPD deshalb an, weil diese besonders schillernde Kanzler stellt. Durch den Austausch einiger Begriffe wäre er in der CDU. Dann käme er natürlich nicht aus Bayern, denn da müsste er in der CSU sein und würde niemals Bundeskanzler. Statt der Gewerkschaft würde ihn halt ein Industrieverband fördern. Keine Sorge, Förderer gibt es immer. Und ein paar Posten, zur finanziellen Absicherung.

Ich möchte den Werdegang von Volker Müller noch einmal kurz zusammenfassen. Dabei wird eine vierjährige Wahlperiode angenommen:

- Parteieintritt
- Abitur
- Schlosserlehre und Gewerkschaft
- Bundeswehr, heimatferner Einsatz
- Studium der Politischen Wissenschaften, unter der Anleitung parteinahen Professoren
- Stadtverordneter (bzw. Stadtrat, in manchen Bundesländern)
- Angestellter für Öffentlichkeitsarbeit, Promotion
- Landtagsmandat (insgesamt 12 Jahre, 3 Jahre als reiner Abgeordneter)
- Landesminister für Arbeit und Soziales (5 Jahre)
- Ministerpräsident (4 Jahre) und Landesvorsitzender
- Verkehrsminister (etwa 5 Jahre)
- Parteichef
- Bundestagsabgeordneter
- Bundeskanzler

Kein Zweifel, Herr Dr. Volker Müller hat eine traumhafte Karriere hinter sich. Er ist jetzt ungefähr 50 Jahre alt, es ging demnach extrem schnell. Aber hier und da lassen sich schnell ein paar Jährchen einbauen, wenn er älter sein sollte. Alles in allem ein Politiker, dessen Lebenslauf sich in Abschnitten bei fast allen heutigen Politikern wieder findet.

Was ist daran schlecht?

Nach der Theorie sollten Politiker "aus der Mitte des Volkes" stammen. Dr. Volker Müller ist weder Beamter, noch Lehrer. Damit entstammt er bereits dem schlechter repräsentierten Teil des Volkes, denn Beamte und Lehrer sind in allen Parlamenten überreichlich vorhanden. Leider fehlen dafür Lehrer in den Schulen, deshalb fällt viel Unterricht aus, doch das ist ein anderes Thema.

Bis auf die wenigen Jahre als Schlosser und die Monate bei der Bundeswehr (zu der ich ihn verdonnert habe), hat Bundeskanzler Dr. Volker Müller ausschließlich in der Politik gearbeitet. Das Leben und die Probleme der Bürger kennt er nur vom Hörensagen. Aber er regiert diese Bürger – ausgestattet mit Mandat und Auftrag eben dieser Bürger. Der Bürger? Oder vielmehr seiner Partei?

Dr. Volker Müller ist Schlossergeselle und Politologe. Das qualifizierte ihn für die Ämter des Sozial- und Verkehrsministers. Das einzige, was diese Ämter bewirkten, war eine Vorbereitung auf die Ämter des Ministerpräsidenten und des Bundeskanzlers.

Das widerlegte Peter-Prinzip

Ein kanadischer Psychologe namens Lawrence J. Peter hat eines der fundamentalen Gesetze unseres Lebens aufgestellt. Kurz formuliert lautet es: Jeder wird solange befördert, bis er in einer Position anlangt, bei der er unfähig ist, sie auszufüllen. Er hatte beobachtet, dass ein Arbeiter zum Vorarbeiter, Abteilungsleiter und schließlich Direktor aufsteigen kann (in den USA, in Deutschland verhindern das die gesellschaftlichen Schranken). Während aber ein Arbeiter seine Leistung mit den Händen erbringt, sitzt der Direktor am Schreibtisch und muss repräsentieren. Ein guter Arbeiter wird also wegen Fähigkeiten befördert, die er in seiner neuen Position gar nicht braucht. Versagt er als Abteilungsleiter, wird er kein Di-rektor, jedoch bleibt er Abteilungsleiter – also genau das, was er nicht kann.

In der Politik erleben wir die Umkehr des Peter-Prinzips. Da werden relativ oft Leute befördert, die schon in vorherigen Positionen versagt haben. Dr. Volker Müller verdankte sein Landtagsmandat einer Schmutz-Kampagne gegen seinem Vorgänger, nicht eigener Leistung. Minister wurde er nicht auf Grund eigener Kompetenz, sondern weil sich sein Vorgänger verplappert hatte (Analog dem Wechsel von Philip Jenninger zu Rita Süßmuth). Ministerpräsident wurde er, weil es nur noch zu einer Koalition reichte (Holger Börner hatte ein entschiedenes "Mit mir nicht!" angekündigt, sich aber dann doch für seinen Dienstwagen entschieden und für einen völlig unerfahrenen Menschen namens "Joschka" Fischer, dem noch mehr Voraussetzungen für ein Staatsamt fehlten als Dr. Volker Müller). Die Beförderung bei Misserfolg passiert in der realen Politik häufiger. Ministerpräsident Dr. Volker Müller hat in den Augen seiner Wähler versagt, wurde jedoch trotzdem Bundesminister – wie Hans Eichel oder Reinhard Klimmt). Nur den Aufstieg zum Bundeskanzler musste ich fingieren.

Hier kann jemand Einspruch erheben – völlig zu Recht. Das Peter-Prinzip wird nicht wirklich verletzt, wenn wir zugeben, dass in der Politik nach anderen Kriterien befördert wird, als nach fachlicher Kompetenz und Leistung im Amt. Befördert wird nämlich ausschließlich nach Partei-Kriterien. So wurde in Bayern eine Monika Hohlmeier Ministerin, weil sich viele Parteileute noch ihrem Vater verpflichtet fühlten. Zudem muss mindestens ein Minister aus dem CSU-Bezirksverband München stammen, weil sonst der Proporz nicht stimmt. Diese Dame weiß über öffentliche Schulen vor allem, dass diese zu schlecht für ihre eigenen Kinder sind. Aber da das Schulsystem in Bayern seit Jahrzehnten Spitze in Deutschland ist, ging man davon aus, dass sie als Kultusministerin nicht viel falsch machen könne. Leider hatte man sich getäuscht...

Parteienproporz spielt überall eine Rolle. Um unbedingt einen Ostdeutschen in ein hohes Staatsamt zu hieven, wurde Wolfgang Thierse Bundestagspräsident. Mehr wird er nicht, weil das Peter-Prinzip bei so hohen Positionen auch parteiintern zuschlägt. Wegen Proporz wurde auch ein Manfred Stolpe reaktiviert, obwohl er keinerlei Kompetenzen als Verkehrsminister oder Minister für den Aufbau Ost besaß. Proporz hat uns den Verteidigungsminister Franz Josef Jung beschert, weil ein Hesse aus der Umgebung von Roland Koch ins Bundeskabinett musste.

Wenn sich Leute auf ihrem Peter-Plateau festgesetzt haben (das sind jene Ämter, von denen aus es nicht mehr höher geht), sind sie schwer daraus zu entfernen. Auch in der Wirtschaft, denn das sind oft langgediente Mitarbeiter mit einem hohen Kündigungsschutz. Manchmal behilft man sich damit, daß man sie trotz Inkompetenz noch einmal befördert, in eine Position, in der sie keinen Schaden mehr anrichten. So gesehen, hätte Dr. Volker Müller auch Bundespräsident werden können – wie Johannes Rau.

Darum klappt es nicht!

Stellen wir uns einen kleinen Staat in Südamerika vor. Nach einer Revolution übernimmt eine Militär-Regierung. Der Staat hat 35.000 Mann unter Waffen (wie die Bundeswehr, nach den Struck-Eichelschen Reformen), die aber von 238 Obristen und 96 Generälen befehligt werden. Sämtliche Minister sind altgediente Militärs im Generalsrang. Fachlich haben sie nichts vorzuweisen, aber die volle Befehlsgewalt und notfalls werden ein paar Untergebene erschossen. Und der Staat blühte auf, sein Wirtschaftswunder wurde ein Vorbild für die ganze Welt...

Zumindest in der regierungsamtlichen Militärzeitung. Denn geklappt hat in diesem Staat fast nichts mehr. Aber das ist eine andere Geschichte und daran ist unser geliebter Bundeskanzler Dr. Volker Müller völlig unschuldig.

Aber wir lernen daraus, wieso im real existierenden Deutschland nichts klappt. Statt uniformierter Soldaten haben wir Parteisoldaten an der Macht. Missliebige Untergebene werden zwar nicht erschossen, aber elegant abgeschoben. Generäle und Obristen haben wir noch viel mehr, wenn wir statt General Bundestagsabgeordneter und statt Oberst Landtagsabgeordneter setzen. Dies sind alles Leute, die sich in vielen Parteischlachten bewährt haben. Vom Leben außerhalb von Partei und Parlament wissen sie herzlich wenig, jedoch gerade genug, um einträgliche Nebenjobs zu ergattern. Aus dem Kreis dieser Leute kommen die Minister und Staatssekretäre, die Ministerpräsidenten und Bundeskanzler.

Dr. Volker Müller gibt es nicht. Nicht als Person. Aber dafür viel zu viele, die so sind wie er.

Was können wir dagegen tun? Leider nicht sehr viel, weil selbst dann, wenn wir nicht zur Wahl gehen, geben wir damit unsere Stimme den vielen real existierenden Volker Müllers. Es gäbe jedoch ein paar erste Schritte, damit die künftigen Volker Müllers nicht mehr so abgehoben dahinwerkeln wie die bisherigen - indem wir genau das umsetzen, was die Demokratie eigentlich sein sollte: Macht auf Zeit, Macht unter der Kontrolle und im Namen des Volkes, statt unter Kontrolle und Anweisung der Partei.

Brauchen wir eine neue Partei?

Hin und wieder bekomme ich Zuschriften, ob ich mich nicht einer neu gegründeten Partei anschließen oder dort zumindest mitarbeiten möchte. So schmeichelhaft solche Angebote für mich sind, ich lehne sie alle ab. Nicht etwa deswegen, weil ich die Parteigründer für Spinner halte, im Gegenteil, ich habe Hochachtung vor Leuten, die angesichts der heutigen Zustände aktiv werden wollen. Ich halte eine neue Partei nur für den falschen Weg.

Erstens sehe ich den Zeithorizont. Adolf Hitler hatte die Unterstützung des Großkapitals, ihm stand eine ungeliebte Republik gegenüber, er profitierte von drei großen Krisen (Versailler Vertrag, Inflation und Weltwirtschaftskrise) und er traf den damaligen Zeitgeist – trotzdem hat er 14 Jahre bis zur Regierungsübernahme gebraucht. Auch die Grünen haben vom Zeitgeist und von Krisen profitiert (zweite Ölkrise, Nato-Doppelbeschluss), aber bis zur Regierungsbeteiligung (nicht bis zur Machtübernahme!) haben sie 18 Jahre benötigt.

Zweitens zersplittert jede neue Partei das Parteienspektrum noch mehr. SED/PDS und WASG führten es auf dem linken Rand mit ihrem Zusammenschluss vor, während auf dem rechten Rand NPD, DVU und Republikaner bestenfalls gelegentliche Stillhalteabkommen in Wahlen zustande bringen. Protestparteien wie die frühere Schill-Partei und heutige Offensive D erringen zwar hin und wieder Erfolge, aber sie müssen bei jeder Wahl um ihre Zulassung kämpfen und haben bis jetzt kaum etwas erreicht. Dann gibt es noch jene Parteien, die regelmäßig unter "Sonstige" fallen, wie ÖDP, Zentrum, Bayern Partei, Partei Bibeltreuer Christen usw.

Ich bezweifle nicht, dass die Vorstände der kleinen Parteien gute Absichten haben, ebenso die Vorstände von Neugründungen, aber in einer Demokratie benötigt man Mehrheiten, wenn man etwas erreichen will. Mehrheit bedeutet 50% - bei hundert oder tausend Parteien ist eine Mehrheit fast nicht zu erreichen. Dafür gibt es, wenn die "Partei der Kaninchenzüchter" in der Regierung sitzt, wenigstens preiswerte Möhrchen für alle.

Drittens müssen neue Parteien gegen das Medienkartell ankämpfen. Die heutige Presse ist zum größten Teil gleichgeschaltet und staatstragend. Über die NPD wird fast nie berichtet, was die Partei erreichen will, sondern nur, dass die Abgeordneten sich mit Baseballschläger schwingenden Glatzen verbrüdern. Der CSU-Todesfahrer Wiesheu durfte wieder Minister werden (und wurde später weitaus besser bezahlter Bahnmanager), bei einem Kreisvorsitzenden der DVU würde man ständig über dessen Alkoholprobleme lesen.

In den Dumm-Quatsch-Sendungen im Fernsehen dürfen "etablierte" Politiker jeden Mist langatmig erzählen, ohne auf die Fragen des Moderators einzugehen, während Vertretern von Kleinparteien gezielt übers Maul gefahren wird. Die etablierten Parteien beschäftigen im Wahlkampf professionelle Werbeagenturen mit Millionen-Budgets, während die kleinen Parteien auf Amateure zurückgreifen müssen. Etablierte Parteien haben ihre eingeübten Plakatkleber, Mitglieder, die Werbeprospekte in Briefkästen verteilen und Werbestände besetzen. Wenn "der Herr Minister" eine Rede hält, füllen sich Marktplätze. Der völlig unbekannte Kandidat einer völlig unbekannten Partei kann froh sein, wenn er das Hinterzimmer eines kleinen Lokals voll bekommt.

Mit anderen Worten: Neue Parteien haben keine Chance, ihre Anliegen dem Wahlvolk nahezubringen. Das derzeitige politische System schützt sich selbst, indem es Neuankömmlingen hohe Hürden entgegensetzt.

Alternativen zur Parteigründung

Wer eine eigene Partei gründet, hat den Vorteil, dass die gesamte Partei auf die eigenen Absichten maßgeschneidert ist. Dafür nehmen die Parteigründer die ganze Bürokratie und den Papierkrieg auf sich, die eine Parteigründung nun einmal erfordert. Hier verpufft sehr viel Energie, die anderweitig sinnvoller genutzt werden könnte. Die Partei braucht Landes-verbände, Bezirksverbände, Kreisverbände, Ortsverbände, ein Präsidium, ein Programm, die Genehmigung, an Wahlen teilzunehmen, usw., usw.

Eine bereits bestehende Partei hat das alles bereits. Natürlich gibt es dort auch Ortsvorsitzende, Kreisvorsitzende, Bezirksvorsitzende... den ganzen Parteiapparat, den neue Mitglieder erst aufrollen müssen, bevor sie die Geschicke der Partei bestimmen können. Aber dafür können sich diese Leute direkt in die Parteiarbeit stürzen, ohne erst einmal mit der Bürokratie des Staates kämpfen zu müssen.

In der CSU, CDU und SPD gibt es zu viele Altmitglieder, als dass neue Leute in kurzer Zeit etwas verändern können. Die Grünen und die Linken (SED/PDS/WASG) sind ideologisch zu stark fixiert, um verändert werden zu können. Höchstens bei der FDP gäbe es eine kleine Chance, aber dafür bräuchte man Tausende verschworene Neumitglieder, die so nicht zu organisieren sind.

Die beste Option bietet die Rechte. Die Parteien sind klein, deshalb genügt eine relativ kleine Gruppe von Leuten, um dort an die Spitze zu kommen. Der nächste Schritt wäre, die drei rechten Splitterparteien zu vereinigen. NPD, DVU und Republikaner zusammengeschlossen ergäbe eine Partei mit merkbarem Gewicht. Dieses Ziel könnte eine entschlossene Gruppe in fünf Jahren erreichen. Eine ganz neue Partei benötigt eher die dreifache Zeit, um diese Größe zu erreichen.

Der Zeithorizont für den "Marsch durch die Institutionen" beträgt aber mindestens 20 Jahre. Wer das System systemkonform ändern möchte, muss folglich einen langen Atem haben. Gelinde ausgedrückt, ist es unwahrscheinlich, dass dieses System noch solange existieren wird. Persönlich gehe ich davon aus, dass wir in fünf Jahren bereits in völlig anderen Verhältnissen leben werden. Deshalb halte ich die Gründung von neuen Parteien für Zeitverschwendung.

Wir brauchen keine neuen Parteien, die irgendwelche Parlamentarier in irgendwelche Parlamente schicken, in denen die Probleme des Landes streng nach Geschäftsordnung zerredet und Lösungsansätze zu faulen Kompromissen verwässert werden. Das Ziel der Erneuerung dürfen keine Abgeordneten sein, die dann von Lobbyisten eingekauft werden.

Die Alternative zur Partei ist der konspirative Zirkel. Die Freimaurer sind ja auch alle Weltverschwörer, nicht wahr? Das weiß doch jeder – nur nicht die Freimaurer, die über solche Behauptungen nur den Kopf schütteln können.

Eine Partei, die nicht wirklich existiert, die kein Verein ist und nirgendwo eingetragen wurde, entzieht sich zunächst der öffentlichen Aufmerksamkeit. Das Internet bietet eine wunderbare Austauschplattform, um neue Mitglieder anzuwerben. Aber gleichzeitig wird das Internet immer besser überwacht, es eignet sich nur für den äußeren Kreis. Wer lange genug beobachtet wurde, darf in den mittleren Kreis, der sich privat trifft.

Der Staat ist nicht mehr darauf vorbereitet, Stammtische zu überwachen und Hinterzimmer zu infiltrieren. Zwar gibt es in Deutschland ein erstaunliches Denunzianten(un)wesen, aber die wenigsten Denunzianten wagen sich in Kreise vor, in denen man sich persönlich kennt und die ausgespähten Gesinnungsgenossen bei dem Verräter vorbeikommen können, um die Wohnung zu renovieren.

Der innere Kreis, mehrfach gesiebt, trifft sich sowieso privat, jenseits aller Telefon- und Internetüberwachung. Vorzugsweise dort, wo der Staat nicht die Wohnungen verwanzt und auch nicht mit Richtmikrophonen abhört. Natürlich hat kein Verschwörer wichtige Daten auf dem Rechner. Da gibt es kleine Chips, die man in ein Hundehalsband stecken kann. Am besten bei einem jener großformatigen Exemplare, die sich sehr ungern von Fremden streicheln lassen. Oder bei einer Katze, die im Falle einer Hausdurchsuchung unauffällig im nahegelegenen Wald verschwindet...

Der Zeithorizont einer Verschwörung entspricht der einer Partei. Allerdings kann die Verschwörung eine existierende Partei infiltrieren und diese schließlich übernehmen.

Chancen der Systemkrise

Ich habe bereits in anderen Texten ausgeführt, dass die heutigen Zustände nicht auf Dauer durchgehalten werden können. Das frühere "Trio infernale" Schily, Beckstein und dem einzig überlebenden Schäuble baut unseren vormals demokratischen Staat immer mehr zu einer Karikatur von "1984" um, bei der jeder Bürger grundsätzlich verdächtig ist und einmal pro Monat seine Unschuld nachweisen muss. Natürlich nur zu unser aller Sicherheit.

Dieser Bespitzelungsstaat ist jedoch keinesfalls Selbstzweck einiger alter verbitterter Männer, sondern schlichtweg die Reaktion eines absterbenden Systems im Überlebenskampf. Das Medienkartell verhindert, dass die Bürger dieses Landes erfahren, wo es bereits überall gärt. Nicht die "muslimischen Terroristen" sind das Ziel der Überwachung, sondern die unzufriedenen Bürger.

Nicht umsonst wird jede Demonstration seit über dreißig Jahren durch ferngesteuerte Randalierer entwertet, die danach die Schlagzeilen füllen, während das wirkliche Anliegen der Demonstranten untergeht. Oder glauben Sie, dass ein Josef Martin Fischer als gewöhnlicher Steinewerfer so rasch in Ministerämter aufgestiegen wäre? Das System belohnt seine treuen Diener, selbst auf ungewöhnlichen Posten. Bei der DDR gab es Medaillen, heute Preise, Posten und Ehrendoktorhüte.

Abweichende Meinungen werden von den Medien unterdrückt. Kommt einmal eine ausgebeutete allein erziehende Krankenschwester in einer Talkshow zu Wort, umrahmt man sie mit drei redegewandten Politikern, die ihre Argumente zerpflücken.

Der Staat verbreitet ohne Unterlass Siegesmeldungen. Da wird großartig vom Aufschwung geredet, der jedoch nur in den Taschen der Heuschrecken, der Manager und der Politiker angekommen ist. Die Minderheit, die noch über Tarifverträge beschäftigt ist, bekommt ein paar Brosamen ab, die Masse der arbeitenden Menschen geht leer aus. Die Arbeitslosigkeit sinkt, aber nur, weil die Statistik immer schamloser manipuliert wird. Da geht schon mal "ein Datensatz" verloren, und schon sind es 40.000 Arbeitslose weniger.

Unser aller Merkel ist so unheimlich beliebt - nur, bei wem? Union und SPD sind Volksparteien - aber, wenn man die Nichtwähler berücksichtigt, müssen diese "Volks"-Parteien froh sein, wenn ein Fünftel der Bevölkerung ihnen die Stimme gibt.

Die USA sind eine Weltmacht, der die Soldaten ausgehen. Bombardieren geht noch, aber es langt nicht mehr, ein besetztes Land zu befrieden. Ein Außenhandelsdefizit von 800 Milliarden Dollar pro Jahr zeigt einen Giganten, der weit über seine Verhältnisse lebt und auf tönernen Füßen steht. Der Dollar ist keine Weltwährung, sondern eine finanzielle Zeitbombe, die immer eindringlicher tickt.

Die USA haben noch niemals eine Finanzkrise aus eigener Kraft gemeistert. Im 20. Jahrhundert haben sie zweimal den Staatsbankrott durch einen Weltkrieg vermieden. Doch heute ist Amerika keine unangreifbare Festung mehr, mit Tausende Kilometer breiten Wassergräben drum herum. Heute ist Amerika nicht mehr der Hort der Freiheit, der Millionen hoch qualifizierter Immigranten anlockt, sondern verkommt immer mehr zu einem faschistischen Überwachungsstaat, der alle Einreisenden vorsorglich als Terroristen erfasst.

Die Globalisierung, welche einigen Auserwählten eine schamlose Bereicherung ermöglicht hat, stößt an ihre Grenzen. Die Welt gerät zunehmend aus ihren Fugen. In dieser kritischen Situation gibt es in keinem Land wirkliches Führungspersonal, sondern Regierungschefs, die den Eindruck erwecken, schon mit der Führung eines Gemüsestandes überfordert zu sein. Unsere Kanzlerin ist der kleinste gemeinsame Nenner, auf den sich die CDU einigen konnte, der kleinste gemeinsame Nenner einer Zwangskoalition der Wahlverlierer von SPD und Union, eine konturlose Parteifunktionärin, die problemlos vom DDR-Reisekader zur bundesdeutschen Untätigkeitsministerin gewendet wurde.

Jeder, der heute eine Partei gründen möchte, sollte sich darüber klar sein, was ein Zusammenbruch des Systems bedeutet. In jener Krise werden sich abgewirtschaftete Politiker nicht freundlich in die Kamera winkend auf einem Parteitag verabschieden, um als neue Ehrenvorsitzende ihre üppige Pension zu genießen, sondern als abschreckende Beispiele aufgehängt an Laternenpfählen baumeln.

Angenommen, eine wirkliche Reformpartei käme heute an die Macht, also nicht nur ins Parlament, sondern als (mit-)bestimmende Kraft in die Regierung. Angenommen weiterhin, diese Partei kann ihre Reformen durchsetzen und so die Krise vermeiden oder zumindest abmildern. Was wäre dann gewonnen?

Die Reformen würden sich nur auf Deutschland auswirken. Die Weltkrise würde uns trotzdem voll erwischen. Zugleich hätte die Reformpartei einen sehr schweren Stand, weil alle anderen Parteien argumentieren würden: Es ging uns doch gut! Warum übertreiben die derart? Bald darauf wird sich der Koalitionspartner distanzieren, um die eigenen Pöstchen zu retten.

Deutschland ist der Zahlmeister Europas. Wenn eine Reformpartei Deutschland aus dem Abgrund retten könnte, würde die gesamte EU die Hand aufhalten (und unsere Freunde vom allseits bekannten Zentralrat, von der Jewish Claims Conference und natürlich die USA bei ihrem Krieg zur Ausweitung des Terrorismus'). Eine Reform würde das Leiden und die Ausbeutung Deutschlands nur verlängern. Der scheinsouveräne deutsche Staat kann sich durch Reformen noch ein wenig länger als Zombie dahinschleppen. Diese Reformen wirken jedoch wie der berühmte Backstein auf dem Sicherheitsventil, der die Kesselexplosion um so heftiger werden lässt.

Was wir benötigen, ist eine vollständige Erneuerung. Ich habe in Operation Neustart (siehe weiter hinten, verfasst am 13.7.2005) eine Radikalreform beschrieben, die nicht auf ein weltweites Krisenszenario aufbaut. Das war vor Merkel, vor der großen Koalition. Seither hat sich die internationale Situation verschlechtert. Unsere Bundeskanzlerin gefällt sich als willfährige Vollstreckerin fremder Interessen, der Unterdrückungsstaat wird zügig ausgebaut, und das nicht nur bei uns.

Eine friedliche Reform, gar noch einseitig von Deutschland, ist keine Vision, sondern nur noch eine Fiktion. Die Umgestaltung, der Neuanfang, der Aufstieg des Phönix erfordert den Zusammenbruch des Alten. Sie erfordert jedoch keine Revolution, keinen gewaltsamen Umsturz von innen. Gewalt und Bürgerkrieg sind keine Lösung, auch wenn es im Rahmen des Umbruches dazu kommen dürfte.

Wer Veränderungen möchte, muss einfach nur ruhig abwarten, bis der Umbruch vorüber ist. Bis dahin geht es ums Überleben, denn wer im Umbruch untergeht, kann danach nichts mehr verändern.

1945 gab es die berühmte "Stunde Null", die jedoch kein wirkliches Machtvakuum gewesen war. Damals wurden die Interessen der Siegermächte umgesetzt, Deutschland in eine ganz bestimmt Richtung gesteuert. Nach dem jetzt bevorstehenden Umbruch, in der erneuten Stunde Null, wird es keine Siegermächte mehr geben, keine aufoktroyierten Konzepte, sondern nur das, was hier im Land selbst entwickelt wird.

Wer dann Konzepte vorweisen kann, hat die Möglichkeit, diese umzusetzen. Dazu ist keine Partei erforderlich, keine Geheimgesellschaft, keine Verschwörung, sondern einfache, redliche Arbeit.

Den Staat neu gestalten!

Es lohnt sich nicht, einen Gedanken an Revolution und Bürgerkrieg zu verschwenden. Niemand braucht darauf hinzuarbeiten, das besorgt unsere Regierung von selbst. Wichtig ist nur, diesen Umbruch zu überleben, denn das ist nicht garantiert. Selbst wenn kein Weltkrieg ausbricht oder Deutschland von direkten Kriegsereignissen verschont bleibt, müssen wir mit Millionen Toten rechnen.

Wir leben in einer total vernetzten Welt, die nur funktioniert, wenn alles reibungslos ineinander greift. Ihr Leben hängt am Erdöl. Sie essen Erdöl, Sie kleiden sich in Erdöl, Sie heizen Ihre Wohnung damit. Vom Traktor bis zum Mähdrescher ist die ganze Landwirtschaft auf Erdöl angewiesen (der Biodieselanteil ist gering). Das Tierfutter wird per Lkw angeliefert, Ihre Schnitzel und Kartoffeln bringt der Lkw in den Supermarkt. Selbst wenn Sie peinlich alle Kunstfasern vermeiden, auch Ihr Leinenhemd wird vom Lkw gebracht.

In einer internationalen Krise bricht die Ölversorgung schnell zusammen. Gut, vielleicht können Sie mit dem Fahrrad zur Arbeit fahren – aber wie liefert Ihre Firma die von Ihnen hergestellten Produkte an den Kunden? Welche Zustände herrschen in einer Großstadt, wenn die Versorgung zusammenbricht? Wie verteidigen Bauern ihre Scheunen gegen plündernde Städter?

Aber auch diese Zeiten gehen vorüber, die staatliche Ordnung wird in irgendeiner Form wieder hergestellt werden. Kleine Gebietshäuptlinge werden die erste Organisation durchführen, sich unter Gaufürsten zusammenschließen, bis sich schließlich ein König über die Gaufürsten erhebt.

Stören Sie sich nicht an diesen Worten, König, Präsident, Diktator, Führer, Kanzler, Großer Vorsitzender, Imperator - die Begriffe sind austauschbar, die Position bleibt dieselbe.

In dieser Zeit wird der Staat neu gestaltet, auf diese Zeit müssen wir uns vorbereiten. Ich rede nicht von der fernen Zukunft, sondern von den nächsten fünf Jahren. Eine Partei mit Apparat und angepassten Funktionären braucht bei dem Aufbau niemand. Die Leute haben gar nicht die Zeit, langatmige, Nichts sagende Reden anzuhören, wenn jedes Paar zupackender Hände gefragt ist.

Dann ist keine Zeit mehr, über die Neugestaltung dieses Staates nachzudenken. Dann wird entweder auf das zugegriffen, was fertig in der Schublade liegt, oder auf der Basis des Alten improvisiert. Deshalb sollten wir die letzten Tage dieser sterbenden Republik dazu benutzen, um wohlgefüllte Schubladen anzulegen.

Was wir dazu benötigen, ist ein geistiger Führungszirkel, der Konzepte für die Erneuerung unseres Staatswesens ausarbeitet. Ich spreche nicht von einer Sammlungsbewegung, nicht von zahlreichen Gefolgsleuten, nicht von einer großen Menge Fußvolk. Ich spreche von einer elitären Gruppe, die den neuen Staat ausarbeitet.

Jetzt, in den letzten Wochen und Monaten des alten Systems, muss der Nachfolgestaat konzipiert werden. Jetzt ist die Zeit der Fehleranalyse. Wer nach dem Zusammenbruch das überlegene Konzept besitzt, der bekommt das notwendige Fußvolk sehr schnell zusammen.

Ich spreche nicht von einer Revolution, ich verlange keinen Staatsstreich, sondern ausschließlich Krisenvorbereitung. Genau deswegen stelle ich meine eigenen Ideen frei zugänglich ins Internet. Ich führe keine konspirativen Listen, ich plane keine Anschläge, ich lagere keine Waffen. Das absterbende System hat mich mit einer Hausdurchsuchung belästigt, dadurch eine Menge Geld verschwendet und nichts gefunden.

Der Staat ist eine Organisation, die hervorragend andere Organisationen bekämpfen kann. Aber was ist, wenn es keine Organisation gibt? Das Inter-net erlaubt es, Plattformen zu einzurichten, sich ohne Absprache zu vernetzen. Wer möchte, lädt sich die Texte herunter. Wer Lust hat, richtet ein Diskussionsforum ein. Und wer selbst nicht schreiben kann oder will, bietet eine Art Leserbriefseite, auf der jede halbwegs vernünftige Zuschrift veröffentlicht wird.

Stellen Sie sich bitte einmal eine Nicht-Partei vor mit 100.000 Mitgliedern. 95.000 davon sind selten aktiv, besuchen hin und wieder die Seiten der Dissidenten, haben ein paar Texte auf dem Rechner und das war es. 4.500 informelle Mitglieder sind aktiver, besuchen die Seiten mehr oder weniger regelmäßig. 480 lesen die Seiten ständig, schicken hin und wieder Diskussionsbeiträge oder schreiben Leserbriefe. 20 Leute hingegen sind wirklich aktiv, tauschen sich ab und zu aus, verfassen eigene Beiträge, unterhalten eigene Internetseiten.

Aber es gibt keinen Vorsitzenden, keinen Vorstand, kein Programm und keine Organisation. Das alles wird nicht benötigt. Die Gruppe arbeitet nicht auf den Umsturz hin, sondern füllt die Schublade mit Konzepten für die Stunde Null.

Es ist nicht wichtig, ob ich einmal Innenminister oder gar Reichskanzler werde, es ist sogar gleichgültig, ob ich in den ersten Tagen des Bürgerkriegs von einem Plünderer erstochen werde, der bei mir Vorräte zu finden hofft. Wenn ein Drittel eines meiner Konzepte umgesetzt wird, ist meine Arbeit getan. 20 Leute im aktiven Kern bedeuten sieben Konzepte für eine bessere Zukunft. Von den 500 Leuten, die diese Konzepte kennen, die sie irgendwo bereithalten, werden einige überleben. Ein paar davon werden Berater eines Gaufürsten, können die Konzepte umsetzen, ein besseres Deutschland schaffen.

Wenn im Gau Westfalen das Schulsystem vorbildlich organisiert ist, wird der Gau Emsland dies gerne übernehmen, um seine eigenen Schulen aufzubauen. Besitzt der Gau Pfalz ein vorbildliches Steuersystem, wird der Gau Hessen-Darmstadt das bald übernehmen. In der Stunde Null wird alles akzeptiert, was funktioniert. Wenn dann das Feld den Ideologen überlassen wird, haben wir alle versagt.

Was aber passiert mit diesen schönen Konzepten, wenn es nicht zum Umbruch kommt? Wenn sich das System rettet und fortbesteht? In erster Näherung braucht in diesem Fall keiner aus dem inneren Kern zu hoffen, einmal ein schönes Staatsamt zu bekleiden. Wer mit der Absicht arbeitet, einen einträglichen Posten zu ergattern, sollte es besser bei einer etablierten Partei versuchen.

In zweiter Näherung sind jedoch zahlreiche Konzepte einer Menge Leute bekannt, bessere Konzepte, als sie die Parteiideologen vorweisen können. Die Parteien müssen sich irgendwann bewegen, weil die zunehmende Politikverdrossenheit ihre Pfründen gefährdet. Dann werden plötzlich die Konzepte der Dissidenten kopiert, adaptiert und als eigene Geistesarbeit ausgegeben. Bei 100.000 Zeugen, die es besser wissen, wird das aber nicht mehr geglaubt.

Das heißt, selbst wenn kein Umbruch eintritt, sind solche Zukunftskonzepte nicht vergeblich. Sie benötigen dann einen größeren Zeithorizont, vergleichbar einer Parteigründung und deren Marsch durch die Institutionen. Während bei einer Partei die Idealisten, die einst begonnen hatten, entweder entfernt oder zu rundgeschliffenen, austauschbaren Parteifunktionären werden, verschleißen sich die Konzeptarbeiter nicht auf Parteitagen und in Grundsatzdiskussionen, sondern bleiben über jener Arbeit, die sie am besten beherrschen.

Wer eine Partei gründen möchte, soll das tun. Es gibt aber effektivere Wege, das eigene Anliegen unters Volk zu bringen.

Wie funktioniert eine Partei?

In der Programmierung gibt es zwei Grundstrategien, die natürlich amerikanische Namen tragen: Top-Down und Bottom-Up, was soviel heißt, wie "Von oben nach unten" und "Von unten nach oben". Top-Down bedeutet, erst einmal den Gesamtentwurf festzulegen, dann nach und nach tiefer zu gehen, auf die Ebene der Prozeduren und Unterroutinen. Bottom-Up ist der umgekehrte Entwurf, bei dem zuerst die kleinen Funktionen geschrieben werden und es dann "Stein auf Stein" nach oben, zum funktionierenden Programm weitergeht.

In der demokratischen Theorie arbeiten Parteien nach dem "Bottom-Up-Prinzip", also von unten nach oben. Der Wähler entschließt sich, in eine Partei einzutreten, um so an der demokratischen Willensbildung mitzuwirken. Das neue Parteimitglied trägt seine Ideen vor, findet Unterstützung und schließlich Mehrheiten, bis dann letztendlich im Parlament ein Beschluss gefasst wird, der von einem einzigen Bürger ausgegangen ist.

Ja, das ist eine schöne Theorie, von Freiheit und Mitbestimmung, von politischer Willensbildung.

Aufgebaut wird eine Partei Top-Down. Es bilden sich nicht spontan 300 Ortsvereine, die sich zu Kreisverbänden organisieren, zu Bezirks- und Landesverbänden, um dann endlich eine Bundespartei zu gründen, sondern es passiert genau umgekehrt. Dabei ist es egal, ob die Partei wie die Grünen einem Zeitgeist folgt oder wie die Grauen Panther diesen erst zu wecken hofft. Man trifft sich zu einer spektakulären Gründungsversammlung, in der Hoffnung, mehr Presse anzulocken als den Mittelmietrachinger Dorfboten. Fünf Leute reichen, eine Partei braucht weniger Mitglieder als eine Fußballmannschaft. Als erstes vergibt sie schöne Titel, wie "Bundesvorsitzender" und "Bundesschatzmeister", also die Spitzenpositionen.

Sollten jetzt ein paar Leute in Thüringen zu der Ansicht kommen, dass die Leute in Bayern eine brauchbare Partei gegründet hätten, weil eine zerknitterte Ausgabe des Mittelmietrachinger Dorfboten als Füllmaterial einem Päckchen beigelegen war, dann schreiben die an den Bundesvorsitzenden. Gründen wollen sie einen Ortsverein, aber der Parteichef braucht natürlich einen Landesverband Thüringen, also reist er mit dem Bundesschatzmeister an und verteilt Mitgliedsausweise (und Einzugsermächtigungen).

In dieser Phase ist Platz für mehrere Landesverbände. Warum sollte man sich in Baden-Württemberg einig sein? Ein Landesverband Baden und ein Landesverband Württemberg ist doch viel schöner und jeder freut sich über seine eindrucksvollen Titel. Wenn wirklich kein Platz mehr da ist, geht es an die Bezirksverbände, bis endlich Kreisverbände und Ortsvereine gegründet werden dürfen.

Als Konsequenz gibt es bei dieser Top-Down-Gründung immer eine vorgesetzte Ebene, also eine höhere Ebene der Partei-Hierarchie. Was nun passiert, erfolgt genau so in der Programmierung: Ein Top-Down-Entwurf wird Bottom-Up umgesetzt, das heißt, die Unterlinge dürfen ihre neuen Prozeduren in den vorgegebenen Entwurf vom Chef nach dessen Vorgaben einpassen. Was von unten kommt, wird also von oben gesteuert.

Wir haben jetzt eine Partei, ob nun groß oder klein, jedenfalls mit den entsprechenden Gremien. Wenn der bisher in Sachen Parteiendemokratie unbedarfte Bürger im Vertrauen auf die Wirksamkeit der Demokratie in die Partei eintritt, dann ist er ganz unten, mit einer Hierarchie der Alteingesessenen und der Parteioberen über sich.

Jetzt lassen wir den Bürger eine geniale Idee haben... Na ja, nehmen wir lieber eine von meinen: Die Diäten der Abgeordneten sollen sich künftig nach der Wahlbeteiligung richten, plus zehn Prozent. Bei 96% Wahlbeteiligung, also einer begeisterten Zustimmung zur Demokratie, erhalten die Damen und Herren Parlamentarier folglich 106% ausbezahlt. Haben diese jedoch für Politikverdrossenheit gesorgt und es gehen nur 48% der Wähler an die Urne, gibt es eben nur 58% der Diäten. Ich weiß nicht, ob Ihnen das gefällt, aber ich tue jetzt einfach einmal so, als sei das die genialste Idee, die ein neues Parteimitglied in den letzten 60 Jahren vorgetragen hat.

Wo trägt der engagierte Bürger das vor? Als erstes im Ortsverein. Der übliche Ortsverein befasst sich mit der Frage, ob in der Martinusstrasse ein Zebrastreifen angelegt werden soll, eine Geschwindigkeitsbeschränkung angebracht wäre oder lieber eine Ampelanlage. Darüber wird ein Beschluss gefasst, den der Ortsvereinsvorsitzende im Gemeinderat oder Stadtrat durchsetzen soll. Sechs Monate später ist zwar noch nichts geschehen, aber der Herr Vorstand verspricht, an der Sache dranzubleiben.

Unter "Sonstiges", der auf jeder Tagesordnung steht, nach den Glückwünschen zu 12, 17 und 19 Jahren Parteimitgliedschaft, darf dann der Neue vortragen, während die Alteingesessenen sich ihrem Bier und dem gemütlichen Teil zuwenden, bei dem es über Fachfragen des Gartenbaus ("Ich habe den verdammten Maulwurf endlich vertrieben") und der Medizin ("Wir kriegen anderes Wetter, mein Knie tut weh") geht. Jedenfalls hören ihm die Ortsvereinsmitglieder mit halbem Ohr zu, nicken bedächtig und bestellen die nächste Runde.

Der Ortsvereinsvorsitzende dankt mit ein paar wohlgesetzten Worten und hofft, damit nie wieder belästigt zu werden. Er möchte schließlich weiterhin Stadt- oder Gemeinderat bleiben und eventuell sogar höhere Ämter anstreben, oder wenigstens einen sicheren Listenplatz für die Wiederwahl. Da kann er geniale Ideen wirklich nicht brauchen. Vielleicht lässt er sich herab, unter vier Augen dem Neuen noch zu erklären, dass die Idee ja ganz schön wäre, aber leider absolut undurchführbar.

Die Idee wird totgeschwiegen, der Ortsverein kümmert sich nicht weiter darum und der Ortsvorsitzende überlegt, ob er für die Martinusstrasse nicht eine noch originellere Lösung findet, um dort den Straßenverkehr zu behindern. Die innerparteiliche Demokratie schirmt die Parteioberen zuverlässig von Ideen einfacher Parteimitglieder ab.

Jetzt kann das hoffnungsfrohe Parteimitglied natürlich die vielfältigen Möglichkeiten nutzen, die eine Partei bietet. Auf die Kreisversammlung seiner Partei kommt er noch als einfaches Mitglied und kann sich dort sogar zu Wort melden. Da hören ein paar Leute aufmerksam zu und überlegen, ob sich hier jemand ein Amt oder gar ein Mandat erschleichen will. Der Kreisvorsitzende dankt für die Anregung, vielleicht reißt er noch einen kleinen Witz darüber und fährt mit der Tagesordnung fort.

Jetzt kann das Parteimitglied seine Abgeordneten anschreiben. Die erkennen sofort das Potential dieser großartigen Idee und verstehen, dass da jemand ihre Diäten reduzieren möchte. Die Antwort-Briefe werden höflich verfasst, bringen vielleicht sogar ein paar sachliche Gründe vor, lehnen aber einhellig den Vorschlag ab. Die letzte Instanz ist die Parteiführung. Dort wandern solche Vorschläge in den Papierkorb, so weit oben hat man es nicht nötig, sich mit solchen Spinnern abzugeben. Bestenfalls erhält der Ortsvorsitzende einen Anruf, dass er sich um den Störenfried kümmern soll.

Das Regulativ in einer Partei wirkt immer von oben nach unten, niemals von unten nach oben. Als die Grünen gegründet wurden, hatten sie pazifistische Ideen und als Programm den Umweltschutz. Diese Träumer wurden sehr bald von "Joschka" Fischer und seinen dienstwagenlüsternen Komplizen aus der Partei gekegelt, um so an die Pfründen der Macht zu kommen. Die Entkernung der Partei wurde nicht von unten ausgelöst, sondern von skrupellosen Ellenbogenartisten, die auf den fahrenden Zug aufgesprungen waren, um die Lokomotive zu übernehmen. Deshalb wurde aus dieser Partei eine Interessenvertretung der verbeamteten städtischen Mittelschicht.

Von oben nach unten dringen Ideen viel schneller durch. Was der Parteichef für gut befindet (also von einem Berater gesteckt bekommt), steht wenig später in der Parteizeitung. Fernsehinterviews werden immer wieder auf dieses Thema gelenkt und die Partei stimmt begeistert zu. Die Unterlinge des Parteichefs verdanken diesem ihre Dienstwagen, also sind sie begeistert. Die Unterlinge der Unterlinge erhoffen von ihren Vorderleuten eigene Dienstwagen, folglich plappern auch sie fleißig nach, was von oben vorgegeben wird.

Wie sieht es mit dem Aufstieg innerhalb einer Partei aus? Natürlich gibt es die spektakulären Karrieren, binnen dreier Jahre vom Neumitglied zum Bundestagsabgeordneten, doch diese sind die Ausnahmen. Normal ist die Ochsentour, bei der man durch die Parteigremien sickert. Über den Ortsverein empfiehlt sich das Neumitglied für den Kreisverband, ein Stadtratsmandat gehört als Statussymbol dazu, dann geht es weiter nach oben, in den Bezirk, den Landtag und den Bundestag. Der Aufstieg in der Partei wird mit den Pfründen der Mandate versüßt.

Ja, auch das ist Theorie. Für jede Position auf der nächsthöheren Ebene gibt es mindestens zehn Anwärter. Vielleicht nicht im Ortsverein, da genügt es den meisten, beim Bier über Medizin und Gartenbau zu sprechen, nachdem der Vorsitzende die neuesten Entwicklungen zur Martinusstrasse vorgetragen hat. Erst, wenn es um Pfründen geht, und sei es nur um kleine Aufwandsentschädigungen, beginnt das Hauen und Stechen.

Hier wirkt die parteiinterne Demokratie, weil die Mitglieder abstimmen, wer das Amt bekommt. Weil die Mitglieder aber nicht wissen, was für eine fähige Frau die neue Lehrerin aus Neuobermietraching doch ist, brauchen sie jemanden, der ihnen sagt, dass die Nichte des Schwagers des Kreisvorsitzenden von Gross-Mietraching unbedingt gewählt werden muss. Praktischer weise übernimmt das der Herr Kreisvorsitzende persönlich. Nur in seltenen Fällen im Rahmen der Wahlveranstaltung, das geht viel diskreter per Telefon. Die Ortsvorsitzenden instruieren anschließend ihre Delegierten, damit die Wahl entsprechend ausfällt.

Als Delegierter erhalten Sie Wahlvorschläge mit Namen von Leuten darauf, die Sie gar nicht oder nur ein bisschen kennen. In der Kandidatenvorstellung, die Sie zum Schrecken der sonstigen Delegierten beantragen können, erfahren Sie, dass der Kandidat katholisch und verheiratet ist, drei Kinder und eine kleine Baufirma hat. Wie bankrott die Firma ist oder ob er seinen Wellensittich quält, erfahren Sie natürlich nicht, dafür müssten sie ihn Jahre kennen. Deshalb folgen Sie dankbar den Empfehlungen Ihres Ortsvorsitzenden.

Das funktioniert genauso wie im Werbefernsehen. Wenn Sie sehen, dass Thomas Gottschalk ein Produkt bewirbt, wissen Sie, dass es teuer ist und nicht schmecken wird. Eine Versicherung, die Boris Becker empfiehlt, ist ein knausriger Bürokratenverein, der nur auf Ihre Prämienzahlungen scharf ist. Und der Ortsvorsitzende lobt jene Kandidaten, die für ihn am besten sind. Wer etwas werden will, stimmt sich mit anderen Ortsvorsitzenden ab, die anschließend ihre Delegierten entsprechend instruieren.

Wie kommen Sie an eine solche Empfehlung, wenn Sie nicht gerade weitläufig mit jemand verwandt sind, der Einfluss hat? Ganz einfach: mit Bestechung. Aber bitte nicht primitiv mit dem Messer oder mit dem Scheckbuch, sondern ein wenig subtiler. Sie können Aktentaschen tragen oder Bier holen, nach Hause oder in Ihren Schrebergarten einladen – und natürlich arbeiten. Der Umgarnte muss denken, dass Sie aufs Wort gehorchen, dann übernimmt er Sie in seine Seilschaft. Ihr Patron möchte, dass Sie aufsteigen, denn je mächtiger seine Klienten sind, um so mächtiger ist der Patron. Dieses Klientel-Verhältnis hat bereits im alten Rom prächtig funktioniert.

Der Patron beobachtet Sie dabei, entscheidet, wie gut Sie der Partei und seinen eigenen Zielen dienen. Der Patron schätzt Ihre Zuverlässigkeit ein. Und ja, auch der Patron ist selbst wieder Klient bei einem übergeordneten Patron. Dieser Oberpatron wird irgendwann auf Sie aufmerksam und beobachtet Sie ebenfalls. Wenn Ihr Patron Sie fördern will, spricht sein Chef oft genug mit. Ihr Aufstieg erfordert also das Wohlwollen der Parteioberen. Gewiss, wenn Sie nur Gemeinderat von Mittelmietraching werden wollen, belästigt das nicht den Bezirksvorsitzenden, das wird bestenfalls auf Kreisebene entschieden. Aber Sie wollen ja weiterkommen, oder?

Eine Partei ist keine Diktatur, der Oberpatron beschränkt seine Eingriffe auf die wichtigsten Entscheidungen. Die einfachen Patrone regeln die Dinge zumeist unter sich, und auch hier wird bestochen, oder freundlicher ausgedrückt, geschachert. Ich stimme für deinen Meier, dafür stimmst du für meinen Müller – so einfach geht das. Das funktioniert prächtig bis auf die Regierungsebene, wo Landes- und Bezirksfürsten mit Ministern und Staatssekretären bedacht werden. Als Roland Koch noch ein Mann war, mit dem die Kanzlerin rechnen musste, konnte er seinen Franz-Josef Jung als Verteidigungsminister durchsetzen, weil ja der CDU-Landesverband Hessen unbedingt berücksichtigt werden musste.

So ähnlich wird auch der Sturz eines Patrons inszeniert. Die Klienten sprechen sich ab, teilen die zu erwartende Beute auf und schlagen los, wenn sie sich ihres Erfolgs sicher sind. Geht es gegen ganz oben, hilft eine kleine Affäre, gibt es darüber noch eine weitere Eben, wird der Oberpatron vorsichtig eingeweiht und um seine Zustimmung für den Putsch ersucht.

Eine Partei funktioniert Top-Down, von oben nach unten. Sie ähnelt damit einer Geheimgesellschaft, mit einem inneren Kodex und einem inneren Regelwerk. Das Ziel einer Partei ist letztlich immer nur die Macht. Der Parteiführer muss derjenige sein, der seiner Partei die größte Macht sichern kann, denn nur dann hat er Posten, Pfründen und Dienstwagen zu verteilen. Die Demokratie ist dabei nur ein Vorwand, die Position des Leitwolfs ist immer umkämpft. Auf jeder Ebene herrscht die Demokratie des Wolfsrudels, wo demjenigen gefolgt wird, der die beste Beute für das Rudel erjagt. Zeigt der Führer jedoch Schwächen, fällt das Rudel gnadenlos über ihn her.

Seiteneinsteiger, die Blitzkarrieren hinlegen, wurden in aller Regel durch einen Parteioberen begünstigt, der damit seine eigene Position festigen wollte. Ein Professor, ein Unternehmer, ein Vorzeige-Student – dies alles dient der Partei. Ein bekannter Name lockt die Wähler, der Lebenserfolg eines Kandidaten strahlt auf die Partei zurück. Es kostet Geld, einen unbekannten Kandidaten aufzubauen, deshalb greifen Parteien hin und wieder auf Fremde zurück, allerdings nur in dem Maß, in dem die Partei sie unter Kontrolle halten kann.

Was ich hier schildere, sind nicht die Fehler einer Partei, es sind die Konstruktionsfehler der gesamten Parteiendemokratie. Die Mischung von Geheimgesellschaft und Wolfsrudel, die Neulinge aussiebt und Ideen nur von oben nach unten zulässt, ist eine menschliche Gesellschaft, die sich dank menschlicher Eigenschaften bildet. Es handelt sich nicht um von Menschen gezielt herbeigeführte Eigenschaften, sondern um einen Systemfehler.

Es gehört menschliche Größe dazu, Ideen und Gedanken eines Anderen anzuerkennen. Es ist viel einfacher, diese abzubügeln, zu verschweigen oder totzureden. Warum sollte ein Ortsvereinsvorsitzender sich mit seinem Patron anlegen, für eine Idee, bei der die Anerkennung einem Dritten zufällt? "Das haben wir noch nie so gemacht!" Es geht den Patronen in einer Partei um die Wiederwahl, um den Machterhalt, um den eigenen Vorteil. Es gibt eingeschliffene Wege, wie dies alles erlangt und gesichert wird, da stören neue Ideen nur. "Das haben wir noch nie so gemacht!"

Der Neuling, das einfache Parteimitglied, das keinen mächtigen Förderer hat, ist unwichtig. Sollte es wichtig werden, kann sich der Patron immer noch damit beschäftigen. Bis dahin gilt: "Da könnte ja Jeder kommen!"

Jede Partei ist eine Verschwörergruppe, die sich zu ihren eigenen Gunsten den Staat unterwerfen möchte. Die SED hat den Staat geschenkt bekommen, die NSDAP hat ihn nach Wahlen gewaltsam gekapert, die CSU in Bayern und die SPD in Nordrhein-Westfalen nach Wahlen durch Verfilzung übernommen. (Die SPD in NRW wurde abgewählt, ich weiß. Selbst die scheinbar gottgewollte Alleinherrschaft der CSU gibt es nicht mehr.) Zum Erfolg der Partei gehört es, alle Ebenen des Staates mit eigenen Parteigängern zu durchsetzen, also den Staat tatsächlich zu übernehmen, wie eine Mafia-Familie.

Eine solche Gruppe wird ihre Position immer verteidigen, mit lauteren wie mit unlauteren Mitteln. Sie unterscheiden sich höchstens graduell im Maß der Skrupellosigkeit, die dabei eingesetzt wird. Die Todesstrafe für Systemfeinde gibt es in Deutschland derzeit nicht, das ändert sich mit dem EU-Vertrag von Lissabon. Dafür werden Dissidenten wirtschaftlich ruiniert und gesellschaftlich geächtet - ob in der Demokratie oder in der Diktatur.

Gegen Parteien ist nirgendwo ein Kraut gewachsen. Je länger sie an der Macht bleiben, desto schlimmer sind die Auswirkungen. Die einzige Möglichkeit, dem entgegenzuwirken, ist eine Basisdemokratie mit dem völligen Verbot von Parteiapparaten.

Volksparteien

Zu den immer wieder gerühmten Vorteilen der BRD-Demokratie gehört die Existenz der großen Volksparteien. In der Theorie sind das Parteien mit so vielen Mitgliedern, dass sie in sich das gesamte Volk abbilden, also schon innerhalb der Partei alle Strömungen vertreten sind. Das sind Parteien, die 30 Prozent, 40 Prozent, hin und wieder sogar über 50 Prozent der Wählerstimmen einfahren, weil sie eben das gesamte Volk repräsentieren.

Den Status der Volkspartei haben in der BRD die CDU, die SPD und die CSU, die anderen werden als kleine Parteien bezeichnet. Die SED hatte zwar noch bessere Ergebnisse, war aber als Einheitspartei keine Volkspartei im westlichen Sinne. Vielleicht schafft es das Namens-Chamäleon in den fünf Bundesländern ihres früheren Diktaturgebiets ja noch zur Volkspartei zu werden. Zum einen reicht das Gedächtnis der Menschen nicht weit, zum anderen sind die alten Volksparteien mittlerweile nur noch Schatten ihrer früheren Existenz.

Zu den Volksparteien gehörten große, integrative Figuren, Überväter und charismatische Redner. Adenauer, der alte Fuchs, Erhardt, der Vater des Wirtschaftswunders, Brandt, der Visionär, Schmidt, die Schnauze, Strauß, das Kreuz des Südens. Mit dem alles erdrückenden Kohl begann der Niedergang. Es durfte in der CDU keine anderen Götter neben dem ewigen Kanzler geben. Schröder und Müntefering waren noch gute Redner, auch Stoiber in den ersten Jahren. Schröder wurde jedoch von seiner SPD verraten und Stoiber stiegen die Allmachtsgelüste zu Kopf. Übrig gebliebene sind ein Gasverkäufer und ein paar stotternde Karikaturfilmchen über einen nie gebauten Transrapid zum Münchner Flughafen.

Können Sie sich eine Angela Merkel als liebende Landesmutter vorstellen? Oder trotz aller Propaganda-Berichte in der lobhudelnden Presse als energische und kundige Staatenlenkerin? Die hochgejubelte Miss Erfolg verstrahlt das Charisma einer Putzfrau, die einem Büroarbeiter den richtigen Gebrauch eines Staublappens erklärt. Wozu brauchen wir eine Kanzlerin, die lieber reist als regiert und die, wenn sie regiert, vor allem Steuern und Abgaben erhöht? Mehrwertsteuer, Pflegeversicherung, Gesundheitsfonds - alles kostet den Bürger immer mehr Geld. Geschenke gibt es nur für das Ausland, deshalb wird sie dort so herzlich empfangen. Währenddessen taumelt unsere Wirtschaft vor lauter Aufschwungsgerede in die Rezession.

Bei Linkspopulist Lafontaine klaffen Anspruch und Wirklichkeit weiter auseinander, als der ostafrikanische Grabenbruch in den nächsten 50 Millionen Jahren anwachsen wird. Lafo hat das Saarland in Schulden gewirtschaftet und als Finanzminister dafür gesorgt, dass Großkonzerne ordentliche Steuerrückzahlungen erhalten. Oh, reden kann der Mann, es klingt sogar ganz nett, was er dabei sagt. Aber sobald er das tun soll, was er vorher angekündigt hat, platzt die heiße Luft in dem großen Ballon.

Kongenial ist Gregor Gysi, der rhetorisch wunderbar den Giftzwerg abgibt, dabei jedoch unablässig versichert, dass es bei ihm zu DDR-Zeiten noch nicht einmal zum IM bei der Stasi gereicht haben soll. Die alte SED hatte bessere Leute, deshalb kam der arme Herr Gysi erst in deren Chamäleon-Stadium nach oben. Die SED wußte, warum sie ihn nicht mit einem Regierungsamt betraut hat und die Wähler können es sich hoffentlich denken.

Dafür hat die CDU einen gewissen Herrn Pofalla. Der ist, soweit ich mich entsinne, der Generalsekretär. Das heißt, er sollte in der Schmutzliga spielen, damit seine Chefin mit weißer Weste dasteht. Statt dessen wechselt diese die Farbe noch schneller als die SED ihre Parteinamen und Herr Pofalla verfügt ganz offensichtlich über eine ausgeklügelte Strategie: Früh am Morgen zwei Schlaftabletten einwerfen, das hilft, sich den Tag über nicht aufzuregen. Und wenn er vor Publikum sprechen soll, hilft ein großes Glas Baldrian, eine halbe Stunde vorher getrunken.

Der Beck von der SPD mag vielleicht ab und zu gewaschen sein, aber nie rasiert. Kein Mensch mochte die läppische Million zahlen, um sein nacktes Kinn zu betrachten. Oh, er kann ein bisschen poltern, im gemütlichen, pfälzischen Tonfall, er beherrscht auch einige interessante Sprüche, die irgendwie aussagen, dass er seiner Kanzlerkandidatur nicht unnötig im Weg herumstehen möchte. Aber Führung? Also ein großer Volksredner, der die Massen begeistert und wie hypnotisiert die SPD ankreuzen lässt? Nein! Unter seinem Vorsitz schrumpfte die SPD so schnell, dass die CDU in 15 Bundesländern so mitgliederstark geworden ist, wie die SPD in 16. Deshalb wurde der Stab zurück gegeben, an seinen Vorvorgänger Müntefering, der dabei ist, aus der alten Dame SPD eine 20%-Partei werden zu lassen.

Aber die SPD hat noch eine Frau. Nein, nicht Gesinchen Schwan, die tapfer gegen Köhler verlieren durfte, während in besseren Zeiten die SPD Rau statt Frau bevorzugt hat, sondern Frau Nahles. Sie verkörpert bereits von Habitus und Gesichtsausdruck das, was linke Frauen in der Politik ausmacht. Ihr ist es gelungen, Müntefering abzuschießen und Beck angstvoll keuchend vor sich herzutreiben, bis dieser erschöpft zusammengebrochen ist. Sie wirkt nur hinter den Kulissen, parteiintern, ohne jedwede Außenwirkung. Sie ist die typische Funktionärin, die man dem Volk nur gut verpackt als Ministerin unterschieben, aber nicht als Kandidatin anbieten kann.

Ach ja, jetzt hätte ich beinahe Seehofer vergessen. Gut, Seehofer kann man durchaus vergessen, aber er ist noch Ministerpräsident von Bayern. Mehr kann und will er vorläufig gar nicht werden, und vielleicht will er 2013 schon nicht mehr antreten, es sei denn, er überlegt es sich anders. Als Bundeslandwirtschaftsminister hatte er vor allem mit Gammelfleisch und Hühnervergasung zwecks Vogelgrippe zu tun. Er ist ohnehin ein Mann von gestern, der den Stuhl solange warm hält, bis ein Nachfolger bestimmt ist. Und sein Nachfolger ist jedenfalls erst einmal nicht Dr. Markus Söder.

Zur Altherrenriege der SPD gehören Struck, Stiegler, Maget... Maget hatte gehofft, einen gewissen Beckstein zu beerben. Aber geerbt hatte er nie... Ob viele Leute seinen Namen kennen? Volkstribun war er jedenfalls nie. Maget heißt jetzt übrigens Pronold. Das kennen wir schon von Schokoriegeln - und neuerdings von Waschpulver.

Auch die CDU hat ein paar Leute, die wie leckgeschlagene Ruderboote im Kielwasser der übergroßen Kanzlerin dahin dümpeln. Koch wurde von den Wählern weidwund geschossen und durfte sich nach einer vergeigten absoluten Mehrheit mit einer nicht erklärten Bedarfskoalition aus rot-dunkelrot-grün herumplagen, bevor die Wähler die nicht mehrheitsfähige Frau Ypsilanti in die Wüste schickten. Koch hat seine Wahl in zweiter Instanz zwar geschafft, aber nur dank der zerstrittenen SPD.

Oettinger wurde vom allmächtigen Zentralrat auf handzahmes Format zurechtgestutzt. Wulf und Rüttgers sind in der Versenkung verschwunden. Bleibt noch Kauder, der kleinste gemeinsame Nenner der Jawohl-Frau-Merkel-Fraktion und der Wie-Sie-wünschen-Frau-Merkel-Fraktion. Eigene Ideen? Natürlich nicht! Schon gar nicht ohne Anweisung!

Nun, soweit das Personal. Was ist mit den Parteien selbst? Die Mehrzahl der Mitglieder sind erfahrene Demokraten über 60, die in einer Zeit eingetreten sind, als die Parteien noch ganz anders aussahen und vor allem unter anderer Führung gestanden waren. Sie spiegeln nicht mehr die Zusammensetzung des Volkes wider, schon gar nicht die Zusammensetzung der Bevölkerung. CDU und CSU, die in 16 Kohl-Jahren nichts gegen die Migrantenflut getan hatten, sind für unsere zugezogenen Mitbürger nicht sonderlich attraktiv.

Wie sieht es mit den Programmen aus? Wissen Sie, was die CDU von der SPD unterscheidet? Und die CSU von der Linken? Nein? Glauben Sie mir, ich auch nicht. Wer in die Parteiprogramme schaut, findet dort durchaus unterschiedliche Formulierungen, doch sobald man die Worte ein wenig analysiert, verwischen sich alle Unterschiede. Wo die eine Partei betonieren möchte, um die Platte danach grün anzustreichen, färbt die andere Partei den Beton grün und gießt danach eine Platte.

Die eine Seite möchte die Agenda 2010, will aber nichts mehr davon wissen, dass sie von einem eigenen früheren Kanzler vorgeschlagen worden ist. Die andere Seite möchte eine Agenda 2010, aber garantiert nicht unter diesem Namen, weil den ein Kanzler der anderen Partei eingeführt hat. Die dritte Partei möchte die Pendlerpauschale wieder so einführen, wie sie sie selbst vor gut zwei Jahren abgeschafft hat und sich damit als Wohltäterin feiern lassen. Jede Partei möchte einen ausgeglichenen Haushalt, aber dafür bitte nicht bei den eigenen Ministerressorts sparen. Gut ist auch der Vorschlag, den Bürgern Steuererleichterungen zu gewähren, aber nur, nachdem man die Steuern weiter erhöht hat.

Ach, wie war das früher schön, als es noch um Freiheit oder Sozialismus gegangen ist. Oder man die Belastbarkeit der deutschen Wirtschaft testen wollte. Oder ganz einfach mehr Demokratie wagen. Das waren noch Redeschlachten im Parlament, da hat man gewusst, wer wo steht und wen man deswegen wählen sollte.

Wenn sich die Parteien heute nicht auf eine Steuererhöhung einigen können, wird als Kompromiss eine größere Steuererhöhung beschlossen. Demokratie wird nicht gewagt, sondern durch Regierungsbeschlüsse ersetzt. Die Freiheit wird durch immer mehr Überwachung eingeschränkt, dafür gibt es offiziell keinen Sozialismus mehr.

Die Volksparteien haben ihre Verankerung im Volk verloren. Sie degenerieren mehr und mehr zu Kanzler-Wahlvereinen, in denen hinter verschlossenen Türen jene Posten ausgekungelt werden, die im abgehobenen und dem Volkswillen entschwebten Raumschiff Berlin zu besetzen sind. Statt mit den Wählern zu reden, debattiert man in "Talkshows" angeregt miteinander, oder gibt in Sendungen wie "Berlin direkt" den Hofberichterstattern Interviews. Die Kanzlerin und ihr Außenminister beherrschen die Kunst, in jede Kamera ein ebenso überflüssiges wie Nichts sagendes "Statement" abzugeben, mit einer Verfallsdauer von maximal 20 Sekunden, der Aufmerksamkeitsspanne des Kurzzeitgedächtnisses.

Die eigene Wichtigkeit wird in Zahl und Länge der Fernsehauftritte gemessen, die Leistung in der Menge, aber nicht der Qualität der fabrizierten

Gesetze. Was heute beschlossen wird, unter Pauken- und Trompetengetöse, wird morgen schon nachgebessert, übermorgen reformiert, bald danach wieder abgeschafft und durch ein neues, natürlich viel besseres Gesetz abgelöst. Gedacht und geplant wird nicht in Generationen, sondern nur bis zur nächsten Wahl. Davon gibt es viele, Bund und Europa, Land und Gemeinden – gewählt wird dauernd. Und sollte einmal keine Wahl bevorstehen, gibt es wenigstens Meinungsumfragen.

Die Volksparteien entfremden sich dem Volk und das Volk distanziert sich von den Volksparteien. Wahlbeteiligungen von 60% und weniger zeigen nicht etwa ein Reifestadium der Demokratie an, sondern deren fortgeschrittene Fäulnis. Die Politik ist zum erstarrten, volksfernen Ritual geworden, so wie einst das spanische Hofzeremoniell, die Kulthandlungen in der verbotenen Stadt oder das byzantinische Hofschranzentum.

Der heutige Volksvertreter sitzt nicht mit seinen Wählern am Biertisch, sondern wird von Leibwächtern abgeschirmt, erklärt die Welt vom Podium herab, reist im gepanzerten Dienstwagen oder in Maschinen der Flugbereitschaft der Bundeswehr. Kaum einer von ihnen hat je von seiner Hände Arbeit leben müssen, und wenn doch, dann ist das schon zwanzig Jahre her. Arbeit, das sind Gespräche mit Kollegen oder Lobbyisten, Meinung das, was die Wiederwahl am besten absichert. Bezahlt wird nicht nach Leistung, sondern nach persönlicher Schamlosigkeit.

Der Niedergang der Volksparteien betrifft nicht nur die Parteien selbst, er manifestiert sich nicht nur in schwindenden Mitgliederzahlen, schwindender Wahlbeteiligung und schwindendem Wahlerfolg, er lässt Freiheit, Rechtsstaatlichkeit und Demokratie verrotten. Die fehlende integrative Kraft der Volksparteien spiegelt die fehlende integrative Kraft unseres Staatswesens wider.

Bleibt die letzte Frage: Gibt es Abhilfe? Ich bedauere, nein. Nicht mit diesen Politikern. Wer heute in einer "Volkspartei" das Sagen hat, wurde von dieser Partei in einer Ochsentour rundgeschliffen, zum Funktionär, der immer und überall funktioniert, zum Wohle der Partei. Ein alter Zirkusgaul lernt keine neuen Tricks, und diese Gäule sind mit ihrem Parteienzirkus verdammt alt geworden. Alt und unflexibel, nicht mehr lernfähig. Schiebt sie aufs Altenteil und gebt ihnen das Gnadenbrot! Da das Wohl der Partei nur ganz selten mit dem Wohl des Volkes und des Staates identisch gewesen war, sollte dieses Gnadenbrot so ausfallen, wie diese Leute es den Bedürftigen im Volk zugestanden haben: Hartz IV und auf Wunsch einen Ein-Euro-Job. Wir sind schließlich in Deutschland, hier wird nicht geköpft wie in Frankreich oder in Umerziehungslager gesperrt wie in China. Das sind wir nicht etwa unseren Politikern schuldig, sondern uns selbst.

Die Diktatur der Mitte

Ja, zu dieser Überschrift hat mich die CDU inspiriert. Deren "Mitte" - ist so wunderbar Nichts sagend... Die Mitte kann alles sein, bei Knochen das Mark, also das Wertvollste daran, bei Schnittlauch hingegen nichts weiter als Luft. Ich weiß natürlich, wie die CDU sich das vorstellt, bei denen ist die Mitte ungefähr so groß wie das gesamte Innere einer Kartoffel, bei der nur die dünne Schale nicht dazu zählt. Mit Fug und Recht kann man jedoch sagen, dass die Mitte selbst einer Riesenkartoffel nur die Größe eines Sesamkorns hätte.

Klären wir also: Was ist wirklich diese ominöse Mitte?

Eines ist die Mitte jedenfalls absolut nicht: Führung. Ein Kommandeur in der Mitte seiner Truppen hält eine Ansprache, feiert einen Sieg oder verteilt die Beute, er führt sie nicht in die Schlacht. Wer mitten im Getümmel steht, hat keinen Überblick, kann keine Richtung vorgeben. Wer führen will, muss ein gutes Beispiel geben, muss voranschreiten, muss sich exponieren.

Die Mitte ist das Zentrum aller Meinungen, ein klares sowohl als auch, das Vermeiden jeglicher Entscheidung, ein "Weiter so!", keine Reform und schon gar keine Verbesserung. In der Mitte ihres Netzes wartet die Spinne auf Beute, um sie anschließend aufzufressen.

Die Mitte ist natürlich auch der Ort, an dem man am besten geschützt ist. Die Operationszentrale eines Kriegsschiffes befindet sich nicht auf der Kommandobrücke, sondern in guter Deckung mitten im Schiffsrumpf. Der Feldherr lagert in der Mitte seines Heeres, sicher vor Überraschungsangriffen.

Politisch gibt es natürlich auch eine "Mitte", die Dimension wird aufgespannt durch Begriffe wie "konservativ", "liberal", "sozial" oder einfach "rechts" und "links". Gehen wir in die Vergangenheit, als die Situation noch überschaubar war, in das Jahr 1970. Damals waren die wirklich radikalen Bereiche abgeschnitten gewesen, deshalb beschränke ich mich auf ein "Spektrum" von 180°. Noch früher, so um 1930, gab es ein "Vollspektrum" von 360°. Das hatte den interessanten Effekt, dass die extreme Rechte, die auf 170° rechts zu ortende NSDAP, ganz nah an die extreme Linke heranrückte, die bei 170° links angesiedelte KPD. Auf 180° – links wie rechts – wäre eine Partei, welche Zerstörung des Staates zu Gunsten einer Anarchie fordert.

Nebenbei, die Nationalsozialisten haben sich selbst als "linke" Partei verstanden und das Wort "Sozialismus" in ihrem Parteinamen durchaus ernst genommen. Die nationalen und die internationalen Sozialisten standen sich näher, als die heutigen Geschichtsbücher zugeben wollen.

Aber wir wollten ja ins Jahr 1970. Damals hatten wir auf 90° rechts die NPD, die den Einzug in Landtage geschafft hatte und bei der Bundestagswahl 1969 knapp gescheitert war. Bei 90° links vegetierte die DKP, die von solchen Ergebnissen nur träumen konnte. Natürlich enthalten diese Gradangaben nur die offizielle Position der Partei. Einzelne Parteimitglieder konnten davon stark abweichen.

Bei 45° rechts treffen wir auf die CSU unter Franz Josef Strauß. Damals gab es eine schone Werbeschrift der CSU, bei der ein skizzierter Strauß eine Rede hält, die bis zum Himmel dringt, worauf der mit Blitz, Donner und Regenschauer eine Gruppe linker Gammelstudenten auf Protestdemonstration in die Flucht schlägt. Die Unterschrift lautete: "Franz Josef hat geholfen. Franz Josef, hülf uns auch fürderhin!"

Die CSU deckte damals das Spektrum von 80° rechts bis 10° links ab, war eine breit aufgestellte Volkspartei. Die CDU stand etwa bei 30° rechts, diese Aufstellung hätte der Union 1969 beinahe die absolute Mehrheit im Bundestag beschert. In der CDU standen die Bataillone von 60° rechts bis 30° links.

Jetzt sind wir in der Mitte. In der Mitte befand sich damals die FDP, aber eher auf 5° links. zehn Jahre zuvor war sie eher auf 10° rechts angesiedelt. Die Partei war damals eine Art Amöbe, die gestaltlos um die 0° der Mitte herum fließen konnte. 1960 erstreckte sich die FDP von 30° rechts nach 10° links, 1970 von 10° rechts nach 30° links. Die jeweils verschmähten Bündnispartner haben damals von einem Schwanz gesprochen, der sich nach Bedarf einen Hund gesucht hat, mit dem er wedeln konnte.

1970 war die Hochzeit von Willy Brandt (weniger bekannt als Herbert Frahm), den größten charismatischen SPD-Vorsitzenden der Nachkriegszeit. Unter seiner Ägide siedelte die SPD auf 30° links, mit Ausläufern von 30° rechts bis 80° links. Dieses Spektrum konnte nur durch eine starke Integrationsfigur zusammengehalten werden und es bedurfte im Parlament eines Zuchtmeisters wie Herbert Wehner, um daraus eine einheitliche Fraktion zu schmieden.

Ja, in dieser Zeit war alles übersichtlich. "Rechts" und "links" buhlten um die FDP, denn deren Gunst bedeutete Ministerpositionen und Dienstwagen. Um das zu erreichen, bezeichneten sich alle Parteien, außer NPD und DKP, als "Mitte". Da gab es eine alte Mitte, eine neue Mitte, eine rechte

Mitte, eine linke Mitte, eine konservative Mitte, eine liberale Mitte, eine echte Mitte... und viel Mittelmaß.

Mit Helmut Schmidt auf 15° links und Brandt auf 45° links konnte die SPD ihre Spaltung noch eine Weile aufhalten, doch 1980 war es soweit: auf 60° links entstanden die Grünen. In der Anfangszeit erstreckten sich deren Anhänger von 30° rechts bis 90° links, doch das wurde bald korrigiert. Der rechte Flügel wurde in die ÖDP ausgelagert, der linke Flügel durch gewissens- und überzeugungsfreie Karrieristen wie "Joschka" Fischer zu Gunsten des eigenen Dienstwagens abserviert.

Die F.D.P. - nunmehr mit drei Punkten - amöbisierte ein wenig nach rechts, die Kohl-CDU wanzte sich weiter in die Mitte, die CSU zog aus Gründen des Machterhalts mit, nachdem Franz Josef Strauß 1980 mit seinem rechtspopulistischen Wahlkampf ("Freiheit oder Sozialismus") gescheitert war. Die SPD finden wir jetzt auf 20° links, die CDU auf 20° rechts und die CSU auf 30° rechts. Jetzt wurde rechts eine Lücke frei, für die Republikaner, auf 60° rechts. NPD und DKP gab es weiterhin, aber sie dümpelten in der Bedeutungslosigkeit.

1990 hatten sich die Verhältnisse in Deutschland erneut geändert. Mit der DVU war jetzt eine dritte Kleinpartei erschienen. Zeitweise gab es die DSU, die ein wenig CSU außerhalb Bayerns spielen konnte, allerdings zur Eintagsfliege wurde. Die DVU hingegen existiert noch heute. Auf der linken Seite trat die SED ins Parteienspektrum ein. In der DDR war die SED auf 170° links angesiedelt, eine Diktatur, ganz nahe an der alten NSDAP. Ins Parteienspektrum der Bundesrepublik des vereinten Deutschlands musste sie sich auf 90° links umnormieren, folgerichtig nannte sie sich in PDS um.

Unter Helmut Kohl hatte sich die CDU zu einer neuartigen Schwammigkeit entwickelt. 5° rechts, mit einer Restausdehnung von 30° rechts bis 25° links. Die CSU hatte sich auf 15° rechts herangepirscht, zwar mit Ausläufern bis 60° rechts und 15° links, doch nach dem Tod von Franz Josef rückte die Partei immer weiter in die Mitte. Dafür wanderte die noch immer Pünktchen behaftete F.D.P. nach rechts, auf etwa 10°. Die Grünen hatten inzwischen Geschmack an Ministerposten und Dienstwagen gefunden und taktierten jetzt irgendwo zwischen 30° und 45° links, mit den Flügeln der "Realos" und der "Fundis".

Im Jahr 2000 hat sich das Spektrum dem heutigen Bild ziemlich angenähert. Die internetbedingt wieder pünktchenlos gewordene FDP steht jetzt auf 15° rechts, die Stoiber-CSU ist mit 10° rechts schon sehr nahe an der Mitte, die CDU mit 3° rechts ist kaum noch erkennbar. Die Schröder-

SPD steht mit 3° links der Union näher als ihren grünen Koalitionspartnern, deren Führung sich auf 10° links in den Dienstwagen chauffieren ließ, während das Parteivolk sich noch immer auf 30° links zu befinden glaubte. NPD, DVU und Republikaner befanden sich inzwischen in einem Bereich von 45° rechts bis 90° rechts, je nach Landes- oder Kreisverband. Die PDS redete, als sei sie noch immer auf 90° links, aber sie handelte auf höchstens 30° links.

Im Jahr 2009 wird es in der Mitte eng. Die CDU ist, unter der Lupe betrachtet, bestenfalls noch auf 1° rechts, ansonsten für alles offen, nach bester FDP-Manier des Jahres 1970. Auf 3° rechts, kaum zu unterscheiden, steht die CSU, bei der das Strauß'sche Erbe nur noch ein Lippenbekenntnis ist. Die heutige FDP befindet sich als wirtschaftsliberale Partei auf 5° rechts. Mehr traut sie sich nicht, um ihre neuen Wählerschichten zu halten.

Auf dem weiten Feld von 15° rechts bis 90° rechts grasen die drei rechten Kleinparteien, NPD, DVU und Republikaner. Die Parteien sind zu klein, um eine geschlossene Position zu beziehen, außerdem ist das abzudeckende Spektrum viel zu groß, um sich enge Definitionen der Zuständigkeit erlauben zu können.

Die linke Seite ist weitaus interessanter: Die SPD ringt nun darum, sich von ihrem Regierungspartner stärker zu unterscheiden und so an Profil zu gewinnen. Die neue SPD liegt jetzt auf 7° links. Die Grünen, von jeglicher Regierungslast befreit, versuchen sich auf 20° links vom Etikett der Dosenpfandpartei zu befreien. Die PDS mutierte inzwischen zu den Linken. Sie stellt sich auf 35° links dar, weit entfernt von den ehemals kommunistischen Idealen. In der Regierungsverantwortung ist sie bestenfalls 15° links.

In den vergangenen 40 Jahren ergibt sich so ein interessantes Bild. Aus einer ausgewogenen Parteienlandschaft, die alle Bereiche und Wählerschichten abgedeckt hat, ist eine Ballung in der "Mitte" geworden, im Bereich der völlig schwammigen Beliebigkeit. Eine Mitte-Rechts- oder eine Mitte-Links-Regierung ist in der BRdvD (Bundes-Republik des vereinten Deutschlands) sehr unwahrscheinlich geworden, was regiert, sind Mitte-Mitte-Koalitionen.

Ich weiß nicht, ob Sie schon einmal eine Amöbe in einer Vergrößerung gesehen haben. Das ist ein fließender, gestaltloser Mini-Organismus, ein Einzeller. Ganz grob beschrieben, ein Stern, der zur Fortbewegung einen "Strahl" verlängert, um dann seinen Schwerpunkt langsam an diesem Strahl entlang fließen zu lassen. Schließlich zieht diese Zelle die rückwärtigen

Strahlen an sich heran und streckt ein bis zwei neue Strahlen aus. Nahrung bzw. Beute wird umflossen, mit dem gesamten Körper umgeben und schließlich verdaut.

Mit dieser Amöbenhaftigkeit haben sich die Parteien in die Mitte hinein bewegt. Im "Kampf gegen rechts" wurden auf der rechten Seite des Spektrums wichtige Positionen aufgegeben. Die CSU behauptet heute zwar noch immer, es würde rechts von ihr keine "demokratisch legitimierte" Partei geben, aber dort hat sich mittlerweile die FDP eingerichtet, als letzte noch entfernt national ausgerichtete Partei in den deutschen Parlamenten.

Der Begriff "national" ist heute vorwiegend negativ besetzt. "National" bedeutet aber nicht chauvinistisch, es bedeutet auch nicht "Deutschland über alles", es bedeutet nur, die Interessen der eigenen Nation zu wahren. Die Nation besteht aus Staat und Volk, aus dem deutschen Staat und dem deutschen Volk. "Migranten" gehören nicht zur Nation, sie müssen sich in diese Nation erst einfinden. Zum Erhalt der eigenen Existenz muss die Nation darauf dringen, dass sich die Zuwanderer in diese Nation einpassen.

Statt dessen haben alle Parteien der so genannten Mitte das Ende der Nation zu ihrem Ziel erklärt. Alle "demokratischen" Parteien versuchen, immer mehr von unserer Nation unter internationale Kontrolle zu stellen. Von Bonn aus wurde 1970 noch regiert, 2009 vollstreckt Berlin hauptsächlich Beschlüsse aus Brüssel.

Diese Wandlung ging einher mit einer immer stärkeren Besetzung der linken Positionen. Die Alleinstellung der SPD von 1970 ist dahin, heute gibt es auf dieser Seite einen parlamentarischen Dreiklang. Waren die Grünen noch eine Ausgründung frustrierter Sozialdemokraten, ergänzt um machtgierige Typen, die in einem normalen Parteiapparat frühzeitig auf Abstellgleise gelandet wären, nähren sich die heutigen Linken aus zwei Quellen. Da ist die scheingeläuterte SED, die Machtapparat und Vermögen in die Nach-Wende-Zeit überführen konnte, und da sind jene Leute, die durch den Drang der SPD in die Mitte ihre politische Zugehörigkeit verloren und zeitweise die WASG gebildet haben.

Die heutige Linkslastigkeit des Parteienspektrums passt natürlich zur politischen Grundeinstellung des Staates. Internationale Sozialisten "vergesellschaften" die Leistungskraft des Landes. Zum einen werden Rekordbeiträge an internationale Einrichtungen wie EU und UNO bezahlt, zum anderen wird ehemaliges Volksvermögen in ausländische Hände gespielt - 53% des Aktienbesitzes der DAX-Firmen sind bereits in fremden Händen.

Wertvoller Staatsbesitz, wie die alte Bundespost, wurde "privatisiert". Wer früher Probleme mit seinem Telefon hatte, wandte sich ans Postamt und binnen Tagen war die Störung beseitigt. Wer heute ein Problem hat, telefoniert tagelang mit irgendwelchen "Hotlines", bekommt Zusagen, die nicht eingehalten werden und wartet ewig. Keine Sorge, bei den Privaten ist es nicht besser. Warum auch? Besserer Service ist kein Firmenziel, da geht es nur um Geld und Umsätze.

Paket- und Briefpost sind heute ausgedünnt. Das Postamt in der Nachbarschaft gibt es nicht mehr und nur ortskundige Einheimische wissen noch, auf welchen Schleichwegen man einen Briefkasten findet. Bei der Deutschen Bundesbahn führte die Vorbereitung der Privatisierung zur Einstellung vieler Strecken, schlechterem Service, zunehmenden Verspätungen und großzügig bezahlten Vorständen und Aufsichtsräten. Das Rezept eines Herrn Mehdorn war ganz einfach: Um alles, was viel Geld kostet, soll sich auch in Zukunft der Steuerzahler kümmern, während die Bereiche, die Gewinne abwerfen, den allseits beliebten "Heuschrecken" übergeben werden. Sein Nachfolger fällt nur dadurch auf, dass er fast nie zu sehen ist.

Ursprünglich bündelte sich in der Mitte der Wille des Volkes. Die Mitte war kein Attribut, das man sich an die stolzgeschwellte Brust geheftet hat, sondern ein Verdienst, der errungen werden musste. Die heutige Mitte handelt gegen den erklärten Willen des Volkes. Ob Euro oder EU-Verfassung, die Politik beschließt, auch wenn 80 bis 95 Prozent des Volkes dagegen sind.

Was sich heute Mitte nennt, ist die personifizierte Mittelmäßigkeit. Es lässt sich ganz einfach anhand der Aufstiegsmodalitäten innerhalb einer Partei zeigen, wie das Mittelmaß nach oben gespült wird. Wen würden Sie aufrücken lassen? Den rhetorisch brillanten, klugen und erfahrenen Anton? Den mittelmäßigen Berthold, der gut nachplappern kann, was die Parteioberen ihm vorsprechen? Oder Cäsar, der zwar ein netter Kerl ist, aber das Charisma einer Schlaftablette mit dem profunden Weltwissen eines Grundschulabbrechers verbindet?

Tja, Cäsar können Sie als Parteiführer niemandem zumuten, höchstens in Wahlkreisen, in denen selbst ein Schäferhund noch das Direktmandat für die richtige Partei erringen würde. Anton hingegen ist erste Wahl, aber nicht für SIE. Denn der liebe Anton wäre ein direkter Konkurrent für Ihre eigene Stellung, er ist nämlich eindeutig besser als Sie. Und selbst, wenn er Sie nicht gefährdet, er würde Sie überholen. Sie wollen doch nicht etwa Ihren zukünftigen Boss voranbringen? Also, Sie nehmen Berthold. Der ist mittelmäßig, also sehen Sie besser aus als er. Er weiß, dass er mittelmäßig ist, also begreift er auch, dass er es Ihrer Förderung verdankt, dass er nach oben kommt. Und er wird Sie nicht überholen...

Aus genau diesem Grund hat Helmut Kohl eine mittelmäßige, aber gehorsame FDJ-Funktionärin ausgewählt und gefördert. Diese Dame darf heute Chefin und Kanzlerin spielen, sie hat ihren alten Mentor beerbt. Gehorchen kann sie immer noch gut, natürlich nicht dem Volkswillen, denn das wäre schlecht für die Demokratie. Sie gehorcht lieber dem großen Warlord aus Übersee und den kostspieligen Wünschen der EU-"Partner". Um diese Ansprüche befriedigen zu können, werden den Deutschen mit leichter Hand die Steuern erhöht. Dafür hat ihr Obama die Wiederwahl fest versprochen.

Aber dieses Mittelmaß ist eben die Mitte, nicht wahr? Wahlen werden ja immer in dieser Mitte gewonnen, besagt ein alter Lehrsatz. Deshalb ist es eine kluge Strategie, diese Mitte zu besetzen, oder?

Haben wir deshalb immer mehr große Koalitionen? Natürlich, wenn die Bevölkerung am liebsten die Mitte wählt, drängen alle Parteien in die Mitte und werden folglich deshalb gewählt.

Wirklich?

In den schönen Stimmergebnissen der Parteien fehlt ganz bewusst ein sehr wichtiger Faktor, gewissermaßen der "Erbärmlichkeits-Faktor": die Wahlbeteiligung. CDU 21%, SPD 21%... Das ist das Ergebnis der Hessen-Wahl, die uns die Ypsilanti-Auftritte eingebracht haben, bezogen auf die gesamte Wählerschaft. Diese Zahlen sind wirklich anschaulich, deshalb führe ich sie hier an, auch wenn diese Wahl inzwischen korrigiert worden ist. Es gab für die "Großen" also nur 42% der Stimmen - und das in der "Mitte", in der angeblich die Wahlen gewonnen werden. In welcher "Mitte", bitte sehr? Nach der durch den alten Zehn-Mark-Schein bekannten Gauß-Verteilung entspricht die Mitte 67% einer verteilten Menge. Aber es sind ja nur 57% der Bevölkerung zur Wahl gegangen! Das heißt, die ominöse "Mitte" lässt sich nicht einmal mehr vollständig an die Wahl-Urne bringen.

Warum wohl?

Wenn alles in die Mitte strebt, verwischen sich die Unterschiede. Wenn man mir deutlich sichtbar aus einer Flasche in fünf gleichartige Gläser einschenkt, erübrigt sich die Frage, welches Getränk besser schmeckt, ich also "wählen" sollte. 1969 gab es noch eine Wahl, da konnte man davon ausgehen, dass die CDU eine ganz andere Politik machen würde als die SPD. 2005 gab es diese Wahl nicht mehr. Da konnte man auf dem Stimmzettel 2% Mehrwertsteuererhöhung von der Union ankreuzen und

0% Mehrwertsteuererhöhung von der SPD. Was immer Sie angekreuzt haben, bekommen haben Sie 3% höhere Mehrwertsteuer und den guten Rat eines Herrn Franz Müntefering, Parteien nicht an dem zu messen, was diese im Wahlkampf versprechen.

Zusammengefasst bedeutet das, dass Sie zwischen mehreren kaum zu unterscheidenden Parteien der selbsterklärten Mitte auswählen sollen, anhand von Versprechen, an die sich diese Parteien nicht im mindesten gebunden fühlen. Was sich heute "die Mitte" nennt, hätte man früher als "der Gipfel" bezeichnet, als den Gipfel der Unverschämtheit.

Aber das hat unsere Kanzlerin des Mittelmaßes ja klar und deutlich gesagt: Wir Deutsche hätten keinen immer währenden Anspruch auf Demokratie und sozialer Marktwirtschaft. Aus diesem Grund haben wir heute auch keine Demokratie mehr, denn Demokratie bedeutet, die Wahl zu haben und entscheiden zu können. Wir haben auch keine soziale Marktwirtschaft, sondern von Heuschrecken kahl gefressene Wirtschaftslandschaften, in denen sich kein Mittelstand mehr halten kann.

Was wir statt dessen haben, ist "die Mitte", formlos, schwammig, auf nichts festzulegen. Vor den "Radikalen" und den "Extremisten" wird gewarnt, diese Begriffe sind rhetorische Kampfmittel, an der Grenze zu Massenvernichtungswaffen. Legitimiert sind nur die "Demokraten", die genau diese Demokratie längst abgeschafft haben. Demokratie ist nur durch Meinungsvielfalt möglich, wo es diese nicht mehr gibt, sind wir in einer Diktatur angelangt.

Oh, es ist eine Diktatur mit parlamentarischem Antlitz, in der Parteien vordergründig so tun, als gäbe es noch Unterschiede. Die Blockparteien haben jedoch die Möglichkeit, jederzeit unseren Verfassungsersatz zu ändern und genau das wird fortwährend getan. Das Grundgesetz ist keine Konstante, sondern ein Spielball der Politik. Die Gefahr für die Demokratie geht nicht von den fast bedeutungslosen "Rechten" aus, auch nicht von den allseits beschworenen "Neonazis". Die Demokratie wurde längst abgeschafft, von jenen Parteien, die sich "demokratisch" nennen.

Nicht die Rechten haben an Zahl zugelegt, sondern die Linke ist mittlerweile so stark geworden, dass sie in den Augen der Wähler als Mitte dargestellt werden kann. Während die früheren Linken von der "Diktatur des Proletariats" gesprochen haben, wollen die heutigen Linken die Übereignung der Republik an die Heuschrecken sozial abfedern, während die "konservativen" oder "liberalen" unter den Parteien des Mittelmaßes glauben, dass dies der Markt schon regeln würde - mit Hartz IV,

Ein-Euro-Jobs und prekären Arbeitsverhältnissen, mit Renten, die durch staatliche Hilfen aufgestockt werden müssen.

Erkennen Sie den Unterschied? Ja? Gratuliere! Da haben Sie wirklich scharfe Augen!

Demokratie ist nur bei mündigen, auch wirtschaftlich abgesicherten Bürgern möglich. Die Diktatur der Mitte hingegen klappt um so besser, je abhängiger die Untertanen vom Staat geworden sind.

GESCHICHTE

- was uns alles verschwiegen wird

Wie man einen Propagandafilm dreht

Dieser Ratgeber ist nicht für die Fernsehanstalten gedacht, denn die können das längst so gut, dass sie keinen Rat mehr brauchen. Er ist an Sie gerichtet, lieber Leser, um Ihnen zu zeigen, welche Manipulationen durchgeführt werden, damit Sie diese erkennen. Propaganda ist an sich nichts Schlechtes, jeder Werbefilm ist nichts anderes als Propaganda. Propaganda gab es bereits Jahrtausende vor Josef Goebbels und es wird sie auch Jahrtausende nach ihm geben. Allerdings sind nur Diktaturen so ehrlich, ein "Ministerium für Volksaufklärung und Propaganda" auch so zu nennen, Demokratien tun das nicht. Die haben dafür "Regierungssprecher" und die "freie Presse".

Das Ziel der Propaganda ist es, die Meinung des Zuschauers zu beeinflussen. Dies geschieht sowohl subtil, beiläufig, als auch ganz offensichtlich und mit dem Holzhammer. Natürlich erlangt der Propaganda-Treibende dadurch einen Vorteil. Im Extremfall wird damit ein ganzes Volk kriegslüstern und mordsüchtig wie bei der "Kulturrevolution" in China. Im Normalfall geht es nur darum, größere Akzeptanz für die Regierungspolitik zu erzeugen. Der "Aufbau des Sozialismus" erfordert leider Opfer, nicht wahr?

Aber Schluss der Vorrede, ich beginne jetzt mit der Auflistung der Propaganda-Techniken, wobei ich keinen Anspruch auf Vollständigkeit erhebe.

Sprachregelung

Der Propaganda-Treibende versucht, mittels Sprachregelung seine eigenen "Produkte" positiv zu besetzen. Deshalb gab es in der DDR den FREIEN Deutschen Gewerkschafts-Bund und die FREIE Deutsche Jugend. Die dortige Polizei war die VOLKS-Polizei, die Soldaten die VOLKS-Armee. China geht noch weiter, das hat sogar eine VOLKSBEFREIUNGS-Armee. Doch auch "Befreiungsarmeen" kommen in fremde Länder als Besatzer, Tibet fühlt sich bestimmt nicht befreit.

In unserer BRD gibt es ähnliche Sprachregelungen. Wir haben die "freiheitlich-demokratische Grundordnung", die "freie Meinungsäußerung", die "Reise-Freiheit", "Berufs-Freiheit" usw. Alles ist frei und demokratisch, die Staatsmacht geht vom Volk aus. Deshalb hat ja auch das freie deutsche Volk für den Euro und für die Europäische Verfassung gestimmt. Und für die Mehrwertsteuererhöhung der großen Gemerkel-Koalition.

Zur Sprachregelung gehört auch, Begriffe, die negativ besetzt wurden, durch neue Begriffe zu ersetzen. Niemand spricht mehr von "Ausländern" oder gar "Asylanten", das sind heute alles "Zuwanderer", "Migranten" oder gar "Menschen mit Migrationshintergrund".

Aber die Sprachregelung wird auch in der negativen Spielart eingesetzt. Da wird eine Kneipenschlägerei zum "ausländerfeindlichen Übergriff", der gleich unsere Gastgeberrolle für die Fußballweltmeisterschaft gefährdet, wer eine intensive Abneigung gegen den Kokainkonsumenten und Förderer der Prostitution Michel Friedman hegt, ist sofort ein "Antisemit" und natürlich "rechtsradikal". Ach ja, das Wort "Propaganda" ist auch negativ besetzt. Es heißt jetzt "regierungsamtliche Information".

Übrigens gibt es im ach so freiheitlichen Deutschland eine absolut verbindliche Sprachregelung: "Durch den Holocaust wurden in Deutschland sechs Millionen Menschen jüdischen Glaubens ermordet." Das ist gesetzlich festgelegt, es zu bezweifeln erfüllt den Straftatbestand der Holocaust-Leugnung (früher als "Auschwitz-Leugnung" bezeichnet). Die Zahl und die Verbrechen sind "offenkundig", das heißt, sie werden "offen verkündet" und bedürfen deshalb vor Gericht keinerlei Beweise. Gegenanträge sind unzulässig, naturwissenschaftliche Gegenargumente werden ignoriert oder als "Hartnäckigkeit" gesondert bestraft.

Selektive Information

Die selektive Information ist wirksames unterstützendes Propagandamittel. Sie ist allerdings besonders schwer zu erkennen, da die Information selbst ja durchaus richtig ist. Papst Benedikt hat bei seinem Pflichtbesuch vor der Erschießungsmauer von Auschwitz gebetet. Das ist in sich völlig korrekt, denn hier geschahen Verbrechen im Namen des betreibenden Staates (sechs Jahre Deutsches Reich und acht Jahre Sowjetunion) und hier wurden Menschen ermordet. Es ist auch völlig richtig, dass er dorthin geht, denn Auschwitz war ein Ort des Schreckens.

Was jedoch bezeichnend ist, ist die Wahl des Ortes. Auschwitz ist "berühmt" für seine Gaskammern. Warum hat der Papst dann nicht vor oder gar in einer Gaskammer gebetet? Oder sind die den Besuchern vorgeführten Gebäude gar keine Gaskammern gewesen? Die Antwort weiß der Papst, wir dürfen nicht einmal danach fragen oder gar darüber spekulieren.

Oh, in Auschwitz wurde getötet, das kann niemand abstreiten. Nur eben nicht so, wie es manche "Augenzeugen" gesehen haben wollen. Von den berühmten

Feuergräben eines "Elie Wiesel", in denen Hunderttausende bei lebendigem Leib verbrannt wurden, spricht heute niemand mehr. Und auch die Hinrichtung am Fließband durch Stromschläge wird heute nicht mehr behauptet, obwohl sie aktuell noch praktiziert wird um Geflügelbestände bei einer Vogelgrippemeldung auszulöschen.

Dafür sind die Gaskammern unantastbar. Und jedes Holocaust-Opfer hat immer seine ganze Familie und die immer in Auschwitz verloren, obwohl die derzeitige Zahlenangabe "über eine Million, die meisten davon Juden" ist. Da offenkundig sechs Millionen Juden ermordet wurden, beträgt die Chance auf einen Tod in Auschwitz 1:6. Aber wie Anne Frank in Bergen-Belsen zu sterben, und das auch noch an Typhus und nicht in der Gaskammer, hat halt viel weniger Propaganda-Wirkung.

Falscher Zusammenhang

Wie man einen falschen Zusammenhang herstellt, wird inzwischen offen vorgeführt. Wer den Film "Running Man" mit Arnold Schwarzenegger gesehen hat, kennt diese Technik. Da weigert sich der Hauptdarsteller, mit seinem Kampfhubschrauber auf Demonstranten zu schießen und wird durch geschickten Zusammenschnitt so dargestellt, dass er als Demonstrantenschlächter verurteilt werden kann. Hollywood? Oder ZDF?

Im ZDF gibt es einen "Hofhistoriker" namens Guido Knopp, der seine Karriere Adolf Hitler verdankt. Sehen Sie, so einfach ist das. Es ist sogar sachlich richtig, aber es klingt so, als hätte der "Führer und Reichskanzler" diesen Herrn Knopp persönlich dem ZDF empfohlen. Hat er natürlich nicht, Herr Knopp hat nur zahlreiche "Dokumentationen" über Hitler und die Nazizeit gedreht. Er profitiert von Hitler, ähnlich wie ein Virologe vom tödlichen Ebola-Virus profitiert, indem ihm dieser seinen Arbeitsplatz garantiert.

In den "Dokumentationen" eines Herrn Knopp wird jedoch nicht immer sauber gearbeitet. Wenn in einer Sendung über die Person Hermann Göring berichtet wird, dann hat dort die Division Hermann Göring nichts zu suchen, denn diese stand zu keinem Zeitpunkt unter dem Befehl von Herman Göring. Bei mir in der Nähe gibt es eine "Hans-Fischer-Schule", da würde auch niemand auf die Idee kommen, in der Biographie des lokalen Bürgermeisters Hans Fischer darauf hinzuweisen, dass ein Absolvent dieser Schule einer alten Dame die Handtasche geraubt hat.

Der Zusammenhang ist eine üble Waffe. Stellen Sie sich vor, es wird ein Kriegsveteran interviewt. Das Gespräch dauert zwei Stunden, der Mann hat nichts getan, was irgendwie als Verbrechen auszulegen wäre. Auf die

Frage, ob er gerne in den Krieg gezogen ist, antwortet er: "Befehl ist Befehl" – völlig richtig, er hatte keine Wahl gehabt, er musste. In der Sendung wird der Mann als Soldat vorgestellt, der bei einer bestimmten Einheit in der Schreibstube gearbeitet hat (völlig richtig, deshalb keine Gegendarstellung möglich). Zuvor wurde berichtet, dass diese Einheit in Polen zahlreiche Zivilisten erschossen hätte. Und dann kommt dieser Mann und sagt (die vorherige Frage wird nicht gesendet): "Befehl ist Befehl". Damit hat er doch schon alles gestanden, oder? Wie Schwarzenegger in "Running Man".

Oder man verliest den Brief eines Oberleutnants. Der war immerhin ein Offizier, ist also viel glaubhafter als ein Obergefreiter. Der Mann musste womöglich eine Verwaltung im besetzten Gebiet aufziehen und hat seinem Ärger über den passiven Widerstand der ihm unterstellten Polen in einem Brief nach Hause Luft gemacht. Er zieht über dumme, unfähige Polen her (wie so mancher neuer Chef es auch heute über seine Untergebenen tut, z.B. ein Hamburger, der nach Bayern versetzt wird), er sagt kein einziges Wort über Erschießungen. Aber wenn sein Brief verlesen wird, während ein paar Fotos zu sehen sind, von Polen, die zwar alle leben, aber nach dem vorherigen Kommentar von Deutschen erschossen wurden, dann ist das doch ein Geständnis?

Papier und Bilder sind geduldig. So können Menschen in Viehwaggons je nach Bildunterschrift "Hamsterfahrt ins Umland, 1946" sein oder "Abtransport nach Auschwitz, 1943". Aufgestapelte Leichen können "Opfer des Luftkriegs, Dresden, 1945" sein, aber auch "Opfer des Nazi-Terrors, Auschwitz, 1945". Wird das gemacht? Ja! Selbst am heiligsten Ort der Holocaust-Religion, Yad Vaschem in Israel, gibt es Bilder, die ganz und gar nicht das abbilden, was die Unterschrift behauptet. Die Leitung von Yad Vaschem gibt das auf Anfrage auch zu, aber das publikumswirksame Arrangement wird natürlich beibehalten.

Bei der "Wehrmachtsausstellung" eines Jan Philip Reemtsma wurden mehr als die Hälfte aller Bilder als Darstellung im falschen Zusammenhang entlarvt.

Heldenfiguren

Stalin und Churchill haben den zweiten Weltkrieg genauso im sicheren Bunker verbracht wie Hitler, Roosevelt war sowieso Tausende Kilometer von jeder Kugel oder Bombe entfernt, die verschossen oder abgeworfen wurde. Massenmörder wie Stalin oder Mao lassen sich gerne als lichterfüllte Heldengestalten darstellen. Über Kim Jong Il oder Kim Il

Sung werden in Nordkorea ganz offiziell mythische Legenden geflochten, und selbst Erich Honecker wurde seinen Untertanen gegenüber mit übermenschlichen Fähigkeiten dargestellt.

Diese oberste Stufe der Propaganda ist sehr leicht zu erkennen. Ein wenig subtiler sind schon Filme wie "Hitlerjunge Quex", aber auch "Der grosse König". Da wird dem Zuschauer anhand von Heldenfiguren vorgeführt, wie er sich zu verhalten hat. Quex ist einer der "kleinen" Helden, der "Unbekannten", die ihre Pflicht für den Führer erfüllen. In "Der große König" wird Friedrich der Große heroisiert, sein Ringen um die Größe Preußens, seine treuen Soldaten werden hervorgehoben, seine ständige Sorge um Volk und Reich... Nicht anders als in "J.A.G. – Eine Frage der Ehre", eine Serie, die immer wieder im deutschen Privatfernsehen ausgestrahlt wird, in der man sieht, wie toll und gerecht es doch in der US-Navy zugeht.

Noch weniger offensichtlich sind Darstellungen wie in "Des Teufels General". Dessen Held ist ein General, der für die Luftrüstung des Dritten Reiches zuständig ist. Natürlich ist er im Herzen gegen die Nazis, ist nicht in der Partei, wird bespitzelt und von der Gestapo ins Gefängnis geworfen, um ihn zu zermürben. Er kann ein Problem nicht lösen: Neu entwickelte Bomber stürzen immer wieder ab und können nicht an die Luftwaffe ausgeliefert werden. Warum? Weil sein oberster Ingenieur die Entwicklung sabotiert! Er kennt den Fehler, beseitigt ihn aber nicht, weil er nicht will, dass diese Bomber an die Luftwaffe ausgeliefert werden. Zuletzt stürzt sich dieser heldenhafte General, verfolgt von den Nazis, mit einem dieser Flugzeuge in den Tod.

Propaganda? Ja! Saboteure wurden allen Ländern hingerichtet. In der Sowjetunion genügte schon der Verdacht, in den USA erforderte es eines kleinen Beweises. Die hohen Offiziere werden im Film als Helden dargestellt, als "Widerstandskämpfer", gegen "den Teufel" Adolf Hitler. Was aber haben diese "Helden" wirklich getan? Sie haben verhindert, dass deutsche Soldaten bessere Waffen bekommen haben, mit der Folge, dass deutsche Soldaten, ihre eigenen Kameraden, getötet wurden. Diese Bomber hätten Feinde der Deutschen getötet, das ist richtig. Aber dank dieses "General Harras" starben eben Deutsche.

Wenn auf Ihre Stellung T34 zurollen, und Ihre 8,8-cm-Pak hat keine Munition, weil einer dieser "Helden des Widerstands" dafür gesorgt hat, dass Ihnen 15-cm-Haubitzenmunition geliefert wurde, denken Sie bestimmt anders darüber. Ich kann nachvollziehen, wenn Zwangsarbeiter in den Munitionsfabriken "vergessen", die Zünder einzusetzen, denn diese

Munition träfe ihre eigenen Leute, ihre Befreier. Aber wenn deutsche Offiziere, die deutsche Soldaten opfern, um "den Krieg zu verkürzen", auch noch als Helden dargestellt werden, ist das Propaganda.

Nebenbei: Kein Amerikaner, kein Engländer, kein Russe wurde jemals als Saboteur für Deutschland dargestellt. Helden sind bei denen nur jene, die möglichst viele Deutsche umgebracht haben, nicht etwa jene, die den Krieg auf Kosten eigener Leben verkürzen wollten. Was auf deutsche Zivilisten abgeworfen wurde, hatte scharfe Zünder und sollte töten. Und wenn tatsächlich einmal ein Film gedreht wird, in dem ein Amerikaner sabotiert, ist der ein feindlicher Agent und die Helden sind die, die ihn der hinrichtenden Gerechtigkeit ausliefern.

Fälschung

Die Fälschung ist zwar eine plumpe Methode, aber trotz allem wirksam. Jeder weiß, dass auf der Wannsee-Konferenz die "Endlösung der Judenfrage" beschlossen wurde, dank der vorliegenden Protokolle. Dabei ist es ohne Belang, dass in den Wannsee-Protokollen falsche Amtsbezeichnungen verwendet werden, sich die Texte lesen, wie in schlechtes Deutsch übersetztes Englisch und sogar der verwendete Zeichensatz der Schreibmaschine nicht passt. Ach ja und es gibt mehrere Versionen, natürlich alles Originale.

Gefälscht im Auftrag der Propaganda wurde immer. Die Kirche hat sich die Konstantinische Schenkung erfälscht, die USA legten dem Weltsicherheitsrat manipulierte Beweise vor, um 2003 in den Irak einzumarschieren. Tuberkulose-Kranke dienten als Beweis für den serbischen Völkermord (und gaben Anlass für die erste Kriegsteilnahme der Bundeswehr in Ex-Jugoslawien). In den letzten Jahrtausenden ist zu Propaganda-Zwecken in jeder erdenklichen Form gefälscht und gelogen worden. Viele dieser Lügen fanden und finden Eingang in die Geschichtsbücher, denn was die Sieger ursprünglich zu Propaganda-Zwecken entworfen haben, wurde später zur geschichtlichen Tatsache erklärt und aufgezeichnet. Auch das ist Propaganda.

Nero hat schließlich Rom angezündet und Christen als lebendige Fackeln in seinen Gärten aufgestellt, nicht wahr? Nein, nicht wahr. Aber gehört haben Sie es bestimmt. Nero hat schließlich nicht gewonnen, sondern seine Gegner.

Ständige Wiederholung

Dies ist eine sehr wirksame Propaganda-Technik. Jede Wiederholung, und sei es im anderen Kontext, trägt zur Verstärkung bei. Wenn in einer Sendung über Träume eine Nonne Jahrgang 1942 vorgeführt wird, die heute noch unter Alpträumen leidet, weil sie als Dreijährige Züge nach Auschwitz gesehen hat, zeigt das, was für ein gravierendes Erlebnis das gewesen sein muss. Nur gingen 1945 keine Züge mehr nach Auschwitz, denn das Lager wurde bereits evakuiert und am 29. Januar (dem "Welt-Auschwitz-Tag") von der Roten Armee befreit. Und wenn wir rechnen: wie viele Menschen mögen heute noch leben, die als Kinder diese Züge gesehen haben? 1.000? 10.000? Und wie viele leben noch, die weitaus schlimmere Jugenderlebnisse gehabt haben, durch Bombardierung und Vertreibung? 1.000.000? 10.000.000? Also, wie groß ist die Wahrscheinlichkeit, dass diese Nonne zufällig ausgewählt wurde? (Immer vorausgesetzt, dass sie keine Fälschung ist.)

Ich habe es vorhin schon angeführt: Die Chance, dass einer der offenkundigen sechs Millionen Juden in Auschwitz gestorben ist, beträgt eins zu sechs. Aber trotzdem wird immer nur Auschwitz genannt – eine ständige Wiederholung, zur Potenzierung des Schreckens.

Nach den filmischen Darstellungen waren die Deutschen der damaligen Zeit (bis auf die "anständigen" Saboteuere und Widerstandskämpfer) alle begeisterte Nazis, die jeden Juden nach Erkennen gefoltert und umgebracht haben. Tatsächlich haben 150.000 Juden in der Wehrmacht gekämpft. Das aber wird nur ganz, ganz selten gesagt.

China ist die Wirtschaftsmacht, die uns mit billigen Produkten überschwemmt. Unsere Arbeitsplätze werden nach China exportiert, die Chinesen machen unsere Produkte nach und nehmen uns die Weltmärkte ab. Wird auch ständig wiederholt, das kennen Sie. Aber nicht die 1.300 Millionen Chinesen sind Exportweltmeister, sondern die 80 Millionen Deutschen. Das heißt, ein Deutscher ist produktiver als 16 Chinesen. Das hören Sie aber ganz selten. China bekommt Entwicklungshilfe, weil das Land über weite Gebiete hinweg ein Entwicklungsland ist. "Der" Chinese ist immer noch ein Kleinbauer oder Landarbeiter, so wie "der" Deutsche in den Städten als Rentner lebt. Zumindest der größte Teil unter den jeweiligen Bewohnern.

Die freiheitliche und friedliebende USA führt einen Krieg nach dem anderen und unterstützt Diktatoren auf der ganzen Welt. Das hochmoderne Amerika wickelt den größten Teil seiner Exporte mit landwirtschaftlichen Produkten ab. Die Briten, Erfinder der Fairness, haben in ihren Kriegen jeden schmutzigen Trick genutzt, der ihnen eingefallen ist, haben stets zu Heimtücke und Hinterlist gegriffen.

Die Selbstdarstellung, neudeutsch "das Image", wird durch stetige Wiederholung aufgebaut. Deshalb sind die friedlichen, hochmodernen USA ein Hort der Freiheit und die Briten stets edel und fair. Das wird so oft wiederholt, bis es alle glauben. Aber es ist, wie so vieles, reine Propaganda.

Deshalb hat auch Rom den Völkern der alten Welt die Zivilisation und den Fortschritt gebracht. Wir staunen nur, wie fortschrittlich römische Siedlungen schon gebaut waren. Nur, leider, hatte Europa ein volles Jahrtausend, etwa von 450 bis 1450, gar nichts von dieser römischen Zivilisation bewahrt. Erst mit der Renaissance besann man sich auf das (verschüttete) Erbe der Antike. Aber heute wird es verklärt, so als hätte es diese dunklen Jahrhunderte nie gegeben. "Nase" und "Fenster", die bekanntesten Lehnwörter aus dem Lateinischen, kamen nicht durch "die Römer" in unsere Sprache, sondern durch die Gelehrten des Mittelalters und der frühen Neuzeit.

Ein kleines Fazit

Wir sind ständig von Propaganda umgeben. Die Manipulation ist alltäglich, oft genug beabsichtigt, aber in vielen Fällen auch derart in Fleisch und Blut übergegangen, dass bedenkenlos nachgeplappert wird. Propaganda verfolgt immer ein Ziel und nur selten ist dieses Ziel das Wohl des Betroffenen. Wenn die Regierung über die ausufernden Kosten von Hartz IV jammert, dann ist auch das Propaganda, denn es sind die handwerklichen Fehler des Gesetzgebers, die diesen Kostenschub verursacht haben. Und es lenkt von der eigenen Kostentreiberei ab, durch mehr Ministerien, Staatssekretäre, Abteilungen in den Ministerien, durch Dienstwagen und Dienstflüge.

Es gibt kein wirkliches Mittel gegen die Propaganda, in irgendeiner Form erliegen wir ihr alle. Aber jeder kann bewusster zuschauen, wenigstens einen Teil der Manipulation erkennen und von dem trennen, was dann als Information übrig bleibt.

Wenn ein deutscher Taxifahrer, der zeitweise einmal Außenminister war, vom Ausland mit Ehrungen überhäuft wird, dann bestimmt nicht, weil er sich so vehement für deutsche Interessen eingesetzt hat. Wenn eine deutsche Kanzlerin von einem ausländischen Staatsoberhaupt über den grünen Klee gelobt wird, dann keinesfalls deswegen, weil sie für Deutschland so großartig verhandelt hat. Ob die Bilder Honecker in Moskau zeigen oder Merkel in Washington - sie haben alle den gleichen Zweck.

Preise und Ehrungen werden nur selten für persönliche Leistungen vergeben, sondern zur Manipulation und Propaganda. Unpersonen erhalten keine Preise, und wenn doch, dann werden sie damit wieder hoffähig. Helmut Kohl ist immer noch derjenige, der die Parteispender verschwiegen hat, Edmund Stoiber noch immer derjenige, der aus Berlin geflohen ist und Oskar Lafontaine derjenige, der als Finanzminister und Parteivorsitzender den Bettel hingeworfen hat. Von den dreien ist Edmund Stoiber der Einzige, der danach aktiv Buße geleistet hat, die anderen haben nur das Gras wachsen lassen und tun jetzt, als ob nie etwas gewesen wäre.

Es lohnt sich, genau hinzusehen, was im Fernsehen gezeigt und in der Zeitung geschrieben wird. Es lohnt sich, ein gutes Gedächtnis zu haben, Zusammenhänge herzustellen und Widersprüche aufzuspüren. Das Ergebnis ist das, was die freiheitlich-demokratische Grundordnung als höchstes Ziel setzt, aber kein Politiker wirklich haben will: der informierte, selbstbestimmte Bürger.

Europa

Um es gleich vorauszuschicken: Das Thema ist zu komplex, um hier vollständig behandelt zu werden. Selbst 300 Buchseiten würden nicht ausreichen, womöglich nicht einmal 1.200. Hier kann deshalb nur eine Übersicht erfolgen, eine Beschreibung der großen Zusammenhänge. Aber womöglich reicht das aus, um einen ersten Überblick über das zu erlangen, was sich heute Europa nennt.

Betrachtet man die Weltkarte, so stellt man fest, dass es Europa als Kontinent nicht gibt. Australien und Antarktika sind riesige Inseln, mit keinerlei anderer Landmasse verbunden. Amerika, genauer, die beiden Amerikas, sind ebenfalls zwei große "Inseln", die nur über eine kleine Landbrücke bei Panama verbunden sind. Nicht umsonst spricht man hier von einem Doppelkontinent. Auch Afrika hängt nur über die kleine Landbrücke des Sinai am riesigen Eurasien. Ja, an Eurasien, denn Europa und Asien sind voneinander nur durch die willkürliche Festlegung des Ural als Grenze getrennt.

Die Unterscheidung hier Europa, dort Asien ist willkürlich und kulturhistorisch bedingt, keine durch die Natur gegebene Grenzziehung. Europa, das war das christliche Abendland, der Nachfolger der griechischen und römischen Antike. Der Siedlungsraum der hellhäutigen Rasse und die Wiege der heutigen, technischen Zivilisation. Nur dieses, die Leistungen der Europäer als Kultur und Zivilisation, erhoben die Halbinsel am Rande Asiens zum eigenen Kontinent. Doch dieser Kontinent hat noch eine weitere Eigenschaft: Er liegt im Zentrum der drei Großkontinente Nordamerika, Afrika und Asien. Diese wichtige geostrategische Lage war Europas Chance und zugleich Europas Verhängnis.

Die Geschichte: 1900 und 1950

Um das Staatengebilde zu verstehen, das sich 2005 hinter der Bezeichnung "Europäische Union" verbirgt, muss der historische Gegensatz der Jahre 1900 und 1950 beleuchtet werden. Im Jahr 1900 war Europa das Zentrum der Macht auf dieser Welt. Allein drei der fünf Weltmächte hatten hier ihren Sitz. Die USA waren noch auf ihren eigenen Kontinent beschränkt, Russland könnte man auch als europäische Macht bezeichnen, doch es soll hier Asien zugerechnet werden. Japan stand damals noch am Beginn, zwar war es die einzige nicht-weiße, nicht-europa-geprägte

Großmacht, aber noch lange keine Weltmacht. Österreich-Ungarn hingegen beschränkte sich auf Europa; es war mit Sicherheit als kontinentale Großmacht ebenbürtig, aber eben kein "Global Player", keine Weltmacht. Das Osmanische Reich mag nur noch der Vollständigkeit erwähnt sein, als Großmacht im Zerfall.

Großbritannien hingegen beherrschte ein Weltreich. Nach dem ersten Weltkrieg gehörten 25%, ein Viertel der Welt, zum britischen Herrschaftsbereich. Im Jahr 1900 war Britannien das reichste Land der Welt, seine Schlachtflotte beherrschte die Meere und dank seiner Kolonien war es überall präsent. Frankreich beherrschte ebenfalls ein riesiges Kolonialreich, aber es lag eindeutig auf dem zweiten Platz hinter Großbritannien. Die dritte Weltmacht war das Deutsche Reich. Deutschland überholte zu dieser Zeit Britannien, das Mutterland der industriellen Revolution, an wirtschaftlicher Leistung. Es besaß das größte Landheer der damaligen Zeit und besaß mit seinen vergleichsweise wenigen Kolonien weltweit Stützpunkte für seine schlagkräftige Flotte.

Geostrategisch schützte die britische Flotte Europas Küsten. Der französische Besitz in Afrika sicherte die Südflanke und Deutschlands Heer den Kontinent vor Asien. Es sah so aus, als würde das 20. Jahrhundert Europa gehören, das sich in Frieden und Sicherheit immer weiter und großartiger entwickeln würde. Das, was Europa an Rohstoffen fehlte, bezog es aus seinen überseeischen Kolonien. Jedenfalls hatte im Jahr 1900 niemand vorausgesehen, wie sich diese Situation bis 1950 völlig umkehren würde.

Wer war schuld daran? Die Schüsse von Sarajevo lieferten zwar den Auslöser, aber nicht den Grund zum ersten Weltkrieg. Der Grund lag in der englischen Politik, die noch in den Zusammenhängen des 17. und 18. Jahrhunderts dachte. Ich spreche bewusst von der englischen Politik, nicht von der britischen. Es waren nicht Schotten, Iren oder Waliser, die hier handelten, sondern Engländer. Was bis zu Napoleon richtig gewesen war, die Mächte des Kontinents gegeneinander auszuspielen und in Kriege zu verwickeln, änderte sich durch die 1776 erfolgte Gründung der USA. Nach dem Ende des dortigen Bürgerkrieges, 1865, wurde dieser Staat zur ersten außereuropäischen Weltmacht (abgesehen von Russland, das aber zur Zeit Napoleons seine Gebiete in Sibirien noch nicht erschlossen hatte).

England steuerte Europa bewusst in den ersten und später auch in den zweiten Weltkrieg. Das aufsteigende Deutschland wurde in England als Bedrohung empfunden, die es einzudämmen galt. Franzosen und Russen wurden als Bündnispartner gewonnen und dafür ausersehen, für Englands

Macht auf den Schlachtfeldern Europas zu sterben. Zwar wird immer noch behauptet, Deutschland trüge die alleinige Schuld an den beiden Weltkriegen, doch das wurde nachträglich von den Siegern festgelegt, welche die Besiegten dazu zwangen, das anzuerkennen.

Im europäischen Bruderkrieg wurde Deutschland, das Zentrum Europas und dessen Schild gegen Asien, systematisch zerstört. Im ersten Weltkrieg indirekt durch den Versailler Vertrag, in zweiten Weltkrieg direkt durch Bomben. Frankreich blutete finanziell aus und verlor in beiden Kriegen an Bedeutung. Es ist zwar ständiges Mitglied im Weltsicherheitsrat, mit Veto-Recht, aber bestimmt keine Weltmacht mehr. Auch England hat seine Kräfte überschätzt. Es benötigte in beiden Kriegen die Hilfe Amerikas, um einen Krieg in Europa zu entscheiden. Anders als im 17. Jahrhundert, wo Englands Macht wuchs, wenn auf dem Kontinent Kriege stattfanden, verlor England an im 20. Jahrhundert an Macht, obwohl es im Krieg siegte.

1950 gab es nur noch zwei Weltmächte, und beide waren nicht in Europa zu Hause: Die USA und die Sowjetunion. Großbritannien war nur noch ein Zombie, dessen zwar noch vorhandene Kolonien im Lauf der nächsten Jahre ihre Unabhängigkeit erzwangen. Frankreichs Kolonialimperium war ebenfalls morsch und im Zusammenbruch begriffen. China hingegen war noch nicht mächtig genug, um den Status als Weltmacht zu erlangen.

Europa, nicht England oder die USA, stellte die Schlachtfelder des zweiten Weltkrieges. Europa war durch den erbarmungslosen Bombenkrieg der angelsächsischen Mächte in Trümmer gelegt worden. Asien, die Sowjetunion, stand mitten im Herzen Europas. In dieser Situation wurde ein Wirtschaftsbündnis geschlossen, in dem die kriegszerstörten Länder Belgien, Deutschland, Frankreich, Italien, Luxemburg und Niederlande zusammenschlossen. Es kam zur Montanunion, einer Koordination der für den Wiederaufbau notwendigen Industrien Bergbau, Stahl und Kohle. Aus dieser Keimzelle entwickelte sich die Europäische Wirtschafts-Gemeinschaft, die EWG, die Keimzelle der heutigen EU.

Charles de Gaulle verhinderte den Beitritt Britanniens, ob aus Einsicht über die historische Rolle Englands als Übeltäter im 20. Jahrhundert, oder weil eine intakte und mit den USA zusammengeschlossene Industrielandschaft einfach nicht in eine von Frankreich dominierte EWG passte, mag dahingestellt sein.

Von der EWG zur EU

So sinnvoll die Anfänge der EWG gewesen sein mochten, so wenig sinnvoll wurden die Auswüchse, die schnell einsetzten. Auf das Industrie-

Bündnis wurde die Landwirtschaft aufgesattelt. Milchseen und Butterberge wurden subventioniert. In der EWG wurden Lebensmittel mit staatlichen Subventionen erzeugt, um anschließend auf Staatskosten vernichtet zu werden, während in Asien und Afrika Menschen verhungerten.

Die EWG entwickelte sich zu einem gigantischen Verschiebebahnhof für Subventionen. Die aufblühende und stetig wachsende deutsche Wirtschaft sorgte für gefüllte Geldtöpfe, und an diese Geldtöpfe wollten immer mehr Länder Europas. In der Gemeinschaft der Sechs war nur Süditalien ein wirkliches Notstandsgebiet, doch auf dem Weg zur EU der 25 kamen immer mehr Armenhäuser hinzu. Gleichzeitig wurden auch die Aufgaben der Gemeinschaft immer mehr erweitert.

Was als Wirtschaftsgemeinschaft begann, bekam die Aufgaben einer politischen Gemeinschaft übertragen. Es gab keine schrittweise Annäherung, mit wachsenden Mitspracherechten, sondern nur die Vollmitgliedschaft und allen Rechten sofort nach Beitritt. Den sechs Gründungsmitgliedern, die seit über 50 Jahren dabei sind, sind die seit 2004 beigetretenen zehn Neumitglieder praktisch gleichgestellt.

Neben den Subventionen kamen von "Europa" immer mehr Regelungen und nicht alle davon waren sinnvoll. Das Schengener Abkommen regelt die Reisefreiheit und die Grenzübertritte, das Abkommen von Maastricht schuf den Euro. Alles galt im Prinzip sogleich für alle. Niemand lernte aus dem Beispiel der Wiedervereinigung Deutschlands. Auch hier trat ein wirtschaftliches Entwicklungsgebiet mit gleichen Rechten einem wirtschaftlich entwickelten Gebiet bei. Ich will jetzt nicht das Thema wechseln und die Fehler beleuchten, die bei diesem Beitritt passierten. Ich stelle also nur fest, dass mehr als eine Billion Euro von West nach Ost geflossen sind und eine Angleichung der Lebensverhältnisse trotzdem nicht gelungen ist.

Waren Irland und Spanien bis zur Weltwirtschaftskrise Beispiele für die erfolgreiche Aufbauarbeit der EU, so sind Griechenland und Portugal das Gegenteil davon. Um eine Einheit in der europäischen Vielfalt herbeizuführen, wurde Brüssel zu einer Regulationsmaschine. Festgelegte Krümmungsradien für Gurken (inzwischen wieder abgeschafft) mögen zwar der besseren Verpackbarkeit dienen, aber sie sind dem Bürger schwer vermittelbar. Das Desinteresse der nationalen Parlamente trug zum Chaos bei. Regelungen der EU wurden nicht hinterfragt, sondern zuerst liegen gelassen und schließlich im Zeitdruck in Minuten durch gewinkt. Nicht nur in Deutschland, sondern in ganz EU-Europa. Die zehn Jahre alte Feinstaub-Verordnung, an die fünf Jahre niemand mehr gedacht hatte, ist ein gutes Beispiel für EU-Recht und dessen Umsetzung in dieser BRD.

Das, was der höchste Ausdruck der Idee von Europa werden sollte, wurde zu einem gesichtslosen Bürokratie-Monster. Wenn ich Europa an einem Gesicht, an einer Person festmachen soll, bin ich dazu nicht fähig. Selbst ein Gremium zu benennen, fällt mir schwer. Europa, das ist ein schwammiges "Brüssel". Das Europa-Parlament in Straßburg, die EU-Kommissare in Brüssel, der Rat der Außenminister oder Regierungschefs – das ist nicht die EU. Die EU sind die Papiermassen produzierenden Beamten in Brüssel, hoch bezahlt und namenlos.

Zudem lässt sich dem Bürger nicht vermitteln, welche Vorteile er von diesem Europa hat. Das heißt, vielleicht ginge das sogar, aber niemand will es ernsthaft versuchen. Französischer Camembert lag schon in deutschen Regalen, als noch niemand an die EU zu denken wagte. Und nach Polen und Tschechien konnten wir seit 1990 fahren, ohne dass diese Länder zur EU gehörten. Ebenso haben deutsche Unternehmen Arbeitsplätze nach Ungarn verlagert, bevor dieses Land zur EU stieß. Nur die polnischen Schlachter und Fliesenleger, die deutsche Arbeiter verdrängen, die haben wir erst seit 2004.

Der letzte Ausdruck der Eurokratie war die EU-Verfassung. Mit 448 Artikeln fast dreimal so umfangreich wie das deutsche Grundgesetz, wurde durch sie der Bürokratenwahnsinn greifbar. Diese EU-Verfassung wurde nur scheinbar beerdigt, als die Völker sie abgelehnt hatten Natürlich nicht das deutsche, denn wir haben nicht das Recht, solche Entscheidungen zu treffen, dafür haben uns die Volksvertreter entmündigt. Was die Damen und Herren Politiker an der EU-Verfassung haben wollten, steht heute im Vertrag von Lissabon, den Merkel-Deutschland natürlich abgesegnet hat, mit einem kleinen Verwirrspiel für die Bürger, einem so tun als ob. Der Spruch des Bundesverfassungsgerichts hat zu keiner einzigen Änderung im Vertrag geführt, also absolut nichts bewirkt.

Der vorletzte Streich gegen die Bevölkerung war die Einführung des Euro. Der Euro hat uns vor allem eines gebracht: gefühlte Inflation. Diese tritt ein, wenn wir das Gefühl haben, die Preise hätten sich in den letzten acht Jahren mehr als verdoppelt, uns aber offiziell vorgerechnet wird, dass wir bestenfalls zwölf Prozent Preissteigerungen seit Einführung des Euro gehabt hätten. Das erinnert mich an meine Schulzeit, wo wir Schüler vermutet haben, das Thermometer, das über Hitzefrei entscheidet, hinge im klimatisierten Büro des Direktors.

Was durch den Euro jedenfalls nicht eingetreten ist, ist der wirtschaftliche Aufschwung. Seit wir den Euro in den Taschen haben, steigen die Arbeitslosenzahlen. Deshalb gibt es nicht nur in Deutschland das Gefühl, dass uns die EU mehr kostet, als sie uns einbringt.

Die EU 2009

Abschließend möchte ich noch ein paar Länder betrachten, die sie sich heute in der EU darstellen. Natürlich ist das Bild unvollständig, natürlich beschränke ich mich auf Details. Aber ich finde, es sind interessante Details.

Deutschland erscheint in der EU generell im Büßer-Gewand. Seit die EWG gegründet wurde, tun die Deutschen so, als müssten sie sich für die Fortexistenz ihres Staates entschuldigen. Deshalb benahm sich Deutschland sehr oft als Musterschüler und öffnete bereitwillig alle Kassen, wenn "Europa" nach Geld verlangte. Über viele Jahre hinweg war Deutschland der größte Nettozahler und die größte Wirtschaftsmacht. Diesen Leistungen stand das Duckmäusertum unserer Politiker in Brüssel gegenüber. Deutsch ist neben Englisch und Französisch die dritte offizielle Amtssprache der EU. Aber unsere Politiker fanden sich damit ab, dass Englisch und Französisch gesprochen wurde.

Entsandten England und Frankreich ihre besten Leute nach Brüssel, so kamen aus Deutschland gerade jene, für die im Inland kein Posten mehr übrig geblieben war. Und natürlich schickte man verdiente eigene Parteileute, Fachwissen schadete nur. Auf dem europaischen Altar opferte ein Helmut Kohl die Deutsche Mark, das einzige weltweit anerkannte Symbol der Nachkriegs-Notlösung Bundesrepublik Deutschland. Während andere europäische Völker über Euro und Verfassung abstimmen durften, wurde Deutschland von seinen Politikern entmündigt und bevormundet.

Seit 1990 geht es Deutschland von Jahr zu Jahr schlechter. Jetzt, 2009, kann Deutschland nicht mehr finanziell die Wünsche anderer EU-"Partner" ausgleichen, folglich gerät die EU in eine "tiefe Krise". Uns wird immer gesagt, Deutschland profitiere am meisten von der EU. Es mag sein, dass Großkonzerne profitieren, aber der deutsche Steuerzahler sieht nur die Lasten. Die EU ist ein Gängelungsapparat, eine Veranstaltung, die uns von Sonntagsrednern aufgezwungen wurde. Ja, wir waren gute Europäer, aber heute sind wir enttäuscht. Von Europa und von unseren eigenen Politikern.

Die Weltwirtschaftskrise hat in der EU zwei Länder besonders hart getroffen: Ungarn und Deutschland. Ungarn wird geholfen, Deutschland muss weiter zahlen, für alle, auch für jene, denen es heute besser geht.

Frankreich sah in der EU eine Möglichkeit, jene Weltgeltung zurückzuerlangen, die es im Auftrag der Engländer durch seine Teilnahme am ersten Weltkrieg verloren hatte. Im 17. und 18. Jahrhundert war Frankreich die Vormacht Europas. Im Salon parlierte König Friedrich II. von Preußen französisch, Deutsch sprach er zu seinen Hunden. Nach Napoleon begann der Abstieg von "La Grande Nation". Zwar stand Frankreich nach dem zweiten Weltkrieg auf der Seite der Sieger, doch sein Kolonialreich kollabierte ebenso wie das der Engländer. Allerdings hatten die Franzosen sehr schnell eine neue Verwendung für ihre gut ausgebildeten Kolonialbeamten: Brüssel.

In der EWG klappte es hervorragend. Deutschland kuschte aus Prinzip, Italien war Frankreich nicht gewachsen und BeNeLux zu klein, um ein wirkliches Gegengewicht zu bilden. Nordafrika, das "größere Frankreich" ging verloren, aber die EWG wurde gewonnen und von Frankreich nach dem Muster des französischen Zentralstaates geformt. Die EWG sicherte das Einkommen der französischen Bauern und stellte diese für die Pariser Regierung ruhig. Deshalb taten sich die Franzosen sehr schwer mit Erweiterungen, insbesondere Großbritannien sollte draußen bleiben.

Heute ist Frankreich Nettozahler, auch wenn es noch immer hohe Subventionen für seine Bauern einstreicht. Leider sind die Bauern trotzdem unzufrieden. Frankreichs Wirtschaft leidet unter einer hohen Staatsquote, in manchen Landesteilen fährt man ständig durch verlassene Dörfer. Außerhalb des Großraumes Paris glaubt man sich in einem Agrarland. Wichtige Reformen wurden ebenso verschleppt wie in Deutschland. Zudem gibt es ein Ausländerproblem, da millionenfach Moslems aus den ehemaligen Kolonien zugewandert sind. Zwar gibt es die Achse Paris-Berlin, doch so wie einst funktioniert sie nicht mehr, weil Berlin anders als einstmals Bonn kein Geld mehr beisteuern kann zu Frankreichs Größe.

Großbritannien ist in der EU und zugleich nicht in der EU. Wo es England nützt – ja, wieder England – da spielt man mit, wo kein Nutzen erkennbar ist, bleibt man lieber britisch. England behält seine nationale Währung bei, seinen Linksverkehr und seinen Schulterschluss mit den USA, letzteren auch gegen europäische Interessen. Gut, England bezahlt an Europa, doch dank eines von Helmut Kohl gewährten Rabattes weniger als andere Staaten müssten. Eine wohlverdiente Ironie der Geschichte ist es, dass England als Totengräber der europäischen Macht auch sein eigenes Weltreich beerdigen musste.

Im europäischen Verbund treten die Briten oft auf die Bremse. Das ist eine natürliche Reaktion auf die versuchte Bevormundung durch die Franzosen. Jedoch wird nur da gebremst, wo es für England nachteilig oder zumindest einschränkend wäre. Vorteile hingegen werden schnell übernommen.

Polen steht für die EU-Osterweiterung und die jüngste Beitrittsrunde. 1939 wurde Polen von England und Frankreich ermuntert, Deutschland ja keine Zugeständnisse zu machen, mit der Zusicherung der militärischen Intervention. Der Krieg brach tatsächlich aus und 1945 fand sich Polen unter sowjetischer Herrschaft wieder, ohne dass dies jemanden in England oder Frankreich gestört hätte. Mir ist von englischen oder französischen Reparationen oder Wiedergutmachungszahlungen an Polen nichts bekannt. Aber jetzt ist Polen ja in der EU und könnte vielleicht an die europäischen Geldtöpfe. Zumindest, wenn da noch viel zu holen wäre. Denn aus diesen Töpfen wurde Griechenland eine Olympiade bezahlt, Irland saniert, Spanien aufgebaut und Portugal... oh, was hat Portugal damit gemacht? Ach ja, 2004 die Fußball-Europameisterschaft ausgerichtet.

Polen wird erneut das Opfer anderer, habgierigerer Europäer. Erst jetzt, wo die EU angefangen hat zu taumeln, durfte es beitreten. Polen hat sich von der EU sehr viel versprochen, doch vermutlich wird davon wenig gehalten werden. Bevor Polens Bauern in dem Maße profitieren, wie es Frankreichs Bauern gewohnt sind, wird Britannien dafür gesorgt haben, dass die Agrar-Subventionen stark zurückgefahren werden. Bevor den Polen jene Freizügigkeit gewährt wird, die beispielsweise Belgier geniessen, vergehen noch neun Jahre, in welchen die EU schwere Krisen abwettern muss. Was Polen von der EU haben wird, steht völlig in den Sternen. Aber nicht in jenen zwölf Sternen der EU-Flagge.

Fazit

So, wie sie jetzt existiert, im Jahre 2005, ist die EU nicht lebensfähig. Unternehmensberater und Esoteriker bezeichnen Krisen gerne als Chancen, in diesem Sinne hat die EU jetzt die größte Chance seit fünfzig Jahren. Ein "Weiter so!" ist nicht mehr möglich, jetzt muss eine Erneuerung kommen. Wenn diese Erneuerung eines scheinbaren Rückschrittes bedarf, bis hin zur Reanimation der Nationalstaaten, dann ist dieser Rückschritt eben nötig. Wenn vor mir ein Abgrund gähnt und ich nicht weiter kann, dann muss ich umkehren und gegebenenfalls zwei, drei Kilometer zurück, um eine andere Abzweigung zu nehmen.

Niemand braucht Europa als Superstaat und Regulierungsbehörde. Das alternative Europa ist ein Europa der Regionen, das gewährleistet, dass die Eigenheiten der Regionen erhalten bleiben. Wenn sich Houston von Chicago nur durch das heißere Wetter unterscheidet, mag das gut sein in Amerika. Aber Würzburg ist anders als Nürnberg, Unterfranken anders als Calvados. Europa ist die Vielfalt der Regionen, nicht die zentralisierte Einheit und Gleichmacherei.

Erst wenn die Führer dieses Europa das begriffen haben, hat die EU eine Zukunft und kann sich weiterentwickeln. Auch die BRD hat als Lösung für die beigetretene DDR versagt. Deshalb könnte gerade Deutschland einen wichtigen Beitrag zur Erneuerung der EU leisten, durch Lernen am Beispiel im eigenen Land. Doch hier bleibt die alles entscheidende Frage offen: Wer soll es tun? Ein wirklicher Neuanfang wurde in der mir bekannten Geschichte niemals mit den alten Leuten erreicht. Merkel, Steinmeier und Westerwelle sind Leute von gestern, nicht von morgen. Deshalb wird der Neuanfang sehr schwer werden, in Deutschland ebenso wie in der EU.

Auch die Weltlage ist 2009 eine andere als 1950. Neben den USA hat sich China als aufsteigende Weltmacht etabliert. Russland hingegen ist ein wenig abgestiegen, aber immer noch Weltmacht. Wann und ob überhaupt Indien in diesen Kreis vorstoßen wird, ist offen. Zwischen den heutigen drei Weltmächten liegt jedoch nicht Europa, sondern der pazifische Ozean. Der wirtschaftlich wertvollste Staat der USA liegt nicht mehr an der Atlantik-Küste, sondern das ist Kalifornien, am Pazifik. Mit dem Aufstieg des pazifischen Raumes ist der Abstieg der geostrategischen Wertigkeit Europas verbunden. Nach 1.000 Jahren im Zentrum der Welt wird Europa das werden, was es physikalisch schon immer war: das Schwanzende Asiens. Vielleicht sollte das mal jemand den europäischen Politikern sagen.

Es gibt jedoch keine Stabilität. Die USA sind bankrott, das großartige Kalifornien ist bankrott. Der größte Dollar-Imperialist ist heute China, ein Land, das alles tut, um seine Dollar-Berge loszuwerden, bevor die USA ihre Währung in einer Hyperinflation untergehen lässt.

Die Weltkriege

Dieser Text ist eine Ergänzung zum vorhergehenden über Europa. Das heutige Europa ist ein Produkt der beiden Weltkriege, deshalb soll hier analysiert werden, wie es zu den beiden Weltkriegen kam. Wenn im Folgenden statt von Großbritannien von England geredet wird, dann geschieht das nicht aus Unkenntnis über den korrekten Namen des "Vereinigten Königreiches", sondern in klarer Erkenntnis darüber, wer in diesem Königreich das Sagen hat. Es waren nämlich nicht die Schotten, Iren oder Waliser, die sich in den letzten 1.000 Jahren an fast jedem Krieg in Europa beteiligten – sei es militärisch oder mittels massiver Hilfszahlungen.

Zu Beginn des 19. Jahrhunderts herrschten auf dem Kontinent für England ideale Verhältnisse. Frankreich war 1815 besiegt worden, durfte aber sein gesamtes, von früheren französischen Königen in Raubkriegen erworbenes Land behalten. In Mitteleuropa gab es zahlreiche Kleinstaaten, wie die Niederlande, Belgien, Württemberg, die Schweiz, Bayern oder Sachsen. Nur Preußen und Österreich-Ungarn waren Großmächte, außerdem Russland.

In dieser Zeit wurde England zur unangefochtenen Weltmacht. Die industrielle Revolution ließ die englische Industrie in nie gekanntem Ausmaß expandieren, weltweit wurden Kolonien erworben. 1854 beteiligte sich das langsam wieder erstarkende Frankreich als Englands Junior-Partner am Krim-Krieg gegen Russland.

Das bequeme Patt der Kräfte änderte sich zwischen 1864 und 1871. Durchaus mit englischer Billigung durfte Preußen Dänemark, Österreich und Frankreich besiegen. Da Frankreich inzwischen wieder zum Nebenbuhler Englands aufgestiegen war, begrüßte London natürlich eine Demontage des Rivalen. Nicht ganz im englischen Sinne war jedoch die darauf erfolgende Vereinigung der deutschen Kleinstaaten zum deutschen Kaiserreich.

Parallel dazu entstand das vereinigte Italien, als neues Königreich. Jenseits des Atlantiks schlug Abraham Lincoln die Südstaaten und etablierte eine Zentralregierung, die es vorher in den USA nicht gegeben hatte. Erst durch diesen Schritt wurden die ehemaligen Kolonien zu einer Weltmacht, die noch im 19. Jahrhundert begann, statt wie bisher Indianer auch Nicht-Amerikaner umzubringen. Spätestens mit dem Angriff auf Kuba 1898 hatte Washington seine außenpolitische Unschuld verloren.

Während im ausgehenden 19. Jahrhundert noch immer Frankreich als Hauptgegner angesehen wurde, mit dem England um die Beherrschung des grössten Kolonialreiches konkurrierte, brachte der stetige und unglaublich schnelle Aufstieg des Deutschen Reiches dieses in den Fokus der englischen Fremdenfurcht. Man schritt nach dem über Jahrhunderte hinweg bewährten Rezept zur Tat, die Vormacht auf dem Kontinent einzukreisen, zu destabilisieren und schließlich zu bekriegen.

Hatte bis zum Tod von Queen Victoria 1901 eine eher deutschfreundliche Haltung im englischen Königshaus geherrscht, so wurde daraus unter Edward VII. das genaue Gegenteil. Man misstraute Deutschland und fürchtete es sogar. War diese Furcht berechtigt? Trotz seines späten Starts in das Industrie-Zeitalter stieg die Produktion in Deutschland rasant an, 1913 übertraf die deutsche Stahlerzeugung in der Menge sogar die des englischen Weltreiches. Deutschland hatte sich durch Bündnisse mit Russland und Österreich (Drei-Kaiser-Bund) und Italien abgesichert. Seine Handelsflotte wuchs schneller als die aller anderen Nationen und auch die Flottenrüstung wurde vorangetrieben. Außerdem besaß Deutschland das größte Landheer der Welt.

Auf der anderen Seite hatte Deutschland keinerlei territoriale Forderungen in Europa, weder offen, noch geheim. Das deutsche Kolonialreich war nicht erkämpft, sondern auf dem Verhandlungswege erworben worden. In keinem einzigen Fall standen sich deutsche und englische Kolonialtruppen kampfbereit gegenüber.

Selbst 1914, also bei Ausbruch des "von Deutschland allein verschuldeten Weltkrieges" (nach Regelung des Versailler Vertrages, aufgezwungen von den Siegermächten) war die deutsche Flotte der britischen klar unterlegen. Die Flotte reichte aus, um die heimischen Küsten zu schützen, aber nicht, den Gegner im eigenen Gewässer zu schlagen. Was der Laie auf einen Blick erkennt, soll der deutschen Admiralität verborgen geblieben sein? Kaum anzunehmen, denn sonst hätte die deutsche Flotte mehr große Operationen unternommen, als die eine, welche zur Skagerrak-Schlacht führte. Zwar erlitt die britische Flotte mehr als doppelt so viele Verluste an Material und Menschenleben, doch sie behauptete das Schlachtfeld, während sich die deutschen Schiffe zurückzogen.

Zur gefürchteten deutschen Flotte möge folgende Tabelle Auskunft geben (Stand Sommer 1914, entnommen aus "Helmut Pemsel, Seeherrschaft, Band 2, Bernhard & Graefe Verlag, 1995):

Flottenstärke 1914	England	Deutschland	Frankreich	Italien	Österreich	Russland
Großlinienschiffe	21	14	4	4	3	0
Linienschiffe	40	22	18	8	12	8
Schlachtkreuzer	9	5	0	0	0	0
Panzerkreuzer	34	11	18	10	3	6
Kreuzer	63	33	9	8	7	8
Zerstörer / Torpedoboote	250	90	80	30	70	100

Getreu der Maxime aus dem 17. Jahrhundert, wonach England immer die zweitstärkste Macht auf dem Kontinent gegen die stärkste unterstützt – wodurch es mit schöner Regelmäßigkeit zu Kriegen kam – schloss England 1904 die "Entente cordiale" mit Frankreich und 1908 die "Triple-Entente" mit Russland. Deutschland verblieb der "Dreibund", mit Österreich und Italien. In Deutschland wurde daraufhin der Schlieffen-Plan entwickelt, zum Schutz der Heimat im Zweifronten-Krieg, gegen Rußland und Frankreich.

Als Ende Juni 1914 in Sarajevo der österreichische Thronfolger einem Attentat zum Opfer fiel, griffen die Bündnisse mit der Präzision eines Uhrwerks. Der deutsche Kaiser fuhr in den Urlaub – äußerst erstaunlich für das Staatsoberhaupt und den obersten Kriegsherrn einer Nation, die plant, über den Rest der Welt herzufallen - und die Diplomatie begann. Österreich stellte Serbien ein Ultimatum, Russland stärkte Serbien den Rücken, Frankreich versicherte Russland seiner Bündnistreue, Deutschland desgleichen an Österreich... Letzteres wurde als "Blanko-Scheck" und "Nibelungentreue" bezeichnet - oder besser gesagt, verunglimpft. Österreich erklärte Serbien den Krieg. (Wenn sich jemand ungeschickt verhalten hat, dann Österreich, denn Serbien wollte den größten Teil des Ultimatums erfüllen.)

Russland litt (spätestens) seit der Niederlage gegen Japan 1905 unter innenpolitischen Problemen (die Revolution 1905 wurde niedergeschlagen) und benötigte einen außenpolitischen Erfolg. Deshalb war die Generalität zu gerne bereit, zu mobilisieren. Frankreich mobilisierte gleich darauf, wodurch Deutschland ebenfalls mobilisieren musste. Die Kriegserklärungen folgten, ganz nach dem Schema, das die englische Politik bezweckt hatte. Der letzte Akt zum Weltkrieg erfolgte mit Belgien. Deutschland verlangte Durchmarschrechte, die Belgien, bestärkt durch England, verweigerte. Hätte sich Belgien ruhig verhalten, so wie die Tschechoslowakei 1938 und 1968, so wären die deutschen Truppen hindurchmarschiert, ohne dass es zu Kampfhandlungen gekommen wäre. So aber kämpften die Belgier - und England erklärte Deutschland den Krieg, den es spätestens seit 1901 haben wollte.

Doch es war nicht das 17., 18. oder 19. Jahrhundert, welchem die englische Strategie angemessen war, sondern das 20. Und der Gegner hieß nicht Spanien oder Frankreich, sondern Deutschland. Russland brach unter einer Revolution zusammen, das übergelaufene Italien kapitulierte und Frankreich und England waren in höchster Bedrängnis – nur die Hilfe der USA konnte das Patt bzw. die drohende Niederlage vermeiden. England hatte sich schlicht weg verkalkuliert. Die Zeche dafür zahlte zunächst Europa. Zwar hatten England und Frankreich den Krieg gewonnen, und ja, sie waren dank der aus dem osmanischen Reich annektierten Kolonien auf dem Papier mächtiger als zuvor, aber tatsächlich hatte der Abstieg der beiden Länder begonnen.

Das reiche und mächtige "Groß"-Britannien, der Kreditgeber der ganzen Welt, war nach 1918 bei seinen ehemaligen Kolonien, den USA, tief verschuldet. Jene USA, die 1914 bei der ganzen Welt in der Kreide standen, waren 1918 zum allergrößten Gläubiger avanciert. Sie hatten ihre Wirtschaft mit Waffenlieferungen und durch direkten Raub saniert. Deutsche Schiffe wurden bereits 1914 von den USA interniert (z.B. die "Vaterland"), während mit England und anderen Kriegsteilnehmern weiterhin Handel getrieben wurde (wie sonst hätte die berühmte "Lusitania" die USA verlassen können?). Niederlassungen deutscher Firmen wurden in den USA radikal enteignet, sogar deren Markennamen wurden "amerikanisiert". (Beispielsweise musste die Firma Bayer Leverkusen ihren eigenen Namen teuer zurückkaufen - nach dem 2. Weltkrieg, als offiziell von der "deutsch-amerikanischen Freundschaft" palavert wurde.)

Der Todesstoß wurde Europa jedoch durch den Versailler Vertrag versetzt. Deutschland wurde verurteilt, sich allein schuldig am Krieg zu bekennen. Es verlor große Teile seines Reichsgebietes, musste horrende Sofortleistungen entrichten und wurde auf Jahrzehnte zu Reparationen verpflichtet. Nebenbei, die Reparationen an Nationen, die sich unsere "Freunde" nennen, werden heute noch bezahlt und laufen bis 2020. Von offizieller Seite wurde "Versailles" auch nicht als Friedensvertrag bezeichnet, sondern als ein Mittel zur Herbeiführung des nächsten europäischen Krieges.

Deutschland, das Opfer des ersten Weltkrieges, in den es durch das "perfide Albion" gemäß überholter politischer Prinzipien hineinmanövriert wurde, blutete finanziell aus. Die Hyper-Inflation von 1923 war eine direkte Folge des Versailler Vertrages. Eine weitere Folge war Adolf Hitler. Dass deutscher Antisemitismus den Aufstieg der Nationalsozialisten ermöglicht hätte, ist ebenso ein Märchen, wie der böse deutsche Revanchismus. Der Versailler Vertrag und die Weltwirtschaftskrise von 1929 führten Hitler herbei, die beide zur Verelendung eines Großteils des deutschen Volkes führte.

Es ist verdammt leicht, heute davon zu reden, dass Hitler "böse" war, oder "ein Verbrecher". Genauso billig ist es, Hitler darauf zu reduzieren, dass er "die Juden" umgebracht hätte (nach offiziellen Angaben gab es 1948 sogar mehr Menschen jüdischen Glaubens als 1933 – wo sind die sechs Millionen Opfer des Holocausts in der Statistik verschwunden? Oh – natürlich gab es den Holocaust, das will ich nicht leugnen. Das ist nämlich in Deutschland verboten. Also müssen die internationalen Statistiken fehlerhaft sein). Die Deutschen des Jahres 1933 (und die des Jahres 1939 ebenso) hatten keine Lust, "siegreich Frankreich zu schlagen" oder "neuen Lebensraum im Osten" zu erkämpfen. Sie wollten einfach in Ruhe leben und selbst die Früchte ihres Fleißes genießen, anstatt diese an irgendwelche Ausländer abzuliefern.

Auch der zweite Weltkrieg wurde natürlich auf das Schuldkonto Deutschlands gebucht. Angeblich haben wir 1939 angefangen, was die Feuerstürme von Hamburg ebenso rechtfertigt wie die barbarische Bombardierung Dresdens. Abgesehen davon, dass Polen gezielt von England und Frankreich aufgerüstet wurde, Pogrome gegen deutsche und andere Minderheiten wie Juden und Ukrainer veranstaltet hat und die deutschen Forderungen nur Danzig und einen Land-Korridor nach Ostpreußen betrafen, was ist mit der Sowjetunion? Als Deutschland Polen "überfallen" hat (um Deutsche in Polen zu schützen), bekam es von Frankreich und England den Krieg erklärt. Als die Sowjetunion ebenfalls in Polen einmarschierte (und das Massaker von Katyn veranstaltete), haben Frankreich und England nur beifällig genickt.

Während also das Völkerrecht und die Bündnispflichten gegen Deutschland greifen und eingehalten werden, durfte Stalin tun, was ihm beliebte.

Wollte Deutschland wirklich den Krieg? Laut "Mein Kampf" wollte Hitler "Lebensraum im Osten". Frankreich interessierte ihn nicht, erst als Frankreich den Krieg erklärte, beschloss er, Elsaß und Lothringen zurückzuholen. England hatte Hitler sogar angeboten, im Falle kolonialer Konflikte seine gesamte Flotte und 15 Divisionen der Reichswehr zur Verfügung zu stellen. Er wollte also das "Empire" stabilisieren, durchaus logisch, denn ein starkes Empire hätte die Konflikte der Welt von Europa ferngehalten. Hitler schickte sogar Rudolf Heß mit dem Vorschlag, Frankreich bis auf Elsaß-Lothringen sowie den Rest Europas (Belgien, Niederlande, Dänemark, Norwegen, Schweden) zu räumen, im Tausch gegen Frieden und freier Hand gegen Stalin. Churchill lehnte ab – mit den bekannten Folgen. Rudolf Heß wurde wegen seines furchtbaren Verbrechens, England einen ernst gemeinten Friedensvorschlag zu überbringen, lebenslang eingesperrt und schließlich, als Gorbatschow ihn freilassen wollte, auch noch geselbstmordet.

Der zweite Weltkrieg war von englischer Seite der ebenso verzweifelte wie erfolglose Versuch, das britische Weltreich zu stabilisieren. Churchill wollte einen außenpolitischen Erfolg, um innenpolitische Probleme zu lösen, so wie die Regierung des Zaren 1914. Vermutlich ist er dabei einem noch größeren Schurken auf den Leim gegangen. Während in den Jahrhunderten zuvor andere Völker für die "Interessen" Englands und Großbritanniens auf dem Kontinent sterben durften, wurden im 2. Weltkrieg Engländer durch die amerikanischen Meisterschüler geopfert. Mit der Rückendeckung der USA (z.B. Leih- und Pachtvertrag für Kriegsmaterial) wurde England bestärkt, um dann auf diversen Schlachtfeldern zu bluten. Das ist exakt dasselbe Schema, das England in den Jahrhunderten zuvor angewandt hatte. Erst als die Kombattanten erschöpft waren, kam der große Strippenzieher auf die Bühne, in diesem Fall die USA.

Roosevelt hatte es nicht geschafft, die Wirtschaft seines Landes aus der großen Depression zu bringen. Das viel gerühmte "New Deal" entfachte nicht einmal ein Strohfeuer. Anders als Deutschland, das ab 1933 unter Hitler seine Wirtschaft in den Griff bekam, brauchte Roosevelt eine andere Lösung, den Krieg. Spätestens seit 1937 arbeitete er gezielt darauf hin, indem er Japan mit Wirtschaftssanktionen schädigte. Das führte am 7. Dezember 1941 zum "Überfall" auf Pearl Harbor, der von amerikanischer Seite nicht nur exakt vorausgewusst wurde, sondern bei dem ganz gezielt nur veraltete Schiffe und ein paar überflüssige Untertanen geopfert wurden, um endlich beim großen Krieg mitspielen zu dürfen.

England hatte 1945 zwar den Krieg gewonnen, doch kein einziges seiner Kriegsziele erreicht, wenn man davon absieht, dass Deutschland und damit das Herz Europas völlig zerstört war. 1947 wurde Indien unabhängig,

1956 löste sich der größte Teil des Kolonialreiches auf. Frankreich kämpfte in Indochina (Vietnam) auf verlorenem Posten und musste Algerien ("das größere Frankreich") aufgeben. Seine Treue zu England hat Frankreich zur Mittelmacht absinken lassen und England ist heute nur wenig mehr als das. Verglichen mit dem britischen Weltreich von 1909 ist Großbritannien 2009 eine armseliger Überrest vergangener Größe.

Selbst wenn ich der offiziellen Geschichtsschreibung folge und Deutschland unsinniger Weise die Alleinschuld an zwei Weltkriegen zuspreche, dann bleibt die Unvernunft der Kriegsgegner bestehen. Weder Frankreich, noch England hätten 1914 oder 1939 Deutschland den Krieg erklären müssen. Die formalen Siege von 1918 und 1945 haben keinem der beiden genützt. Was einst groß an Frankreich und England gewesen war, hatte sich in diesen Weltkriegen verschlissen. Und zusammen haben sie Deutschland verschlissen.

Wer von deutschen Kriegsverbrechen redet, wie es gerade die offizielle deutsche Geschichtsschreibung so gerne tut, darf nicht vergessen, dass die Hungerblockade der englischen Flotte 1914-18 mehr Todesopfer in Deutschland gefordert hatte, als der Bombenkrieg 1039-45 gemäß der offiziellen Zahlen. Wer über Kriegsverbrechen schreibt, muss auch berücksichtigen, dass nach dem 9. Mai 1945, nach dem offiziellen Kriegsende, mehr Deutsche durch Vertreibung und in Lagern umkamen, als während des ganzen Krieges.

Völkerrecht ist eine Erfindung des alten Europas. Es hatte Bestand, solange vergleichbar starke Mächte in Europa dessen Einhaltung garantierten. Nach 1945 wurde das Völkerrecht zu einer willkürlich gehandhabten Vorschrift, welche von den jeweiligen Siegermächten nach eigenem Gutdünken ausgelegt wurde. Für Ölstaaten gilt ein anderes Völkerrecht als für Staaten in Afrika. Als der Irak in Kuwait einmarschierte, wurde das eine Angelegenheit des Völkerrechtes, als China Tibet besetzte, interessierte das niemanden.

Es war England, das nach überholten Schemata den ersten Weltkrieg herbeiführte. Österreich war sein ungeschickter Helfer, das den Anlass dazu lieferte. Verloren aber haben diese beiden Weltkriege wir alle, als gesamte Menschheit. Nicht nur in Europa gingen 1914 die Lichter aus, die Zivilisation erlosch auf der ganzen Welt. Auschwitz, Dresden und Hiroshima waren die Folge davon.

Das wirklich traurige dabei ist, dass England von seinen Fehlentscheidungen nicht profitiert hat. Das einstige Weltreich ist heute wenig mehr als eine folgsame Kolonie jenes Staates, den es einst selbst als Kolonie gegründet hat.

Nachtrag

Statt der englischen Politiker im 20. Jahrhundert hätte ich die Schuld am Abstieg Europas auch "den Finanzjuden" Rothschild und J.P.Morgan geben können, oder "den Freimaurern", "den Illuminaten", "den Weisen von Zion" oder "den Bilderbergern". Solche Verschwörungstheorien existieren und sie lesen sich alle überaus schlüssig. Sie haben jedoch einen Nachteil: Sie setzen eine lenkende, zielgerichtete Intelligenz voraus. Meine Theorie hingegen stützt sich auf die menschliche Dummheit, auf praktizierte Unvernunft. Habe ich die Wahl zwischen allgemeiner Unvernunft und lenkender Intelligenz, so erscheint mir die Unvernunft wesentlich wahrscheinlicher. Deshalb ist es England als lenkende Macht, die den Untergang Europas verursacht hat, und nicht "die im Hintergrund".

Der 9. November

Im 20. Jahrhundert war der 9. November mindestens viermal ein schicksalsmächtiger Tag für Deutschland. Die beiden allerwichtigsten Ereignisse, der Staatsstreich von Hitler, der SS, der Reichswehr sowie der kapitalistischen Bourgeoisie 1923 und die millionenfache Bombardierung rechtschaffener jüdischer Großbanken mit anschließender Vergasung durch Josef Mengele 1938 kann leider nur durch das Ministerium für Wahrheit (MiniWahr) oder dem Zensierten Deutschen Fernsehen (ZDF), Abteilung Dokumödien (Guido Knopp) umfassend in der gesamten Verwerflichkeit dargestellt werden. Deshalb widme ich mich den beiden Randereignissen des 9. November.

1918

1918 unterzeichnete die kaiserliche Armee tief im Feindesland einen Waffenstillstand und beendete so den Ersten Weltkrieg. In Berlin rief man gleich mehrfach die Republik aus und hoffte auf eine deutsche Sowjetunion, eine Arbeiter-, Bauern- und Räterepublik, worauf der Kaiser beschloss, den Rest seines Lebens im ruhigeren Holland zu verbringen.

Im Friedensvertrag von Versailles wurde dem Deutschen Reich die Alleinschuld an einem Krieg zugeschrieben, der von anderen Ländern begonnen worden und seit 1897 vorbereitet worden war. Nebenbei wurden Teile des Reichsgebietes annektiert, die Kolonien fortgenommen, das Restreich wirtschaftlich verkrüppelt und enteignende Reparationen abgepresst. Jene Reparationen zahlen wir übrigens heute noch immer an unsere "Freunde" und "EU-Partner", und das weiter so bis ins Jahr 2020, zusätzlich zu den normalen Beiträgen Deutschlands für internationale Kassen.

Nach den heutigen Erkenntnissen kann ich durchaus zugestehen, dass Deutschland an diesem Krieg schuld war. Ja, wirklich. Ich spiele "Civilization™", ein Computerspiel, bei dem man eine Nation aufbaut und im Wettstreit mit anderen Nationen zum Erfolg führt. Und immer, wenn in diesem Spiel eine Nation etwas hat, was meine Nation brauchen kann, erkläre ich den Krieg und nehme es denen ab. Selbst schuld, sage ich. Der Computer hätte sich doch denken können, dass er Ärger bekommt.

So wie Deutschland. Es war ja auch eine Frechheit, nachdem England im Krieg gegen Napoleon I. den europäischen Kontinent neu geordnet – und die Konkurrenz um die Weltmacht ausgeschaltet – hatte, einfach einen einheitlichen deutschen Staat zu bilden. Obwohl, das durften die Deutschen noch, mit Englands Segen und auf Frankreichs Kosten, schließlich glaubten die Franzosen ja, mindestens so viele Kolonien haben zu müssen wie die Engländer.

Nach dem deutschen Sieg über Frankreich hatten die Engländer jedoch ihren Lieblingsfeind verloren, also benötigten sie einen neuen. Auf irgend jemanden muss man ja einschlagen, wenn einem danach ist und einen die eigene Tüchtigkeit nicht mehr weiterbringt. Zumal die Deutschen unersättlich waren. Statt ein regionaler Absatzmarkt zu bleiben und bei Bedarf für England gegenüber Frankreich den "Knüppel aus dem Sack" zu spielen, bauten diese Drecksäcke eine florierende Wirtschaft auf, welche den Absatz britischer Produkte dank überlegener Qualität zu besseren Preisen beeinträchtigte.

Heute wäre das natürlich kein Kriegsgrund, da verlagert man die Produktion nach Indien und unterbietet die deutschen Arbeiter, bis diese Hartz IV beantragen. Damals beherrschte man diese verfeinerten Management-Methoden noch nicht, also lockte man Frankreich und Russland in ein Bündnis, gegen die deutsche Gefahr, die an allem schuld war (und ist).

Als dann der Kaiser auch noch eine Flotte aufbaute, um die deutschen Küsten zu verteidigen und den deutschen Seehandel zu schützen, war das selbstverständlich ein aggressiver Akt gegen die britische Flotte, denn wer sollte sonst die deutschen Küsten angreifen und den deutschen Seehandel unterbrechen? Obendrein sahen die deutschen Verteidigungspläne nicht ein langsames Zurückweichen unter Hinterlassung verbrannter Erde vor, sondern im Falle eines Angriffs einen heftigen Gegenangriff, um die Feinde im eigenen Land zu schlagen.

Das war übrigens damals Stand der Kriegskunst. Auch die Franzosen hatten einen wunderbaren Kriegsplan, nach welchem sie Belgien überrennen und so ins Reichsgebiet einbrechen wollten. Das hätte bestimmt wunderbar funktioniert, zumal sich die Engländer bei dieser Variante nicht um die angebliche Neutralität Belgiens geschert hätten, schließlich stand man ja auf Frankreichs Seite. Oder besser, hatte die Franzosen als Kanonenfutter angeworben.

Nachdem die Schuldfrage des Krieges zur internationalen Zufriedenheit gelöst worden war, benötigte man nur noch einen Anlass. Österreich-Ungarn, die überlebte Donaumonarchie, eignete sich dazu hervorragend. Ein paar Unruhestifter, diskret mit Geld und Waffen versorgt, verüben ein Attentat und sämtliche nicht-deutschen Generäle rieben sich die Hände. Schließlich ist Deutschland mit Österreich verbündet und wenn man sich unerbittlich zeigt, bekommt man endlich den Krieg, an dem Deutschland schuld ist.

Frankreich und Russland begannen mit der Generalmobilmachung. Das war damals der direkte Schritt zur Eröffnung der Feindseligkeiten, ungefähr so, wie wenn ich in Civilization™ massenhaft Panzerverbände an die Grenze meines Nachbarn verlege. Der Computer ist doof und wird immer überrascht, wenn ich über ihn herfalle. Der kaiserliche Generalstab von 1914 hingegen hat sich nicht zurückgelehnt und interessiert zugeschaut, wofür die lieben Nachbarn denn plötzlich so viele Soldaten einziehen, sondern selbst mobilisiert und Frankreich den Krieg erklärt.

Wenig später marschierten die Deutschen auf Paris und die Russen auf Berlin. Beide sollten nicht ankommen. Nachdem die Briten endlich den Krieg hatten, den sie haben wollten, haben sie dann auch noch mitgespielt und Deutschland den Krieg erklärt. Wegen Belgien, natürlich. Also nicht wegen des Geheimvertrages von 1897 oder dem Bündnis von 1904.

Es hätte ein so schöner Krieg werden können, mit den Deutschen in Paris, die Frankreich als Konkurrenten ausschalten, den Russen in Berlin, die Deutschland als Konkurrenten ausschalten, und den Engländern in London, die eine Revolution in Russland finanzieren und den Zar vom Thron verjagen. Worauf ein britisches Expeditionscorps Paris befreit und durch Belgien nach Deutschland marschiert und im Ruhrgebiet mit der Industrie aufräumt. Ach ja, und Österreich-Ungarn wird zerschlagen und auch noch das Osmanische Reich...

Hat nur leider nicht geklappt, man musste die aufmüpfigen Kolonisten aus den USA zur Hilfe holen. Deren Präsident maßte sich auch noch an, einen Friedensplan für Europa zu entwerfen. Wobei, so schlecht war der eigentlich nicht, half er doch, die Deutschen am 9. November 1918 zur Kapitulation und zum Waffenstillstand zu bewegen. Danach hatte Wilson seine Schuldigkeit getan und konnte zu Hause das Frauenwahlrecht einführen, bevor er von der Bildfläche verschwand. Dafür haben sich die Frauen mit der Prohibition bedankt und so Al Capones Karriere gefördert, einen Gangster, der nicht ins Weiße Haus eingezogen ist.

In Europa handelte man inzwischen einen Friedensvertrag aus, mit den neuen deutschen Demokraten. Gewählte Politiker geben gerne mehr her von ihrem Land, denn ihnen gehört ja nichts von dem, was sie weggeben. Hauptsache, sie werden wiedergewählt. Ganz Deutschland war natürlich begeistert über einen solchen Friedensvertrag...

Ein paar Fakten zum Ersten Weltkrieg müssen jedoch angeführt werden. Der deutsche Sieg über Russland hätte eine Wende im Kriegsgeschehen gebracht, wenn es bei der ursprüngliche Koalition geblieben wäre. Frankreich und England waren im fünften Kriegsjahr ebenso am Ende wie Deutschland, trotz des für sie offenen Welthandels und der Versorgung über See. England und Frankreich beschafften sich während des ganzen Krieges Rüstungsgüter aus Kanada, den USA und Japan. Russland hingegen war nicht über die von den Deutschen abgeriegelte Ostsee und damals noch nicht über Murmansk zu beliefern, was mit zu seinem Zusammenbruch beitrug.

Die Volkswirtschaften Frankreichs und Englands waren durch diesen Krieg verarmt, denn die Waffenlieferungen von dritter Seite mussten bezahlt werden. Trotz der Handels- und Nachschubmöglichkeiten ging es ihnen nicht besser als Deutschland. Als reiner europäischer Krieg hätte der Erste Weltkrieg mit einem Unentschieden (dem Rückzug auf die vorherigen Grenzen) oder einem deutschen Sieg geendet.

Erst durch den Eintritt der USA in den Krieg erhielten Deutschlands Gegner das militärische Übergewicht. Entscheidend waren dabei nicht die "frischen" (= völlig unerfahrenen) amerikanischen Truppen, sondern deren reichlicher Nachschub. Die Lage an der Westfront war unhaltbar geworden; hätten die deutschen Generäle nicht am 9. November kapituliert, hätte das noch vielen Soldaten das Leben gekostet und mit der Besetzung Deutschlands geendet.

Was den 9. November 1918 jedoch zum tragischen Datum erhebt, ist die Diskrepanz zwischen den angekündigten Friedensbedingungen (den 14 Punkten des eigentlich entscheidenden Kriegsteilnehmers Wilson) und dem, was in Versailles wirklich ausgehandelt wurde. Hier schlug der Hass der Völker durch und es wurde der Weg in den Zweiten Weltkrieg geebnet.

Was hatten die Sieger von diesem Krieg? Die USA waren jetzt Weltmacht, aber wider Willen. Die Amerikaner zogen sich in den Folgejahren wieder auf ihren Kontinent zurück und überließen Europa den geschwächten und zerstrittenen Europäern.

England war nach dem Krieg formal mächtiger als je zuvor, hatte es doch den Löwenanteil der deutschen Kolonien bekommen. Doch der Gigant stand auf tönernen Füßen. Die Reichtümer des Empire, zusammengerafft durch Piraterie und Eroberung seit den Tagen der ersten Elisabeth, waren dahin. Das goldene, das viktorianische Zeitalter war vorbei und würde nie wieder kommen. Großbritannien hatte sich mit dem gewonnenen Krieg aus der ersten Liga verabschiedet, obwohl auf dem Papier alle Kriegsziele erreicht worden waren.

Frankreich hatte Elsaß und Lothringen wieder, doch der erhoffte Wiederaufstieg zur Weltmacht war ausgeblieben. Frankreich hatte an der Seite Englands gewonnen und musste dafür ebenso die Zeche zahlen wie seine Verbündeten. Nicht einmal die deutschen Reparationen reichten aus, um das Verlorene zu ersetzen.

Russland hatte gewissermaßen in zweiter Instanz gewonnen, nachdem es zunächst im Frieden von Brest-Litovsk seine Niederlage eingestehen musste. Die neue Sowjet-Regierung hatte jedoch lange genug taktiert und so die an der Westfront dringend vor dem Eintreffen der Amerikaner benötigten deutschen Truppen im Land gebunden. Die Zaren, die Rivalen Englands, waren vom Thron vertrieben und in Russland begann ein dunkles Zeitalter von Bürgerkrieg, Hungersnöten, Arbeitslagern und Erschießungen. Auch wenn die Sowjetunion schließlich zur Weltmacht aufgestiegen ist, die Russen mussten den höchsten Preis für Englands Krieg gegen Deutschland bezahlen.

1989

Ich habe weder den 17. Juni 1953 noch den Ungarn-Aufstand 1956 miterlebt, aber immerhin den Prager Frühling 1968. Ich wußte also 1989 was es heißt, wenn sowjetische Panzer rollen. Sicher, Michail Gorbatschow wirkte irgendwie anders als Breschnew oder gar Stalin, aber es war noch immer die Sowjetunion, jene Macht, vor der wir im Westen eine gewisse Furcht empfunden hatten.

Ich habe zwar 1989 nicht befürchtet, dass die Russen uns besuchen kommen, aber ich habe jeden Tag erwartet, dass die Panzer in die DDR rollen. Kurz zuvor waren ja ebenfalls Panzer gerollt, in Peking, in China. Ich habe die Menschen in Leipzig bewundert, die ich in den Nachrichten gesehen habe, die Zehntausende, die dort demonstriert haben.

Jeden Tag schienen es mehr zu werden, die es geschafft haben, in den Westen zu entkommen. Ich habe Genscher gesehen, wie er vom Balkon der westdeutschen Botschaft in Prag verkündet hat, dass die Botschaftsflüchtlinge ausreisen durften. Ich habe gesehen, wie Menschen mit dem, was sie auf dem Leibe trugen, aus Ungarn über die plötzlich geöffnete Grenze nach Österreich gelaufen sind.

Dann war auf einmal Honecker abgesetzt und Egon Krenz an der Macht. Ein neuer Mann, weil der Vorgänger zu mild geworden war? Ein Mann, der anpackt? Jedenfalls ein Mann, den ich nicht einschätzen konnte.

Ich habe jeden Tag darauf gewartet, dass die Panzer rollen, hilflos vor dem Fernseher sitzend.

Und dann war die Mauer offen!

Die ersten Trabanten sind über die Grenze gerollt, auf der Krone der Mauer, wo bisher geschossen worden ist, haben Menschen gesessen und gefeiert.

Und dann waren sie da, die Trabanten, jene winzigen Fahrzeuge, die ich bisher nur auf der Ostautobahn bestaunt und belächelt habe. Sie waren hier, in Würzburg, auf dem Residenzplatz. Unsere "Brüder und Schwestern", wie sie offiziell genannt worden waren, die späteren "Ossis".

Ich habe die DDR besucht, 1980, als sie noch "funktioniert" hat, als an der "Zonengrenze" ein barscher Ton herrschte, als sich jeder unwohl fühlte, der durch die DDR nach Westberlin fuhr. Und besonders schlimm war es in Ostberlin, wo einem das halbe Auto auseinandergenommen wurde, wenn man wieder heraus wollte.

Und dann waren die barschen, bärbeißigen Typen an der innerdeutschen Grenze plötzlich ganz locker. Keine Gesichtskontrollen mehr, keine Panzersperren, nicht mehr das Gefühl, dass gerade jemand auf einen zielt... Und kein Zwangsumtausch mehr, wenn man nach Ostberlin wollte. Von der kleinen Unannehmlichkeit, dass man einen der Übergänge benutzen musste, abgesehen, war es, als würde ich in Würzburg vom Stadtteil Pleich nach Grombühl gehen.

Nach dem 9. November 1989 war die Welt eine andere geworden. Plötzlich leuchtete eine friedliche, eine goldene Zukunft am Horizont. Ich habe damals Helmut Kohl geglaubt, als er von blühenden Landschaften sprach, denn genau die habe auch ich erwartet. Oh ja, ich habe in Ostberlin die ersten Anzeichen der "Besserwessis" gesehen, der Ausbeuter, die "Umtausch 1:1" versprachen, um damit langfristige Sparverträge zu verkaufen.

Ich habe ein neues Wirtschaftswunder erwartet, einen Wiederaufbau, der direkt vor unserer bisherigen Haustür stattfindet, bei dem in Magdeburg, Halle und Dresden die modernsten Maschinen stehen und wir im Westen hinterher hecheln müssen, um den Anschluss an das neuen Zentrum der deutschen Wirtschaft nicht zu verlieren. Und ich selbst habe mich gefragt, ob ich in zehn Jahren noch qualifiziert genug sein würde, um in Leipzig arbeiten zu dürfen.

Es war eine Zeit der Hoffnung und es folgte eine Zeit der enttäuschten Hoffnungen. Nur eines hat sich bewahrheitet: Ich bin heute nicht mehr qualifiziert genug, um in Leipzig zu arbeiten oder in München und Frankfurt, denn ich habe die 50 überschritten und gehöre damit zum abgeschriebenen alten Eisen, nicht mehr leistungsfähig. Als Pferd bekäme ich den Gnadenschuss...

Diesen Gnadenschuss hat man ab 1991 dem Osten verpasst. Hier wurde nicht aufgebaut, hier wurde kolonialisiert. Der Osten wurde zur Falle der Gutgläubigen, sowohl der ostdeutschen Arbeiter, als auch der Westdeutschen, die dort Eigentumswohnungen gekauft hatten. Die "Errungenschaften des Sozialismus" wurden unter die Finanzhaie geworfen, zur allfälligen Bedienung. Und damit noch mehr abgeschöpft werden und in die Taschen der Vereinigungsgewinnler fließen kann, wurden die Solidaritätszuschläge eingeführt.

Der neue Osten war gut genug, um CDU und deren Kanzler zu wählen, er eröffnete ein Betätigungsfeld für abgeschobene Westpolitiker, aber niemand wollte ihn wirklich aufbauen. Helmut Kohl zog sich ab 1991 aufs Altenteil zurück und ließ die Weltgeschichte an sich vorbeilaufen. Gerhard Schröder feierte zulange, Kanzler zu sein, um dann, als er wirklich Kanzler werden wollte festzustellen, dass ihm die Macht unter den Händen zerronnen war. Und Angela Merkel? Ob diese Dame jemals lernen wird, was es heißt, Kanzlerin zu sein, bezweifle ich.

Der 9. November 1989 war ein schicksalhafter Tag. Er bezeichnet das Datum der Wende, der Wende zum schlechteren. Es liegt nicht daran, dass die Mauer eingerissen wurde, es würde auch nicht genügen, die Mauer wieder aufzubauen, womöglich fünf Meter höher.

Die Wiedervereinigung war nicht mehr zu verhindern gewesen, damals, 1989. Das hat Helmut Kohl nicht verstanden, das war sein großer, unauslöschlicher Fehler. Er glaubte, die Wiedervereinigung erkaufen zu müssen, indem er die letzten Symbole der nationalen Souveränität opfert: die eigene Währung und die eigene Verfassung. Das Grundgesetz war überholt, nach Artikel 146 hätte sich das deutsche Volk eine neue Verfassung geben müssen, die es ersetzt. Statt dessen wurde seine Gültigkeit ausgeweitet, bis es zu Gunsten einer dem deutschen Volk aufgezwungenen europäischen Verfassung entschwindet.

Der 9. November 1989 leitete das Ende der DDR ein, steht in den Geschichtsbüchern, aber er markiert auch das Ende der BRD. Das, was den Westen einst ausgemacht hatte, wurde geopfert, nicht auf dem Altar der Wiedervereinigung, sondern auf dem Altar des Götzen Mammon. Wirtschaftlich wurde die DDR okkupiert, doch politisch die BRD eingegliedert.

Der vereinigte Staat nennt sich Demokratie, so wie seine beiden Vorgänger sich selbst als Demokratien verstanden haben. Doch das Volk ist von allen Entscheidungen ausgeschlossen, es ist entrechtet und einer Oligarchie ausgeliefert. War es in der DDR eine einzige Partei, so sind es in der BRD mehrere Parteien, doch die Macht ist eine geschlossene Gesellschaft geblieben, fern und über den Köpfen der Bürger etabliert.

Wir brauchen nicht das Wahlergebnis von Erich Mielke, wenn nur handverlesene Leute des Systems zur Wahl stehen, stromlinienförmige Parteifunktionäre, teflonglatt, damit an denen nichts haften bleibt, was immer man ihnen vorwerfen mag.

Am 9. November 1989 hat die DDR gewonnen, ohne einen Schuss abzufeuern. Die bürgerlichen Freiheiten des goldenen Westens sind seit diesem Datum immer weiter ausgehöhlt worden. Die neue DDR ist kapitalistisch, sie folgt den Gesetzen des Manchester-Kapitalismus, die bei Karl Marx nachgelesen werden können. Arbeiter werden ausgebeutet und bei Bedarf auf die Straße gesetzt, während sich die Profiteure immer schamloser die Taschen füllen.

Die alte DDR war dagegen ein Volksheim gewesen, in dem der Staat zwar alles überwacht, aber auch für alle gesorgt hatte. Die alte DDR hatte sich bemüht, alle mitzunehmen, mit offener Propaganda und klarem Ziel, dem Aufbau des Sozialismus'.

Der politische Paragraph in unserem Strafrecht, 130, wurde seitdem immer verwaschener und zugleich immer bedrohlicher formuliert. Die Gesinnungskontrolle funktioniert, wie damals in der DDR. Es ist nicht die Staatssicherheit, die einen heimsucht, sondern die normale Polizei, welche die Bürger eigentlich vor Verbrecher zu beschützen hätte. Der neue Staat hat die Gesinnungsschnüffelei des einen Teils mit der vorgeblichen Rechtsstaatlichkeit des anderen Teils kombiniert und so eine Neuauflage der mittelalterlichen Inquisition geschaffen. Zwar gibt es keine Scheiterhaufen mehr, auch "Bautzen" oder "Dachau" stehen nicht mehr für die Repressionen des der steuerfinanzierten Meinungskontrolle, dafür blüht das Denunziantensystem wie zu besten Blockwart-Zeiten.

Der staatsoffizielle "Antifaschismus" der DDR feiert in der heutigen BRD fröhliche Urstände. Mit der gesellschaftlichen Wirklichkeit hat dieser Antifaschismus nichts zu tun, die tatsächlich existierenden (Neo-) Nazis haben politische Macht der vereinigten Briefmarkensammler. Als das große Schreckgespenst, als der jederzeit an die Wand gemalte Teufel, lässt sich der "Faschismus" jedoch trefflich instrumentalisieren. Wir sind ja so bedroht und müssen deshalb alle zur Regierung stehen, zum antifaschistischen Block der staatstragenden Parteien.

Die neue DDR, die DDR 2.02, früher bekannt als wiedervereinigte BRD, benutzt die Propaganda subtiler, doch genauso penetrant. Wer nicht spurt, wird ausgegrenzt und fallengelassen. Der staatliche Druck auf alle erhöht sich und wer es kann, verlässt das Land. Oh, an der Grenze wird nicht mehr geschossen, jeder kann ausreisen – doch wohin? Es gibt keinen goldenen, verlockenden Westen mehr, der wurde am 9. November 1989 mit abgeschafft.

Dem 9. November 1918 folgte das "Schanddiktat von Versailles", die Ausplünderung und Entrechtung Deutschlands. Dem 9. November 1989 folgte der 2+4-Vertrag, mit der Ausplünderung und Entrechtung Deutschlands. Ja, Francois Mitterand hat es damals ausgeplaudert: Das ist Versailles ohne Krieg.

Falls Ihnen der 9. November jetzt unheimlich erscheint, schalten Sie Ihren Fernseher ein und schauen Sie eine aufmunternde Dokumödie an, von Guido Knopp und dem MiniWahr. 1918 und 1989 hat Deutschland mehr gelitten als 1923 und 1938. Also, viel Vergnügen bei dem, was Ihnen darüber vorgeführt wird. Es ist nicht ganz so schrecklich wie die Wahrheit.

Nachtrag

Die Bürger der ehemaligen DDR sind nicht daran schuld, dass der 9. November 1989 derart schlimme Folgen zeitigte, das haben die Politiker aus dem Westen ganz allein vergeigt. Damals wäre eine gute Gelegenheit gewesen, Rückgrat zu zeigen. Wir hätten Staatsmänner gebraucht, aber wir haben nur Politiker gehabt.

Versailles

**Man muss das Wahre immer wiederholen,
weil auch der Irrtum um uns her immer wieder gepredigt
wird und zwar nicht von einzelnen,
sondern von der Masse, in Zeitungen und Enzyklopädien,
auf Schulen und Universitäten.
Überall ist der Irrtum obenauf,
und es ist ihm wohl und behaglich im Gefühl
der Majorität, die auf seiner Seite ist.**

Goethe zu Eckermann

Versailles steht nicht nur für ein Lustschloss eines verschwenderischen Räuberkönigs, sondern auch für einen Friedensvertrag mit bis dato in den letzten 2.000 Jahren einmaliger Gemeinheit. Dieser Vertrag wurde Deutschland von Nationen aufgezwungen, die sich heute als unsere Freunde bezeichnen. Für den Vertrag von Versailles wird heute noch von deutscher Seite an diese so genannten Freunde bezahlt. Eine Abbitte für dieses Vertragswerk oder gar eine Wiedergutmachung wurde nie in Erwägung gezogen, geschweige denn geleistet.

Man wußte bereits bei Abschluss dieses Vertrages, dass er unweigerlich zum nächsten Krieg führen musste, doch das nahm man billigend in Kauf, war man sich doch sicher, dass dann das nächste große Inkasso gegen Deutschland stattfinden würde. Ohne dieses Vertragsdiktat hätte es keinen Hitler, keinen zweiten Weltkrieg und keinen Holocaust gegeben. Geschichte ist selten schwarz-weiß, gut-böse oder monokausal, doch wenn ein Vertragswerk überhaupt den reinen Geist des Bösen in Worte gefasst hat, dann ist es dieser Vertrag von Versailles.

Die britische Hetze gegen Deutschland, die letztlich zum ersten Weltkrieg führte, begann am 2. September 1870, mit der Kapitulation des französischen Kaisers in Sedan. Elsaß und Lothringen, die vom Deutschen Reich 1871 annektiert wurden, sind ehemals deutsche Gebiete, die unter Ludwig XIV. von Frankreich annektiert wurden. Trotzdem wurden sie in der Folgezeit zum Objekt der Begierde des französischen Revanchismus.

1897 wurde zwischen England, Frankreich und den USA ein geheimes "Agreement" abgeschlossen, das den 1. Weltkrieg vorbereitet hat. Für die Unterstützung im zukünftigen Krieg gegen Deutschland erhielten die USA freie Hand gegen die spanischen Besitzungen in der Karibik. Ziel dieser Vereinbarung war es unter anderem, die deutsche Wirtschaftsmacht auf dem Weltmarkt auszuschalten.

Dank dieser Vereinbarung erfolgte mit englischer und französischer Billigung die Invasion und Annexion Kubas durch die USA im Folgejahr 1898, nach dem "Maine-Zwischenfall". Damals flog das amerikanische Schlachtschiff Maine in einem kubanischen Hafen durch eine Kesselexplosion oder eine Sprengung von innen in die Luft. Obwohl schon 1898 erhebliche Zweifel an der amerikanischen Darstellung bestanden, dass dies ein Anschlag von außen gewesen sei, diente die Maine als Vorwand für den Krieg gegen Spanien. Ähnlichkeiten mit dem 11. September 2001 sind natürlich rein zufällig.

1904 wurde die Entente Cordiale zwischen England und Frankreich offiziell geschlossen, der Russland als weiterer Bündnis- und Einkreisungspartner beigetreten ist. (Triple-Entente) Deutschland blieb als einziger verlässlicher Bündnispartner Österreich-Ungarn und als unsicherer Kantonist Italien, das im Krieg alsbald die Seite wechselte. 1907 war die Einkreisung abgeschlossen. Ich bin bislang nur auf eine Quelle gestoßen, die berichtet, dass das Attentat von Sarajewo auf den österreichischen Thronfolger direkt vom französischen Geheimdienst vorbereitet wurde, aber es passt wunderbar ins Schema.

Es wird immer wieder behauptet, dass Deutschland in den Jahren vor 1914 eine beispiellose Aufrüstung betrieben habe. In Wahrheit hat das Reich nur nachgezogen. Die Friedensstärke des französischen Heeres übertraf die des deutschen um vier Prozent (nach einer anderen Quelle sogar um 20 Prozent), die des russischen um 60 bzw. 115 Prozent. Frankreich hatte die dreijährige Wehrpflicht eingeführt und rigoros alles eingezogen, was eine Waffe halten konnte, während im Deutschen Reich nur etwa die Hälfte der Wehrpflichtigen tatsächlich eingezogen wurde.

Die alliierten Kriegspläne waren ausgearbeitet, bis hin zu einer von britischen Schiffen gedeckten und durchgeführten russischen Landung an der deutschen Ostseeküste. Dieser Plan kam nicht zur Ausführung, da zuvor die Deutsche Hochseeflotte ausgeschaltet werden musste. Dies erschien den Briten trotz mehr als doppelter Überlegenheit zu riskant und zu kostspielig. Statt dessen wurde der Bündnispartner Russland von Anfang an im Stich gelassen und eine völkerrechtswidrige (und, da man keine

Schiffe riskierte, weitaus preisgünstigere) Hungerblockade der deutschen Seewege durchgeführt.

In den letzten Juli-Tagen versuchte die kaiserliche Regierung verzweifelt, den Frieden zu erhalten, während die Feinde Deutschlands längst die Generalmobilmachung vorbereiteten. Auch hier musste Deutschland schließlich nachziehen. Deutschland hatte durch einen Krieg nichts zu gewinnen, es profitierte vom Frieden und hatte sich in diesem Frieden bestens eingerichtet, weitaus besser als die absinkenden Weltmächte Frankreich und England, die den Höhepunkt ihrer Entwicklung bereits überschritten hatten.

Trotz dieser massiven Kriegsvorbereitungen wurde von den späteren Siegermächten im Versailler Vertrag die Alleinschuld des Deutschen Reiches am ersten Weltkrieg festgeschrieben, eine Propagandalüge, die noch immer Bestandteil des Schulunterrichts ist – und der Dokumödien des bekannten Geschichtsverfälschers Guido Knopp.

Nebenbei, wie bei solchen Vertragspartnern üblich weinte niemand dem Zaren und dem durch die Revolution zerstörten Mitverschwörer Russland eine Träne nach. Millionen Hungertote und Zwangsarbeiter haben nie jemanden interessiert, das war eine innere Angelegenheit Russlands, in die man sich nicht einmischt.

Der Versailler Vertrag bestimmte diverse "Gebietsabtretungen", natürlich das von den französischen Revisionisten gewünschte Elsaß-Lothringen, darüber hinaus (unvollständige Aufzählung) Westpreußen und Posen sowie Oberschlesien an Polen, Eupen-Malmedy an Belgien und Kiautschou an Japan. Die deutschen Kolonien, das Saargebiet und Danzig wurden unter das Mandat des Völkerbundes gestellt (und damit de facto an Franzosen und Polen übergeben).

Um die künftige Wehrlosigkeit des Deutschen Reiches zu garantieren, wurde die Heeresstärke auf 100.000 Mann mit 4.000 Offizieren, 102.000 Gewehren und 40,8 Millionen Patronen festgelegt. Der Marine wurden 15.000 Mann mit 6 Panzerkreuzern, 6 leichten Kreuzern und 12 Torpedobooten zugestanden. U-Boote, Panzer, Schlachtschiffe und die komplette Luftwaffe wurden verboten. Außerdem wurde die Wehrpflicht untersagt.

Zur Beute der Siegermächte wurden alle Handelsschiffe über 1.600 Bruttoregistertonnen, sowie die Hälfte aller Schiffe zwischen 1.000 und 1.600 BRT. Das bedeutete, dass der größte Teil der deutschen Handelsflotte abzuliefern war. Außerdem forderten die Alliierten ein Viertel der Tonnage der deutschen Fischereiflotte.

Natürlich wurde auch eine Entschädigung in Naturalien gefordert. Frankreich sollte fünf Jahre lang pro Jahr bis zu 20 Millionen Tonnen Kohle erhalten und fünf weitere Jahre je 8 Millionen Tonnen. Belgien bekam je 8 Millionen Tonnen für 10 Jahre, das übergelaufene Italien insgesamt 78 Millionen Tonnen Kohle.

Die Reparationen sollten erst auf einer zusätzlichen Konferenz festgelegt werden. Für die Jahre 1919 und 1920 begnügte man sich mit einer "Abschlagszahlung" von 20 Milliarden Goldmark (= 7.168 Tonnen Gold, nach heutigen Goldpreisen von 700 Euro/Unze 161,4 Milliarden Euro). Zum Vergleich: die gesamten französischen Reparationen des Krieges 1870/71 betrugen 5 Milliarden Goldfranc (= 1.450 Tonnen Gold / 32,64 Milliarden Euro).

Kaufkraftvergleiche anzustellen finde ich nicht sinnvoll, denn für die Kaufkraft müsste ich Warenkörbe zugrunde legen. Was solche Warenkörbe bedeuten, sieht man heute eindrucksvoll an persönlichen Preisvergleichen und der offiziellen Inflation. Eine Dose Coca-Cola, 0,5 Liter, kostete im Jahr 2000 (vor dem unglückseligen Dosenpfand) 49 Pfennig. Bei der offiziell zugegebenen Inflation von 2 Prozent pro Jahr sollte sie heute 56 Pfennig oder 29 Euro-Cent kosten. Tatsächlich kostet heute eine 0,33-Liter-Dose 39 Cent. Das ergibt eine "gefühlte Inflation auf den Coca-Cola-Index" von 10,5% pro Jahr.

Zum Glück habe ich mit dem Gold einen wunderbaren Indikator, der eine leichte Umrechnung erlaubt. Die Goldmark entspricht 0,35842 Gramm Gold. Die Deutsche Mark der 50er Jahre (Adenauer-Zeit, Vertrag von Bretton Woods) entspricht 0,22286 Gramm Gold, der Euro ist heute nicht goldgedeckt, aber bei einem aktuellen Kilo-Preis von 22.500 Euro entspricht der Euro am heutigen Tag 0,04444 Gramm Gold. Der heutige Euro hat demnach den Wert von 20 Pfennig nach dem Stand meines Geburtsjahres 1957.

Falls jetzt noch jemand fragen sollte, warum Gold – das gelbe Metall hat sich als Zahlungsmittel über 2.500 Jahre hinweg bewährt. In dieser Zeit ist jedes Papiergeld entweder vollständig oder zumindest radikal entwertet worden. Die Inflation erfolgte nicht immer dramatisch (wie in Deutschland 1923 infolge des Versailler Vertrags), dafür stetig und "schleichend". Obwohl der Dollar nominal derselbe ist wie vor hundert Jahren, hat er nur noch zwei Prozent seines damaligen Wertes.

Betrachten wir die weitere Entwicklung der Reparationsforderungen:

Im Juni 1920 wollten die Alliierten auf der Konferenz von Boulogne 296 Milliarden Goldmark in 42 Jahresraten. (= 106.000 Tonnen Gold, entsprechend 2.385,8 Milliarden Euro. Um einen Vergleich zu haben: die

Gesamtmenge des jemals geforderten Goldes beträgt etwa 130.000 Tonnen und die aktuelle Höhe der Staatsschulden der BRD 1.600 Milliarden Euro.) Die Zahlungen hätten demnach bis 1962 andauern sollen. Das entspricht 56,8 Milliarden Euro pro Jahr.

Die Konferenz von Paris vom 24.-29. Januar 1921 legt die deutsche Leistung auf 269 Milliarden Goldmark fest, zahlbar in 42 Jahresraten. Die Zahlungen sollten wieder bis 1962 andauern, aber "nur" 51,6 Milliarden Euro im Jahr. Am 24. April wird die Zahlung schließlich auf gnädige 132 Milliarden Goldmark ermäßigt, zahlbar in 66 Jahresraten. Das bedeutet, dass die Zahlungen bis 1987 andauern sollen. Das entspricht 47.300 Tonnen Gold oder runden 1.065 Milliarden Euro und damit fast zwei Dritteln des derzeitigen Schuldenstands der Bundesrepublik.

Verteilt auf all diese Jahre entspricht das einem Reparationsdienst von 11,17 Milliarden Euro pro Jahr, die an England, Frankreich, Belgien, Italien usw. bezahlt werden, also ganz grob an die Länder der EU. Dank der letzten Merkel-Zugaben (zusätzliche zwei Milliarden pro Jahr) beträgt unsere EU-Netto-Zahlung aktuell 12 Milliarden Euro pro Jahr und entspricht somit dem Versailler Vertrag.

Wie sagte Frankreichs Mitterand angesichts des Maastricht-Abkommens zur Aufgabe der D-Mark? Das ist Versailles ohne Krieg! Ja, das lässt sich durchaus nachvollziehen.

Blättern wir im Geschichtsbuch, dann finden wird, dass der böse Adolf die Zahlungen laut dem Versailler Vertrag 1934 eingestellt hatte (Vertrag von Lausanne, 3 Milliarden abschließende Zahlung). Insgesamt wurden nach dem Versailler Vertrag 68 Milliarden Goldmark bezahlt. (24.372,5 Tonnen Gold oder 548,6 Milliarden Euro)

Das entspricht einer durchschnittlichen Zahlung von 39 Milliarden Euro pro Jahr der Weimarer Republik. Das liegt in der Größenordnung des Schuldendienstes (42,40) im Bundeshaushalt (Zahlen vom abgeschlossenen Haushaltsjahr 2008 / Gesamthaushalt 290,0 Mrd.) und liegt klar unter den Ausgaben für Arbeit und Soziales (123,59 Mrd.). D.h., der Versailler Vertrag würde für die BRD einer Verdoppelung des Schuldendienstes entsprechen. Was für die heutige Bundesregierung so eben noch erträglich aussieht, war es für die deutlich finanzschwächere Weimarer Republik jedoch ganz und gar nicht.

Greifen wir auf den als äußerst segensreich beschriebenen Marshall-Plan zurück, der den Wiederaufbau Europas nach dem zweiten Weltkrieg ermöglicht hat (lernt man in der Schule). Natürlich haben die Amerikaner in damals guten, goldgedeckten Dollars gezahlt. Aber rechnen wir lieber in heutigen, schwächelnden Euro. Wie viel Geld, denken Sie, wurde insgesamt im Marshall-Plan bezahlt? 10 Milliarden? 50 Milliarden? 100 Milliarden? An (West-) Deutschland allein oder an ganz Europa?

Nun, es waren 16,2 Milliarden Dollar, davon 1,5 Milliarden an Deutschland, verteilt über vier Jahre. In heutigem Geld (über dem damaligen Gold-preis von 35 USD / Unze gerechnet): 324 Milliarden Euro für ganz Europa und 30 Milliarden Euro für Deutschland. Frankreich und England haben mehr als das Doppelte bekommen, plus die Reparationen, die beide Staaten auch nach dem zweiten Weltkrieg aus dem zerstörten Deutschland herausholten (zumeist in Form von Demontagen).

Ich will hier nicht den durchaus segensreichen Marshall-Plan schlecht reden, sondern dieses Geld in Relation setzen zu den Reparationen nach dem Versailler Vertrag. Sechs Milliarden Euro pro Jahr von 1947 bis 1950 (die später zurückgezahlt wurden) legten den Grundstein für den wirtschaftlichen Wiederaufstieg der Bundesrepublik Deutschland. Die Weimarer Republik hingegen hat pro Jahr 39 Milliarden Euro BEZAHLT, also das Sechseinhalbfache und nicht nur vier, sondern vierzehn Jahre lang!

Ich denke, vor diesem Hintergrund begreift man, welch schwere Hypothek dem damaligen Deutschen Reich auferlegt wurde, zugleich mit Handelsbeschränkungen und Naturalabgaben. Damit musste die Demokratie scheitern und der Weg in den zweiten Weltkrieg wurde geebnet.

Bezeichnend dabei ist, dass jene 30 Milliarden Euro des Marshall-Planes Deutschland derart auf die Beine geholfen haben, dass die kleine Rest-BRD recht schnell die industrielle Kapazität des alten Gesamtreiches übertroffen hat, während die weitaus größeren Zahlungen des Versailler Vertrages nicht ausgereicht hatten, um Frankreich oder England auf jenen Stand zu bringen, den beide vor dem ersten Weltkrieg besessen hatten.

Durch die Annexion der deutschen Kolonien und Teile des Osmanischen Reiches erlangte das Britische Empire 1920 seine größte Ausdehnung. Trotzdem war Großbritannien als globale Macht zu diesem Zeitpunkt bereits hinter die USA zurückgefallen. Frankreich hatte sich nicht nur Elsaß-Lothringen zurückgeraubt, sondern sich ebenfalls am deutschen Kolonialbesitz und vormals türkischem Land bereichert, trotzdem ging es den Franzosen 1930 schlechter als 1913.

Weder der von ihnen begonnene Krieg, noch die anschließende Ausplünderung Deutschlands haben den Siegermächten einen Vorteil gebracht. Deshalb steht am Anfang dieses Textes das Zitat von Goethe.

Deutschland zahlt noch immer Anleihen zurück, die damals aufgenommen wurden, um die Reparationen aus dem Versailler Vertrag bezahlen zu können. Die Zahlungen erfolgen in Millionenhöhe, sind also vergleichsweise gering. Sie werden allerdings bis 2020 andauern, volle hundert Jahre.

Der Versailler Vertrag hatte jedoch, trotz aller ihm innewohnenden Bosheit, einen großen Vorteil: Sowohl die Summe als auch das Ende der Zahlungen waren darin festgelegt. Bei allen darin enthaltenen Ungerechtigkeiten war der erste Weltkrieg damit abschließend geregelt.

Ein gewisser Konrad Adenauer hat versucht, mit Israel ein ähnliches Übereinkommen zu treffen. Er war bereit, 14 Milliarden Mark (entsprechend 3.120 Tonnen Gold oder 70 Milliarden Euro) als endgültige und alle Ansprüche abgeltende Wiedergutmachung an Israel zu leisten. Israel hat das gerne angenommen und war damit einverstanden. (Quelle: DER SPIEGEL)

Alle Nachfolger Adenauers als Bundeskanzler haben sich an den "endgültigen und abschließenden" Teil dieser Zahlung nicht mehr erinnert und weitere "Wiedergutmachung" geleistet, in den unterschiedlichsten Formen, durchaus auch als Waffenhilfe. Zum Dank dafür erklärt "man" uns bei jeder Gelegenheit, dass Geld dieses Verbrechen nicht ausgleichen könne. Das ist richtig, warum versuchen wir es dann noch?

Die Reparationen nach dem zweiten Weltkrieg waren deutlich geringer als nach dem ersten. Zumindest jene Zahlungen, die als Reparationen deklariert wurden. Dafür ist Deutschland seit der Gründung der EWG Nettozahler. Am Anfang haben wir fünf andere Staaten alimentiert, jetzt sind es schon 26 Staaten. Anders als im Vertrag von Versailles sind die Zahlungen weder in ihrer Höhe noch in ihrer Dauer festgelegt.

Die Zahlungsempfänger sind nicht etwa dankbar dafür, sondern sie stellen Ansprüche und Forderungen, wie man spätestens bei dem Beitritt der DDR gesehen hatte. Vor allem Frankreich, dessen Großbauern von Anfang an kräftig in die Töpfe der EWG gegriffen haben, bestand auf der Abschaffung der Mark. So verhalten sich keine Freunde, so verhalten sich Siegermächte. Und ein willfähriger Kanzler hat ohne zu zögern dem "Versailles ohne Krieg" zugestimmt. Zweifellos wird das in einigen Jahren Kohls Platz in der Geschichte bestimmen.

Deutschland hat nicht nur die Gelder des Marshall-Planes vollständig zurückbezahlt, es hat auch seit seiner Gründung Besatzungskosten entrichtet. Deutschland hatte amerikanische, englische und französische "Schutztruppen" im Land und das Deutschland etwas weiter östlich sowjetische Schutztruppen. Natürlich wurde das mit dem kalten Krieg begründet, aber diese Truppen stehen immer noch im Land. Wenn "wir" Schutz vor Russland brauchen, sollten die in Ostpolen stehen und nicht in Westdeutschland.

Versailles war ein Vertrag zur Ausplünderung und zur Niederhaltung Deutschlands. Aber der Vertrag hatte auch ein paar positive Aspekte: er beendete den Kriegszustand und er gab Deutschland ein weitaus höheres Maß an Souveränität zurück, als wir sie heute haben.

Solange Hitler auf allen Fernsehkanälen flimmert, solange wir in Deutschland Denk-, Rede- und Meinungsverbote haben, solange wir für Hollywood die Lieblingsfeinde und Oberverbrecher sind, solange ist der zweite Weltkrieg nicht beendet. Der Zustand, in dem die meisten von uns aufgewachsen sind, den die meisten von uns als "schon immer so gewesen" bezeichnen, ist nicht die Normalität.

Scheinbar geht es uns gut, scheinbar sind wir ein souveräner Staat, doch kratzt man ein wenig an der Oberfläche, stellt sich heraus, dass die Wirklichkeit eine ganz andere ist. Vielleicht brauchen wir ein neues Versailles - natürlich unter Berücksichtigung dessen, was wir seit dem Ende des zweiten Weltkrieges bereits an Abschlägen geleistet haben. Denn das sind längst mehr als die 68 Milliarden Goldmark (548,6 Milliarden Euro), die uns Versailles gekostet hat.

Die 300-Jahres-Verschwörung

Lassen Sie mich Sie gleich zum Anfang beruhigen: Was Sie hier lesen, ist die Fiktion eines Romanautors. Nichts anderes als "Das Sakrileg" oder "Illuminati" oder "Der da Vinci Code". Es ist nichts weiter als eine hoffentlich unterhaltsame Räuberpistole über ein paar allgemein bekannte Fakten. Es gibt keine Recherchen, keine Beweise, nur diesen Text und das, was in den Geschichtsbüchern steht.

Ein Roman hat eine Prämisse, einen Ausgangspunkt, in früheren Zeiten sogar des öfteren eine Moral. Wählen wir uns eine unschöne Prämisse, also eine mit Bestseller-Qualitäten. Allerdings ist sie nicht neu, sie wurde bereits mehrfach für reißerische Bücher ausgeschlachtet. Also, unsere Weltgeschichte, die Kriege der letzten Jahrhunderte, die Völkervernichtungen und ethnischen Säuberungen haben alle eine gemeinsame Ursache: bösartige Leute im Hintergrund, die das alles als Verschwörer gesteuert haben.

Aber das wäre noch immer Schnee von gestern. Damit das alles ein wenig spannender wird, sind die Drahtzieher noch immer kräftig dabei, ihren Plan auszuführen. Deshalb steuern sie uns in einen dritten umfassenderen Weltkrieg. Aus dem Chaos, das dabei erzeugt wird, erschaffen sie eine neue Ordnung, ihre Ordnung, bei der wir alle, so wir überleben, zu Sklaven der Mächtigen geworden sind.

Natürlich brauche ich für meine Verschwörungsgeschichte glaubhafte Akteure. Ein Verein von Briefmarkensammlern eignet sich dafür leider nicht, selbst einen Golfclub nähme man mir nicht ab. Also nehme ich jene, die alle anderen auch nehmen: die Freimaurer. Wieso tun die auch so geheimnisvoll mit ihren Logen, Erkennungs- und sonstigen Symbolen?

Zugegeben, die Freimaurer werden sehr oft als Verschwörer genannt. Natürlich könnte ich hier auch die Rotarier oder den Lions Club anführen, oder den Pen Club. Es eignet sich grundsätzlich jede international tätige Gemeinschaft, die eine gewisse Exklusivität pflegt. Also auch die Inhaber der American Express Kreditkarte. Aber ich bleibe bei den Freimaurern, die sind das gewohnt und ehe sie mir wegen Nichtbeachtung böse sind, führe ich sie hier an.

Die Freimaurer sind jedoch nur der äußere Grad, die Mannschafts-Dienstgrade der Weltverschwörung. Mindestens 95% der Freimaurer tun genau das, was man auf deren offiziellen Seiten im Internet nachschlagen kann:

Es sind humanitäre Vereinigungen, die ein paar alte Traditionen pflegen und sich statt am Stammtisch in ihrem Logenheim treffen (das sie "Tempel" nennen). Von Verschwörungen wissen sie nichts, ja die allermeisten von ihnen werden nie in ihrem Leben etwas zu dieser großen Verschwörung beitragen.

Ich benutze einmal ein anderes Bild: Die große Verschwörung ist kein Puzzle, sondern ein Mosaik, aus einer Million Steinchen. Anders als beim Puzzle sind die Mosaiksteinchen einfarbig und nichts, aber auch gar nichts deutet darauf hin, wo ein solches Steinchen hingehört und welches Bild sich daraus ergibt. In diesem Bild sind die Freimaurer der Kitt, der Gips zwischen den einzelnen Steinchen, der diese festhält aber sonst nichts zum Mosaik beiträgt.

Die Freimaurer bilden das Rekrutierungspotential für die nächste Stufe, außerdem sammeln sie Informationen. Hin und wieder erledigen sie kleine, unwichtige Aufträge, ohne zu wissen wofür. Der einzelne Freimaurer wird beobachtet... Oh nein, nicht jeder. Wenn ein Fünftel der Freimaurer überhaupt begutachtet wird, wäre das schon unglaublich viel. Wenn Ihr Nachbar da im schwarzen Anzug mit diesem weißen Schutz herumläuft und gelegentlich etwas vom großen Baumeister aller Welten erzählt, er ist trotzdem harmlos und meint das, was er sagt, durchaus ernst.

Aus den gewöhnlichen Freimaurern rekrutieren sich die "Hochgrade". Der übliche Freimaurer ist Lehrling, Geselle und schließlich Meister, das war es dann. Aber sein Logenbruder, den er seit 20 Jahren kennt, und dem er vertraut, ist nicht nur "Meister", sondern "Ritter Kadosh" oder "Prinz von Jerusalem". (Die Titel bitte ich bei Interesse selbst nachzuschlagen, sie sind durchaus phantasievoll.) Wer sich im Mannschaftsdienstgrad bewährt hat, wird Unteroffizier - und wer sich bei den normalen Freimaurern ("Johannislogen") bewährt hat, darf bei den Hochgraden mitmachen.

Aha, jetzt aber... Nein, noch nicht. Auch bei den Hochgraden gibt es Leute, die das, was man sich einst von ihnen versprochen hatte, nicht gehalten haben. Denen klopft man auf die Schulter, bildet sie fleißig in den Geheimnissen der hohen Grade aus und schiebt sie auf ein Abstellgleis, wo sie sich als "Geheimnisträger" tummeln dürfen.

Zwar arbeiten nur relativ wenige Hochgrade an der Weltverschwörung, aber diese Organisation lädt geradezu ein, sie zu missbrauchen. Der normale Freimaurer ist verlässlich und verschwiegen, der "richtige" Freimaurer in den Hochgraden ist noch weitaus verlässlicher und verschwiegener. Da nimmt man gerne den Filialdirektor der Deutschen Bank, einen Abteilungsleiter von Mercedes und einen Redakteur der FAZ. (Die Unternehmen sind austauschbar, wer ein anderes haben möchte, möge das bitte tun.)

Man nimmt junge Leute, die das Potential zum Aufstieg haben. Natürlich gibt es auch die Älteren in dieser Geheimloge, die schon in guten Positionen sitzen und die Jungen fördern können. Wenn die Hochgrad-Loge ein kleines Projekt durchführen möchte, dann trommelt der Logenbruder bei der FAZ dafür. Der Logenbruder bei Mercedes gibt eine großzügige Firmenspende an geeignete Politiker und der Logenbruder von der Deutschen Bank sorgt dafür, dass Kredite fließen. Nur mal so als Beispiel.

Diese netten Geheimlogen gehören noch immer zum Fußvolk der Weltverschwörung. Bestenfalls kennen sie einen einzigen Mosaikstein, wissen, dass dieser Schwarz, Grün oder Gelb ist. Das war es dann auch. Aber trotzdem werden auf dieser Ebene einträgliche Geschäfte abgewickelt. Und natürlich Preise vergeben. Wenn also irgendein Unbekannter einen renommierten Preis erhält, der mit ein paar tausend Euro dotiert ist, dann ist das eine kleine Gefälligkeit unter Logenbrüdern. Man kennt sich, man hilft sich und man ist sich gegenseitig verpflichtet. Das klappt alles wunderbar. (Sagt Ihnen die Geheimloge "P2" etwas? Ja, damals in Italien...)

Wenn Sie Bundespräsident werden wollen, oder Vorstandsvorsitzender, dann schadet es bestimmt nicht, einer Geheimloge anzugehören. Aber denken Sie daran, dass das eine Hilfe auf Gegenseitigkeit ist, denn sonst könnte es zu einem kleinen Unfall kommen, zum Beispiel einem Fallschirm, der sich nicht öffnet...

Zu den "Hochgraden" gehören diverse interessante Vereinigungen, also alles, was in der Verschwörungsszene Rang und Namen hat. Da wären die Bilderberger, das Council of Foreign Relations, die Trilaterale Kommission und natürlich die Superloge B'nai B'rith. Ja, auf dieser Ebene, nicht höher. Weil alle derartigen Vereinigungen, von denen "man" hört, nicht wirklich zur Führung der Weltverschwörung gehören. Ich wäre schließlich ein schlechter Schriftsteller, wenn jeder Passant auf der Straße meine streng geheim operierenden Oberschurken benennen könnte.

Ja, als "Hochgrad" sind Sie unglaublich wichtig... denken Sie zumindest. Und Sie dürfen sich auch diebisch darüber freuen, dass die Logenbrüder der allgemeinen Loge glauben, Sie könnten denen gerade einmal zur Mitgliedschaft im Golfclub verhelfen, während Ihnen in Wirklichkeit Mossad und CIA unterstehen... Aber leider ist der Autor nicht auf Ihrer Seite und Sie sind im wirklich großen Spiel nur ein kleines Licht.

Denn auch die Hochgrade sind nur ein Rekrutierungspotential für den nächsthöheren Kreis. Ich nenne die mal Illuminaten, der Begriff ist schließlich eingeführt. Vergessen Sie aber besser die "bayerischen Illuminaten", die hatten zwar einen schönen Namen, aber mit der wirklichen Macht nichts zu tun. Und nein, Adam Weishaupt hat auch nicht George Washington ersetzt, er hat auch nie Amerika betreten. Allerdings gehörte George Washington zu den Illuminaten, aber dazu komme ich später.

Die Illuminaten sind die Offiziere der Weltverschwörung und sie gehören ALLE dazu. Deshalb nennen sie sich auch "erleuchtet", weil sie glauben, im Licht der Wahrheit zu stehen. Illuminaten finden Sie in jedem Führungsgremium, allerdings nicht unbedingt an der Spitze. Erstens braucht es das nicht, denn an der Spitze genügt ein untergeordneter Hochgrad, der gewohnt ist zu gehorchen. Außerdem, sollte wirklich einmal geschossen werden, dann auf die Leute an der Spitze. Da trifft es sich gut, wenn die austauschbar sind und die eigentlichen Herren in Hintergrund trotzdem die Zügel in der Hand behalten.

Der einzelne Illuminat überblickt 10, 15 oder 20 Steine des Mosaiks, und ihm wurde gesagt, wozu das Ganze dient. Na ja... nicht das Ganze, aber er erhält immerhin Zielvorgaben, aus denen sich so manches ableiten lässt. Aber auch die Illuminaten halte ich kurz, denn das Mosaik besitzt eine Million Teile – Sie erinnern sich. Meine Illuminaten sind mehrfach gesiebte Männer, die der Verschwörung treu ergeben sind und die wissen, dass auf Verfehlungen der Tod steht.

Die Illuminaten sind die "Erleuchteten", aber sie sind nicht jene, die selbst leuchten. Sie sind Offiziere, aber eben nicht Generäle. Erst diese befinden sich im inneren Kern, sie sind die Lichtträger, was lateinisch "Luciferentes" heißt. Hier fallen gerne die Namen Rothschild oder Rockefeller, auch vom "schwarzen Adel" habe ich schon gelesen. Aber warum sollte ich das an einer, zwei oder zwanzig Familien festmachen? Ich bezeichne die Führer der Weltverschwörung einfach und hoffentlich griffig als "Gruppe Luzifer".

Angehörige der Gruppe Luzifer geben die Befehle, sie kennen als Einzige das gesamte, riesenhafte Mosaik. Und hier wechselt plötzlich das Rekrutierungsschema. Der Lehrling bei den Freimaurern in der Johannisloge mag bis zum Illuminaten aufsteigen, aber er wird niemals in die Gruppe Luzifer aufgenommen. Die Mitglieder dieser Gruppe stammen aus ausgewählten Familien, wobei natürlich die Enfant terribles nicht in die Gruppe eingeführt werden. Jene Gruppe Luzifer wird in den Verschwörungsschriften gerne als "die Hochfinanz" bezeichnet.

Verwechseln Sie diese Hochfinanz bitte nicht mit Bill Gates oder Warren Buffet. Die haben ihr Vermögen selbst erworben und zählen bestenfalls zu den Illuminaten. Ich rede hier von Vermögen, die Jahrhunderte alt sind, so wie das der Rothschilds. Um in die Gruppe Luzifer aufzusteigen, müssen Ihre Vorfahren seit mindestens drei Generationen verlässliche Illuminaten gewesen sein – und Sie der schwerreiche Erbe. Dann dürfen Sie einheiraten und so nach zwanzig Jahren beginnt "man" Sie in das einzuführen, um was es eigentlich geht. Erst Ihr Sohn zählt dann wirklich dazu.

Falls Sie sich wundern, wieso ich immer von Männern spreche, in diesen Kreisen ist man überaus konservativ. Gleichberechtigung und Emanzipation sind etwas für die Unwissenden, die Außenstehenden. Nörgelnde, rechthaberische oder gar rachsüchtige Frauen kann man bei einer solchen Operation nicht brauchen. Frauen sind schmückendes Beiwerk und dürfen beim Rennen in Ascot verrückte Hüte tragen, aber zu sagen haben sie nichts. Und wissen tun sie noch weniger.

So, jetzt habe ich die Hauptdarsteller, also widme ich mich ab sofort der Handlung.

Das Spiel beginnt in England, um 1650 herum. Die Engländer – nein, nicht die Briten – führen gegen ihren König Krieg und enthaupten ihn schließlich. Deutschland liegt nach dem 30jährigen Krieg in Trümmern, die anderen Länder lecken ihre Wunden oder erfreuen sich ihrer Beute, deshalb spielen sie in England nicht mit. Anders als in Deutschland führt das Chaos in England nicht zur großflächigen Verwüstung. Aus diesem Chaos entsteht eine neue Ordnung, zuerst die Herrschaft des Parlaments und schließlich der Lordprotektor Olliver Cromwell. Aber das Experiment endete und England bekam wieder einen König und Monarchie ist es noch heute.

In dieser Zeit lernten die Urväter der späteren Verschwörung zwei wichtige Lektionen. Die erste betraf die Vorteile der Parlamentsherrschaft. Parlamentarier sind eine ziemlich gesichtslose Gruppe. Der einzelne Abgeordnete hat keinerlei Macht, aber in ihrer Masse bilden sie DIE Macht. Der Abgeordnete ist ein armes Würstchen, manipulierbar und für Einflüsterungen zugänglich, doch wer genügend Abgeordnete manipuliert und beeinflusst, der bestimmt, was im Land geschieht. Missliebige Abgeordnete werden bei Bedarf ausgetauscht und durch willfährigere Subjekte ersetzt. Dem Volk redet man ein, dass dies die Vertreter des Volkes seien, also eben die Exponenten des Mehrheitswillens der Allgemeinheit. Sollte es trotzdem zu einer Revolution kommen, werden eben die verzichtbaren Abgeordneten aufgehängt, während die wahren Machthaber überleben und wenig später die Revolutionäre in ihr System einbinden.

Die zweite Lektion war das Chaos, das der Ordnung vorausging. Ordo ab Chao, lautet einer der schönen Sprüche der Freimaurerei. Das drückt aus, dass aus dem Chaos heraus die Ordnung geschaffen wird. Zumindest versteht das die unwissende Mehrheit der Freimaurer so. Die Eingeweihten hingegen wissen, dass zuerst das Chaos herbeigeführt werden muss, bevor daraus die Ordnung, die NEUE Ordnung entstehen kann.

Solche Erkenntnisse reifen über Jahre hinweg. Was einmal eine Weltverschwörung werden soll, beginnt als Debattierclub, als Stammtisch von niederen Adligen und wohlhabenden Bürgern. Noch denkt niemand daran, nach der Weltherrschaft zu greifen, es gibt dringlichere Probleme. Doch je länger diese Stammtische existieren, desto mehr formalisieren sie sich. Im heutigen Deutschland würde man schließlich einen Verein gründen, sich Satzungen geben, einen Vorstand wählen und eine Menge Bier trinken.

Genau das haben die Engländer auch getan. Glauben Sie bitte nicht, dass die Freimaurer-Logen aus den Bauhütten der Steinmetze entstanden sind. Die große Zeit der Bauhütten endete mit dem Bau der großen Kathedralen, und dieser endete mit der Pestepidemie um 1350. Nach mehr als 300 Jahren waren diese Bauhütten bestenfalls eine verklärte Erinnerung. Da aber auch im England um das Jahr 1700 Vereine zur Herbeiführung einer neuen Staats- und Weltordnung mit größtem Misstrauen betrachtet wurden, entschied man sich dafür, ein wenig zu "mauern" und sich in die Tradition der längst vergessenen Bauhütten zu stellen. Traditionsvereine sind schließlich weitaus weniger verdächtig. Man pflegte ein paar komische Rituale, gab sich religiös weltoffen und sinnierte über den "Großen Baumeister aller Welten".

Vergessen Sie dabei ruhig die Tempelritter. Zwar haben schottische Freimaurer diese als Vorgänger adoptiert, aber warum sollten die Templer runde 400 Jahre im Verborgenen bleiben und dann plötzlich anfangen, Logen zu gründen? Aber so eignet man sich 600 Jahre Tradition an und zeigt der Obrigkeit, wie sehr man doch an der Vergangenheit hängt.

Diese ersten Logen waren bessere Stammtische, sie hatten noch nichts mit Verschwörungen zu tun. Da ging der Geist des "man müsste doch..." um, konkrete Pläne gab es noch nicht. Das änderte sich so um 1717, als sich die erste Großloge bildete. Neben den normalen Freimaurern erschienen nun die Hochgrade und es wurde die "strikte Observanz" bzw. "Obödienz" eingeführt, der "strenge Gehorsam" gegenüber den Regeln der Freimaurerei.

So um 1720 kann ich dann anfangen, meine Akteure Verschwörungspläne schmieden zu lassen. Gewiss, die "Weltherrschaft" war damals ein Fernziel, an das kaum jemand ernsthaft zu denken wagte. Allerdings reichte die Macht schon aus, um Vermögen umzuverteilen ("South Sea Bubble"). Eine Vereinigung von Zuträgern, ein Geheimbund im Hintergrund, das durfte sich die damalige Hochfinanz nicht entgehen lassen.

Das Vorgehen ist ganz einfach: der gewöhnliche Freimaurer spricht in der Verschwiegenheit seines Tempels über seine Probleme, natürlich nur mit vertrauenswürdigen Mitbrüdern. Der eine oder andere davon ist jedoch ein wirklich eingeweihter Hochgrad, ein Zuträger für die Leute im Hintergrund. Damit betritt die Gruppe Luzifer die Bühne und ihre ausgewählten Vertrauensleute, eben die Illuminaten. Jene hören von den Insidern, was demnächst passieren wird, melden das an ihre Chefs und die reagieren rechtzeitig. Oder sie agieren und, wenn der erste Gewinn eingefahren ist, reichen die Illuminaten die Information nach unten weiter, damit die übrigen Logenbrüder noch schnell die Brosamen aufsammeln, bevor die Masse ihr Geld verliert. Das schafft Abhängigkeit und Anhänglichkeit, bindet folglich die Mitglieder an die Loge.

Der nächste Schritt brachte die Ausweitung der Freimaurer. In ganz Europa bilden sich neue Logen, hin und wieder lokale Großlogen mit eigenen Hochgraden und zeitweise eigenen Zielen, die jedoch schnell von Illuminaten infiltriert und von der Gruppe Luzifer kontrolliert wurden. Die wichtigste Operation war jedoch die "neue Welt", das englische Nordamerika. Spätestens 1750 stehen die Pläne fest: an den Grenzen des Machtbereiches der englischen Krone sollte ein Parlamentsstaat errichtet werden, vollständig kontrolliert von Freimaurern.

Dem einfachen Bauern oder Arbeiter in Britisch-Amerika war es egal, ob ihn der König im fernen London besteuert oder der Gouverneur in der nächsten "Großstadt". Seine Steuerbelastung ist ohnehin gering und es herrscht Religionsfreiheit, er ist demnach frei von den Zwängen der "alten Welt". Der Bauer möchte gute Ernten, der Arbeiter eine anständige Entlohnung, ihm ist egal, ob ein König oder ein Präsident über ihn herrscht. Zumindest solange, wie man ihm nicht ständig einredet, wie schlecht es ihm doch ginge und dass er etwas tun müsse, um besser zu leben und für das Wohl seiner Kinder.

Natürlich sind auch die britischen Offiziere Freimaurer, so wie die Gouverneure oder die Minister in England selbst. Aber sie sind in der falschen Gliederung oder haben zu niedrige Ränge, um etwas gegen das aufziehende Chaos zu unternehmen. Außerdem ist das Chaos das ausgewiesene Ziel der Freimaurer, denn nur aus dem Chaos kann die neue Ordnung erwachsen, getreu ihren Lehrsätzen. Als Autor schildere ich natürlich ein abendliches Beisammensein zwischen einem britischen "Loyalisten" und einem amerikanischen "Revolutionär", bei dem beide bei ein paar Gläsern Portwein besprechen, wie sie ihr jeweiliges Fußvolk gegeneinander aufhetzen.

1776 ist es soweit. Ich lasse meine Hochgrade, die sich unheimlich wichtig vorkommen, eine Erklärung unterschreiben, die möglichst viele freimaurerische Prinzipien in den Verfassungsrang erhebt. Ab dann wird geschossen, schließlich will ich das Chaos herbeiführen. Und meine Freimaurer in Frankreich helfen meinen Freimaurern in Amerika gegen meine Freimaurer aus England. Wobei sich die jeweiligen Freimaurer gegenseitig soweit wie möglich schonen, wo käme man denn hin, wenn man feindliche Offiziere abschlachten würde?

Als Ergebnis habe ich unter Beachtung aller freimaurerischen Prinzipien einen eigenen unabhängigen und vom gesichtslosen Parlament regierten Staat geschaffen, als Machtbasis für zukünftige Operationen.

Parallel dazu lasse ich eine zweite Operation anlaufen. Friedrich der Große von Preußen ist ebenfalls Freimaurer. Deutschland ist zu dieser Zeit ein Sammelsurium von 39 Kleinstaaten, also ein richtiges politisches Chaos. Österreich bzw. Habsburg ist noch dessen Ordnungsmacht, wird es geschwächt, vergrößert sich das Chaos entsprechend. Ein Chaos, das nach Ordnung ruft... Also lasse ich den alten Fritz marschieren. Frankreich und Russland dürfen auch mitspielen, denn Kriege kosten Geld und Frankreich ist sowieso schon auf der Zielscheibe.

Als Preußen zu verlieren droht, installiere ich schnell einen preußenfreundlichen Zar in Russland. Ein paar Tropfen in den Wodka und die Zarin Elisabeth dankt ab für immer. Zu sehr darf ich Preußen jedoch nicht helfen, damit Preußen nicht zu früh Ordnung in Deutschland schafft. Es soll gerade so ausreichen, damit mein Fritze den Krieg gewinnt, Habsburg geschwächt wird und Frankreich draufzahlt. Deutschland hebe ich mir fürs nächste Jahrhundert auf.

In der Planung von 1750 habe ich mir auch Frankreich vorgemerkt. Zuerst sollen die gegen Preußen Geld verlieren, dann meinen Freimaurern in Amerika helfen und schließlich selbst zur Republik werden. Um eine neue republikanische Ordnung einzuführen, brauche ich erst einmal ein anständiges Chaos. Als weitere Maßnahme führe ich die "Assignaten" ein, eine Form des Papiergeldes. Papiergeld ist eine großartige Erfindung, denn im Gegensatz zu Gold und Silber kann man es in geradezu unbegrenzten Mengen produzieren. Damit befreit man die Unwissenden von ihrem überflüssigen Metall und sammelt das bei den Wissenden von der Gruppe

Luzifer. Nebenbei zerstört das den Mittelstand und stürzt das Land ins Chaos, in das erwünschte, vorbereitende Chaos.

1789 lasse ich die Massen marschieren. Liberté, Egalité, Fraternité – das sollte doch jeden begeistern. Freiheit, Gleichheit, Brüderlichkeit – ja, das sind freimaurerische Prinzipien, aber wen interessiert das schon? Schließlich hat die Freimaurerei humanitäre Ziele und diese Prinzipien sind ein Geschenk an die Menschheit. Jetzt muss ich nur noch dafür sorgen, dass meine adligen Freimaurerbrüder außer Landes kommen, bevor das Volk die weniger einsichtigen Adligen aufs Schafott führt. Die Gruppe Luzifer installiert eine neue Elite, da braucht doch niemand mehr die alte Elite, oder?

Noch fehlt mir die schnelle Kommunikation, noch ist die Welt nicht bereit für den großen, weltumspannenden Staat. Aber ich habe den jungen Ehrgeizling Napoleon Bonaparte... Genial, aber schwer zu steuern. Ich bekomme ihn leider nicht richtig in die Hand, aber er ist trotzdem ein gutes Werkzeug. Da die Gruppe Luzifer noch immer in England sitzt, darf Napoleon natürlich nicht über den Kanal kommen. Dank der Freimaurer in der französischen Flotte wissen die Freimaurer in der britischen Flotte immer, wo sie die Franzosen schlagen können. Schließlich ist Admiral Nelson ein Genie, oder etwa nicht?

Napoleon leistet mir aber gute Dienste, zerschlägt er doch das morsche "Heilige Römische Reich Deutscher Nation". Das freie, gleiche und brüderliche Frankreich dehnt sich bis an den Rhein aus und die deutschen Fürsten dürfen sich dafür am Kirchenbesitz schadlos halten. Damit entziehe ich der Kirche Geld und Besitz, was sie als Ordnungsmacht entscheidend schwächt. Und der Papst kommt aus Rom herbeigeeilt, um Napoleon zum Kaiser zu krönen.

Napoleon war eine Überraschung, die konnte niemand einplanen. Aber da wird eben improvisiert... wozu hat man denn Illuminaten? Der große Korse ist auf das angewiesen, was ihm andere zutragen. Die Informationen sind sorgsam gefiltert, veranlassen den Mann zu Entscheidungen, die von der Gruppe Luzifer gewünscht werden. Auch wenn es nicht immer klappt, weil dem bienenfleißigen Kaiser etwas einfällt, womit die Illuminaten nicht gerechnet haben, funktioniert das Verfahren ganz gut.

Eigentlich hätten die europäischen Königshäuser sich am revolutionären Frankreich ausbluten sollen, denn Kriege bringen der Hochfinanz immer viel Geld ein. Aber wenn das revolutionäre und schließlich kaiserliche Frankreich die europäischen Königreiche niederwalzt, ist das auch nicht schlecht. Es geht nur leider zu schnell, es ist zu wenig Chaos da, um eine wirkliche Ordnung zu schaffen... Außerdem muss die Gruppe Luzifer neu planen, denn das, was 1750 absehbar war, ist heute überholt.

Ein französisches Kaiserreich über ganz Europa gefällt mir nicht, es ist noch zu früh, um das zu kontrollieren. Da wäre zudem die Familie Bonaparte an der Spitze, zusammen mit einem Haufen Generäle, die Napoleon überall als Könige eingesetzt hat. Das kann nicht im Sinn der Gruppe Luzifer sein, die eine gesichtslose parlamentarische Ordnung herbeiführen möchte. Also lasse ich Napoleon nach Russland marschieren und sorge dafür, dass diesmal die Russen die Hilfe der Freimaurer haben. Auf dem Wiener Kongress lasse ich den "status quo ante" wiederherstellen. Die Gruppe Luzifer geht eine Weile Geld zählen.

Die Fürsten glauben, sie hätten "gewonnen" und könnten das Rad zurückdrehen. Aber die Kirche, ihre frühere Stütze, hat zu ihren Gunsten viel Macht verloren. In den vormaligen "Untertanen" steckt jetzt das Virus des "freien Bürgertums". Der Mann auf der Straße begreift sich jetzt als Franzose, Preuße oder Bayer. Es gibt mehrere neue Könige, in Bayern, Württemberg oder Belgien. Aus dem Chaos hatte sich eine neue Ordnung gebildet, die Operation Napoleon war im Sinne der Freimaurerei ein voller Erfolg.

Aber Frankreich darf nicht wirklich in den alten Trott zurückfallen. Das kann es auch gar nicht, denn Adel und Klerus sind entmachtet, der Thron hat keine Stütze mehr. Die Könige haben dort abgewirtschaftet, so bürgerlich sie sich auch geben mögen. In Deutschland lasse ich eine kleine Revolution inszenieren, eher halbherzig. Ohne vorher die Währung zu erschüttern, ist ein Land einfach nicht bereit für eine moderne Regierungsform. Aber ein paar Illuminaten lasse ich trotzdem gewähren, nur um zu sehen, wie weit es gehen wird. Die Gruppe Luzifer hat andere Pläne und andere Sorgen.

In Amerika gab es mittlerweile ein paar unerfreuliche Entwicklungen. In den Südstaaten hat sich eine Art lokaler Adel gebildet, reiche und unabhängige Baumwollpflanzer, gänzlich unfreimaurerisch. Als dann die Südstaaten auch noch Überlegungen anstellen, statt eines mächtigen Zentralstaates einen lockeren Staatenbund einzuführen, kann die Gruppe Luzifer nicht mehr abwarten. Ein williger Illuminat namens Abraham Lincoln bekommt den Auftrag, einen Bürgerkrieg gegen die reichen Südstaaten zu führen.

Im Windschatten des Bürgerkrieges kann Preußen seine drei Einigungskriege führen, gegen Dänemark, Österreich und Frankreich. Da die Franzosen schon wieder einen Kaiser an der Spitze haben, lässt die Gruppe Luzifer den Deutschen helfen, schließlich soll Frankreich eine Republik bleiben. Im Zuge dieser Kriege wird in Deutschland eine neue Ordnung etabliert, ohne vorheriges Chaos. Die ist natürlich nicht dauerhaft, jedoch passt sie der Gruppe Luzifer gut in die weiteren Pläne. Die USA sind wichtiger, schließlich ist dort ein wunderbarer Freimaurerstaat etabliert. Aber Lincoln weiß zu viel, außerdem zeigt er Nerven. Folglich wird er beseitigt.

In Italien beginnt eine weitere Operation. Garibaldi, natürlich ein Freimaurer, einigt das Land und entzieht dem Papst somit den Kirchenstaat als Machtbasis. Es langt noch nicht zur Republik, als einigendes Symbol benötigt man einen König. Wichtig ist jedoch der Schlag gegen den Papst, der vom regierenden Monarchen zum gewöhnlichen Stadtbischof reduziert worden ist.

Damit sind die Ziele der ersten Planung alle erreicht. Sicher, als Autor kenne ich die Gesamtplanung, aber meine Figuren konnten im Jahr 1750 noch nicht absehen, wie die Welt 1880 aussehen würde. Die Planung erfolgt zielorientiert und wird der Situation angepasst, mit dem Fernziel der Weltherrschaft. Jetzt, mit England, Frankreich und den USA im Rücken, geht es um die nächsten Schritte. Russland muss unterworfen werden, das zaristische Regime muss verschwinden. Außerdem ist da noch Deutschland, das unter seinem Kaiser aufblüht und ein Gegenmodell zu den Republiken darstellt. Nun, da muss wohl etwas getan werden...

Albert Pike, ein Vorzeige-Illuminat, der mitgeholfen hat, die amerikanischen Südstaaten zu besiegen, formulierte damals die Strategie der drei Weltkriege. Ein anderer Illuminat formulierte die Protokolle der Weisen von Zion. Beides sind natürlich Fälschungen, die Gruppe Luzifer sorgt dafür, dass dies bekannt wird. Und wer anderes behauptet, wird ganz eifrig von willfährigen Staatsorganen verfolgt. Natürlich dringen diese Fälschungen erst an die Öffentlichkeit, wenn es zu spät ist, um noch etwas dagegen zu unternehmen.

Geld ist ein ebenso gutes Instrument, um Chaos und Ordnung zu schaffen, wie es Waffen sind. Deshalb kontrolliert die Gruppe Luzifer als Hochfinanz das Geld und die Geldflüsse. Der wichtigste Schritt dazu ist die Einführung des Zentralbankwesens. Vor den Zentralbanken gab es auch schon Banknoten, doch diese hatten merkwürdige Aufschriften, zum Beispiel: "Die West-Midland-Bank verpflichtet sich, dem Inhaber dieser Banknote den Gegenwert von 20 Pfund Sterling auszuzahlen." Mit anderen Worten, diese Banknote war nicht wirklich Geld, sondern nur ein Schuldschein, für den man sich bei einer bestimmten Bank 20 englische Pfund Sterling-Silber aushändigen lassen konnte (oder die wertgleiche Menge Gold). Zwar wäre niemand auf die Idee gekommen, die bequemen Banknoten gegen eine Schubkarre voll Silberbarren einzutauschen, aber diese Möglichkeit wurde auf der Banknote versprochen.

Gold und Silber bedeuten jedoch einen Wert an sich, der sich nicht beliebig vermehren lässt. Anders ausgedrückt, sie bedeuten Freiheit und Unabhängigkeit für den normalen Bürger, also genau das, was die Gruppe Luzifer nicht haben möchte. Deshalb wurde 1913 die "Federal Reserve Bank" in den USA geschaffen, als alleinige Herrin des Dollars. Jetzt durfte nicht mehr die State Bank of Ohio Dollarnoten ausgeben, ja nicht einmal in Form von Schuldscheinen auf Gold und Silber in den eigenen Tresoren, sondern nur noch die FED. Aber 1913 bedeutete "Dollar" noch eine Gewichtseinheit, für eine festgelegte Menge Gold.

Zentralbanken bieten außerdem den Vorteil, dass die gesamte Währung eines Staates nur noch von einer einzigen Institution kontrolliert wird. Und die Zentralbank – richtig, die wird von einem Hochgrad kontrolliert, oder von einem Illuminaten, wenn der Staat und die Währung wichtig genug ist. Jedenfalls von einem verlässlichen Mann, der gehorchen gelernt hat.

Für Europa plant meine Gruppe Luzifer jetzt den ersten Weltkrieg. Nachdem Frankreich und England, die beiden von Freimaurern kontrollierten Staaten, mehrmals kurz davor gestanden waren, aufeinander loszugehen, hatte man endlich Deutschland so groß und mächtig werden lassen, um beiden Staaten ein lohnender Feind zu sein. Wie hat es Pike angeblich formuliert? (Übersetzung gekürzt)

"Der erste Weltkrieg soll geführt werden, um die Macht der Zaren in Russland zu zerschmettern. Der Krieg wird durch die Konfrontation von Großbritannien und dem Deutschen Kaiserreich ausgelöst. Am Ende des Krieges wird in Russland der Kommunismus errichtet, um andere Regierungsformen zu zerstören und die Religionen zu schwächen."

Leider unterlief der Gruppe Luzifer ein Rechenfehler. Großbritannien, Frankreich und Russland reichten nicht aus, um Deutschland, Österreich-Ungarn und das Osmanische Reich zu besiegen. Ohne die Gruppe Luzifer hätte es 1916 Frieden gegeben, zu deutschen Bedingungen: der Wiederherstellung des status quo ante. Aber noch war Russland nicht bereit für den Kommunismus und außerdem wäre Deutschland zu stark geblieben, eine unerwünschte Ordnungsmacht im Zentrum Europas, wo doch Chaos herrschen sollte, zur Herbeiführung einer neuen Ordnung.

Folglich mussten die Amerikaner eingreifen. Die USA hatten damals zwar eine massive Rüstung, aber keine kriegstauglichen Soldaten. Sie waren als Lieferanten vorgesehen, nicht als Kombattanten. Aber es musste nun mal sein, damit der große Plan umgesetzt werden konnte. Also fuhren die US-Boys nach Frankreich an die Front. Oder besser, in die Etappe, weil sie an der Front zu schnell umgekommen sind. Zum Bluten brauchte man damals die Franzosen.

Was mache ich aber mit Deutschland? Obwohl meine braven Freimaurer den Alliierten nach Kräften geholfen haben, reicht die Kraft der Sieger nicht aus, um das Land zu besetzen. Statt noch weitere Jahre Krieg zu führen, muss jetzt der Frieden das erreichen, was der Krieg nicht geschafft hat. Unter der Führung einiger Illuminaten wird in Versailles ein Frieden herbei verhandelt, der Deutschland in den sicheren Untergang führt oder in den nächsten Krieg.

Zunächst entscheidet sich die Gruppe Luzifer jedoch für die übliche Taktik zur Ausplünderung eines Staates: Hyperinflation. Leider sind die Deutschen immer noch nicht revolutionsbereit. Anstatt eine Räterepublik auszurufen, reformieren sie ihr Papiergeld und überwinden das, was andere Staaten in den Abgrund gerissen hätte. Aber wenigstens haben sie eine Zentralbank und eine Papierwährung, die nicht mit Gold gedeckt ist.

Die USA waren 1920 mächtig genug, um das Erbe des britischen Weltreiches anzutreten, doch die Bevölkerung war dazu noch nicht bereit. Aber jetzt hat die Gruppe Luzifer die Geldwaffe vollständig in der Hand und ist bereit, diese ganz brutal einzusetzen. Banken erhalten die Anweisung, die Vergabe von Krediten zurückzufahren. Das Ergebnis waren der "Schwarze Freitag" und die Weltwirtschaftskrise von 1929.

Während in Amerika der Druck auf die Bevölkerung immer mehr anwächst – ohne Arbeit und Geld – so entsteht in Europa ein weitaus grösseres Chaos. In Deutschland entwickelt sich eine fortwährende Regierungskrise, die schließlich dank amerikanischen Geldes die Nationalsozialisten an die Macht bringt. Dort kann man jetzt den nächsten Krieg vorbereiten.

In den USA setzt man wieder einen Illuminaten auf den Präsidententhron. Der verbietet den privaten Goldbesitz und nimmt seinen ach so freien Untertanen damit die finanzielle Selbstbestimmung. Und kaum hat er das Gold für die Gruppe Luzifer eingesammelt, wertet er den Dollar gegen das Gold um gute 40 Prozent ab. Das hilft aber nur der Gruppe Luzifer, den normalen Menschen geht es weiterhin schlecht.

Zurück nach Europa. Da füttert man die Deutschen zunächst an, lässt sie Österreich sowie Böhmen und Mähren angliedern. Aber dann sorgt man dafür, dass Polen richtig frech wird und seinen wieder aufgerüsteten Nachbarn immer weiter ärgert. Das Ziel der von der Gruppe Luzifer beherrschten Staaten ist es, den nächsten Krieg herbeizuführen. Warum? Nun, laut Albert Pike:

"Der zweite Weltkrieg soll sich am Hass zwischen den Faschisten und den Zionisten entzünden. Am Ende dieses Krieges soll der Nationalsozialismus vernichtet werden und der Zionismus stark genug sein, um einen unabhängigen Staat Israel in Palästina zu installieren. Außerdem soll der internationale Kommunismus stark genug gemacht werden, um ein Gegengewicht zum Christentum zu bilden."

Wobei es mich wundert, dass Herr Pike so um 1870 schon Begriffe wie "Faschismus" und "Nationalsozialismus" kennt. Außerdem ist der Kommunismus eine Staatsform, keine Religion. Der Kommunismus kann Alternative zur westlichen Demokratie werden, aber gegen das Christentum haben die kommunistischen Staaten ihren Atheismus, nicht ihre marxistische Ideologie. Leider ist General Pike nicht meine Figur, sonst wäre ihm dieser Lapsus nicht passiert. Aber ein Weltkrieg, der den Kommunismus mächtiger macht und es erlaubt, den Staat Israel zu gründen, das hätte auch meine Gruppe Luzifer so geplant. Schließlich will ich viele Bücher verkaufen und das erreiche ich, indem ich glaubwürdige Schurken und hilflose Opfer einführe.

Endlich hat die Gruppe Luzifer Krieg in Europa. Krieg ist gut fürs Geschäft, also verdient man prächtig. Nur leider sind die Deutschen schon wieder miserable Mitspieler... Sie walzen Polen und Frankreich nieder, ohne größere Verluste zu erleiden. Um diese Kriegsmaschine zu stören, müssen die italienischen Illuminaten das Land in diverse Abenteuer stürzen, damit Deutschland nicht zu früh gegen Russland losschlägt. Ein paar Wochen, die Stalin ausreichen, um seinerseits den Angriff vorzubereiten, sind enorm viel wert...

Aber diese Deutschen... Anstatt sich von den Russen überrollen zu lassen, zerschlagen sie die sowjetischen Aufmarschlinien und stoßen tief in die Sowjetunion vor. Stalin überlegt bereits, Frieden zu machen...Aber keine Sorge, Roosevelt hat das im Griff. Der lässt nicht nur amerikanische Zerstörer auf deutsche U-Boote schießen, der zwingt auch die Japaner nach Pearl Harbor. Und als treue Bündnispartner erklären die Deutschen den USA den Krieg.

Diesmal sind die Amerikaner begeistert, denn die Illuminaten haben gut vorgearbeitet. Kaum hat der Krieg begonnen, schon haben alle Arbeit und die Depression ist vorbei. Und wieso? Weil die Banken wieder bereitwillig Kredite geben, Kriegskredite... Zum Glück gibt es jetzt auch ein Waffensystem, das wie geschaffen ist für Amerikaner: schwere Bomber. Solange man bombardieren kann, braucht man keine Bodentruppen einsetzen und deren Haut riskieren. Ach ja, die Freimaurer helfen wieder. Deutsche und japanische Kriegspläne landen zuverlässig bei den "Freunden" im anderen Feldlager, ebenso Informationen über Geheimprojekte. Außerdem sehen die deutschen Wissenschaftler keinerlei Sinn darin, eine Atombombe zu basteln – ganz im Gegensatz zu ihren amerikanischen (und emigrierten jüdischen) Kollegen.

Die neuen Bömbchen werden am Ende des Krieges noch schnell Stalin und der Welt vorgeführt, mit dem Ergebnis, dass ein "guter Freund" bald danach die Informationen weitergibt, damit die Russen auch so ein schönes Bömbchen hinbekommen.

Nach dem zweiten Weltkrieg war das Chaos in Europa weitaus größer als nach dem 30jährigen Krieg. Deutschland war verwüstet und wurde aufgeteilt. Für die neue Ordnung natürlich, die Ordnung, die aus dem Chaos erwächst, nach den Wünschen der Gruppe Luzifer.

Jetzt sollte die Gruppe Luzifer sich zufrieden zurücklehnen. Sie hat die Welt erfolgreich in die von Illuminaten kontrollierte US-Hälfte und die von anderen Illuminaten kontrollierte SU-Hälfte aufgeteilt. Die Völker der Welt zittern vor dem Atomknüppel und hin und wieder führen ein paar Stellvertreter Krieg, an dem sich genügend Geld verdienen lässt. 1971 kann die schuldengeplagte US-Regierung auch noch den Goldstandard für den Dollar aufgeben. Damit ist das Papiergeld völlig in der Hand der Hochfinanz, der Eigentümer der dollardruckenden FED und somit der Gruppe Luzifer.

Was braucht man mehr? Ach ja, Öl... Je teuerer das Öl, desto ärmer und abhängiger die Bevölkerung. Hauptsache, "Big Oil" verdient prächtig dabei und die Gruppe Luzifer, natürlich. Ist damit das Ende der Geschichte erreicht? Nun, als Autor könnte ich mich jetzt zurücklehnen und schreiben: "und wenn sie nicht gestorben sind, regiert uns die Gruppe Luzifer noch heute". Nur, was sagt Albert Pike dazu? Wenn sich schon jemand bemüht hat, ihm einen solchen Plan in die Feder zu legen?

"Den dritten Weltkrieg erzeugen wir aus den Zwistigkeiten zwischen den Zionisten und den Islamisten. Der Krieg wird so geführt, dass sich der Islam (die arabische Welt) und der Zionismus (der Staat Israel) gegenseitig vernichten. Alle anderen Nationen sollen dabei bis zur völligen physischen, moralischen, spirituellen und wirtschaftlichen Erschöpfung kämpfen.

...Am Ende werden die Völker der Welt das wahre Licht empfangen durch die vollständige Umsetzung der reinen Lehre Luzifers..."

Ja, jetzt habe ich ein kleines Problem... nach 250 Jahren war die Weltherrschaft erreicht, warum sollte man das in einem weiteren Weltkrieg riskieren? Warum den dritten Weltkrieg führen? Nun, Albert Pike schlägt vor, dass Israel und die arabische Welt sich gegenseitig vernichten. Zugegeben, seit der Gründung Israels wollen die da unten im Nahen Osten genau das durchführen, aber bis jetzt ohne wirklichen Erfolg.

Also gut, veranstalte ich diesen dritten Weltkrieg. Warum? Weil meine Gruppe Luzifer das kann! Und außerdem besteht die Weltbevölkerung noch nicht aus willigen, unterwürfigen Sklaven. 6½ Milliarden Menschen sind für diese Welt einfach zu viel. Wer braucht schon derart viele Sklaven? Im weltweiten Chaos eines umfassenden Krieges reduzieren wir das auf ein überschaubares Maß. Eine Milliarde tun es doch auch, oder?

Damit die Völker der Welt auch bereitwillig in den Krieg ziehen, veranstalte ich vorher eine Neuauflage der 1929er Krise. Dank der Globalisierung haben sich die Arbeitsplätze der wohlhabenden und deshalb eigenständig denkenden Europäer und Amerikaner nach China und Südostasien verlagert. Wer von der staatlichen Wohlfahrt abhängig ist, wird manipulierbar.

Die Bevölkerung der "reichen" Länder verliert ihre Arbeit und verarmt dadurch. Die "armen" Länder schuften zwar wie verrückt, aber bevor sich dort zu viele Menschen einen gewissen Wohlstand erarbeitet haben, lasse ich das System zusammenbrechen. Die Gruppe Luzifer hat genug Sachwerte angesammelt, um auf den Dollar verzichten zu können.

Tja, und dann steht Herr Tang vor den geschlossenen Toren seiner Fabrik, weil diese ihre Produkte nicht mehr nach Europa oder in die USA liefern kann. Herr Müller, vor einigen Monaten noch gut verdienender Buchhalter, steht jetzt arbeitslos bei der Suppenküche an, weil sich seine Ersparnisse in der Währungskrise aufgelöst haben. Ihm fehlt natürlich auch das Geld, um die Produkte von Herrn Tang zu bezahlen. Ach ja, und Mrs. Brown weiß auch nicht mehr, wie sie ihre Zeit herumbringen soll, seit sogar das McDonalds geschlossen hat, bei dem sie die letzten Jahre gearbeitet hatte.

Jobs gibt es trotzdem noch weltweit - aber leider alle bei der Infanterie. Für Soldaten wird noch gekocht und Brot gebacken... Böse und Schurkenstaaten gibt es genug. China möchte Taiwan eingemeinden, Nordkorea sich Südkorea anschließen, die USA den bösen Ayatollahs eins auf den Turban geben und Israel bei den wunderbaren deutschen U-Boote ausprobieren, ob die wirklich Atomwaffen verschießen können.

Und die Gruppe Luzifer? Die sitzt im sichersten Bunker der Welt und hat alles gehortet, was man nach dem Krieg brauchen kann. Dann hilft sie bereitwillig und alle Leute sind ihnen so dankbar... lebenslang... für Generationen.

MITBÜRGER

- die Menschen, mit denen wir leben

Zivilcourage

Der Begriff Zivilcourage ist allgemein bekannt, und wenn nicht, lässt er sich im Lexikon nachschlagen (Hier: Wikipedia):

*"**Zivilcourage** setzt sich aus den beiden Wörtern* **zivil** *(lateinisch civilis, 1. bürgerlich – nicht militärisch, 2. anständig, annehmbar) und* **courage** *(französisch "Mut") zusammen: Was als Mut von Bürgern übersetzt werden kann und vermutlich ursprünglich ausschließlich entsprechendes Auftreten gegenüber nicht-zivilen Autoritäten (Militär, Polizei) meinte.*

Heute wird unter Zivilcourage das Auftreten gegen die herrschende Meinung verstanden, mit dem der Einzelne, ohne Rücksicht auf sich selbst, soziale Werte oder die Werte der Allgemeinheit vertritt, von denen er selbst überzeugt ist. Zivilcourage bedeutet sichtbaren Widerstand aus Überzeugung und Maxime."

Ursprünglich war Zivilcourage also der Widerstand gegen ungerechtfertigte Übergriffe staatlicher Autoritäten, ein Aufbegehren gegen die herrschende Meinung. Natürlich deckt Zivilcourage nicht "Widerstand gegen sie Staatsgewalt" ab, erst recht nicht den Aufbau einer terroristischen Organisation oder einer Untergrundarmee.

Nach Ansicht der Presse hat sich die Zivilcourage allerdings verändert. Heute wird dieses Etikett jenen Leuten angehängt, welche die herrschende Meinung unterstützen und "gegen Rechts" sind. Im Zusammenhang mit "gegen Links" habe ich dieses Wort noch nirgendwo gelesen oder gehört.

Heute ist es "Zivilcourage", vom sicheren Kämmerlein aus Anzeigen gegen seine Mitmenschen zu schreiben. Das hat zwar weder etwas mit zivil = anständig und Courage = Mut zu tun, früher bezeichnete man das als Denunziantentum und den Denunzianten als größten Lumpen im ganzen Land, aber das ist heute nicht mehr der Fall. Heute wird feiges Denunziantentum als Zivilcourage bezeichnet.

Zivilcourage ist heutzutage auch, Mitglieder der NPD Hotelzimmer zu verweigern. Zwar darf in diesem Land niemand wegen seiner Religion, seines Geschlechtes, seiner Hautfarbe oder seiner Weltanschauung diskriminiert werden, aber das gilt nicht für eine Partei, die gemäß der herrschenden Meinung diskriminiert werden darf. Natürlich fällt es ebenfalls unter Zivilcourage, dieser Partei Versammlungslokale zu verweigern, also das Grundrecht der Versammlungsfreiheit einzuschränken. Wer das nicht tut, muss die Folgen auf sich nehmen, gerne durch amtliche Organe oder gewählte Volksvertreter.

Schon Konfuzius hatte erkannt, dass das beste Mittel, um einen Staat zu lenken, eine einheitliche Sprachregelung sei. George Orwell hat dafür das Ministerium für Wahrheit eingeführt. Das Ministerium für Volksaufklärung und Propaganda war dem gegenüber ehrlich bis in die Knochen, weil klar und offen ausgesprochen wurde, was gut und böse ist. Im Orwell-Staat werden dagegen die Begriffe mit neuen Bedeutungen unterlegt. Getreu dieser Handlungsanweisung erleben wir einen Bedeutungswandel der Begriffe.

Der kulturfremde Ausländer wird zum "Mitbürger mit Migrationshintergrund". Mit Gentechnik denaturiertes Essen wird zum edlen "Designer-Food" aufgehübscht. Früher war es eine Lüge, wenn ich etwas behaupte, was ich besser weiß. Heute ist es eine Lüge, wenn ich ehrlich sage, dass ich eine geschichtliche Darstellung anzweifle. Früher war es Leugnung, wenn ich eine erwiesene Schuld abstreite. Heute ist es Leugnung, wenn ich um Beweise für eine geschichtliche Schuld bitte.

Unser Ministerium für Liebe foltert zwar nicht, wie es in "1984" geschieht, aber es verfolgt jeden Andersdenkenden, führt Sonderstrafbestände ein ("Völkerstrafrecht") und erwartet von Gerichten bei Gedankenverbrechen erbarmungslose Härte. Die ach so unabhängigen deutschen Richter befolgen diese Vorgaben anstandslos, schließlich wollen sie sich ihre künftige Karriere nicht verbauen.

Natürlich nennt sich dieser Staat freiheitlich und demokratisch, auch wenn Freiheit bedeutet, dass es jedem freigestellt ist, ständig die Staatsdoktrin nachzubeten, und Demokratie, dass das Volk sich frei zwischen den Leuten der Staatsparteien entscheiden kann, die anschließend den Willen des Volkes großzügig ignorieren.

Wenn in diesem Staat ein Ausländer von Deutschen verletzt wird, stürzen sich Presse, Funk und Fernsehen wie Aasgeier auf den Vorfall, tönen lautstark von "Ausländerfeindlichkeit" und "Rassismus" und fordern natürlich hohe Gefängnisstrafen, selbst wenn die Schuld der Verdächtigten nicht einmal im Ansatz nachgewiesen ist. Umgekehrt, wenn Ausländer Deutsche krankenhausreif prügeln, ist das kaum eine Meldung wert. Es stört dabei niemanden, dass Mehrfachtäter, die durch ihr Verhalten eindeutig keinerlei Besserungsabsichten zeigen, nur "auf Bewährung" verurteilt werden. Für welche Bewährung, bitte? Wobei sollen sie sich bewähren? Noch besser zuschlagen lernen?

Sollte tatsächlich einmal ein "Mitbürger mit Migrationshintergrund" zu Tode kommen, organisieren zahlreiche Organisationen mit staatlicher Unterstützung Kundgebungen und Lichterketten. Ist dagegen ein Deutscher das Opfer, ist das nicht nur keine Nachricht wert, sogar eine Trauerkundgebung wird mit massivem Polizeieinsatz behindert. (Suchen Sie ruhig mal unter dem Stichwort "Stolberg".)

Von diesem BRD-Regime wird seit 60 Jahren jeder großzügig entschädigt, der nur lautstark genug behauptet, jemanden zu kennen, der unter "deutschem Unrecht" gelitten haben könnte. Allein von einer Entschädigung für Deutsche zu sprechen, ist ein Verbrechen irgendwo zwischen Ketzerei und Blasphemie. Über Mahnmale für Opfer deutscher Täter stolpert man auf Schritt und Tritt, aber ein Dokumentationszentrum über die Vertreibung von Deutschen ist ein Politikum und darf nur mit schwersten Auflagen eingerichtet werden – mehr als 60 Jahre nach der begangenen ethnischen Säuberung, nach dem Verbrechen gegen jedes Völkerrecht.

In diesem verqueren Pseudo-Staat gilt es als "Zivilcourage" die richtigen Minderheiten zu diskriminieren. In anderen Staaten ist "Patriot" eine Auszeichnung, ein Ehrentitel, hier in der BRD würde man Patrioten am liebsten ins Gefängnis werfen. Natürlich, denn es gibt keine BRD-Patrioten. Jene, die sich als solche aufführen, wurden dafür bezahlt und mit dem "am Bund verdient-Kreuz" dekoriert, sowie den zahllosen anderen Orden, Medaillen und Ehrenzeichen beglückt, die in diesem Land an jene verliehen werden, die keine Ehre im Leib haben.

Menschenrechte und bürgerliche Freiheiten sind für das BRD-Regime natürlich ein Problem, aber nur in anderen Ländern. In Russland, ja, da werden politische Gegner unterdrückt, in China, da werden Bürgerrechtler ins Gefängnis geworfen. Aber natürlich nicht in der BRD, da sitzen nur Ewiggestrige ein, Volksverhetzer eben, Unruhestifter.

In der BRD stehen die Menschenrechte schließlich in der Verfassung! Ja, stehen sie, aber die Weimarer Verfassung gilt offiziell nicht mehr. Was gilt, ist keine Verfassung, sondern ein Verfassungsersatz, das hochgelobte Grundgesetz. Sollte jemand dieses hehre Grundgesetz aufmerksam lesen, wird er schnell feststellen, dass dort diese Grundrechte nicht etwa gewährt, sondern allesamt unter Gesetzesvorbehalt gestellt werden. Wobei diese Gesetzesvorbehalte bereits in der Weimarer Verfassung zu finden sind, die zu Unrecht als die große Erlösung hingestellt wird.

Kein Wunder, dass dieser Staat jegliche Mithilfe bei der Einschränkung von Menschen- und Bürgerrechten als Zivilcourage adelt. Oder besser, adeln muss. Denn ohne fortwährende zumindest verbale Bestechung seiner Mitläufer könnte sich dieses BRD-Regime nicht mehr halten.

Ein schönes Wort ist "internationale Solidarität". Damit werden jene Fälle bezeichnet, in denen Deutschland ohne den geringsten Anspruch auf Gegenleistung anderen Staaten hilft, sie unterstützt und ihnen deutsches Steuergeld zusteckt. Diese internationale Solidarität ist ein allgemeiner Anspruch gegen die BRD, jeder Hauch einer Verweigerung ist unzulässig. Deshalb dürfen deutsche Soldaten inzwischen weltweit die Interessen des Dunklen Imperiums aus Übersee durchsetzen. Und dort, wo Deutschland Erfolg hat, also die Lage ruhig und kontrollierbar bleibt, wird den Deutschen Feigheit vorgeworfen, weil sie sich so ja nur vor Kampfeinsätzen drücken.

Sollte jedoch die BRD einmal Hilfe und Unterstützung benötigen, ist von internationaler Solidarität nur extrem selten etwas zu spüren. Da wird hart verhandelt und von "unseren Freunden" soviel herausgeschlagen wie möglich.

Besonders einfach ist das Verhältnis mit Israel. Da ist immer dann von Freundschaft die Rede, wenn Israel eine milde Gabe empfängt, hingegen wird von Nationalsozialismus und ewiger deutscher Schuld gesprochen, wenn Israel einmal Toleranz oder gar Solidarität üben sollte. Andere Staaten verhalten sich weniger eindeutig und berechenbar.

Zivilcourage bedeutet heute nicht mehr, die deutsche Kultur in Ehren zu halten und zu bewahren, sondern es bedeutet, die deutsche Kultur in den Schmutz zu ziehen und durch ein Sammelsurium der Beliebigkeiten zu ersetzen, das hochtrabend als "multikulturell" bezeichnet wird, sich aber vor allem durch die Abwesenheit jeder Kultur auszeichnet. Wagner und Mozart, Goethe und Hölderlin werden "zeitgemäß interpretiert", also entstellt und verfremdet. "Künstler", die nicht fähig sind, selbst auch nur ansatzweise etwas zu schaffen, was mehr als Verachtung verdient, inszenieren Klassiker, ungefähr in der Art, wie ein Straßenköter einen Baum düngt.

Ja, wir sind weit gekommen, in diesem sonderbaren Staat. Weit, ganz weit nach unten. Vor zwanzig Jahren, vor dem Fall der Mauer, war die alte BRD die wirtschaftliche Lokomotive Europas. In Deutschland wurde Geld verdient, auch von den "kleinen Leuten", denen es in diesem Land besser gegangen ist als sonst wo auf der Welt. Dann war die Mauer weg und es ging bergab.

Oh ja, natürlich sind die blöden Ossis schuld, arbeitsscheu und anspruchsvoll, wie sie nun mal sind. Allerdings nicht die, die ich persönlich kennengelernt habe, aber als Westler weiß man selbstverständlich, dass es uns besser ginge, wenn die Mauer wieder da wäre.

Ausnahmsweise wird es nicht als Zivilcourage gewertet, dieses Vorurteil zu verbreiten, das so falsch wie politisch gewollt ist. Wenn heute die Auftragsbücher der Industrie in Deutschland überquellen, aber gleichzeitig die

Reallöhne sinken, dann liegt das nicht an der fehlenden Mauer, sondern an der völlig verfehlten Politik. Kohl, Schröder, Merkel – eines haben sie alle gemeinsam: die Preisgabe deutscher Interessen. Ich wollte gerade Ausverkauf deutscher Interessen schreiben, aber ein Verkauf erfordert eine wertgleiche oder zumindest als wertgleich angesehene Gegenleistung und diese hat Deutschland in keinem einzigen Fall erhalten.

Das, wovor uns die Mauer wirklich geschützt hat, war die Einreise polnischer Autoliebhaber, die, politisch korrekt formuliert, besitzerlose Autos am Straßenrand geparkt vorfinden und als Wiedergutmachung enteignen. Die Mauer, oder besser, der eiserne Vorhang, hat uns vor rumänischen Bettelbanden bewahrt, mit vermieteten Kindern, die ihre Tageseinnahme beim Kapo abgeben müssen und für zu geringen Erfolg verprügelt werden. Es gab damals keine russische Mafia im Land und keine albanischen Schlägerbanden. Darunter, nicht unter den ehemaligen DDR-Bürgern, leidet diese vereinigte Groß-BRD. Diese Mauer hätte auch ich gerne wieder, aber nicht mitten durch Deutschland, sondern als Schutzwall an den deutschen Grenzen.

Die DDR-Wirtschaft wurde mit Milliardengewinnen für die deutschen Banken ausgeschlachtet und anschließend auf Kosten der Steuerzahler internationalen Heuschrecken angedient. Über Generationen aufgebautes Volksvermögen wie die Deutsche Bundespost wurde "privatisiert", natürlich in einer Weise, bei der die Spargroschen der deutschen Kleinanleger in den großen Taschen internationaler Investoren gelandet sind, die niemand des Antisemitismus' verdächtigt. Voicestream (das Milliardengrab von "Ron Sommers" Telekom) und Chrysler (das Milliardengrab von Daimler-Benz) sind nur die bekanntesten Beispiele, wie die deutsche Wirtschaft versteckte Tribute an die amerikanische Hochfinanz geleistet hat.

Kein Wunder, dass eine Volkswirtschaft, der ständig Kapital entzogen wird, an Produktivität verliert. Kein Wunder, dass ein Volk, das immer mehr Lasten schultert, sogar seine Währungshoheit an eine überstaatliche Organisation abtritt, finanziell ausblutet und verarmt. Unsere Politiker versichern uns Tag für Tag, das müsse so sein, für eine bessere Zukunft. Da wird uns ein Aufschwung vorgelogen (nach alter Definition, also wider besseres Wissen), der nur bei denen ankommt, die zuvor bereits genug gehabt hatten. Da wird mittels Statistik die Arbeitslosigkeit verleugnet (wieder die alte Definition, das Abstreiten klar belegbarer Tatsachen), in der Hoffnung, ein ganzes Volk ruhig und dumm zu halten.

Oh, wir sind natürlich für die Freiheit von Tibet, gegen chinesisches Militär im Land, gegen ständigen Zuzug von Chinesen, gegen das langsame

Abwürgen der tibetischen Kultur. Aber wer ist für die Freiheit von Deutschland? Wer ist gegen fast 60.000 amerikanische Soldaten hier im Land, gegen britische und französische Soldaten, die uns einstmals vor dem Warschauer Pakt schützen sollten, der seit 17 Jahren nicht mehr existiert? Wer ist gegen den millionenfachen Zuzug von "Migranten" ins ohnehin übervölkerte Deutschland? Wer möchte die deutsche Kultur retten, vor amerikanischen Gewaltorgien, die unser Fernsehbildschirme überschwemmen, vor seichten "Soaps" und irgendwelchen geistlosen Unterhaltungs-"Shows"?

Aber wir sind für Tibet, das ist Zivilcourage. Für Deutschland zu sein, könnte einem ja Ärger einbringen, den Polizeiknüppel und Strafprozesse. Wer für Tibet ist, braucht nichts zu fürchten, der genießt die Solidarität der selbsternannten Demokraten. China ist schließlich weit weg, da ist es völlig ungefährlich, sein Halbwissen über die dortigen Zustände auszubreiten. Hauptsache, man ist dagegen, das ist dann gut so.

Natürlich ist wirkliche Zivilcourage etwas völlig anderes, als es uns heute dargestellt wird. Zivilcourage ist das Auftreten gegen die herrschende Meinung, bei welcher der Einzelne ohne Rücksicht auf sich selbst allgemein gültige Werte vertritt, von denen er selbst überzeugt ist. So steht es in der Wikipedia.

Das heißt, so einen Artikel gegen die Obrigkeit in diesem Land zu schreiben, ist ein Akt der Zivilcourage, auch wenn ich mich dabei nicht unbedingt als Held empfinde, sondern nur das sage, was gesagt werden muss, und ich damit Fehler und Fehlverhalten aufzeige, das jeder erkennen kann.

Zivilcourage ist, solche Artikel zu zitieren und zu verbreiten, im Freundeskreis oder an Bekannte. Niederträchtiges Denunziantentum ist es, solche Artikel der Obrigkeit zu melden, um irgendwelche Belohnungen einzuheimsen.

Zivilcourage steht jedem frei. Wer für das Wahre und Gute eintritt, wer gegen einen infamen Überwachungsstaat kämpft, der zeigt Zivilcourage. Selbst jener, der nur für Selbstverständlichkeiten eintritt, für die Werte und den Erhalt des deutschen Volkes, bedarf heute der Zivilcourage.

Die Lügen und die Propaganda von Regierungen gegen das Volk getreulich nachzubeten, erfordert keinen Mut. Es hält den eigenen Blutdruck niedrig, lässt einem das Feierabendbier genießen und stumpfsinnige Mattscheibenunterhaltung ertragen. Wer im Tiefschlaf verharren möchte, bis es zu spät ist, um noch aufzuwachen, benötigt keine Zivilcourage.

Aber, bitte, bezeichnen Sie das Mitwandern in der großen Schafherde nicht als menschliches Leben. Wer es nicht wagt, sein eigenes Gehirn zu benutzen, verzichtet auf das Einzige, was das Grundgesetz nicht einschränkt, auf seine unantastbare Menschenwürde. Wer diese den Menschen vorenthält, sie stumpfsinnig und unwissend zur Schafherde degradiert, zeigt keine Zivilcourage, sondern begeht ein Verbrechen.

Albert

Dies ist ein Ausblick auf das Jahr 2009, verfasst im Januar. Ich habe ihn unverändert übernommen, womöglich passiert noch vieles von dem, was darin steht. Dann kann sich Albert wieder wundern.

Eigentlich fühlte sich Albert sicher, zu Anfang des Jahres 2009. Er wurde zwar nicht großartig bezahlt, doch als Systemadministrator in der Gemeindeverwaltung von Großmietraching genoss er alle Vorteile eines Angestellten im öffentlichen Dienst. Hundesteuer und Abwassergebühren fielen selbst in der Krise an, für die Erhebung benötigte die Gemeinde Computer und die Computer hin und wieder einen helfenden Handgriff durch Albert. So gesehen, dürfte sein Arbeitsplatz absolut sicher sein.

Natürlich gab es unangenehme Nachrichten. Daimler hatte seine Belegschaft in vorgezogene Weihnachtsferien geschickt und begann jetzt, nach deren Ende, mit Kurzarbeit. Sicher, in Deutschland hing jeder sechste Arbeitsplatz von der Autoindustrie ab, die Kriege in Gaza, in Afghanistan, im Irak, die ständigen Scharmützel in Afrika, der Gasstreit mit Russland zeigten, dass die Weltlage nicht sonderlich stabil war, doch das betraf Albert nicht. Schlechte Nachrichten hatte es immer gegeben.

Es gab schließlich auch gute Nachrichten. Der DAX hatte schon wieder die 5000er Marke getestet, das Gold dümpelte stabil bei 600 Euro, der Dollar hatte kürzlich gegenüber dem Euro an Wert gewonnen, was dem Export helfen sollte. Außerdem arbeitete die Kanzlerin unablässig daran, die Krise zu bewältigen. Sie traf sich mit allen wichtigen Staatsmännern, reiste unablässig umher, um Vereinbarungen zu treffen und den Welthandel wieder in Schwung zu bringen, wovon die Exportnation Deutschland profitieren würde.

Zudem gab es den Euro. Ein großer europäischer Wirtschaftszusammenschluss trotzt wie ein Fels jeder Brandung, dachte Albert. Verabschiedete die Regierung nicht gerade das zweite Konjunkturprogramm? Garantierte die Regierung nicht die Spargelder? Gab es nicht Bürgschaften für die Banken und bald auch für die Industrie? Nein, Albert ließ sich nicht irre machen. Zwei mahnenden Stimmen an seinem Stammtisch hielt er vor, dass die Regierung und die Wirtschaftswissenschaftler aus der Vergangenheit gelernt hatten. Eine Sekretärin, die ihm eine kassandrahafte Internetseite zeigte, informierte er, dass deren Surfverhalten aufgezeichnet würde und sie solche Seiten besser nur privat ansehe. Im Fernsehen liefen Musikantenstadl und Wetten dass...?, Neues aus der Anstalt fand Albert zwar gut, aber das kam einfach zu spät, er musste schließlich früh aufstehen.

Albert kam nicht ins Grübeln, als der neue US-Präsident von militärischer Stärke und von Flagge zeigen sprach, als er die Verbündeten dazu aufforderte, mehr Lasten zu übernehmen, vor allem in Afghanistan. Der Höhenflug des Dollars ging zu Ende, statt dessen stiegen die Preise an den Tankstellen. Aber im Fernsehen kam immer noch Verstehen Sie Spaß, und Albert genoss es, diesen Spaß zu verstehen. Und die Kanzlerin hatte schon früher von unverbrüchlicher Solidarität zu Israel gesprochen. Die Bundeswehr war ja nicht wirklich im Gaza-Streifen, sondern mit ein paar Pionieren in Ägypten, um dort die Tunnel der Hamas aufzuspüren.

Ein klein wenig ärgerte sich Albert, als das Gold über tausend Euro stieg. Er hatte zwar nicht viel gespart, aber zehn Unzen hätte er sich leisten können, um jetzt den Gewinn mitzunehmen. Gold würde sich bestimmt nicht auf diesem Niveau halten. Dafür bot sich jetzt, bei DAX 3500, eine Einstiegsmöglichkeit. Viel weiter konnten die Aktien gar nicht mehr sinken. Albert hatte jetzt Zeit, sich am Nachmittag die Gerichtsshows anzuschauen, denn die Stadtverwaltung Großmietraching hatte ihm angeboten, sein Überstundenkonto abzubauen und als zusätzlichen Anreiz dieses großzügig aufgerundet.

Zu Ostern hatten die Autofirmen vorgezogene Betriebsferien abgehalten. Dies hielt den Schrumpfungsprozeß der Autoindustrie nicht auf, die ersten Fabriken hatten bereits geschlossen, trotz aller Staatsbürgschaften und Abwrackprämien. Sicher, Alberts Auto war auch schon zehn Jahre alt, aber mit 130.000 km auf dem Tacho und bei guter Pflege würde es noch drei bis fünf Jahre halten. Vielleicht, wenn der DAX wieder auf 8.000 geklettert sein würde, oder wenn neue Rabatte die Autos noch weiter verbilligten. Das Osterprogramm im Fernsehen war großartig. Anstatt der biblischen Schinken, die sie früher immer gesendet hatten, kam eine Reportage über die glorreichsten Momente der Deutschen Fußball-Nationalmannschaft, natürlich mit allen WM-Endspielen.

Albert bedauerte die Kanzlerin, so niedergeschlagen, wie sie bei ihrer Pfingstansprache aus dem Fernseher schaute. Niemand hätte gedacht, dass Italien zu Ferienbeginn aus dem Euro-Verbund austreten würde. Viele Urlauber mussten sich in die Schlangen der Italiener einreihen, um bei den Banken ihre Euro in die neue Lira umzutauschen, die nach nur einem Übergangstag als alleiniges Zahlungsmittel verwendet wurde. Der ungünstige Wechselkurs verteuerte den Urlaub schlagartig, die Hotels durften sogar die

Preissteigerung nachfordern, selbst wenn der Aufenthalt seit Monaten bezahlt worden war.

Nach der Ansprache der Kanzlerin kam die Nachricht, dass Spanien und Griechenland ebenfalls austreten wollten. Diesmal ließ sich Albert nicht durch den großen Preis der Volksmusik ablenken, er verfolgte die Expertenrunde, die ratlos überlegte, wie es mit dem Euro weitergehen sollte. Am Pfingstdienstag traf Albert der nächste Schock: Der DAX war auf 2800 Punkte gefallen, dafür Gold auf 1500 Euro gestiegen. Er beschloss, bei einem früheren Arbeitskollegen anzurufen, der ihm schon vor Monaten gesagt hatte, dass er mit schlimmen Zeiten rechnete. Leider war dort entweder besetzt oder der Anrufbeantworter meldete sich, der allerdings nichts mehr aufzeichnete, weil schon zu viele Anrufer Nachrichten hinterlassen hatten.

Unter diesen Vorzeichen wurde die Europa-Wahl abgehalten. Zwar schaffte es die CSU gerade noch so, ins Europaparlament zu kommen, doch mit ihr zogen aus Deutschland die Linken ein und ebenfalls das Wahlbündnis Rechts, zu dem sich NPD, DVU und Republikaner zusammengeschlossen hatten. Die Parteien der Mitte und die Sozialdemokraten erreichten im EU-Parlament zwar immer noch eine Mehrheit, doch diese Mehrheit sollte niemand stabil nennen, denn in den einzelnen Ländern definierten sich die Parteien neu, gingen oft genug auf einen radikaleren Kurs.

In den nächsten Monaten stiegen die Preise auf breiter Front. Der Dollar und das britische Pfund verfielen noch schneller, der Schweizer Franken nicht ganz so stark. Immerhin erhielt Albert einen Lohnausgleich, der die Teuerungsrate nicht wirklich kompensierte, aber wenigstens die Lage ein wenig erleichterte. Fünf Millionen Arbeitslose zu Beginn des Sommers drückten auf die Stimmung im Land. Albert hatte in den Nachrichten nicht wirklich darauf geachtet, dass die Anleihen des Bundes inzwischen direkt an die EZB verkauft wurden, weil sich keine anderen Interessenten mehr fanden. Wenigstens hatte sich das Fernsehprogramm angepasst, es gab mehr Spielshows, die in schneller Folge ein paar der neuen Euro-Tausender verteilten. Wenigstens stiegen jetzt endlich die Aktien wieder.

Der Staatsbankrott der USA überraschte Albert völlig. Natürlich gab es Vorwarnungen, aber eben nicht bei Tatort, Lindenstraße oder In aller Freundschaft. Dazu hätte Albert sich langweilige politische Magazine anschauen müssen, die nach 23:00 Uhr liefen oder am frühen Morgen. Oder er hätte im Internet auf jenen verpönten Seiten nachlesen müssen, deren Betreiber die Staatsmacht mit dem konstruierten Vorwurf der Volksverhetzung mundtot zu machen versuchte. Im erklärten Hort der Freiheit herrschte plötzlich Kriegsrecht, die Bilder vom beginnenden Bürgerkrieg ähnelten dem, was zu Jahresanfang in Gaza stattgefunden hatte. Nur war es dort die eigene Armee, die gegen ihre Mitbürger vorging.

Als Israel mit Ägypten und Saudi-Arabien ein Verteidigungsbündnis abschloss und seine engen Verbindungen zu den USA und der EU aufgab, erlitt die Kanzlerin einen Nervenzusammenbruch. Mitten im Wahlkampf leerten sich in Deutschland die Regale, längst sprachen die Experten von Depression und Inflation. Die CDU schickte als letztes Aufgebot Roland Koch ins Rennen, der seine Landtagswahl schon hinter sich hatte. Die Landtagswahlen Ende August wirbelten die Parteienlandschaft gründlich durcheinander. Oskar Lafontaine errang mit den SED-Nachfolgern die Mehrheit im Saarland, in Thüringen schafften die Linken über 40%. Selbst in Brandenburg gelang der SPD nur ein hauchdünner Vorsprung, der es ihr erlaubte, den Ministerpräsidenten weiterhin für sich zu reklamieren.

Albert hatte jetzt viel Zeit um Fernzusehen, denn selbst die Stadtverwaltung Großmietraching konnte ihre Leute nicht mehr halten. Albert bezog Arbeitslosengeld, die Kommune bezahlte jedoch 500 Euro dazu (den gerade erst erhöhten Freibetrag), dafür musste er tagsüber auf Abruf zur Verfügung stehen, um eventuelle Computerprobleme zu beheben. Beinahe täglich liefen jetzt Sondersendungen über die Ausschreitungen in deutschen Großstädten, die sich mancherorts zu bürgerkriegsähnlichen Auseinandersetzungen steigerten.

Immerhin, Roland Koch hielt Albert für den richtigen Mann, hatte der doch schon Anfang 2008 vor zu vielen Ausländern in Deutschland gewarnt. Seine Ankündigung, mit der FDP und der Wahlalternative Rechts eine Regierung der nationalen Erneuerung zu bilden, bestärkte Albert nur in dieser Einschätzung. DAX 5000 bereitete Albert nur wenig Freude, wenn er die Teuerung heraus rechnete, blieben gerade einmal 2500 Punkte übrig. Er hätte doch auf Gold setzen sollen, das kostete jedoch inzwischen 5000 Euro, aber das empfand Albert als viel zu riskant, um jetzt noch einzusteigen.

Präsident Obama hatte keine Wahl, er musste seine Truppen heimholen. Den Krieg im Irak hatte er gleich nach seinem Amtsantritt verloren gegeben, jetzt zog er auch die Truppen aus Afghanistan ab. Die Flotte im Persischen Golf nahm nur Amerikaner an Bord, bevor sie sich in Richtung US-Westküste zurückzog. Für die Bundeswehr gab es diese Möglichkeit nicht. Zwar gewährten die Taliban sieben Tage freien Abzug, doch das reichte nicht, um das schwere Gerät oder die Vorräte mitzunehmen. Berlin entschied, Leben dem Vorrang vor Material einzuräumen und die Soldaten auszufliegen.

Kurz vor der Bundestagswahl erschien in mehreren Tageszeitungen eine große Anzeige des Zentralrats der Juden in Deutschland, in denen der Rat davor warnte, der Wahlalternative Rechts die Stimme zu geben. Albert hatte das nicht vorgehabt, deshalb nahm er das zwar zur Kenntnis, doch er begriff nicht, dass sich die Lage in Deutschland verändert hatte. Noch zur Europawahl hatte der Zentralrat keine Anzeigen bezahlen müssen, seine Warnungen waren überall abgedruckt und in den Nachrichtensendungen verbreitet worden. Doch das war, bevor Israel das neue Bündnis abgeschlossen hatte.

Die Wahlen zum Bundestag brachten eine Überraschung, welche die Demoskopen nicht vorhergesehen hatten: Die Wahlbeteiligung lag deutlich höher als erwartet, und dieses Mehr an Wählern hatte dem rechten und dem linken Rand die Stimmen gegeben. Weder Koch noch Steinmeier konnten den Sieg für sich reklamieren, es reichte nicht einmal für eine Fortsetzung der großen Koalition. Jetzt wurden die absonderlichsten Farbenspiele diskutiert: Schwarz-Rot-Braun, Dunkelrot-Rot-Grün, Braun-Gelb-Grün-Schwarz, Dunkelrot-Braun-Grün...

Dann gab es tatsächlich einen Bundeskanzler, den niemand auf seiner Liste gehabt hatte: Lothar Bisky von den Linken, der mit den Rechten und den Grünen ein Bündnis zur Ablösung der Altparteien geschmiedet hatte. Binnen weniger Tage passte sich die Presse an. Aus "Migranten" wurden "Fremdarbeiter", aus "Mulitkulti" ein "Anschlag auf die deutsche Leitkultur". Die neue Regierung lobte Rückkehrprämien aus und beschränkte staatliche Unterstützung von Sozialhilfe bis Kindergeld auf deutsche Staatsbürger. Gleichzeitig wurde die Einbürgerung erheblich erschwert und alle Einbürgerungen der letzten vier Jahre einer Prüfung unterzogen.

Für Albert brach eine Welt zusammen. Natürlich, im Komödienstadl oder bei Gute Zeiten, schlechte Zeiten erfuhr niemand, wie nahe sich "Rechte" und "Linke" politisch in Wirklichkeit standen. Historische "Dokumentationen" im ZDF hatten immer die Unterschiede herausgearbeitet, anstatt die Gemeinsamkeiten der Positionen aufzuzeigen. Die historische Gegnerschaft zwischen nationalen und internationalen Sozialisten hatte immer überdeckt, dass sich beide Parteien in erster Linie als Sozialisten betrachteten. Den heutigen Linken fehlte die internationale Gemeinschaft der kommunistischen Partei, deshalb waren sie unbeachtet von der Öffentlichkeit immer mehr zu nationalen Sozialisten mutiert.

Die neue Regierung griff hart durch. Wo immer Ausländer für Unruhen sorgten, wurde rabiat durchgegriffen, es wurde geschossen und verhaftet, außerdem sehr schnell abgeschoben. Selbst Verkehrsverstöße dienten jetzt bereits als Grund für eine Ausweisung.

Mit dem Ende des Jahres kam auch das Ende des Euro. Der US-Dollar hatte zwar überlebt, war aber international wertlos geworden. In den zerfallenden USA war er noch offizielles Zahlungsmittel, doch längst hatten die Fraktionen im Bürgerkrieg eigene regionale Zahlungsmittel eingeführt. Die USA war nicht mehr in der Lage, ihre Ölrechnung zu bezahlen. Die Währungsreform führte die nationalen Währungen wieder ein. International wurde nur noch eines akzeptiert: Gold. Wer kein Gold besaß, um einzukaufen, musste feilschen, um im Tauschhandel Waren gegen Waren zu erwerben.

Es war kalt geworden, am Ende dieses Jahres 2009. Wer jetzt staatliche Unterstützung bezog, konnte zumeist nur einen einzigen Raum seiner Wohnung beheizen, oder er sparte an anderer Stelle. Importwaren waren unerschwinglich geworden, Albert hatte bereits den Schwarzmarkt besucht. Dort hatte er seinen früheren Arbeitskollegen getroffen, dem sein 17 Jahre alter Fernseher kaputt gegangen war. Albert wollte ihn zunächst bedauern, doch dann erlebte er, wie ein großer neuwertiger LCD-Flachbildfernseher den Besitzer wechselte, für fünf Maria-Theresia-Taler. 27,50 Euro, verriet ihm der ehemalige Kollege unter vier Augen.

In der Tristesse seiner nicht allzu warmen Wohnung überlegte Albert, wie der Kerl schon 2005 wissen konnte, dass die Zeiten schlechter würden. Er kam zu keinem Ergebnis und schaltete den Fernseher an. Nachher sollte eine neue Unterhaltungsshow kommen, mit Thomas Gottschalk.

Mündige Bürger?

In der Demokratie, also jener Staatsform, die im Grundgesetz der Bundesrepublik Deutschland festgeschrieben ist, gibt es wie in jeder anderen Staatsform einen Souverän, in diesem Fall das Volk, zusammengesetzt aus mündigen Bürgern. Dieser mündige Bürger ist ein informierter Bürger, der sich auskennt in den Belangen und Erfordernissen seines Staates. Er ist zudem unabhängig, das heißt, er ist nicht gezwungen, sich aus finanzieller oder sonstiger Not mit seinen Entscheidungen dem Willen Anderer unterzuordnen.

Die Demokratie ist unseren Parteien so heilig, dass sie diese schon in ihren Namen aufgenommen haben. Bei der NSDAP und der SED stehen das "D" noch für "Deutsche" bzw. "Deutschlands", aber das sind Parteien von Gestern, aus vordemokratischen Zeiten. Die PDS ist demokratisch, die CDU ebenfalls, die SPD erst recht, natürlich ebenfalls die FDP. Auch die NPD besteht aus lupenreinen Demokraten. Die CSU ist jedoch nur Sozial. Deshalb darf dort schon der dritte ungeliebte Ministerpräsident seine Alters-Austragstelle besetzen. Auch den Grünen fehlt die Demokratie als Partei von "Joschka" Fischer. Ebenso dem ehemaligen Wahlverein des ehemaligen Lafontaine.

Aber es gibt auch andere Staatsmodelle, aus vordemokratischen Zeiten. Einer der Theoretiker, die eine solche verfasst haben, war Niccolo Machiavelli. Er schrieb nach dem finsteren Mittelalter, im beginnenden Absolutismus ein Handbuch für den wohlorganisierten Despoten, auf dass dieser mit seinem unterdrückten Volk glücklich und erfolgreich werde. Ich möchte hieraus einmal zitieren:

Daher muss ein kluger Fürst eine Form ausfindig machen, bei der seine Bürger immer und in jeder Lage den Staat nötig haben, und sie werden ihm dann immer treu und ergeben sein.

Niccolo Machiavelli, "Der Fürst"

Da schlägt dieser Mann doch tatsächlich vor, den Bürger in totaler Abhängigkeit vom Staat zu halten, also das genaue Gegenteil des mündigen Bürgers einer Demokratie. Aber die hatte der gute Niccolo auch nicht im Sinn. Er wollte sich mit seinem Buch bei den Mächtigen einschmeicheln, was damals den Posten eines Frühstücksdirektors garantierte, also ein sicheres Auskommen und ein paar Privilegien. Vereinfacht ausgedrückt, eine Pfründe.

Aber, wie gesagt, das waren vordemokratische Zeiten, in denen der Despot einfach über die Köpfe seiner unmündigen Bürger hinweg entschieden hatte. Es gab damals weder Wahlen noch eine vom Volk legitimierte Verfassung. Der Herrscher wurde geboren und regierte dank Gottes Gnade. Uneinsichtige Völker sprachen damals auch schon mal von Gottes Ungnade oder gar von Gottes Zorn.

Vor Machiavelli, im Mittelalter, war das Verhältnis von "Bürgern" und "Staat" wesentlich einfacher. Der Unterling lieferte den "Zehnten", also ein Zehntel seiner Erträge, als Steuer beim Chef ab, damit dieser gut leben und sich bei Turnieren und Kriegen amüsieren konnte. Außerdem leisteten die Unterlinge bis zu 60 Tage im Jahr Frondienste. Dabei bestellten sie die Felder ihres Herrn, schleppten Steine für eine neue, noch abschreckendere Burgmauer oder arbeiteten an sozialen Großprojekten wie der Trockenlegung von Sümpfen oder der Rodung von Wäldern, zur Ansiedlung von Einwanderern oder für die eigenen Kinder. Ansonsten hatten die Unterlinge schleunigst den Weg zu räumen, damit der Chef mit seinem Tross im vollen Galopp an ihnen vorbeipreschen konnte.

Als Gegenleistung ließ der mittelalterliche Staat seine Bewohner in Ruhe. Der Chef führte mit seinen Leuten Krieg, ohne die eigenen Bauern ins Militär zu pressen. Er trieb sie nicht in Schulen, denn es gab keine. Bildung war Privatsache. Der Staat belästigte seine Bewohner nicht mit Ärzten und Impfungen, das besorgte der Dorfschmied oder das Kräuterweiblein. Rente und Ruhestand überließ das Mittelalter den natürlichen Abläufen, wonach sich Leute, die nicht mehr arbeiten konnten, zur ewigen Ruhe legten und in geweihter Erde vergraben wurden.

Ja, es gab Auswüchse. Fürsten, die den "Fünften" kassierten, also das Doppelte dessen, was ihnen zustand, oder den "Kirchenzehnten" zusätzlich eintrieben, um sich das Wohlwollen und die Unterstützung der Geistlichkeit zu sichern. Manche Fürsten hetzten ihre Bauern eben doch als Fußvolk in den Krieg oder dehnten die Fronzeiten aus. Das alles gab es, aber das waren Auswüchse. Das Mittelalter dauerte schließlich etwa tausend Jahre und in einer gemächlichen, staufreien Fahrstunde auf unseren heutigen Autobahnen durchqueren wir ein gutes Dutzend jener damaligen Herrschaftsgebiete. Unter den mindestens 200.000 Fürsten und Kleinherrschern des Mittelalters gab es üble Burschen, aber die Mehrzahl hielt sich an die Regeln.

So ging es im ach so finsteren Mittelalter zu und schon zur Zeit von Niccolo Machiavelli lag es hinter uns. Heute haben wir die Demokratie und den mündigen Bürger. Im Mittelalter gab es keinen Urlaub, sondern nur die kirchlichen Feiertage. So 250 Tage im Jahr mussten die Menschen arbeiten. Das heißt, bei gutem Wetter, also nicht im Winter. Aber 200 Tage haben sie gearbeitet. Davon 20 Tage, um den Zehnten zu erbringen, und 60 Tage Fron für den Fürsten, also haben sie effektiv 40% ihrer Arbeitsleistung beim räuberischen Staat abgeliefert.

Wir haben es heute viel besser. Wenn Sie nicht gerade ein Alleinstehender Millionenverdiener sind, begnügt sich der Staat mit etwa 20% Ihres Einkommens als Steuern. Zumindest als direkte Steuern. Dazu kommen noch die Verbrauchssteuern, Mehrwertsteuer, Mineralölsteuer, Branntweinsteuer... der Staat ist da sehr erfinderisch. Das runden wir wieder auf 20%. Nächstes Jahr wird es wieder etwas mehr sein, denn der demokratische Staat erhöht laufend die Steuern, aber gehen wir mal von heutigen Zuständen aus. Dazu geben Sie noch für Rente, Krankenkasse, Pflege- und Arbeitslosen-Versicherung weitere 20% an den Staat und übergeordnete Organisationen ab. Aber 40% ihres Gehalts dürfen Sie behalten, die belässt Ihnen der demokratische Staat. Und Sie müssen keine Frondienste leisten, ein echter Vorteil gegenüber dem Mittelalter.

Wenn Sie von diesen 40% Restgehalt noch sparen, hält der Staat bereitwillig die Hand auf, davon will er seinen Anteil. Und er will wissen, wo und wie Sie das Geld anlegen, damit Sie dem Staat nicht vorenthalten, was dem Staat zusteht. Das konnten die Herrscher im Mittelalter nicht, das ist eine Errungenschaft der demokratischen Moderne.

Doch für Ihre umfangreichen Abgaben bekommen Sie öffentliche Schulen (mit vielen Kindern, die zufällig eine andere Sprache sprechen, als Ihre Kinder und deren Lehrer), Ärzte und Krankenhäuser (die Sie dank Kostendeckelung so schnell wie möglich wieder loswerden wollen) und eine staatliche Altersversorgung (die leider immer weiter heruntergefahren werden muss, die leeren Kassen, Sie verstehen). Bessere Bildung, Kranken- und Altersversorgung ist Privatsache, aber das kennen wir ja, aus dem Mittelalter.

Dafür müssen wir auf den Straßen nur selten zur Seite treten, wenn Merkel mit ihrem Tross mit Tempo 130 durch die Stadt jagt und rote Ampeln ignoriert. Oder ein anderer Fürst, für den alles abgesperrt wird, damit der hohe Herr (oder die hochwohlgeborene Frau) unbehindert sein Ziel erreicht und seine kostbare Zeit nicht vergeudet.

Obendrein ist heute alles viel teuerer als damals im Mittelalter. Ein Kilometer Autobahn kostet 27 Millionen Euro, ehrlich. Ja, die technische Erstellung ist billiger, da kommen wir mit nicht mal 12 Millionen Euro pro Kilometer aus, trotz aller Baumaschinen und aufwendiger Bodenarbeiten. Die restlichen 15 Millionen benötigt die Bürokratie. Schließlich sind wir eine Demokratie, kein Obrigkeitsstaat. Deshalb gibt es Genehmigungsverfahren, Gerichtsverfahren, rechtliche Prüfungen, Umsiedlung von Feldhamstern, Gutachten über Krötenwanderwege und Brutgebiete von Schleiereulen. Also alles, was der mündige Bürger haben möchte.

Der mündige Bürger wurde auch gefragt, ob er die Währung Euro haben möchte. Nicht von den Politikern, die haben ohne ihn entschieden, aber von den Demoskopen. Da nur etwas mehr als 90% der mündigen Bürger dagegen gewesen waren, empfanden das die bevormundenden Politiker als eindeutige Zustimmung. Auch die EU-Verfassung stieß auf breite Ablehnung unter den mündigen Bürgern, deshalb waren die Parlamentarier einhellig dafür. Aber mit Verfassungen sollen die Bürger sowieso nicht behelligt werden, das kommt erst nach der Wiedervereinigung. So steht es jedenfalls im Grundgesetz von 1949, das sich selbst als Provisorium definiert.

Da die Bürger in anderen Staaten gegen diese Verfassung gestimmt haben, bekommen wir jetzt den Vertrag von Lissabon. Den wollen die Bürger zwar auch nicht haben, doch der wurde vorsorglich so gestaltet, dass niemand abstimmen darf. Außer den Iren, aber die stimmen solange ab, bis die Mehrheit dafür ist.

Jedenfalls haben Bundeskanzler und Bundeskanzlerin von Gottes Gnaden bislang an Stelle des mündigen Bürgers entschieden. Oder gibt es den mündigen Bürger etwa gar nicht? Das würde heißen, dass wir gar keine Demokratie haben, weil uns dazu die mündigen Bürger fehlen? Aber was wählen wir dann? Wählen wir überhaupt? Oder kreuzen wir in einer gut organisierten Simulation nur das an, was wir wählen würden, während die Obrigkeit bereits festgelegt hat, wie die Wahlen ausgehen?

Ach nein, dann würden doch nicht hin und wieder andere Kandidaten gewinnen. Nur, wer stellt die Kandidaten auf? Mündige Bürger? Nein! Kandidaten werden in Deutschland von abhängigen Parteifunktionären aufgestellt. Der Bürger ist dafür nicht mündig genug, er darf nur ankreuzen, was man für ihn ausgesucht hat. Alles andere wäre zu viel Demokratie, da gäbe es am Ende Überraschungen unliebsamer Art für die von Gottes Gnaden regierende Obrigkeit.

Damit kommen wir auf die Grundfrage der modernen Staatskunst:

Wie simuliert man eine Demokratie?

Da schlagen wir einfach mal nach bei – ja, richtig, bei Machiavelli!

Sie arbeiten fleißig und werden dafür bezahlt. Das gehört sich auch so, das will niemand ändern. Aber womit werden Sie bezahlt? Richtig, mit Geld! Was aber ist Geld? Früher war das mal Gold und Silber, das der Staat in kleine Stücke gehackt hatte, auf denen zwecks besserer Vergleichbarkeit aufgeprägt wurde, wie viel Gold oder Silber in diesen Münzen enthalten war. Das Silber des Königs vom Frankreich war so gut wie jenes der Stadtkasse von Dinkelsbühl. Heute hingegen bekommen Sie bedrucktes Papier, das der Staat als Geld deklariert hat.

Sie brauchen den Staat, der für Ihr Geld garantiert, um Ihre Brötchen zu bezahlen, für eine Anschaffung zu sparen oder für Ihr Alter vorzusorgen. Der Louis d'Or war ohne den König von Frankreich immer noch eine wertvolle Goldmünze, der 500-Euro-Schein ist ohne den Staat ein ziemlich unbrauchbarer Notizzettel.

Sie backen gute Weihnachtsplätzchen und wollen die verkaufen? Oh ja, das geht wirklich. Jedenfalls im Kreis Ihrer Verwandten. Ansonsten brauchen Sie leider einen vom Staat erhältlichen Gewerbeschein. Und Sie müssen nachweisen, dass Sie befähigt sind, Plätzchen zu backen. Dafür sollten Sie Meister des Bäcker- oder Konditoren-Handwerks sein. Geselle reicht nicht, da können Sie zwar backen, aber Sie haben noch nicht bewiesen, dass Sie selbständig einen Betrieb führen können. Den Nachweis erbringen Sie bei einer vom Staat dafür eingesetzten Stelle. Wenn Sie nachgewiesen haben, dass Sie backen und einen Betrieb führen können, aber trotzdem Pleite gehen, ist das Ihre Angelegenheit. Der Staat hat schließlich alles getan, um Sie daran zu hindern, sich vorschnell in Abenteuer zu stürzen.

Unser Rentensystem ist denkbar einfach, jedenfalls auf den ersten Blick. Sie zahlen viele Jahre Geld ein, damit Sie wenige Jahre Geld heraus bekommen. Jedenfalls ist das das Konzept, wie es für Sie privat aussieht. Gut, manche Leute werden trotzdem weit über hundert, aber das sind zum Glück nicht allzu viele. Deshalb ist das ja eine Versicherung. Früher hat der Einzelne Geld zur Seite gelegt (oder zum Schutz vor staatlichen Steuereinnehmern vergraben), um im Alter davon zu leben. Das ging mit Gold und Silber wunderbar, Papiergeld hingegen verträgt es nicht ganz so gut, wenn man es eingräbt. Ganz davon abgesehen gibt es Überraschungen, wenn man es zu spät ausgräbt, weil der Staat es inzwischen für wertlos erklärt hat.

Objektiv läuft es anders. Sie liefern Ihr Geld beim Staat ab, der überweist einen Teil davon als Wiedergutmachung nach Israel, der Rest wird an Rentner wie Ihre Eltern verteilt. Abzüglich der Verwaltungskosten, natürlich. Weil dann aber zu wenig Geld übrig geblieben ist, ergänzt der Staat dies aus den Steuern. Im Endergebnis bekommen Ihre Eltern die Rente vom Staat.

Um es noch genauer zu beschreiben: Für das Geld, das Sie dem Staat übergeben, in der Hoffnung, damit Ihre Rente zu finanzieren, verkauft Ihnen der Staat Anrechte auf Auszahlung, gewissermaßen nicht rückzahlbare Genussscheine. Bei Renteneintritt schaut der Staat nach, wie viele Genussscheine im Umlauf sind, und teilt Ihnen gemäß ihrem Bestand eine monatliche Auszahlung zu. In einer Demokratie wäre das gerecht, denn nur Einzahler erhalten diese Genussscheine. In unserem Staat werden die Genussscheine jedoch nach Gutdünken verteilt. Der entmündigte Bürger bekommt diese durch Einzahlung, Politiker bekommen diese weitaus zahlreicher einfach so. Außerdem erhalten gewisse Gruppen nach dem Zufallsprinzip Anteile. Zugewanderte Wolgadeutsche, aus ländlichen Gegenden, bekommen das volle Kontingent eines Bergbauingenieurs mit 50 Berufsjahren, wenn sie bei der Einwanderung angeben, sie hätten als solcher gearbeitet. Christliche Russen, die sich gegen Zahlung von 1.000 Dollar vom örtlichen Rabbiner zu Juden erklären, erhalten bei Einwanderung einen Riesenpacken davon als ehemalige KZ-Opfer.

Jedenfalls läuft in Ihrer Altersvorsorge nichts ohne den Staat.

Sollten Sie krank werden, bekommen Sie ärztliche Behandlung, in dem Umfang, den Ihre gesetzliche Krankenkasse bezahlt. Nach gesetzlichen Vorschriften, denn der Staat hat festgelegt, was und wie viel Sie erhalten.

Wenn Ihre Kinder öffentliche Schulen besuchen, schreibt Ihnen der Staat nicht nur vor, wann diese dort zu erscheinen haben, sondern vom Staat zugelassene Lehrer (mit "Staatsexamen") vermitteln Ihren Kindern staatlich vorgeschriebene Lerninhalte ("Lehrplan") nach staatlich festgelegten Methoden.

Sollten Sie sich bedroht fühlen, weil in der Nachbarschaft schon mehrmals eingebrochen wurde, dürfen Sie sich trotzdem keine Pistole zum Selbstschutz zulegen. Wird bei Ihnen eingebrochen, rufen Sie bitte die Polizei. Um die Verbrecher bis zu deren Eintreffen aufzuhalten, schicken Sie denen Ihre Tochter. So eine Vergewaltigung hält sie lange genug auf, bis die Polizei bei Ihnen eintrifft. Selbst wenn es Ihnen in den Fingern juckt, die Kerle danach totzuschlagen, tun Sie das lieber nicht. Die Bestrafung der Übeltäter ist Sache des Staates. Und da Ihre Tochter ja nicht gegen ihren Willen missbraucht wurde, liegt nicht einmal ein Sexualdelikt vor. Dann sind die Täter schon wieder frei, bevor Sie Ihre eingeschlagene Fensterscheibe repariert haben.

Ich erspare Ihnen und mir noch krassere Beispiele. Sie haben längst verstanden, dass Sie den Staat immer und in jeder Lage nötig haben und keine andere Wahl, als ihm treu ergeben zu sein. Dies ist das Gegenmodell zum mündigen, unabhängigen Bürger, dem Musterbürger der Demokratie. Der Bürger wird systematisch seiner Entscheidungsmacht beraubt, mit allen Möglichkeiten in Abhängigkeit gehalten und am Gängelband geführt.

Zwar haben wir offiziell keine Fürsten mehr, aber wir haben Machiavelli. Und dieser alte, wenig beachtete Schriftsteller ist moderner, als uns die "Demokraten" glauben machen wollen. Aber es gibt Nachfolger von ihm, mit weniger klangvollen Namen, wie Hans Werner Sinn. Leute, die den Mächtigen schmeichlerische Handbücher schreiben, im Austausch gegen Pöstchen und Privilegien – oder, mit dem alten Wort: Pfründe.

Nur, was kommt dabei heraus? Demokraten? Freie, selbstbewusste Bürger? Menschen, die für ihren Staat eintreten? Gewiss nicht!

Dieses System schafft nichts anderes als hilflose Untertanen, die ohne den Staat dahinsterben wie Fische auf dem Trockenen. Das Ergebnis ist keine Demokratie, sondern ein Staat von Duckmäusern, eine Neuauflage des Biedermeier, worin Politik auf Stammtische und Hinterzimmer beschränkt ist.

Eingebettet in einen alles umschlingenden, alles abwürgenden Staat, stirbt jede Freiheit. Nicht das Volk ist der Souverän dieses Staates, und die Staatsform ist nur nominal eine Demokratie. Bei genauer Betrachtung stoßen wir auf eine Theokratie, eine Herrschaft der Priester im göttlichen Auftrag.

Die Priester sind leicht zu identifizieren, es sind die Funktionäre der verschiedenen Parteien, so „demokratisch“ sie sich auch nennen mögen. Die Götzen heißen jedoch nicht mehr Amun, Baal oder Zeus. Die Götzen unserer pseudodemokratischen Theokratie heißen Holocaust, Freiheitlich-Demokratische Grundordnung und staatliches Gewaltmonopol. Denn diese Begriffe sind heute durch Gesetze so geschützt, wie einst die Namen und das Ansehen der Götter.

Wenn eine Bundeskanzlerin davon spricht, „mehr Demokratie zu wagen“, so ist das eine absichtliche Irreführung. Richtiger wäre es gewesen, überhaupt einmal Demokratie zu wagen, in diesem Staat. Doch das hieße, am eigenen Ast zu sägen.

Außerdem erfordert eine Demokratie mündige Bürger. Derzeit wird aber alles getan, um eben diese mündigen Bürger zu verhindern. Deshalb hat die Demokratie keine Chance in diesem, unserem ach so freiheitlich-demokratischen Staat.

ERNEUERUNG

- die Hoffnung stirbt zuletzt

Visionen

"Wer Visionen hat, sollte zum Arzt gehen." Altbundeskanzler Helmut Schmidt hat in seinem langen Leben viele kluge Dinge gesagt, dieser Satz gehört jedoch eindeutig nicht dazu. Nehmen wir zu seiner Ehrenrettung aber an, dass er damit Visionen von fliegenden Goldhamstern meinte, oder solche von weißen Mäusen. Ich hingegen rede eindeutig nicht von derartigen Visionen.

Als 1933 bei etwa sechs Millionen Arbeitslosen Adolf Hitler an die Macht kam, hielt man ihn für einen Großschwätzer und eine vorüber gehende Episode. Tatsächlich hat es der "österreichische Gefreite" aber geschafft, die Arbeitslosen von der Straße zu holen und die Weltwirtschaftskrise für Deutschland zu beenden. Selbst die USA brauchten dazu bis 1942 und schafften es nur mittels ihres Eintritts in den Weltkrieg.

Ich will hier nicht diskutieren, was an Adolf Hitler gut oder böse, richtig oder falsch war. Das tun wohlbezahlte Historiker und zahllose Filmproduzenten seit mindestens 60 Jahren. Es geht mir nur um das Werkzeug, das Adolf Hitler benutzte. So wie ein Messer, das zumeist ein nützliches Werkzeug ist, nichts dafür kann, wenn es als Mordwaffe missbraucht wird, soll dies ohne Wertung geschehen.

Das Werkzeug, mit dem Adolf Hitler die Kraft des deutschen Volkes weckte und die Wirtschaft in Schwung brachte, war eine Vision. Es war die Vision der Überlegenheit der arischen Rasse, repräsentiert durch das deutsche Volk. Der verlorene erste Weltkrieg war ein Trauma für alle damaligen Deutschen, zudem gab es in den 15 Jahren vor Hitler eine Währungsreform, die alte, über Generationen angehäufte Vermögen vernichtete (1923), und den rapiden wirtschaftlichen Niedergang nach der Weltwirtschaftskrise 1929. Die Nationalsozialisten packten die Probleme an und hämmerten ihre Vision mit allen Mitteln der Propaganda in die Köpfe der Leute. Damit rissen sie Deutschland aus der Lethargie, welche die Wirtschaft bis dahin gelähmt hatte.

Es war eine Vision, die Vision des islamischen Gottesstaates, die 711 die Araber nach Spanien brachte. Und eine andere Vision, die von Gott gestellte Aufgabe der katholischen Kirche, sorgte dafür, dass sie 1492 wieder vertrieben wurden. Die Vision vom Reichtum, der Aufstieg vom Tellerwäscher zum Millionär, trieb Millionen von Auswanderern nach Amerika oder in andere Teile der Welt. Visionen waren es, die zu allen Zeiten der Geschichte Menschen zu außergewöhnlichen Leistungen motivierten.

Auch Ludwig Erhard begann mit einer Vision. Wie nach dem ersten Weltkrieg gab es nach dem zweiten Weltkrieg eine Währungsreform (1948), wenn auch nicht ganz so verheerend wie 1923. Anders als die Politiker der Weimarer Republik, die es nicht schafften, eine Vision in den Menschen zu erwecken, benutzte Ludwig Erhard dieses Mittel. Seine Vision vom Wohlstand für alle, die mit dem Wirtschaftswunder zur Vision von "Wir sind wieder wer!" wurde, war die treibende Kraft hinter dem deutschen Aufstieg nach 1945.

Die letzte große Vision kam von Willi Brandt. Sein "Mehr Demokratie wagen!", kennzeichnete einen Aufbruch, gab eine echte Wende in der Politik vor. Das war damals eine Zeit, in der das deutsche Volk Reformen freudig begrüßte. Adenauer hat uns im Westen integriert, Brandt öffnete uns für den Osten – das dachten wir damals, denn diese Vision habe ich selbst miterlebt.

Dann kam Helmut Schmidt und wer Visionen hatte, musste zum Arzt. Helmut Kohl, der "Kanzler der Wiedervereinigung", wurde von der Geschichte überrollt, ehe er nach dem 9. November 1989 die Vision der Wiedervereinigung entwarf und erfolgreich umsetzte. Er wurde übrigens 1982 mit der Vision der "geistig moralischen Wende" ins Amt gewählt, hat diese aber nicht genutzt. Und nach dem 3. Oktober 1990, dem Tag der Wiedervereinigung, waren die "blühenden Landschaften" keine Vision mehr, sondern nur ein Wahlkampfslogan.

Gerhard Schröder hatte zwar persönlich die Vision vom "Ich will da rein!", als er einstmals am Zaun des (Bonner) Kanzleramtes rüttelte, doch als er in diesem (jetzt in Berlin stehenden) Kanzleramt angekommen war, hatte ihn der visionslose Helmut Schmidt eingeholt. "Wir wollen nicht alles anders, doch vieles besser machen", hätte durchaus für eine Vision gereicht, doch auch das verkam im Nachhinein zu einem Wahlkampfslogan. Im Gedächtnis bleibt dafür die "Politik der ruhigen Hand", welche die Opposition mittlerweile als "faule Hand" kritisiert.

Ich habe eingangs Adolf Hitler deshalb so ausführlich geschildert, weil die heutige Situation erkennbare Parallelen zu 1933 aufweist. Vor dem merkelhaften Aufschwung gab es 5,216 Millionen offiziell anerkannte Arbeitslose. Die Statistik wurde bearbeitet, sonst hätten wir eher ACHT Millionen Arbeitslose.

Wie diese Bearbeitung abläuft? Wer arbeitslos ist, Hartz IV erhält und einmal pro Woche eine Stunde für einen Euro aushilft, ist nicht mehr arbeitslos. Wer arbeitslos ist und eine Weiterbildung bzw. Umschulung erhält, fällt aus der Statistik. Wer wegen Krankheit zeitweise nicht zu vermitteln ist, fällt aus der Statistik. Wer mit 58 aufgibt, weil ihm der Berater von der Bundesanstalt für die Verwaltung der Arbeitslosigkeit erklärt, dass er keine Chance mehr habe, fällt aus der Statistik.

Und es gibt Druck. Statt profitabler Arbeitsplätze wurden Jobs bei Zeitarbeitsfirmen geschaffen, mit niedrigem Lohn und ohne jede Sicherheit. Zeitarbeiter werden als erste entlassen, wenn die Wirtschaft einbricht. Dann gibt es kein Arbeitslosengeld, sondern gleich wieder Hartz IV, denn die nötige Anwartschaft wurde in dieser kurzen Zeit nicht erreicht.

Wie die Weltwirtschaftskrise zeigt, ist Merkel-Deutschland keinesfalls für schwierige Zeiten gerüstet. Den Menschen droht der wirtschaftliche Niedergang und die Perspektivlosigkeit (siehe die ständigen Entlassungswellen, das Zurückfallen im Wohlstand gegen die europäischen Nachbarn, die wir längst überholt zu haben glaubten), wachsende Armut (siehe den offiziellen Armutsbericht der Bundesregierung) – das alles ist ein Furcht erregendes Gemenge. Auch wenn es uns objektiv besser geht als 1933, so sieht es in den Köpfen der Menschen ganz ähnlich aus wie damals.

Wer jetzt den Leuten eine Vision bietet, der wird damit Erfolg haben. Wenn es ein neuer Hitler ist, dann haben sich das die heutigen Politiker selbst zuzuschreiben, denn dann haben sie genauso versagt, wie ihre Vorgänger 1933. Es wäre einfacher und besser für Deutschland, wenn die Vision von den heutigen Politikern käme, doch sie müsste konsequent umgesetzt und nicht zerredet werden.

Wie muss diese Vision aussehen?

Die absoluten Profis in Sachen Vision, die Priester der katholischen Kirche, kennen das Rezept seit 2000 Jahren: Nimm alle Mühsal des Erdenjammers auf dich, danach wirst du mit den Freuden des Himmels belohnt werden. Mit der Aussicht auf den Himmel haben die Priester das Volk zu allen Zeiten dazu gebracht, Drangsale geduldig zu ertragen. Natürlich kann kein Kanzler dem Volk die himmlische Belohnung versprechen, aber das Grundrezept lautet: **Das Leiden ist kurz, die Belohnung sicher und das Leiden wert.** Das hat auch Josef Goebbels ab 1943 versprochen, als deutsche Soldaten im Glauben an den Endsieg durch die Wunderwaffen in aussichtsloser Lage weiterkämpften.

Das zweite Rezept ist das Wir-Gefühl. **Wir ziehen alle am gleichen Strang.** Auch der Priester leidet auf Erden und hofft auf den Himmel. Auch der Führer kämpft unermüdlich für den Endsieg. Wird das Wir-Gefühl nicht erweckt, oder bricht es zusammen, endet die Vision. Als die Bauern erleben mussten, dass es dem Adel und den Kirchenfürsten in diesem irdischen Jammertal viel besser geht als ihnen selbst, brachen die Bauernkriege aus und die evangelische Kirche entstand, weil die katholische Kirche ihre Glaubwürdigkeit verloren hatte. Üppig versorgte Politiker, die sich bei jeder erdenklichen Gelegenheit die eigenen Taschen füllen, sind nicht glaubwürdig. Dampfplauderer, die endlose Reden schwingen, ohne dass etwas geschieht, sind nicht glaubwürdig. Leute, die ständig Sektgläser in der Hand halten und von Sparsamkeit reden, sind nicht glaubwürdig.

Das dritte Rezept ist das Ziel. Es geht uns allen besser. Wir werden gewinnen. **Die Belohnung ist traumhaft!** Bei der Kirche ist es das Paradies, die ewige Glückseligkeit. Bei Goebbels der Endsieg, bei Erhard der Wohlstand. So einfach sind die Zutaten für eine gute Vision.

Die neue Vision besteht aus einem einzigen Satz:

Deutschland wird es schaffen!

Dieser Artikel ist erschienen, bevor eine Angela Merkel mit "Deutschland kann es schaffen" kokettierte. "Kann" ist schwach, es räumt die Möglichkeit ein, deshalb passt es zu dieser Kanzlerin. "Wird" ist stark, selbstsicher, gibt Kraft und Mut.

Ein einziger Satz, eine ganz kurze Formulierung, leicht zu merken, jederzeit anwendbar. Arbeitslosigkeit? **Deutschland wird es schaffen!** Armut? **Deutschland wird es schaffen!** Überfremdung, Ausländerkriminalität, Sozialschmarotzer? **Deutschland wird es schaffen!**

Ist es wirklich so einfach?

Ja, es ist so einfach! Es ist so einfach, wenn es nicht bei der Parole bleibt, sondern wenn es auch geschieht. Aber vorher muss noch eine andere Frage beantwortet werden:

Wer kann diese Vision glaubhaft vermitteln?

Beginnen wir mit der Union. **Angela Merkel** kann es nicht, das wußte schon Edmund Stoiber. Diese Dame kann inhaltlose Sätze mit umständlichen Formulierungen in die Kameras sagen, doch sie verbreitet den Charme einer Großmutter. Sie steht nicht für die Zukunft, für die Erneuerung, sondern für das Gestern, für den Muff von Helmut Kohl und die heimelige Datsche im Land von Erich Honecker. Sie vereinigt die Untugend des Aussitzens mit dem Gehabe der auf Parteilinie gebürsteten Alt-Funktionärin. Mit anderen Worten: Sie hat nicht nur keine Ideen, sie ist auch noch unfähig, welche zu vermitteln.

Wen gibt es sonst in der Union? **Günther Oettinger**? Ein Mann, der vor jeder Synagoge einknickt, sich von seinen eigenen Worten binnen 24 Stunden distanziert, wenn irgendwo Widerstand aufflammt? Nein! Tintenfische mögen intelligent sein, aber sie haben kein Rückgrat, sie wechseln nach Belieben die Farbe und wenn es ernst wird, verschwinden sie hinter einer dunklen Wolke.

Jürgen Rüttgers... Ja, den gibt es noch, auch wenn man von ihm kaum etwas hört. Wenn er seine Wahl in Nordrhein-Westfalen schafft und sich außerdem von Merkel löst, wäre er geeignet. Er braucht allerdings ein paar kleine Erfolge, die bei seiner derzeitigen Stellung von der Kanzlerin kassiert werden.

Roland Koch, der brutalstmögliche Aufklärer, ist bereits verbrannt. Er hat geredet, aber nicht gehandelt, deshalb taugt er nicht mehr zum Visionär. **Peter Müller**, der Kronprinz in Wartestellung aus dem Saarland, muss erst mal seine Wahlschlappe überwinden.

Bleibt **Christian Wulff**, der es zeitweise zum beliebtesten Politiker Deutschlands geschafft hat. Er wäre als Ministerpräsident von Niedersachsen tatsächlich jemand, der diese Vision vermitteln könnte. Aber dafür müsste er an Merkel vorbei und sie tunlichst beerben, wenn sie ihr Kanzleramt in den Sand gesetzt hat.

In der SPD sind die besten Redner **Gerhard Schröder** und **Franz Müntefering**. Beide haben eine bemerkenswert gute Stimme, sie sind jene Politiker, die man akustisch am besten versteht. So sollte die Vision verkündet werden, aber, leider... Schröder ist auf dem Altenteil und Müntefering eignet sich als Lautsprecher, also als jemand, der die guten Ideen wiederholt, aber nicht als jemand, der sie produziert.

Frank-Walter Steinmeier ist alles, nur kein Visionär, **Peer Steinbrück** zieht ein Gesicht, als wolle er böse Geister verjagen. Bliebe noch **Andrea Nahles**, die aber wohl eher abschreckt als zu motivieren. Vielleicht ist es ein Vorurteil von mir, aber eine Frau, die lautstark aufrütteln will, kommt in der Regel schimpfend und keifend herüber. Bliebe als letzter Hoffnungsträger **Klaus Wowereit**, der Berliner Party-Bürgermeister. Der Mann hat allerdings eine miserable Leistungsbilanz, ihm fehlt der Nachweis, in irgendeiner Form das zu können, was er als Vision vermitteln sollte.

Auf der linken Seite bliebe da noch **Oskar Lafontaine**. Auf den Mann schieße ich gerne in meinen Artikeln, aber ich muss zugeben, er könnte diese Vision tatsächlich dem Volk vermitteln. Seine Regierungstaten im Saarland sind inzwischen verjährt, dafür erinnern sich noch viele Leute daran, dass er mit seinem Zweifel an Kohls blühenden Landschaften richtig gelegen hatte. Als Demagoge wäre der Mann glaubhaft, zumal seine Chamäleon-SED in der Bundesregierung völlig unverbrannt ist.

Bei den Grünen gibt es leider keinen, der glaubhaft Visionen vortragen kann. **Jürgen Trittin** war bereits bei dem Dosenpfand überfordert, **Renate Künast** hat als Verbraucherschutz-Ministerin zwar gute Arbeit geleistet, hat sich aber seitdem eher als rhetorische Beißzange bewährt als durch neue Ideen. Und zu **Claudia Roth** kann ich nur sagen: Sie ist für mich eine völlige Fehlbesetzung in allem, was sie anfasst.

Bei der FDP gab es einmal einen, der an Visionen gearbeitet hat. Aber seit dem Verlust von Jürgen W. Möllemann fällt die gesamte Partei nur noch durch mangelnde Ideen auf. **Guido Westerwelle** erscheint mir als ein Polit-Zombie. Man denkt, er wäre tot, dann bewegt er sich plötzlich und verlangt Steuersenkungen. Er hat bisher kein einziges Regierungsamt bekleidet, ist ein Mann, dem solange eine große Zukunft prophezeit wird, bis diese Zukunft hinter ihm liegt. Nein, auch die FDP ist eine völlige Fehlanzeige.

Doch es gibt jemanden, der es könnte. Jemand, der kraft seines Amtes über den Parteien steht: **Bundespräsident Horst Köhler**. Bisher glänzte er nur dadurch, dass er nicht Johannes Rau ist. Nach Johannes Rau wäre sogar ein Guido Westerwelle als Bundespräsident eine Verbesserung gewesen. Horst Köhler wirkt vergleichbar blass und bieder, er erweckt den Eindruck, dass er seine Frau fragen muss, ob er auf die Toilette gehen darf. Gerade das könnte zu seinem Vorteil umschlagen, wenn er plötzlich eine Vision vortragen würde!

Was müsste der Bundespräsident tun? Reden! Ganz einfach, reden! Keine langweilige Ansprache zum Weihnachtsfest, sondern ein- bis zweimal im Monat über das Fernsehen direkt ans Volk. Nur fünf Minuten, nicht länger, damit sich alle Zuhörer daran erinnern, was er gesagt hat. Also keinesfalls große, staatsmännische Rundum-Schläge, wie sie Funktionäre auf ihren Parteitagen oder bei Wahlkampfreden zelebrieren. Also keinesfalls eine Rede, bei der alle Zuhörer applaudieren, weil sie so gut war und sich nicht mehr erinnern, was eigentlich gesagt wurde.

Diese Reden müssen so spannend sein, dass es die Leute auf sich nehmen, für diese Reden die ersten fünf Minuten von Thomas Gottschalk oder Günther Jauch zu versäumen. Eine Minute aufbauende Seelenmassage, eine Minute Dank an alle, die anpacken, eine Minute Tadel für jene, die zu wenig oder das falsche getan haben, eine Minute für das neue Ziel und eine Minute Bekräftigung der Vision. Alles kurz auf den Punkt gebracht, nicht die Leute zu schwafeln, wie es die bisherigen Redenschreiber tun.

Deutsche Chefs sind Schlusslichter in Europa wenn es um das Loben der Mitarbeiter geht. Wenn nun das Staatsoberhaupt ein- oder zweimal im Monat im Fernsehen die Deutschen lobt, ihnen Mut macht und ihnen wieder und wieder sagt, **Deutschland wird es schaffen,** dann zeigt das Wirkung. Das Staatsoberhaupt, das über den Parteien steht, kann alle Parteien ansprechen. Er kann loben und tadeln, vor allem kann er die Leute antreiben. Verdammt noch mal, Horst Köhler ist doch Volkswirtschaftler. Warum setzt er sein Wissen nicht ein, um der größte Präsident zu werden, den Deutschland je hatte?

Vision entwerfen - vermitteln - umsetzen

Auch die beste Vision kann nichts bewegen, wenn sie nicht umgesetzt wird. Wir brauchen keine faule Hand, wir brauchen keine Tunix-Kanzlerin, die durch die Weltgeschichte reist, wir brauchen Reformen. Wenn harte Einschnitte sein müssen, dann eben auch harte Einschnitte. Aber für alle, für jeden. Wenn ausgerechnet die Politiker sich selbst ausnehmen, dann wäre es besser, sie am nächsten Laternenpfahl aufzuknüpfen. Wenn ein Ex-Außenminister schwere Verfehlungen zugibt und öffentlich verkündet, er trüge dafür die Verantwortung, ohne dass irgend etwas geschieht, dann war das heiße Luft und nicht mehr. Die Verantwortung trägt, wer die Konsequenzen auf sich nimmt. Diese Kultur, die Verantwortung auf sich zu nehmen, ist in der deutschen Politik völlig abhanden gekommen.

Hartz IV mag ein Ansatz gewesen sein, aber geschaffen wurde ein bürokratisches Monster, das die größte Behörde unseres Landes lahmlegt, ohne dass der geringste positive Effekt auf den Arbeitsmarkt erzielt wird. Das einzige, was Hartz IV sichert, sind die Arbeitsplätze von 100.000 Bürokraten. Dabei sind bürokratische Hemmnisse das, was die Regierung am leichtesten beseitigen kann. Trotz EU gilt immer noch der unschöne Witz, dass, wenn ein Franzose und ein Deutscher in der Neujahrsnacht beschliessen, eine Fabrik zu bauen, der Franzose am 2. Mai Eröffnung feiert und der Deutsche die letzten Formulare für die Baugenehmigung ausfüllt.

Auf die Unternehmer muss das angewendet werden, was Hartz IV dem Arbeitnehmer gegenüber durchsetzen soll: Fordern und fördern. Solange der Abbau von Arbeitsplätzen subventioniert wird, brauchen wir uns nicht zu wundern, wenn Arbeitsplätze abgebaut werden. Solange die Steuern in Deutschland unnatürlich hoch sind, werden Unternehmen alles tun, damit diese Steuern in Deutschland nicht anfallen. Kündigungsschutz ist schön für jene, die ihn genießen. Für jene, die einen Arbeitsplatz suchen, ist der Kündigungsschutz oft ein Hindernis. Warum kann der Kündigungsschutz nicht vertraglich ausgeschlossen oder zumindest hinausgeschoben werden? Lieber fünf Jahre ohne Kündigungsschutz arbeiten, als fünf Jahre auf der Straße stehen und Hartz IV empfangen!

Bei Banken wird die Kreditvergabe durch Basel II eingeschränkt. Damit wird kleinen Unternehmen und Existenzgründern der Geldhahn zugedreht. Nun ist es leider so, dass für das Wachstum eines Unternehmens, das letztlich Arbeitsplätze schafft, der Kredit ein wichtiger Dünger ist. Ohne Kredite kein Wachstum, ohne Wachstum keine Arbeitsplätze. Oh, es gibt staatliche Kredithilfen, aber der Weg dahin führt über die Hausbank. Die aber will selbst verdienen und bietet eigene Kredite an. Schlägt der Kunde ein, so wird seine Kreditwürdigkeit geprüft und... oft genug der Kredit abgelehnt. Der Bankkredit, nicht der öffentliche – den bekommt der hoffnungsfrohe Existenzgründer auch nicht, weil ihm seine Bank mit freundlichen Worten mitteilt, dass er eben nicht kreditwürdig sei.

Ausländer in Deutschland sind zumindest ein gefühltes Problem. Wenn halb Deutschland denkt, dass Ausländer kriminell seien und uns nur auf der Tasche lägen, dann hat diese Hälfte Deutschlands kein Interesse daran, durch Mehrleistung den gefühlten Schmarotzern die Taschen zu füllen. Unser Ausländerrecht enthält Kuriositäten, die nicht vermittelbar sind. Da wird einem Asylbewerber, der objektiv keine Chance auf Asyl hat, der Anwalt und die Prozesse bis zur letzten Instanz bezahlt. Der Asylbewerber braucht keinen einzigen Cent dazu beizusteuern. Wenn ich einen Prozess führen will, muss ich mit der von mir bezahlten Rechtsschutzversicherung Kontakt aufnehmen und dieser darlegen, wieso ich (und mein Anwalt) glauben, diesen Prozess zu gewinnen, sonst wird dieser nicht finanziert. Warum ist das bei Asylbewerbern anders? Eine Instanz, gut, aber wenn die weiter klagen wollen, sollen sie sehen, wo sie das Geld dafür herbekommen. Wenn eine Parteistiftung der Grünen das bezahlt, dürfen alle gerne prozessieren. Jeder Multi-Kulti-Anhänger darf dafür spenden und sich so ganz bequem für mehr Zuwanderung einsetzen.

Das sind nur ein paar Beispiele. Wenn ich diese fortsetze, ergibt das ein eigenes Buch, deshalb höre ich hier auf. Sollen doch die Regierungs-Berater auch ein wenig denken. Geld genug stecken sie schließlich ein!

Operation Neustart

In jenem Text über Visionen, der rein zufällig eine Woche nach seinem Erscheinen von bekannten Politikern "nachempfunden" wurde und zu einem leider erfolglosen "Jobgipfel" geführt hat, habe ich mich auf die heutigen Mittel der Bundesrepublik Deutschland beschränkt. Das heißt, ich benutze einen konservativen Ansatz, der das Vorhandene erhält und naturgemäß langsam voranschreitet, also evolutionär. Ich habe die Parteien, Politiker und Institutionen einbezogen, die heute vorhanden sind.

- Was aber, wenn ich auf diesen konservativen Ansatz verzichte? Wenn ich revolutionär vorgehe?
- Was ist, wenn ich die Beschränkungen der "Bundesrepublik Deutschland" nicht beachte?
- Was ist, wenn ich die heutigen Politiker abschaffe?
- Was passiert, wenn ich eine radikale Umwälzung vornehme?
- Wie sieht dann die Vision aus?

Es ist nicht mehr die alte Parole, "Deutschland wird es schaffen!" Die neue Vision lautet ganz einfach und eingängig:

Das neue Reich

Nach einer Entscheidung des Bundesverfassungsgerichtes von 1973 existiert das Deutsche Reich noch immer, ist jedoch mangels Organen nicht handlungsfähig. Das Staatsgebiet des Deutschen Reiches wurde zur Gänze weggenommen. Ein Teil dieses Gebietes wurde von bestehenden Staaten annektiert – von Polen und dem heutigen Russland. Der Hauptteil wurde von den "Alliierten" des zweiten Weltkrieges besetzt und zwei von den Siegern geschaffenen staatsähnlichen Gebilden zur Verwaltung übertragen. Diese beiden Gebilde (BRD und DDR) haben sich 1990 zu einer Gesamt-BRD vereinigt.

Mit dem deutschen Reich existiert nur ein Waffenstillstand, der zweite Weltkrieg wurde nie offiziell beendet. Weder mit Deutschland noch mit Japan gibt es einen Friedensvertrag, beide Staaten werden von der UNO nach wie vor als "Feindstaaten" geführt. Inwiefern die BRD tatsächlich ein Staat ist und welche Rechtsstellung sie hat, sollen Staatsrechtler klären.

Ich entwerfe hier eine Vision, die womöglich jenseits aller Realität liegt. Aber wenn nie jemand wagt, über Begrenzungen hinaus zu denken, sind wir verdammt, ewig eingemauert festzusitzen.

1. Auflösung der BRD

Die Bundesregierung übernimmt alle Schulden der Bundesländer und der Kommunen. Damit sind alle untergeordneten Gebietskörperschaften finanziell saniert. Anschließend erklärt die Bundesrepublik Deutschland ihre Insolvenz und ihre Selbstauflösung. Damit gibt es keine gemeinsame Verwaltung der deutschen Länder mehr. Diesen Ländern steht es frei, sich zu einem neuen Staat zusammenzuschließen.

Da die BRD kein Staat im üblichen Sinn ist, sondern nur eine organisierte Form der Besatzungsverwaltung, ist dies im Gegensatz zu einem wirklichen Staat durchaus möglich. Wie bei einem Unternehmen wird ein Insolvenzverwalter eingesetzt. Als Insolvenzverwalter kann ein anderer Staat dienen, der gerne außerhalb der EU liegen kann, wie Kanada oder Israel.

Mit der Selbstauflösung der BRD entsteht jedoch kein politisches Vakuum. Da das Deutsche Reich mit der Weimarer Verfassung noch immer fortbesteht, können die Bundesländer diesem Reich beitreten. Mit der Wahl der Reichsorgane gemäß der Weimarer Verfassung wird dieses Reich wieder handlungsfähig.

Die Frage ist, wie dieses neue Reich international dasteht. Das Deutsche Reich ist weder Mitglied der EU, noch Mitglied der NATO oder der UNO, denn diese Verträge bestanden nur mit der Bundesrepublik Deutschland. Das Deutsche Reich befindet sich rein formal noch im Kriegszustand mit ca. 50 Staaten der Erde. Da jedoch ein gültiger Waffenstillstand besteht, hat keine Seite das Recht, die Kampfhandlungen wieder aufzunehmen.

2. Die ersten Tage des Reiches

Diese erste Phase ist sehr kritisch, da sie sich nicht vorher planen lässt. Das alte Reich ist immer noch im Krieg. Da das Reich aber wieder handlungsfähig ist, kann es offiziell kapitulieren, also das tun, was 1945 versäumt wurde. Da hat nur die Wehrmacht kapituliert, alle Vertreter des Reiches wurden eingesperrt. Ein Land, das kapituliert hat, darf nach Völkerrecht nicht angegriffen werden, da es keinen Kriegsgrund gibt.

Die einfachste Lösung ist die internationale Anerkennung des wiedererstandenen Deutschen Reiches, mit der endgültigen Beendigung des Kriegszustandes durch einen Friedensvertrag. Dieses Reich wird seine Verfassung überarbeiten, modernisieren und sie dem Volk zur Abstimmung vorlegen. Das neue Reich ist frei, allen Bündnissen und Verträgen beizutreten, die für die abgewickelte BRD bestanden haben. Allerdings ist dieses Reich schuldenfrei, denn die Staatsschulden sind bei der BRD verblieben.

Natürlich können die Siegermächte 65 Jahre nach Kriegsende eine erneute Besetzung Deutschlands vornehmen. Damit führen sie jedoch 65 Jahre Versöhnung und Freundschaft ad absurdum, was sie ihren eigenen Völkern erklären müssen. Natürlich will niemand Zustände wie im Irak, schon allein, um den Besatzern keinen Vorwand zu Zerstörungen zu liefern. Der einzige Weg, um diese Besatzung abzuschütteln, ist der des passiven Widerstands. Der Besitz des deutschen Gebietes bringt keiner Besatzungsmacht Vorteile oder Gewinne, wenn die Bevölkerung nicht oder nur das Nötigste arbeitet. Zudem benötigen zumindest die europäischen Mächte ein funktionierendes, ihnen freundschaftlich zugetanes Deutschland, das sich möglichst schnell zu einem verlässlichen Partner entwickelt, wie es die BRD zuvor war. Deshalb können sie kein Feindbild aufbauen und effektive Zwangsmaßnahmen durchführen.

3. Reformen

Das neue Reich hat sich konstituiert, es ist international anerkannt und es hat eine neue Verfassung. Der Reichskanzler hält seine erste innenpolitische Rede. Er kündigt Mühe, Schweiß und Tränen an. Er wendet sich an das deutsche Volk und bittet, die neue Chance der Geschichte zu nutzen. Er spricht von einem Neuanfang, von einem neuen Wirtschaftswunder, das jedoch von allen erarbeitet werden muss.

Nicht die Europäische Zentralbank, nicht die Reichsbank und auch nicht die Bundesbank wird die neue Währung herausgeben, sondern das Reich selbst. Es wird nicht der Euro sein, sondern die Reichsmark, eine Währung, die international kaum Ansehen genießt. Importierte Waren werden sehr teuer, doch im internationalen Maßstab wird Arbeit in Deutschland billig. Allein wegen der schwachen, fast wertlosen Währung.

Das Reich bekommt somit Geld in die Kasse, Geld, das es selbst druckt. Geld, mit dem die Wirtschaft angekurbelt wird. Das Reich ist noch immer schuldenfrei, denn die Altschulden stecken in der BRD. Das Reich selbst ist international nicht kreditwürdig, deshalb kann es keine Kredite aufnehmen. Dank seiner Binnenwährung ist es jedoch zahlungsfähig.

Bei den Reformen gibt es ein ganz einfaches Prinzip: 80%. Alle Reformen müssen so gestaltet werden, dass jene 80% der Bevölkerung nicht beeinträchtigt werden, die zu den "Ärmeren" gehören. Staatliche Renten, Pensionen und sonstige Transferzahlungen werden in der Spitze gekürzt, also bei jenen 20%, die bisher am meisten bekommen haben. Ein einfaches Zahlenbeispiel mag hier genügen: Wenn 20% der Rentner mehr als 1250,- Reichsmark staatliche Rente bekommen, wird diese staatliche Rente auf 1250,- Reichsmark gedeckelt. Betriebsrenten und sonstige Einkünfte werden dabei nicht angerechnet.

Das Reich schöpft massiv bei Großverdienern ab. So dürfen nur noch Investitionen im Inland von der Steuer abgesetzt werden. Werden Firmen mit deutschen Maschinen ausgestattet, so gilt dafür eine verkürzte Abschreibungsfrist. Für eine Maschine aus Italien gelten nach wie vor zehn Jahre Abschreibung, für eine aus Deutschland acht Jahre. Wird eine Betriebsstätte in Deutschland geschlossen, so fallen die Immobilie und das gesamte Inventar entschädigungslos an das Reich. Das Reich wird dieses Firmengelände auf einer Art Börse Investoren anbieten, die bereit sind, dort Arbeitsplätze zu schaffen. Ist diese Betriebsgründung absehbar dauerhaft erfolgreich – also nach zehn Jahren – geht die Betriebsstätte in das Eigentum des Investors über.

4. Ausländer

Wer als Ausländer in Deutschland leben will, ist grundsätzlich willkommen. Die betreffende Person muss jedoch ihr Interesse an Deutschland geeignet nachweisen, also durch Beherrschung der Sprache und Grundkenntnisse über deutsche Kultur und Geschichte. Dabei orientiert sich dieser Nachweis in seiner Schwierigkeit an jenem Test, den auch Neubürger der USA ablegen müssen. Ohne diesen Nachweis ist weder eine Einbürgerung noch ein Daueraufenthalt im Deutschen Reich möglich. Auch ein Familiennachzug wird nur gestattet, wenn die Familienmitglieder den Test erfolgreich ablegen. Ausnahmen gibt es nur für Kinder unter sechs Jahren.

Ausländer, die bereits in Deutschland leben, müssen diesen Test innerhalb eines Jahres ablegen. Bei Nichtbestehen ist eine Wiederholung zulässig, ansonsten erfolgt die Rückführung ins Heimatland. Dieser Nachweis ist auch bei bereits eingebürgerten Ausländern zu erbringen, falls die Einbürgerung jünger als fünf Jahre ist.

Eingebürgerte Ausländer, die nach der Einbürgerung ihre frühere Staatsangehörigkeit in Form eines "zweiten Passes" wieder aufnehmen wollen, verlieren dadurch die deutsche Staatsbürgerschaft.

Der Test für ein Dauervisum ist in der deutschen Botschaft im Heimatland des Betreffenden abzulegen. Nur der erste Test ist kostenfrei, Wiederholungsprüfungen sind nach jeweils sechs Monaten gegen Gebühr möglich. Alle Probanden werden erkennungsdienstlich auch mit biometrischen Merkmalen erfasst.

Ausländer, die sich unberechtigt im Deutschen Reich aufhalten, werden in die Heimatländer rückgeführt. Lässt sich das Heimatland nicht ermitteln, werden die Ausländer dem Reichsarbeitsdienst überstellt. Nach sechs Monaten können sie wahlweise eine Rückführung in ihr Heimatland oder eine Prüfung auf Erteilung eines Daueraufenthaltes beantragen. Ist eine Rückführung nicht möglich, oder wird die Prüfung nicht bestanden, verlängert sich die Überstellung zum Reichsarbeitsdienst für weitere sechs Monate.

Diese Regelung mag auf dem ersten Blick herzlos erscheinen, doch das, was bisher geschieht, ist nicht besser: Da werden Menschen jahrelang ohne sinnvolle Beschäftigung aufbewahrt, nur weil über ihre Abschiebung noch nicht endgültig entschieden wurde. Diese Menschen dürfen in Deutschland nicht arbeiten, sich keine Existenz aufbauen. Der Reichsarbeitsdienst hingegen bietet nicht nur körperliche Arbeit, sondern auch Deutschkurse und weiteren Unterricht an. Wer als politisch Verfolgter dem sicheren Tod in seinem Heimatland entkommen will, wird 18 Monate im Arbeitsdienst eher als Chance zur Einbürgerung ansehen denn als Strafe. Als Vorbild für diese Maßnahme dient Kanada, das nach dem zweiten Weltkrieg Immigranten grundsätzlich einem zwölfmonatigen Arbeitsdienst unterzogen hatte.

5. Arbeit

Durch den geringen Außenwert der Reichsmark sind Importe teuer, folglich steigen die Absatzchancen für einheimische Produkte. Diese müssen im Inland gefertigt werden, schaffen damit Arbeitsplätze. Das Hauptargument gegen ein solches Vorgehen ist, dass durch einen subventionierten Binnenmark, denn um den handelt es sich, auch wenn das Reich keine direkten Subventionen bezahlt, die Qualität der Produkte leidet und die

Wettbewerbsfähigkeit im internationalen Maßstab sinkt. Als abschreckendes Beispiel möge die DDR dienen, deren Haushaltsgeräte eben nicht "auf Weltniveau" waren.

Dabei wird übersehen, dass die DDR in einem wirtschaftlich abgeschotteten Bereich operierte und planwirtschaftlich gelenkt wurde. Innerhalb des Comecon herrschte ebenfalls Verteilung nach Plan. So lieferte die DDR für x Tonnen Kupfer y Kühlschränke in die Sowjetunion. Statt Marktwirtschaft herrschte der Plan und unterhalb des Planes Tauschhandel, der einige der Mängel des Planes abmilderte.

Im neuen Deutschen Reich gilt jedoch die Marktwirtschaft. Firmen, die Rohstoffe und Vorprodukte aus dem Ausland benötigen, müssen sich das Geld dazu selbst erwirtschaften, was nur durch wettbewerbsfähige Produkte geht. Ich spreche hier von einer Operation Neustart, doch dieser Neustart beginnt nicht wie 1945 mit einem ausgebombten Land. Die technische Qualität von heute bleibt dem neuen Reich erhalten. Auf dieser gilt es aufzubauen.

Derzeit wird Arbeit oft als Ausbeutung und Quelle von Konflikten empfunden. Der Chef fühlt sich durch Tarifverträge gegängelt und hat ständig den Verdacht, dass ihm seine Arbeiter zumindest Teile der geschuldeten Leistung vorenthalten, wenn er nicht überall kontrolliert. Die Arbeiter hingegen sehen ihre Fähigkeiten missachtet und sich zu reinen "Biomaschinen" degradiert, während der Chef die Früchte ihrer Leistung ungeniert in die eigene Tasche steckt.

Diese Konkurrenz muss zu einem Miteinander werden. Der Einsatz von Propaganda und Indoktrination ist zwar offiziell verpönt, aber die gesamte Werbewirtschaft lebt von nichts anderem. Wer in einem Betrieb anfängt, darf das nicht mehr als "zeitweise Aufgabe der Freiheit" empfinden oder gar zu der Ansicht gelangen, dass sein Leben erst nach Feierabend stattfindet. Die Arbeit muss zu einem Teil des Lebens werden, zu einem Teil der so modischen "Selbstverwirklichung". Jeder Einzelne ist an seinem Arbeitsplatz für das Ergebnis des Betriebes wichtig und wenn das Ergebnis stimmt, muss er auch am Erfolg beteiligt werden.

Es gibt erprobte Modelle für die Erschaffung eines Wir-Gefühls. Dieses Wir-Gefühl kommt nicht umsonst oder kann von oben befohlen werden. Es stellt sich durch lächerliche Maßnahmen wie das Absingen der Firmenhymne zu Arbeitsbeginn ein. Einheitliche Firmenkleidung ist ein weiterer Weg, ebenso regelmäßige Diskussionsrunden, in denen jeder seine Verbesserungsvorschläge einbringen kann. Der Chef muss seinen Untergebenen mehr Zeit widmen, ihnen sagen, wo sie gut sind und was er von ihnen erwartet. Das Ziel ist ein gegenseitiges Vertrauensverhältnis. Geht es der Firma schlecht, so geht es allen schlecht, nicht nur den Arbeitern.

Das muss sich auch in den Gehältern niederschlagen. Wenn ein Manager das Zehnfache eines Arbeiters einstreicht, trägt das seiner Position und seiner Verantwortung Rechnung. Kassiert er aber das Zweihundertfache, so lässt sich das mit gar nichts mehr rechtfertigen. Wird der einfache Arbeiter mit einer Abfindung von sechs Monatsgehältern entlassen, dann stehen auch dem Manager keine sechs Jahresgehälter als Abfindung zu. Erhält der einfache Arbeiter keine Pension seines Betriebes, dann darf es auch für Manager keine geben.

Hier wirkt wieder die 80%-Regel: Alle Reformen müssen so ausgestaltet werden, dass sie den "unteren" 80% der Betroffenen nicht schaden. Managervergütungen können jederzeit reduziert werden, da es keinen Zusammenhang gibt zwischen der Qualität des Managements und der Höhe seiner Bezüge. Wer als Heizer im Maschinenraum Kohle schaufelt, darf jene Leute in der schicken Uniform hassen, die das Schiff auf den nächsten Eisberg lenken und sich geordnet in die Rettungsboote begeben, während der Maschinenraum samt Personal schon unter Wasser steht.

6. Beamte

Beamte wurden als Vertrauensleute der Obrigkeit eingeführt. Sie sollten als gesichtslose Diener des Staates unauffällig, korrekt und effizient diesen Staat verwalten. Deshalb kommt auch das neue Reich nicht ohne Beamte aus. Jedoch sind beim Neustart alle Beamtenverhältnisse auf Lebenszeit erst einmal erloschen. Diese wurden nämlich mit der Bundesrepublik Deutschland abgeschlossen, die handlungsunfähig abgewickelt wird. Jetzt wird nur noch Beamter, wer vom Reich als Beamter benötigt wird. Ein Beamter ist hoheitlich für den Staat tätig. Jede andere Tätigkeit, mit der keine hoheitlichen Aufgaben verbunden sind, darf nicht mit Beamten besetzt werden.

Mit der Bestallung auf Lebenszeit sollten Beamte vor Repressalien geschützt werden, wenn sie im Rahmen ihrer Tätigkeit Vorschriften beachteten, deren Beachtung im Augenblick von der Obrigkeit nicht gewünscht wird. Dieser Grund entfällt heute, da solche Vorschriften schneller geändert werden, als Repressalien gegen einzelne Beamte eingeleitet werden können. Jedoch ist gerade die Sicherheit des Beamtenverhältnisses, die garantierte Anstellung auf Lebenszeit, nach wie vor wichtig.

Wir sind schließlich in Deutschland. Was die Japaner in ihren Firmen treiben, wo jeder Verbesserungen vorschlagen darf und diese vor versammelter Mannschaft diskutiert werden, ist reine Anarchie. In deutschen Firmen und Parteien darf gute Ideen nur einer haben: der Chef! Allenfalls noch jene Leute, die der Chef beauftragt hat, für ihn Ideen zu entwickeln.

Wieso aber jeder Schullehrer Beamter auf Lebenszeit sein muss, konnte mir noch niemand erklären. Warum Büroboten Beamte sind, Stadtreiniger oder Bademeister, weiß vermutlich auch niemand mehr. Auch die strenge Unterteilung zwischen einfachem, mittlerem, gehobenem und höherem Dienst ist überholt.

Das neue Reich wird mit einem Minimum an Beamten ausgestattet. Polizeikräfte bleiben Beamte, ebenso die Finanzbehörden. Für alle anderen Bereiche gilt: Eher weniger Beamte als mehr. Insbesondere in den höchsten Rängen, welche der Politik nahe stehen, werden Beamte durch angestellte Manager ersetzt, die eine neue Regierung bei Bedarf ohne goldenen Handschlag an die frische Luft setzen kann.

7. Phönix

Kein anderes Volk musste so schwere Katastrophen hinnehmen wie das Deutsche. 1648 war Deutschland ein Trümmerhaufen, ein Drittel der Bevölkerung erschlagen, ermordet, durch Hunger und Krankheit dahingerafft. Doch gerade dieses in kleinste Territorien zerteilte Deutschland brachte in der Folgezeit Kulturleistungen hervor, die seine Bewohner zum Volk der Dichter und Denker machten. In den Napoleonischen Kriegen ging das alte "Heilige römische Reich deutscher Nation" unter, wurde eine Ordnung hinweggefegt, die fast tausend Jahre bestanden hatte. Trotzdem erwuchs nach 1815, und verstärkt nach 1871, eine neue, mächtige Nation im Zentrum Europas. 1945 lag Deutschland in Trümmern, war besiegt und besetzt. In nur 30 Jahren wurde daraus die führende Wirtschaftsmacht Europas und eine der mächtigsten Industrienationen der Welt.

2009 ist Deutschland wieder am Boden, heruntergewirtschaftet von den eigenen Politikern, ausgebeutet zu Gunsten internationaler Kassen, gegängelt und eingezwängt in der EU. Der Staat ist überschuldet, die Bevölkerung Weltmeister im Dauerjammern, jenseits der Statistik sind mindestens sieben Millionen Menschen arbeitslos. Alles, aber auch wirklich alles, deutet nach unten, kein Politiker weckt wirklich Hoffnung.

Was also soll das neue Reich bewirken? Nur weil aus einem "Bundeskanzler" ein "Reichskanzler" wird, ändert sich doch nichts?

Stimmt. Nur weil sich ein paar Bezeichnungen ändern, nur weil ein paar Gesetze verabschiedet wurden, ändert sich noch nichts. Der Phönix bleibt ein Aschenhaufen. Er bleibt es, weil wir es so wollen.

Der Vogel entsteigt der Asche erst dann, wenn wir ihn erwecken. Wenn wir das Vergangene der Vergangenheit überlassen und uns der Zukunft zuwenden. Das Versprechen der Zukunft muss dem Volk vermittelt werden, das Versprechen, sich durch eigene Arbeit eine sichere und hoffnungsvolle Zukunft zu erwerben. Eine Zukunft, in der deutsche Arbeit nicht französischen Wein oder italienische Kühe subventioniert. Eine Zukunft, in der das Wort "Asyl" keinen kostenlosen All-inklusive-Urlaub beschert, sondern Arbeit und einen sicheren Aufenthaltsort. Eine Zukunft, in der es erlaubt ist, deutsch zu sein.

Der Phönix entsteigt der Asche, wenn sich Leistung wieder lohnt, für jeden Einzelnen. Wenn der Einzelne das Gefühl hat, Herr seines Lebensweges zu sein, anstatt sich Entscheidungen anzupassen, die irgendwo weit, weit entfernt ein paar ihm völlig Unbekannte getroffen haben. Das ist es, was das neue Reich vermitteln soll: Aufbruchstimmung.

8. Neue Köpfe braucht das Land

Stellen Sie sich Schröder, Stoiber, Lafontaine oder sonst wen vor, aus der Riege unserer heutigen Politiker. Stellen Sie sich vor, er würde ihnen sagen: "Ich habe in den letzten zwanzig, dreißig Jahren vieles falsch gemacht, aber ich habe meine Lektion gelernt. Ab jetzt mache ich alles anders, alles richtig!"

Eine schöne Vorstellung, nicht wahr? Aber würden Sie ihm glauben? Würden Sie das Ihrem Lieblingspolitiker glauben? Oder, falls Sie gar keinen Politiker mehr ausstehen können: Jenem Politiker, der Ihnen am wenigsten unsympathisch ist? Nein? Nun, ich auch nicht. In alten Köpfen findet man alte Rezepte, Lösungen von gestern für Probleme von heute. Deshalb kann das Reich nicht mit alten Politikern beginnen. Diese gehören in die Konkursmasse der BRD und werden dem Insolvenzverwalter überstellt. Sollen sie ihr ins Ausland verbrachtes Vermögen genießen und uns nie mehr belästigen.

Damit stellt sich jedoch die nächste Frage: Wo finden wir die neuen Köpfe? Wir haben nur die Frontleute der Parteien verbannt, die Hinterbänkler sind noch im Lande. Sie wittern ihre Chance, wollen endlich zum Zuge kommen, nachdem sie jahrzehntelang von jenen mit den härteren Ellbogen niedergehalten wurden...

Aber nein, diese sind es nicht, auf die wir unsere Hoffnung setzen. Wer in der alten Parteihierarchie über die Ebene des Ortsverbandes hinaus gestiegen ist, wer ein Mandat in irgendeiner Form besessen hatte, ist vermutlich schon verdorben von den alten Ideen, der alten Macht. Wir brauchen neue Leute, ganz neue Leute, die sich engagieren und die das Reich schon im Herzen tragen. Wir brauchen Leute von Morgen, wenn der Neustart gelingen soll.

Umkehrpunkt

Umgangssprachlich werden Umkehrpunkte und Wendepunkte gerne im selben Sinn gebraucht. Mathematisch ist der Umkehrpunkt ein Extremwert, bis dahin geht es abwärts und ab dann aufwärts oder eben umgekehrt. Der Wendepunkt, von dem Politiker gerne reden, beschreibt das Krümmungsverhalten und damit eine Tendenzumkehr. Vor dem Wendepunkt geht es beispielsweise ständig stärker abwärts, danach weniger stark, aber eben immer noch abwärts.

Man sollte deshalb ganz genau hinhören, wenn Politiker "die Wende" versprechen. "Die Wende" gab es bei dem schlimmsten Kanzler des nachmaligen Merkel-Deutschlands gleich zweimal. Die erste Regierung Kohl hatte die Wende versprochen, und ja, es ging weiter abwärts, doch nicht mehr ganz so schnell wie zuvor unter Schmidt. Und auch das Ende der DDR (Version 1.0) wurde als "Wende" bezeichnet. Es wurde sogar zur doppelten Wende: Mit der Alt-BRD ging es schneller bergab, mit der Alt-DDR langsamer. Wenn heute in Merkel-Deutschland fast alle (außer Manager, Bankster und Politiker) mehr arbeiten und weniger verdienen bzw. gar nicht arbeiten und Hartz IV bekommen, dann zeigt das ganz deutlich, dass die heutige DDR (Modell 2.0) die Wende tatsächlich geschafft hat.

Wir leben heute in einem Staat, dessen letzter Konsens der "Kampf gegen Rechts" ist. Alles andere, was Sinn oder Einheit stiften kann, ist abgeschafft. Deutsche Kultur? Das ist rechts! D-Mark? Abgeschafft! Deutscher Fußball? Müde Millionäre, die über den Ball stolpern und den anderen beim Siegen zuschauen. Deutsche Geschichte? Das ist das, was das deutsche Volk zwischen 1933 und 45 den jüdischen Menschen angetan hat, deswegen sind wir schuldig, schuldig, schuldig! Deutsche Literatur? Die stammt von der Schottin Rosamunde Pilcher und flimmert im ZDF von der Mattscheibe.

Das, was heute die gefürchtete NPD vertritt, wären 1969 linksliberale Positionen gewesen. Alle Parteien, die 1949 den ersten Bundestag gebildet haben, einschließlich der KPD, wären nach heutigem Verständnis "rechts von der CSU".

Es gibt eine Frage, die mir immer wieder gestellt wird: Wie soll aus diesem heutigen Sauhaufen, der sich aus alter Gewohnheit "Deutschland" nennt, etwas werden, das diesen Namen tatsächlich verdient? Wie soll aus einem abgewirtschafteten und moralisch gebrochenen Volk von Duckmäusern und

Denunzianten wieder eine Volksgemeinschaft werden, die voller Stolz auf die eigene Herkunft blickt? Die sich ihres eigenen Wertes bewusst ist, und es deshalb nicht nötig hat, auf andere Völker herabzusehen? Wie soll aus einer trägen Masse von Fernsehzuschauern, die Gottschalk für Unterhaltung und Harald Schmidt für intellektuelle Anregung halten, wieder ein Kulturvolk entstehen?

Eine "Wende" reicht dazu nicht aus, wir benötigen eine echte Umkehr. Vielleicht bin ich ein unverbesserlicher Optimist, weil ich glaube, dass es nach einer Umkehr recht schnell aufwärts gehen würde, mehr als meine Hoffnung kann ich nicht bieten. Ich kann nur den Weg zum Umkehrpunkt aufzeigen, was jenseits dieser Schwelle liegt, hängt von den "Randbedingungen" ab, von den Gegebenheiten zur Zeit der Umkehr.

Volksgemeinschaft

Das größte Verbrechen im Rahmen der "Umerziehung" durch die Siegermächte des zweiten Weltkriegs war und ist die Zerstörung der Volksgemeinschaft. Eine Gemeinschaft – und zwar jede Art von Gemeinschaft – basiert auf Zusammenarbeit und gegenseitigem Vertrauen. Eine Gruppe von Soldaten muss sich darauf verlassen können, dass die Nachtwache auch tatsächlich Wache hält und nicht schläft oder gar den Feind ins Lager führt. Eine belagerte Stadt muss sich darauf verlassen, dass niemand heimlich die Tore öffnet und den Feind durch die Mauern lässt.

Die Gemeinschaft beginnt auf der Ebene der Familie. Mann und Frau haben ihre Aufgaben und nur durch vertrauensvolle Zusammenarbeit werden diese vernünftig bewältigt. Niemand käme auf den irrsinnigen Gedanken, im Tierreich "Gleichberechtigung" zu fordern, wenn bei Raubvögeln Männchen und Weibchen unterschiedlich groß und auf unterschiedliche Beute ausgelegt sind. Nur die Menschen, der "westliche Kulturkreis", verlangt, dass Frauen zu Reservemännern werden und Männer ihre Eigenheiten aufzugeben hätten.

Wir sind keine Engel, Gewalt in den Familien gab es immer. Ich rede hier nicht davon, dass ein Mann die Peitsche nicht vergessen sollte, wenn er zum Weibe geht. Streit lässt sich nicht vermeiden, Übergriffe von beiden Seiten leider auch nicht. In früheren Zeiten, in intakten Familien, hat man danach immer wieder zueinander gefunden. Es gibt kein "friedliches" Geschlecht, genügend "Ehedrachen" haben ihren Männern das Leben zur Hölle gemacht, ähnlich wie wütende Trunkenbolde ihren Frauen. Doch solche Familien waren die Ausnahmen, während sie heute als Regel dargestellt werden, weswegen die Trennung vom Ehepartner immer mehr erleichtert worden ist. Ich muss ja nicht bei dem Kerl/der Schlampe bleiben, also haue ich ab. Ich versuche erst gar nicht, die Ehe zu retten, sondern nehme mir einen Anwalt und fertig.

Früher gab es ein gesundes Misstrauen gegen Fremde. In einer Dorfgemeinschaft kannte jeder jeden, und jeder wußte, dass der andere sich keinen Betrug erlauben konnte. Wenn der Stoffel den Hannes betrogen hat, liessen sich Michel, Kurt und Sepp nicht mehr auf Geschäfte mit dem Stoffel ein. Die Gemeinschaft regulierte sich selbst. Die wichtigste Währung der damaligen Zeit war nicht in Gold und Silber geprägt, sondern in nicht greifbarem Vertrauen.

Die Volksgemeinschaft hat damals zu ihrem eigenen Schutz die Fremden ausgegrenzt. Der Ausländer, der Zuwanderer musste sich erst einmal dieses Vertrauen erwerben, das der Einheimische als Geburtsrecht genoss. Das Vertrauen hing an der Mobilität: die alteingesessene Firma, der Handwerker, der in der fünften Generation hier werkelte, der würde auch morgen noch greifbar sein, um zur Rechenschaft gezogen zu werden. Der Fremdling, der durch sein Zuwandern bereits gezeigt hat, dass er heimatlos und jederzeit bereit war, die Örtlichkeit zu wechseln, der war verschwunden, über alle Berge, wenn sein Handeln ruchbar wurde.

Fremde, die sich nach und nach das Vertrauen erwarben, die sich assimilierten, wurden schließlich in die Gemeinschaft aufgenommen. Fremde, die sich ausgrenzten, die der Volksgemeinschaft zur Last fielen und ihr scha-deten, wurden trotz Namensänderung aus geschäftlichen Gründen schließlich vertrieben.

Die frühen Industriestädte ahmten die Dorfgemeinschaft nach. Wer in der Arbeitersiedlung wohnte, arbeitete im gleichen Stahl- oder Maschinenwerk, fuhr in die gleiche Zeche ein, war von Gleichen umgeben, von den Leuten, denen er bei der Arbeit durchaus sein Leben anvertraute, mit denen er am Sonntag die gleiche Kirche besuchte, deren Frauen in den gleichen Läden einkauften. Wer "bei Krupp" angefangen hatte, schlug Wurzeln, arbeitete die nächsten 30 Jahre immer bei Krupp. Wenn ein Versicherungsvertreter es sich mit einem "Kruppianer" verdarb, brauchte er es bei den anderen gar nicht zu probieren.

Die moderne Industriegesellschaft hat diese Bindung aufgehoben. Der heutige Arbeiter hat flexibel zu sein, muss nach drei Jahren in Hamburg problemlos nach Bad Tölz umziehen können, später nach Aachen, schließlich nach Berlin und dann nach Ludwigshafen. Wurzeln sind unerwünscht, weder in Bezug auf eine örtliche Heimat, auf einen Arbeitgeber oder sogar auf den ausgeübten Beruf. Warum den Namen des Nachbarn kennen, wenn man in sechs oder zwölf Monaten doch wieder umzieht?

Stammlokal und Stammtisch sind Begriffe aus der Vergangenheit. Die Dame, die mir heute mein Bier hinstellt, werde ich vermutlich nie wieder treffen. Bis ich unter all den Kneipen der Stadt jene gefunden habe, die mir am besten gefällt, plane ich schon den nächsten Umzug. Mein Hausarzt kennt mich nicht und ich muss überlegen, wie er aussieht. Bevor mein Postbote weiß, wo ich wohne, ist er schon wieder versetzt.

Doch dies ist nur das Offensichtliche der Auflösung der Volksgemeinschaft. Wer früher etwas erfahren wollte, musste die Gemeinschaft aufsuchen. Ob im Ortsverein einer Partei oder im Sportverein, Gesangsverein, Schachverein – jeder brauchte die Unterhaltung danach, um Bescheid zu wissen. Heute schaltet jeder für sich den Fernseher ein. Wer sich unterhalten wollte, besuchte das Theater oder das Kino, wer Musik hören wollte, ein Konzert – das wird heute alles ins Haus geliefert, keiner muss den anderen treffen. Wer sich erholen wollte, der traf am Fluss oder am See seine Nachbarn. Heute fliegt jeder für sich in den Urlaub, und tunlichst nicht dorthin, wo sich Bekannte aufhalten.

Früher halfen sich Nachbarn ganz selbstverständlich gegenseitig. Der eine hatte ein Zapfbesteck, der andere eine Bohrmaschine, der dritte einen grossen Grill, der vierte eine Kreissäge und jeder half, wenn er gebraucht wurde. Einen Nachbarn, den ich wegen Ruhestörung angezeigt habe, kann ich nicht mehr um seine Bohrmaschine bitten, da kaufe ich mir lieber selbst eine.

Deutsche, das sind heute diese lärmenden Trunkenbolde am Urlaubsort, über die man sich schämt und mit denen man nichts gemein hat. Deutsche, das sind die Verbrecher, welche die friedliebende Welt mit zwei grossen Kriegen überfallen hat. Deutsche, das sind die Richter und Henker, die zu Recht bombardiert, vergewaltigt und vertrieben worden sind. Deutsche, das sind verhetzte Soldaten, die von einer bösartigen und unfähigen Führung ins Feuer fremdländischer Helden getrieben worden sind. Deutsche haben keine Helden hervorgebracht, Denkmäler verdienen nur deren Opfer.

Das ist das offizielle Bild, das uns in den Schulen und in den Massenmedien gelehrt wird. Wir Deutsche müssen froh sein, dass wir anderen Völkern dienen und ihnen Tribute zahlen dürfen. Wir Deutsche müssen froh sein, wenn Ausländer monatlich in Divisionsstärke zuwandern, um hier alimentiert zu werden. Wir Deutsche müssen froh sein, wenn ein zentraler Empörungsrat uns fortwährend maßregelt und zu noch intensiverem Sklavenbewusstsein erzieht.

Wir Deutsche haben die Umerziehung längst verinnerlicht. Die Dörfler haben früher Juden und Zigeunern misstraut, ihnen Betrug und Diebstahl unterstellt. Diese brauchen wir heute nicht mehr. Ob Göttinger Gruppe oder Schrottimmobilien, die Betrüger sind allesamt gute Deutsche. Eine politische Justiz, unbeleckt von preußischer Beamtenehre, dient als Vollstrecker gegen alles und jeden, der es noch wagt, deutsch zu denken. Jede einzelne Straftat von Deutschen an Ausländern wird durch alle Medien gezerrt, die zahlreichen Verbrechen von Ausländern an Deutschen werden in der Statistik überdeckt.

Selbst die zerstrittenste Regierung der Weimarer Republik hat sich über die beste Art gestritten, das Wohl des Landes und des deutschen Volkes zu fördern. Den heutigen Parteifunktionären geht es nur um den Erhalt ihrer Dienstwagen, Regieren heißt heute: Handeln zum Nachteil des deutschen Volkes, um dessen Untergang und Verschwinden zu beschleunigen.

Die größten Feinde des deutschen Volkes sind weder Juden noch Amerikaner, sind keine Moslems oder Chinesen, sondern Menschen, die in den deutschen Landes-Hauptstädten "politische Verantwortung" tragen, ein Staatsgehalt einstreichen und das eigene Volk nicht nur für dumm, sondern für ein Butterbrot verkaufen. Der größte Sieg, denn man über ein anderes Volk erringen kann, ist es so zu demütigen, dass es sich willenlos einer Herrschaft von Verrätern fügt.

Umkehrpunkt

Wenn alles zum Schlechtesten steht, es unablässig abwärts geht, wie soll da eine Umkehr geschafft werden?

Wie soll ein Volk, das den Feind nicht nur im eigenen Land hat, sondern sogar im eigenen Blut, sich wieder reinigen? Es geht nicht darum, ein paar Volks- oder Rassenfremde aus dem Land zu jagen. Es geht darum, 65 Jahre unentwegter Gehirnwäsche zu beseitigen. Nicht zu beenden, sondern alle ihre Folgen zu tilgen, was wesentlich mehr Aufwand erfordert. Hitler konnte "das Böse" noch in den Juden verorten, heute brauchen wir keine Juden mehr als offensichtliche Sündenböcke, heute sind es Deutsche, die ihr Volk schädigen und dabei sind, es in den Untergang zu führen.

Der Morgenthau-Plan wird vorbildlich umgesetzt, nicht von den Besatzern, sondern von Verrätern im eigenen Volk. Keine Truppe kann bestehen, wenn jeder befürchten muss, dass der Mann, der neben ihm im Schützengraben liegt, bei nächster Gelegenheit den Dolch zückt und ihn gegen die eigenen Kameraden einsetzt. Deutsche Journalisten bekommen Preise dafür, dass sie die Ehre des eigenen Volkes in den Schmutz ziehen, im staatlichen deutschen Bezahlfernsehen werden unsere Vorväter als Verbrecher hingestellt, die Greueltaten am deutschen Volk als verdiente Strafe bezeichnet.

Ja, ich gebe zu, dieses Volk ist gebrochen, seiner Ehre und seiner Geschichte beraubt. Dieses Volk ist zu einer gesichtslosen Masse von Duckmäusern geworden, die wegschauen und dem die Füße küssen, der ihnen die Knute zu spüren gibt. Dieses Volk bezeichnet Entmündigung als Demokratie und Meinungsdiktatur als Freiheit. Dieses Volk hat hingenommen, dass Parteiideologen die Schulen in Kinderbewahranstalten umfunktionieren, die nebenbei auch noch eine rudimentäre Bildung vermitteln.

Wir haben uns eingemauert, in einer wahren Festung der Selbstverachtung, sind gefangen im Kerker der Selbstzerstörung, bewachen uns gegenseitig im brennenden Misstrauen. Denunzianten und Blockwarte werden uns als Auswüchse einer Diktatur hingestellt, doch diese selbsternannte Demokratie bedient sich bereitwillig der Dienste dieser ehrlosen Subjekte. Deutsche Kinder werden nicht gezeugt oder schon im Mutterleib ermordet, weil deutschen Frauen eingeredet wurde, sie müssten um der Gleichheit willen die Berufe ihrer Männer ausüben. Zugleich werden fremde Kinder von außen ins Land geholt, gleichfalls entwurzelt, zum Treibgut der Geschichte verdammt, mit der Begründung, unser Land würde sonst entvölkert.

Männliche Römer hatten Sklavinnen als Gespielinnen für ihr Bett, weibliche Römerinnen trösteten sich mit gutgebauten Sklaven, am Ende gab es keine Römer und kein Rom mehr. Deutsche Männer fliegen für den Zeugungsakt gerne mal nach Bangkok, deutsche Frauen engagieren sich Liebhaber aus dem Senegal. Wie lange mag es noch Deutsche geben? Und wann heißt dieses Land Germanistan?

Auch die stärkste und mächtigste aller Festungen ist schließlich gefallen. Was uneinnehmbar für das Militär gewesen war, wurde Opfer der Zeit und der Elemente. Auf die Zeit brauchen wir nicht zu hoffen, denn die Zeit arbeitet gegen uns. Eine Umkehr ist also nur durch die Elemente möglich. Ein Erdbeben, ein kosmischer Einschlag, ein Blitz aus dem Himmel hinterlässt größere Zerstörungen, als die mächtigste von Menschen geschaffene Bombe.

Genau das ist die Umkehr, sie kommt zu einem hohen Preis. Ich habe einmal ein anderes Bild benutzt: Eine Schlackekugel, in deren Innerem noch die Glut steckt, das Feuer des reinen Erzes. Ein Hammerschlag zerbricht die Schlacke, legt das Eisen frei. Die neue Kugel ist kleiner, es geht um kubische Verhältnisse. Besitzt die innere Kugel den halben Durchmesser, so bleibt ihr nur ein Achtel des Volumens, ein geschätztes Drittel der Masse. Nach dem Dreißigjährigen Krieg waren zwei Drittel der damaligen Deutschen gestorben, hingemordet, Krankheiten erlegen oder schlicht verhungert. Von 80 Millionen würden noch 25 Millionen überleben...

Ein Weltkrieg, eine Weltkatastrophe beschränkt sich nicht darauf, dass in einer Revolution alle Volksverräter an die Laternen gehängt werden. Ob nun Kanzlerin oder Abgeordneter, ob Richterin oder Staatsanwalt, ob hochrangiger Beamter oder Bankmanager – wenn jeder Volksschädling bis hinunter zum kleinsten Denunzianten von einer Sekunde zur nächsten spurlos und umweltfreundlich verschwinden würde, es wäre nicht mehr als ein Wendepunkt. Gewiss, der Anteil an guten, brauchbaren Menschen würde dadurch signifikant erhöht, doch die Alberts in diesem Land, die Uninteressierten, die Schafherde in der Bevölkerung würde dadurch nicht aufwachen. Vielleicht wäre es möglich, in Jahrzehnten eine Besserung zu erreichen, doch viel wahrscheinlicher ist, dass in diesen Jahrzehnten die neue Regierung den Versuchungen der Macht erliegt und davon korrumpiert wird.

Ein Umkehrpunkt setzt eine weitaus massivere Erschütterung voraus, eine neue Stunde Null. Prophezeiungen sprechen vom dritten Weltkrieg, von kosmischen Einschlägen, von einer dreitätigen Finsternis. Sie sprechen vom Überlebenskampf der Menschen. Das wird schließlich die Umkehr auslösen.

In den ersten Wochen und vielleicht sogar Monaten wird der Eigennutz dominieren. Plünderer ziehen übers Land, Bauern verteidigen ihre Ernte mit dem Jagdgewehr. Doch langsam setzt sich die Erkenntnis durch, dass nur das Miteinander das Überleben ermöglicht. Misstrauen kostet Kraft und Mittel, die zum Überleben erforderlich sind. Vertrauen stärkt die Gemeinschaft. Mann und Frau ergänzen sich in ihren Aufgaben, sie sind keine Konkurrenten. Die Überlebenden brauchen Väter und Mütter, keine Gleichstellungsbeauftragten. Die Überlebenden brauchen Lehrer, die Wissen und Können vermitteln, keine Bildungsideologen. Ehre, Freiheit, Vaterland – das sind die Werte, die wir zum Überleben benötigen, nicht betrügerisches Papiergeld, obrigkeitliche Rundumüberwachung und multikulturelle Zersetzung der eigenen Geschichte.

Sind das "rechte" Werte, die eine Renaissance erleben werden? Nein, es ist nur ein konservativer Ansatz, bei dem das Erhaltenswerte auch erhalten wird, anstatt es aus einer Laune heraus in die Mülltonne zu werfen. In dieser Mülltonne wird hingegen Merkel-Deutschland landen, als großer Irrtum der Geschichte, als ein finsteres Zeitalter der Volksverdummung und des Aberglaubens. Der Preis dafür ist hoch, sehr hoch. Der Dreißigjährige Krieg hat das Mittelalter beendet, den Weg für die Aufklärung geebnet. Deutschland war danach verwüstet, ja entvölkert. Und doch wurde erst durch diese Katastrophe das geschaffen, was wir heute als Deutschland empfinden: Das Land der Dichter und Denker.

Mathematische Funktionen, zumindest jenseits des Nullpunktes, verlaufen zumeist ohne "Knick". Die Geschichte ist aber keine mathematische Funktion, hier gibt es Knicks und gelegentliche Sprünge. Ein Zusammenbruch und ein darauf folgender Neuanfang kosten immer Opfer. Wir dürfen auf eine bessere Zukunft hoffen, doch diese Zukunft hat ihren Preis. Wer für diese bessere Zukunft arbeitet, wird ausgegrenzt und erlebt die Härten der Gegenwart. Auf eine Belohnung in dieser heutigen Welt gibt es keine Garantie. Nach den Vorkämpfern mögen dereinst Straßen benannt werden, doch davon haben Tote noch nie etwas gehabt.

Deutschland erwache!

Ja, diese Worte sind verbrannt. Aber es ist wenigstens ein Titel, den mir niemand klauen wird. Junge Kreative, also hoch bezahlte Werbeprofis, können das, was hier vorgestellt wird, gerne GRP nennen, "German Recovery Program". Das klingt wenigstens neudeutsch und es wird von weniger Leuten verstanden, so dass man den Leuten so ziemlich alles damit begründen kann.

Unsere neudeutsche Bundeskanzlerin kündigte an, Deutschland innerhalb der nächsten zehn Jahre wieder unter die drei stärksten Nationen Europas zu bringen. Nur, welche Stärke sie meinte, hat sich nicht gesagt. Wirtschaftliche Stärke? Fußballerische Stärke? Geburtenstärke? Verschuldungsstärke? Richten wir uns also darauf ein, dass wir hinter Polen und Ungarn auf den dritten Platz kommen. In zehn Jahren. Dafür braucht es natürlich eine studierte und promovierte Kanzlerin mit einer großen Anzahl studierter, promovierter und habilitierter Helfer und Berater.

Als der Ruf "Deutschland, erwache!" noch offizielles Parteiprogramm war, hat ein Kanzler nur vier Jahre gefordert. Aber der war kein studierter Physiker, sondern ein früherer Postkartenmaler. Und gegen die Vita der Unionsgranden nahmen sich die meisten seiner Helfer wie Proleten aus. Nur hat es dieser Mann geschafft. Nach vier Jahren war Deutschland die Nummer 1 in Europa, sportlich, wirtschaftlich und von der Geburtenzahl her. Nur bei der Arbeitslosenzahl lagen wir ganz, ganz hinten, es herrschte nämlich Vollbeschäftigung.

Aber das war Adolf Hitler, und damit sich die Kanzlerin nicht mit dem vergleichen muss, hat das Strafrecht einen Universalparagraphen geschaffen, nachdem jeder Vergleich, der als "Verherrlichung des Nationalsozialismus" aufgefasst werden kann, von vorne herein verboten ist.

Wenn Frau Merkel sich zehn Jahre Zeit nehmen will, so liegt das an der freiheitlich-demokratischen Grundordnung. Zehn Jahre Zeit bedeuten nämlich die zweifache Wiederwahl der Frau Merkel. Sollte sie nicht wiedergewählt werden, ist das unser Fehler, wenn wir auch in zehn Jahren noch der kranke Mann Europas sein sollten.

Deutschland erwache! Für das Erwachen benötigen wir einen Weckruf, der uns aus dem "sozialen Ruhekissen" holt und unsere Kräfte entfesselt. Ein optimaler Weckruf wäre, die gesamte Führungsschicht der Republik zu entfernen, also alle hochrangigen Politiker, Beamten und Manager. Nicht an die Wand stellen oder aufs Schafott treiben, darüber sind wir längst hinweg. Deren Vermögen wird eingezogen und jeder bekommt einen Koffer mit einer Million Euro in bar ausgehändigt, plus ein One-way-Ticket auf die Seychellen, samt Familie. Da dürfen sie sich den Rest ihres Lebens luxuriös einrichten, aber nie mehr deutschen Boden betreten.

Danach kommen unerfahrene Leute ans Ruder. Unerfahren heißt in diesem Fall zugleich ohne Scheuklappen. Da fallen zuerst die Steckenpferde der verbannten Ehemaligen. Es gibt kein: "Das habe(n) ICH(WIR) vor fünf (zwanzig) Jahren eingeführt, das ist auch heute noch durch und durch richtig". Sondern nur ein: "Was soll dieser Blödsinn?" Das schafft Raum für Reformen, weil es dann nicht um persönliche Sentimentalität, sondern nur um die Sache geht.

Die neuen Leute brauchen nur eine einzige unabdingbare Eigenschaft: Ehre. Warum Ehre? Warum nicht Klugheit, Wissen, Sachkunde? Ganz einfach: Wer auf seine Ehre achtet, wird seine Fähigkeiten zum Wohl der Allgemeinheit einsetzen. Er wird keine Aufgaben übernehmen, die seine Fähigkeiten übersteigen, sondern sich Hilfe holen, ohne darauf zu achten, dass die seine Taschen weniger füllen würde. Es kursieren Anekdoten von Managern, die jede nutzbringende Entwicklung für das ihnen anvertraute Unternehmen verschlafen haben und nur bei einer einzigen Entscheidung hellwach waren: als es um ihre millionenschwere Abfindungen ging. Genau diese Leute schicke ich auf lebenslangen Urlaub, jedoch mit weitaus weniger Geld, als sie bisher als Abfindung einsacken.

Der Erfolg von Adolf Hitler resultierte aus der Freisetzung der Kreativität und dem radikalen Aufräumen mit den alten, verkrusteten Einrichtungen des Staates. Wenn man die deutsche Geschichte jedoch auf diese 12 Jahre reduziert, übersieht man, dass es schon einmal eine solche Periode des Neuanfangs gegeben hatte: 1871, bei der Gründung des Kaiserreiches. Natürlich gab der Sieg über Frankreich dem neu entstehenden Deutschen Reich einen wichtigen psychologischen Schub, natürlich wirkten die Reparationen des besiegten Frankreich als Dünger für die Wirtschaft. Doch der entscheidende Schritt war der Schritt heraus aus der Kleinstaaterei, die bis dahin Deutschland im Griff hatte.

Im Jahrzehnt davor war Preußen eine Krieg führende Großmacht. In diesem einen Jahrzehnt, denn Preußen und ganz Deutschland war ein wesentlich friedlicherer Staat als Frankreich, England oder die USA. In drei Kriegen hatte sich der preußische und nun deutsche Staat von seinen Widersachern befreit. Preußische Werte griffen auf ganz Deutschland über. Preußische Tüchtigkeit, Unbestechlichkeit, das mehr Sein als Schein, das setzte die Kreativität und Schaffenskraft der Deutschen frei.

Bei seiner Gründung besaß das Deutsche Reich zwar ein fortschrittliches Militär, aber eine rückständige, unterentwickelte Wirtschaft. Großbritannien beherrschte die Weltmärkte, englische Handelsschiffe hatten die Weltmeere so in ihrem Griff wie die unbezwingbare britische Flotte. Deutschland, das waren Dichter, Denker im Sinne von Philosophen und Komponisten. Seine Gesellschaft war nach innen gerichtet, noch im Biedermeier verhaftet. Großbritannien hatte 80 Jahre Vorsprung in der industriellen Entwicklung.

In nur 40 Jahren hatte Deutschland aufgeholt. Industriell war es zur Weltmacht geworden. Damals wurde der Ruf des "Made in Germany" begründet. Nicht mehr der Ruf der Dichter und Denker hallte durch die Welt, sondern das Können der deutschen Wissenschaftler und Ingenieure. Das war das Deutschland, dem der erste Weltkrieg aufgezwungen wurde, als letzte Möglichkeit, seinen Vorwärtsdrang, seine ständige Fortentwicklung aufzuhalten.

1871 erwachte Deutschland zum ersten Mal. Der Staat war nicht perfekt, gewiss. Aber er war besser als alles, was vorher in Deutschland existiert hatte. Es war nur eine einzige Idee, die Idee vom neuen Deutschen Reich, die damals diese Entwicklung ausgelöst hatte. Eine Idee, die in breite Schichten der Bevölkerung getragen wurde. Eine akzeptierte, inspirierende Idee. Und eine neue Führung.

Die Führung wird in ihrer Wichtigkeit sehr oft falsch eingeschätzt. Eine Truppe vertraut nur einer Führung, die bei der Truppe ist, die gewissermaßen "von vorne" führt. Ob Alexander, Cäsar, Friedrich II. oder Napoleon – sie führten ihre Truppen vom Sattel aus. Wenn die Truppe schwitzte, schwitzte auch der Feldherr. Wenn die Truppe fror oder hungerte, fror und hungerte auch der Feldherr. Und wenn Pfeile oder Kugeln flogen, flogen sie auch dem Feldherrn um die Ohren. Eine gute Führung war und ist immer in der Truppe verankert.

Was auf das Militär zutrifft, gilt auch für die Zivilgesellschaft. Und genau dieses Verhältnis ist heutzutage zerstört. Wenn die Führung in der Truppe verankert ist, dann ist die Entlassung von Mitarbeitern die letzte Lösung, im äußersten Notfall, um den Konkurs abzuwenden. Heute wird entlassen, um das Quartalsergebnis zu verbessern. Der Boss hat sein Geld in der Schweiz, die Unterlinge gehen zum Arbeitsamt. Der altgediente Ingenieur, mit 30 Jahren Berufserfahrung, bekommt einen jungen Doktor frisch von der Uni vor die Nase gesetzt, der zwar keine Ahnung hat, aber alles besser weiß. Studierte Betriebswirte entwickeln "Visionen", die dem Unter-nehmen Milliarden kosten. Entlassen werden die Arbeiter, die Verursacher hingegen, wenn sie überhaupt gefeuert werden, erhalten millionenschwere Abfindungen.

Was in der Wirtschaft auftritt, passiert auch in der Politik. Die Rente der Bevölkerung ist ganz und gar nicht sicher, aber die Politiker kassieren ohne Ende: 6.000, 8.000 oder auch 12.000 Euro Pension jeden Monat – Summen, für die ein einfacher Bürger 300 Jahre arbeiten müsste. Millionen Deutsche haben keine Arbeit, aber die Regierung weitet die Anzahl ihrer hoch dotierten Posten aus, seien es Bundestagsvizepräsidenten oder Staatssekretäre. Alle wohlbestallt mit Dienstwagen, Sekretärin und Pensionsanspruch. Berufspolitiker sitzen Jahrzehnte in den Parlamenten und verlieren so jede eigene Anschauung vom Leben des Volkes.

Politiker sind heutzutage Leute, die immer von der Verantwortung reden, die sie doch tragen, die über 70-, ja 80-Stunden-Wochen klagen und erklären, wie schlecht sie doch im Vergleich zu Managern bezahlt werden.

Doch wann wurde je ein Politiker für Verfehlungen im Amt zur Rechenschaft gezogen? Der unselige Ex-Außenminister Fischer konnte vor dem Visa-Untersuchungsausschuß frech behaupten: "Ich bin schuld" und "Ich habe von nichts gewusst." Konsequenzen: keine. Lafontaine sorgte mit der Rücknahme des demographischen Faktors für eine schwere Schieflage der Rentenkassen und bewirkte als Finanzminister Milliardenverluste bei der Körperschaftssteuer. Konsequenzen: Keine! Tut heute so, als wäre nie etwas gewesen. Johannes Rau regierte Nordrhein-Westfalen zum Sanierungsfall. Konsequenzen: Aufstieg zum Bundespräsidenten, damit er endlich seinen Posten räumt. Selbst Manager werden schneller entfernt als die "verantwortlichen" Politiker. Und wenn ein Politiker tatsächlich einmal gehen muss, dann wegen Verfehlungen außerhalb seines Amtes. Unfähigkeit im Amt ist kein Kündigungsgrund.

Überarbeitete Politiker? Bei den meisten Übertragungen aus den Parlamenten sind diese gerade zu einem Viertel besetzt. Dafür haben Politiker immer Zeit, um in Talkshows aufzutreten. Oder wie Guido Westerwelle in Big Brother. Man sieht Politiker bei jeder Großveranstaltung, ob nun sportlicher oder kultureller Natur. Zu jeder Versammlung kommt gerne ein Politiker und hält die Festrede. Nur eines sieht man Politiker nie: arbeiten. Die Folge sind schlampige Gesetze, die entweder mühselig nachgebessert werden müssen oder als Leichen der Bürokratie für Sand im Getriebe der Gesellschaft sorgen. Das beste Beispiel für einen nichtarbeitenden Politiker war Jürgen Trittin.

Oh ja, Politiker sind unterbezahlt. Zumindest behaupten sie das. Allerdings sind Politiker "Volksvertreter". Wieso müssen sie für diese Vertretung vom

Volk mehr Geld bezahlt bekommen, als das Volk im Durchschnitt verdient? Außerdem: ein gewisser Friedrich, Beiname "der Große", König von Preussen, sagte damals: "Meine Minister werden sowieso bestochen. Warum soll ICH denen noch ein hohes Gehalt bezahlen?" Natürlich werden heutige Politiker nicht bestochen, zumindest nicht in Deutschland. Wenn ein Ex-Postminister Wolfgang Bötsch nach seinem Ausscheiden als Minister – aber immer noch Bundestagsabgeordneter – pro Jahr 300.000 Mark als "Berater" von Leo Kirch "verdient", so ist das keine Bestechung. Oder ein Laurenz Mayer... dessen Zahlungen von RWE waren Ausdruck seiner großen Fähigkeiten. Oder Otto Wiesheu, dem zahlte die Deutsche Bahn 800.000 Euro im Jahr, weil er so gut ist. Vermutlich hat nur der Computer im Lohnbüro gemerkt, dass der überhaupt bei der Bahn ist.

Tatsache ist: Kaum ein Politiker "regiert" ohne einträglichen Nebenjob. Und kaum ein Politiker hatte zuvor einen Beruf, in dem mehr bezahlt wurde als in der Politik. Und wenn ein Politiker in der Wirtschaft deutlich mehr verdienen würde, wieso arbeitet er dann nicht in der Wirtschaft? Und wenn wir schon dabei sind: Wieso sind die meisten Politiker Lehrer und sonstige Beamte, die niemals auch nur einen Handstreich in der Wirtschaft gearbeitet haben? Wo sie doch angeblich so tüchtig sind?

Ein Erwachen, eine Erneuerung Deutschlands bedeutet nicht die Schaffung einer klassenlosen Gesellschaft. Um ein Bild zu benutzen: Es genügt, wenn künftig wieder alle im gleichen Eisenbahnzug sitzen. Passagiere in der ersten Klasse fahren nicht schneller als jene in der dritten oder auch vierten Klasse, nur komfortabler. Und alle fahren in die gleiche Richtung. Im heutigen Deutschland hingegen fährt fast jeder im eigenen Auto, in alle Richtungen, mit jeder denkbaren Geschwindigkeit. Manche werden im nagelneuen Maybach chauffiert, andere sind mit ihrem 70 Jahre alten Opel Olympia längst liegengeblieben.

Heute ist sich jeder selbst der Nächste, außerdem tut jeder nur soviel für die Allgemeinheit, wie er partout nicht vermeiden kann. Aber zugleich will jeder möglichst viel von der Allgemeinheit beziehen. Gewinne privatisieren, Pflichten solidarisieren, das ist das allgemeine Motto. Militärisch ausgedrückt, prasst die Führung zu Hause, im warmen Schloss, während die Truppe weit entfernt an der Front hungert und verblutet. Es gibt keinen Zusammenhalt, und niemand fühlt sich verpflichtet, für diese Ellbogengesellschaft Opfer auf sich zu nehmen.

So, wie der Fisch vom Kopf her zu stinken beginnt, lässt er sich auch vom Kopf her sanieren. Der Biedermeier-Deutsche von 1869 unterschied sich in nichts vom Reichsdeutschen des Jahres 1871, doch er hatte eine neue

Führung und ein neues Selbstbewusstsein. Der Arbeiter, der 1932 lethargisch sein Schicksal auf sich nahm, war 1934 erwacht und hatte Hoffnung auf eine bessere Zukunft. Ebenfalls mit neuer Führung und neuem Selbstbewusstsein.

Wir haben heute eine Kanzlerin, die als "Kohls Mädchen" begonnen hatte und die heute noch so aussieht, dass man ihr am liebsten tröstend über den Kopf streichen möchte. Sie hat sich jedoch als gefühlskalte Technikerin der Macht gezeigt. Was sie leider nicht gezeigt hat, sind neue Ideen, eine mitreißende Vision. Sie hat nicht einmal Zutrauen in die eigene Kraft, denn wieso sollte sie sich sonst ein so niedriges Ziel vorgeben? Zehn Jahre Zeit, um die ehemalige Wirtschaftslokomotive Europas zurück auf den DRITTEN Platz zu bringen?

Denkt überhaupt jemand der heutigen Führung daran, wirklich das zu zeigen, was man von diesen Leuten erwarten sollte: Führung? Den Willen zu den Annehmlichkeiten eines Lebens als Führer haben sie alle, angefangen vom Dienstwagen bis zur Rundum-Versorgung durch Bedienstete aller Art. Was jedoch fehlt, ist der Wille zur Leistung, der Wille zu führen und zu gestalten, nicht zum eigenen Besten, sondern zum Besten aller.

"Deutschland erwache" ist heute nicht nur eine alte Nazi-Parole, sondern ein unerfüllbarer Wunschtraum, weil die Führungsschicht nicht fähig ist, diesen Wunsch zu erfüllen. Womöglich hat sich mancher Leser an den Kopf gefasst, als ich weiter oben vorgeschlagen habe, diese Führungsschicht mit einem Geldkoffer auf die Seychellen zu entsorgen. Natürlich ist es auf den ersten Blick billiger, sie an der nächsten Straßenlaterne aufzuknüpfen. Aber dank meines großzügigen Angebots melden sich die zu Entsorgenden freiwillig und wir werden sie weitaus sicherer los, als bei einer blutigen Revolution.

Gewiss, mit Revolutionen hat die Menschheit schon Erfahrungen, mein Ansatz der wohlbestallten Verbannung ist neu. Nur leider sind sehr viele Revolutionen mittelfristig gescheitert. Und sollte sich wirklich einer der Verbannten als unentbehrlich erweisen, lässt er sich zurückholen. Aufgehängt hingegen ist aufgehängt.

Leider zieht der Begriff "Deutschland erwache" heute nicht mehr so wie in den 1930er Jahren. "German Recovery Program" mag vielleicht Manager begeistern und die "Heuschrecken" anziehen, aber breite Schichten des Volkes werden sich damit nicht identifizieren können. "Aufbruch Deutschland" oder "Offensive Deutschland" haben sich politische Gruppen bereits gesichert, also müssen wir entweder denen Copyright-Gebühren bezahlen oder zumindest kostenlos für die werben. "Deutschland kann es schaffen" hat Frau Merkel mir schon abgeschaut (ohne dafür zu bezahlen), aber das ist Wahlkampfgeschwätz von gestern, daran dürfte sie sich vermutlich nicht einmal mehr erinnern.

Wir brauchen ein griffiges Schlagwort, das in aller Munde sein muss. Aber das liefere ich heute nicht. Sonst wird es wieder von irgendeinem eingesackt und ich muss mir ein neues überlegen, wenn es soweit ist.

Die Aufgabe einer neuen, ehrenhaften Führung, lässt sich in fünf Worten ausdrücken, allerdings in Worten, die sich erst nach einigem Nachdenken in ihrer vollen Bedeutung erschließen:

rechtschaffen
Recht schaffen
recht schaffen

Ja, dafür muss man Deutsch können. Wer nur den Grundwortschatz Denglisch für Manager beherrscht, wird diese einfachen Worte nicht verstehen. Deshalb hält sich auch niemand mehr daran.

Wir brauchen für Deutschland eine vermittelbare Parole, eine Aufbruchstimmung und eine Führung, die zeigt, wohin die Reise gehen soll. Eine Führung "bei der Truppe".

Was wir nicht brauchen, ist Geld.

Was? Kein frisches Geld? 1871 hatten wir doch die französischen Reparationen... Ja - aber nicht 1933. Das Geld für den Aufschwung ist da! Es muss nicht einmal dem Volk abgepresst oder gar durch Neuverschuldung beschafft werden. Das Geld ist da, wir geben es derzeit nur falsch aus. Wir bezahlen Vergangenheit, Altlasten. Wir subventionieren behindernde Bürokratie, statt damit die Zukunft zu entfesseln. Wir alimentieren Konzerne und vernachlässigen die Gründer. Wir sind stets bereit zu regeln, aber wir weigern uns zu denken.

Der Erneuerung eines Landes geht stets die Erneuerung des Denkens voraus. Unser Denken befasst sich mit den Problemen der 70er, 80er Jahre des vergangenen Jahrhunderts, mit den Problemen, die in den jungen Jahren von Politikern und Managern aktuell gewesen waren. Wir haben aber längst das 21. Jahrhundert. Wir brauchen neue Konzepte und aktuelle Lösungen.

Das wäre der Aufbruch in ein neues, ein erwachendes Deutschland. Politisch sind wir noch immer gefangen in den Banden von 1945. Ein geeintes Europa, Vasallentreue zur USA und "besondere Verantwortung" für Israel sind Konzepte von 1945. Sie entsprechen längst nicht mehr den Bedürfnissen eines modernen Deutschlands. Der Paradigmenwechsel, der Wechsel der ach so feststehenden Prinzipien, muss im Inneren wie im Äußeren erfolgen.

Wir können nicht stückweise erneuern, so wenig, wie wir ein Wasserrohr von 12 cm Durchmesser an ein Rohr mit 6 cm anschließen können. Gut, es ginge mit einem Reduzierstück, aber damit haben wir einen effektiven Durchmesser von 6 cm, ohne eine Verbesserung zu erzielen. Da Deutsch mittlerweile eine in Deutschland erklärungsbedürftige Sprache geworden ist: Ich spreche in diesem Artikel immer von einer ERNEUERUNG Deutschlands, nicht von einer Reparatur oder Nachbesserung.

Es geht nicht mit einer kleinen oder auch größeren Kurskorrektur, wir brauchen ein neues Schiff. In dieser Republik hat sich zu viel überlebt, nicht nur die Parteien, nicht nur die politische oder wirtschaftliche Führung. Wir brauchen ein Umdenken auf breiter Front, einen Bruch. Und wir brauchen einen klaren, eindeutigen Nachweis dafür, dass dieser Bruch stattgefunden hat.

Ich führe hier nur zwei Möglichkeiten an, die einen solchen Bruch eindeutig kennzeichnen würden:

Änderung der Regierungsform

Währungsreform

1871 und 1933 änderte sich die Regierungsform. Selbst in Preußen, wo der König 1871 nebenbei auch noch Kaiser wurde, spürte jeder Einzelne die Veränderung. In Bayern oder sonst wo sowieso, stand doch über dem bisherigen Herrscher plötzlich der Kaiser in Berlin. Hitler regierte 1933 als Reichskanzler, formal auf jenem Posten, den seine Vorgänger in der Weimarer Republik innehatten. Doch schon bald zeigte sich, dass eine Erneuerung stattgefunden hatte. Keine Evolution, sondern ein Bruch.

Unsere "neue" Regierung besteht aus altem Personal. Fast alle Minister hatten zuvor bereits unter Kohl oder Schröder höhere Ämter besetzt, oder sie waren Minister in Landesregierungen. Was wir erleben, ist die Fortsetzung des Alten, des Überlebten, keine Erneuerung und schon gar kein Aufbruch. Ein Aufbruch wäre die Rückkehr Deutschlands zur Monarchie. DAS wäre eine einschneidende Veränderung!

Als Folge der Reichsgründung von 1871 wurde eine neue Währung eingeführt. Als Zahlungsmittel galt im ganzen Reich die neue Mark, die erst vor wenigen Jahren dem Euro geopfert worden war. 1948 begann mit der letzten Metamorphose jener alten Mark aus der Kaiserzeit der Aufbruch ins Wirtschaftswunder. Neues Geld in allen Taschen zeigte jedem, dass eine neue Zeit angebrochen war, dass sich Deutschland erneuerte. Deshalb kann auch eine Währungsreform jenen Bruch auslösen, der das Land wachrüttelt.

Es gibt andere Möglichkeiten, um den Aufbruch zu signalisieren. Aber nur diese beiden signalisieren als Einzelmaßnahme den Aufbruch, den "Ruck", der durch Deutschland gehen muss. Nur ein ganzes Paket von anderen Maßnahmen würde das Ziel ebenfalls erreichen. Jede einzelne dieser Maßnahmen muss jedoch einzeln beschlossen und eingeführt werden, ein zeitraubendes Unterfangen. Jede einzelne Maßnahme dieses Pakets kann dabei verwässert werden, was dazu führt, dass das beabsichtigte Ziel nicht erreicht wird.

Nur ein Paukenschlag vermag ein ganzes Land aus der Lethargie zu reißen, keine Schalmaienklänge und erst recht keine Sirenengesänge. Die Endzeit für das Land, so wie wir es kennen, hat längst begonnen. Es gibt kein "Weiter so!" mehr, selbst das von Roland Koch verkündete "Heulen und Zähneklappern" ist nur ein Herumdoktern an Symptomen, kein Versprechen einer Heilung. Die Politiker zwischen 30 und 50, die erst noch den entscheidenden Karrieresprung erwarten, werden zur verlorenen Generation, da sie längst zu sehr im alten Denken verhaftet sind, um im erneuerten Deutschland noch ihren Platz zu finden.

Ja, Deutschland, du musst nicht nur, du wirst tatsächlich erwachen. Freiwillig oder unfreiwillig, als "Hammer" oder "Amboss", wie es einst hieß. Uns bleibt nur die Wahl, den Zerfall des Gestrigen zu verzögern, uns an dessen Trümmer zu klammern, oder selbst Hand anzulegen, um das bessere Morgen zu erschaffen. Zu halten und zu klammern ist menschlich, denn das Gestern vermittelt noch immer das Gefühl der Sicherheit. Doch das ist ein Kampf auf verlorenem Posten, ein Verschwenden von Kraft, die für die Zukunft benötigt wird.

Das Morgen bietet keine Sicherheit, für nichts und niemanden. Aber es bietet alle Möglichkeiten für einen wachen Verstand und zupackende Hände. Das war 1871 so, 1933 und 1948. Stellen wir uns darauf ein.

Das Deutsche Reich

Vermutlich ist es Ihnen gar nicht bewusst, dass Sie eine doppelte Staatsangehörigkeit besitzen. Laut Ihrem Ausweis gehören Sie zum "Personal" der Bundesrepublik Deutschland, und in Ihrem Pass steht als Staatsangehörigkeit die Sprache Deutsch, selbst wenn ein Staatsbürger diese nur in Ansätzen beherrschen sollte. Aber Sie sind auch Bürger des Deutschen Reiches, zumindest, wenn Ihre Eltern Bürger des Deutschen Reiches gewesen waren und Sie auf deutschem Staatsgebiet geboren worden sind, auch ohne gültige Reichsdokumente.

Ja, ja, dieses Gebilde in den Grenzen von 1937, das in meinem alten Schulatlas noch eingezeichnet ist, gibt es noch immer. Seit der Verhaftung und Absetzung der Regierung Dönitz 1945 hat das Reich zwar keine Organe mehr, ist also handlungsunfähig, aber nicht erloschen. Das hat sogar das Bundesverfassungsgericht festgestellt, zwar schon 1973, aber an dieser Entscheidung hat sich noch nichts geändert, sie wurde nicht revidiert.

Falls Sie von einer oder mehreren Reichsregierungen, Reichskanzlern, Reichsverwesern usw. gehört haben – das mögen zwar alles umtriebige Leute sein, mit den besten Absichten, aber sie sind keine Organe des Deutschen Reiches und besitzen weder eine Anerkennung noch eine Vertretungsvollmacht. Sie bekommen von denen durchaus schöne Papiere, vom Reichsführerschein bis zum Reichsreisepass, aber leider haben diese nur den Wert von Vereinsausweisen, welche weder deutsche noch sonstige Behörden als Identitätsnachweis akzeptieren müssen.

Das Deutsche Reich besteht allerdings tatsächlich fort, obendrein in den Grenzen von 1937, und sein Staatsgebiet wird von drei (reichs-)fremden Mächten besetzt gehalten. Da wäre ein kleiner russischer Zipfel Ostpreussen um Königsberg, ein gleich nach dem Krieg ethnisch gesäubertes Gebiet, das Polen verwaltet, und der größte Teil, den eben diese BRD besetzt hält, oder meinetwegen die BRdvD, die "Bundesrepublik des vereinten Deutschlands".

Auf die Grenzen von 1938 ("Anschluss Österreichs" bzw. "Münchner Abkommen") kann sich das Reich nicht berufen, auch wenn diese damals völkerrechtlich anerkannt worden sind. Und auf die Grenzen von 1941 möchte ich lieber nicht eingehen.

Da das Deutsche Reich fortbesteht, kann die BRdvD nicht sein Rechtsnachfolger sein, sondern bestenfalls sein Vormund. Neuerdings heißt das ja Betreuer, was nichts daran ändert, dass der Vormund nach eigenem

Gutdünken das Vermögen des Bevormundeten verschleudern kann, mit dem Segen der Gerichte, natürlich. Diese Vormundschaft wurde nicht mit Einverständnis des Reiches eingerichtet, sondern von den Siegermächten befohlen. Die Bizone, gefolgt von der Trizone, der BRD/DDR und schließlich der BRdvD sind eingeborene Kolonialregierungen, die von fremden Mächten eingerichtet und abhängig sind.

Die BRdvD ist auch heute noch kein wirklicher souveräner Staat, sondern nur ein Staatsersatz. Deshalb hat sie auch keine Verfassung, sondern nur einen Verfassungsersatz, den man als Grundgesetz bezeichnet. Wobei der Staatsersatz so gut gelungen ist, dass man ganz genau hinschauen muss, um zu erkennen, dass dieses Gebilde doch kein Staat ist. Aber das wären jetzt Haarspaltereien, ich tue im Folgenden so, als sei diese BRdvD ein richtiger Staat.

Damit das Volk mit der Staatsangehörigkeit "Deutsch" nicht auf den Gedanken kommt, dass ein richtiger Staat wie das Deutsche Reich viel besser seinen Interessen dient, werden wir im öffentlich-rechtlichen Bezahlfernsehen und auch in allen anderen Medien ständig mit der Erkenntnis zugeschüttet, dass dieses Deutsche Reich abgrundtief böse gewesen ist. Es hat schließlich ohne jeden Zweifel sechs Millionen Juden vergast. Garantiert ohne jeden Zweifel, denn jeglicher Zweifel daran ist als "Volksverhetzung" verboten.

Das "Leugnen des Holocausts" oder die "Auschwitzlüge" stehen unter Strafe. Aber dafür dürfen Sie in dieser aufgeklärten Zeit wenigstens die Jungfräulichkeit Marias anzweifeln und öffentlich die Bibel oder die Memoiren von Helmut Kohl verbrennen. Mit dem Koran tun Sie das besser nicht, da könnte sich Ihr bisher so freundlicher türkischer Nachbar eventuell daran erinnern, dass er Janitscharen-Blut in den Adern hat.

Als gläubiger Fernseh-Zuschauer wissen Sie, dass das Deutsche Reich böse war und in den Jahren 1933 bis 1945 bestanden hatte. Dieses Deutsche Reich hat einen Angriffskrieg vorbereitet, der ihm dann auch von England und Frankreich erklärt wurde. Nur unter unsäglichen Opfern an der deutschen Zivilbevölkerung konnten die den damaligen Zeitgenossen nicht erkennbaren Welteroberungspläne der aufstrebenden Mittelmacht durch die brutalst mögliche Zusammenarbeit der drei damaligen Weltmächte vereitelt werden.

Dummerweise ist das Deutsche Reich bereits im Jahr 962 gegründet worden, dann noch einmal 1871 und ein drittes Mal 1919. Ja, nicht 1933, sondern 1919, denn das "Dritte Reich" basierte auf der Reichsverfassung von 1919, die nie außer Kraft gesetzt wurde und für das Deutsche Reich heute noch immer gilt. Auch das erzählt das Fernsehen ein bisschen anders.

Demnach haben "wir Deutsche" tatsächlich eine Verfassung, auch wenn für die BRdvD das alliierte Grundgesetz gilt. Jetzt verstehen Sie auch, warum das Bundesverfassungsgericht nicht Bundesgrundgesetzgericht heißt, obwohl es die Vereinbarkeit neuer Gesetze mit eben diesem Grundgesetz prüft. Da aber die BRdvD diese Veranstaltung bezahlt (genauer natürlich SIE, denn dafür müssen Sie Steuern entrichten), ist die Reichsverfassung kein einklagbares Recht, sondern ausschließlich das Grundgesetz.

Schauen wir uns doch einmal an, was dieser famose Vormund für das Deutsche Reich so tut. Es ist doch sicher ein guter Anfang, auf Reichsgebiet zu verzichten. So ein kleines Arrangement unter Besatzungsmächten... Die BRD bzw. die BRdvD garantiert die polnische Westgrenze, die berühmte Oder-Neiße-Linie. "Ich, Besatzer des Deutschen Reiches, garantiere Dir, Besatzer des Deutschen Reiches, deutsches Reichsgebiet für alle Zeit." Gut, oder?

Die BRdvD überträgt fortwährend staatliche Souveränitätsrechte an eine überstaatliche Organisation, die einmal als Europäische Wirtschaftsgemeinschaft begonnen hat und heute zum unersättlichen Beamtenmoloch geworden ist, der alles regulieren möchte, was die Bürger in dieser tollen EU so treiben dürfen. Dafür haben wir nach dem Vorbild der alten Sowjetunion ein Politbüro eingerichtet, mit Kommissaren, die keinerlei demokratischen Kontrollen unterworfen sind. Die BRdvD dient dieser EUdSSR als Oberzahlmeister, muss aber ständig darum kämpfen, dass Deutsch als nebensächliche Amtssprache wenigstens ab und zu in EU-Dokumenten auftaucht. (Maßgeblich ist natürlich immer nur der englische oder französische Urtext).

Im Grundgesetz der BRdvD gibt es mittlerweile einen Artikel 23, der nicht mehr wie früher den Gültigkeitsbereich des Grundgesetzes regelt, sondern festlegt, auf welche Weise die Regierung Souveränitätsrechte der Deutschen Nation an das Politbüro der EU übertragen kann. Etwa 80% der Gesetze, die das BRdvD-Parlament verabschiedet, dienen nur der Umsetzung von EU-Recht in nationales Recht; die Abgeordneten sind verpflichtet, diese Bestimmungen abzunicken. Nationale Vorbehalte sind nicht möglich, höchstens die eine oder andere Alibi-Gegenstimme.

Deshalb war die BRdvD auch Vorreiterin bei der Einführung der EU-Verfassung. Leider waren ein paar starrsinnige Nationalisten jener Völker dagegen, die so blöd waren, über diese EU-Verfassung abzustimmen. Deshalb heißt das Entrechtungswerk heute ganz harmlos "Vertrag von Lissabon". Am 23. Mai 2008 wurde er durch das Parlament geschleust. Allein die Wahl des Datums zeigt ganz deutlich, was damit beabsichtigt ist: 60 Jahre nach seiner Einführung soll das Grundgesetz abgeschafft werden, weil es den Deutschen immer noch zu viele Rechte einräumt.

Dieser Vertrag ging dann an das Verfassungsgericht, das darüber entschieden hat, wie der Vertrag auszulegen sei. Die Kläger zeigten sich mit dem Erfolg zufrieden, geändert wurde gar nichts, denn dann hätte ja ganz Europa noch einmal über die deutschen Änderungen abstimmen müssen. So bekommen wir das Original und die Verfassungsrichter haben ganz umsonst darüber befunden.

Nebenbei sorgt die BRdvD dafür, dass Israel sein Existenzrecht gegenüber allen Palästinensern rigoros und nach Belieben auch gewaltsam durchsetzen kann. Das böse Reich hat schließlich sechs Millionen Juden bestialisch ermordet, was kümmern da ein paar Angehörige eines anderen semitischen Volkes? Für die derzeitige Bundeskanzlerin zählt das zu den vornehmsten Staatszielen der BRdvD, also bezahlen wir Wiedergutmachung, Opferrenten, Beihilfen, Waffenhilfen... Schließlich dürfen wir in der BRdvD leben, da heißt es teilen. Und natürlich Synagogen bauen, die 1938 niedergebrannt wurden, oder im Bombenkrieg... Aber heute sind sie schöner, größer, prächtiger als damals und für den Fall der Fälle mit Atombunkern versehen.

Wir nehmen sowieso alle bei uns auf, die mühselig und beladen sind, auf der ganzen Welt. Wir locken sogar Juden zu uns, anstatt sie in das Land ihrer Vorväter ziehen zu lassen, behindern damit Gottes Auftrag an sein auserwähltes Volk. Neun Zehntel der aufblühenden jüdischen Gemeinden in Deutschland bestehen aus Zuwanderern, vorzugsweise aus den Osten. Deutsche Juden sterben aus und werden durch Nachrücker ersetzt, während Israel darüber klagt, dass ihm die erwünschten Zuwanderer fehlen. Hier könnten wir wirklich Hilfe leisten...

Zur religiösen Ausgewogenheit holen wir Muslime ins Land. Türken, Araber, Albaner... Schauen Sie nur mal in die Kriminalstatistiken... Ach nein, das bringt ja nichts, da werden die Tätergruppen nicht mehr aufgeschlüsselt. Und selbst wenn, viele haben längst den deutschen Pass. Äh... Also den Pass, der als Staatsangehörigkeit "Deutsch" benennt, eine Sprache, die viele dieser "Deutschen" nicht so richtig beherrschen.

Im bösen Deutschen Reich wünschte man sich neuen "Lebensraum im Osten", während die nur 2/3 so große BRdvD zum "Einwanderungsland" deklariert wird. Wobei aus diesem Einwanderungsland vor allem die jungen, gut ausgebildeten angestammten Bevölkerungsteile auswandern, dafür junge, schlecht ausgebildete und aggressive Fremde einwandern. Zählt man beides zusammen, sind wir wohl eher ein Bevölkerungs-Austauschland.

In der schönen, toleranten BRdvD verschwinden Kreuze aus Schulen und Amtsstuben, gegen läutende Kirchenglocken wird geklagt, dafür werden Tiere geschächtet und wer gegen den Bau neuer Moscheen ist, zeigt damit, dass er Minderheiten diskriminiert. Das christliche Abendland ist heutzutage nur noch eine Folklore-Veranstaltung. Immerhin ernten Sie noch verärgerte Blicke, wenn Sie ein paar Katholiken beim Gottesdienst filmen und photographieren.

Das böse Deutsche Reich hat aggressive Soldaten in alle Welt geschickt, sagt man uns, deshalb war es ja so böse. Die überaus friedfertige BRD hatte nur Verteidigungskräfte (die vierte Zone, die DDR, durfte immerhin beinahe mithelfen, die CSSR 1968 von westlichem Gedankengut zu befreien), die neue BRdvD hingegen schickt wieder Soldaten in alle Welt. Und die alte Anti-Hitler-Koalition wünscht nichts sehnlicher, als dass diese Soldaten deutlich aggressiver werden sollen.

Die BRdvD hat die Deutsche Reichsbahn "geerbt", auch die Deutsche Reichspost. Und fast 50 Jahre lang ging alles gut, alle waren zufrieden. Gut, die Firmen hießen Deutsche Bundesbahn und Deutsche Bundespost, aber das waren nur neue Namen. Mittlerweile gibt es die Deutsche Telekom AG, die Deutsche Post AG, die Postbank AG und die Deutsche Bahn AG. Das frühere Reichsvermögen gehört heute "Investoren", die hauptsächlich in den USA sitzen. Ein gewisser "Ron Sommer" (geboren als Aaron Lebovitsch in Haifa/Israel) hat für 60 Milliarden Euro eine US-Telefonfirma namens VoiceStream gekauft und mit diesem großartigen Geschäft das Geld deutscher Kleinanleger in die USA geschafft. Der Rest von Voice Stream wurde schließlich - nach Entlassung von Herrn "Sommer" den früheren Besitzern zurückgeschenkt.

Die Deutsche Post hat DHL gekauft, einen Verlustbringer aus USA, Mercedes-Benz hat Chrysler gekauft und dann noch Geld bezahlt, um diesen Verlustbringer wieder loszuwerden... irgendwie scheint es deutschen Unternehmen kein Glück zu bringen, sich in den USA zu engagieren. Die Deutsche Bahn AG ist bis jetzt noch nicht an der Börse, obwohl Hartmut Mehdorn eine geniale Idee nach der anderen entwickelt hat, um das Vermögen der Deutschen Reichsbahn in die Hände von US-Investoren zu bringen – nur das teuere und aufwendig zu erhaltende Schienennetz soll auch künftig der BRdvD-Steuerzahler finanzieren. Mehdorns Nachfolger hat sich noch kein einziges Mal über die Bahn-Privatisierung profiliert. Aber wir haben ja inzwischen eine Wirtschaftskrise, da mussten erst einmal "Bad Banks" gerettet werden, bevor denen die Bahn geschenkt wird.

Jetzt stellen wir uns einmal vor, die BRdvD würde sich plötzlich in Wohlgefallen auflösen. Na gut, Wohlgefallen ist es leider nicht. Dankbare Bürger wollen die Kanzlerin und jeden anderen Politiker aufhängen, dessen sie habhaft werden. Parallel dazu gibt es einen deftigen Bürgerkrieg, bei dem eine Anzahl Städte wieder auf den Stand von 1945 zurückversetzt werden, eine einmalige Chance, zwischenzeitlich angefallene Bausünden aufzuarbeiten.

Dummerweise ist der BRdvD-Vormund davon ausgegangen, dass er ewig weiter existiert, er hat also nie im Auftrag des Deutschen Reiches unterschrieben – schließlich ist das Reich handlungsunfähig, da es keine Organe hat, also auch keinen Vertreter. Das Reich müsste sich selbst organisieren, also Organe geben. Wenn sich die BRdvD auflöst, haben diese Organe eine Menge Arbeit.

Das Deutsche Reich hat die polnische Westgrenze nicht garantiert. Das Deutsche Reich hat die EU-Verträge nicht unterschrieben. Das Deutsche Reich hat weder seine Währungshoheit noch sonstige Souveränitätsrechte an die EU abgetreten. Das Deutsche Reich hat keinem BRdvD-Zuwanderer seine Staatsangehörigkeit verliehen. Das Deutsche Reich hat weder die Reichspost noch die Reichsbahn verkauft. Das Deutsche Reich hat seit 1945 keine Gesetze verabschiedet. Das Deutsche Reich hat keinem einzigen der heutigen Politiker eine Staatspension zuerkannt.

Haben Sie verstanden, was das heißt? Sicher, alles aufzuarbeiten, was seit 1945 schief gelaufen ist, wird sehr schwer. Einbrüche, Gewalttaten und andere Delikte, die nach den Gesetzen des Deutschen Reiches strafbar gewesen waren, bleiben es auch, selbst wenn die Strafen durch BRdvD-Gerichte verhängt worden sind. Hier braucht kein Täter mit einer Amnestie zu rechnen. Mit politischen Straftaten sieht es da ganz anders aus. Die heissen dann nicht mehr "Volksverhetzung", sondern "Kollaboration mit dem Feind", oder "Hochverrat" (= Handlungen im Auftrag einer fremden Macht zum Nachteil des Reiches) - und ja, jetzt werden ganz andere Leute bestraft.

Das Deutsche Reich hat viel weniger Verständnis für die Nöte multikrimineller Libanesen, die hier im politischen Asyl straffällig werden. Das Reich wird rigoros ausweisen und in die Heimatländer abschieben. Wer hier stiehlt, raubt und betrügt, hat das sicher auch im Heimatland getan, ist also mit größter Sicherheit dort kein politisch Verfolgter, sondern ein gesuchter Verbrecher. Das Deutsche Reich braucht tüchtige und fleißige Bürger, keine zugewanderten Sozialhilfeempfänger. Wer im Reich arbeiten möchte, soll dies für begrenzte Zeit tun, wer jedoch seine zukünftige Ehefrau aus seiner alten Heimat holt, zeigt, dass er dort seine Wurzeln hat und deshalb wieder heimkehren sollte.

Das Deutsche Reich betreibt deutsche Politik zum Nutzen deutscher Bürger. Nicht der Fremde wird bevorzugt und geschützt, sondern der Einheimische. Nicht die äußeren Einflüsse werden gefördert, sondern die bodenständigen. Wer ins Ausland reist, begegnet dort der Faszination einer fremden Kultur. Schuhplattelnde Balinesen oder Ghanaer in friesischer Tracht irritieren. Der Kölner Karneval gehört nach Köln und nicht nach Shanghai. Der Spreewald ist nur in Brandenburg original, nicht in den amerikanischen Everglades. Das versteht jeder, aber warum schreitet niemand ein, wenn sich ganze Stadtteile in Klein-Istanbuls verwandeln? Mit Verpflanzung und Durchmischung tun wir weder den Zuwanderern einen Gefallen, die wir in Ghettos abschieben, noch uns selbst, weil uns unsere eigenen Städte fremd werden.

Natürlich, es muss ja so sein. Wenn die Bevölkerung ausgetauscht ist, sind die Bürger des Deutschen Reiches über die ganze Welt verstreut. Dann wird es kein erneuertes Reich mehr geben, sondern das Reich ist endgültig vergangen. Alles spielt zu gut zusammen, um reiner Zufall zu sein, der Untergang des Deutschen Reiches wird gezielt betrieben, gerade von jenen, die in ihrem Amtseid geschworen haben, Schaden vom deutschen Volk abzuwehren.

Ein Wiederaufleben des Deutschen Reiches würde 75 Jahre Kriegspropaganda zunichte machen. Das Reich kann alles beanspruchen, das ihm von seinem nicht bestellten Vormund geraubt worden ist. Aus diesem Grund wird die BRdvD dringend gebraucht. Unsere vielgeliebten Politiker wollen schließlich ihren Lebensabend im Wohlstand ihrer Staatspensionen verbringen und nicht in irgendwelchen Arbeitslagern. Unsere polnischen und tschechischen Freunde hören es gar nicht gerne, wenn man von der Vertreibung der deutschen Bevölkerung spricht, und womöglich sogar von Wiedergutmachungen und Entschädigungen. Unsere amerikanischen Freunde mögen es gar nicht, wenn deutsche Soldaten künftig nur noch das Reichsgebiet verteidigen.

Vielleicht sollten die vielen Freunde der BRdvD endlich anfangen, etwas dafür zu tun, dass diese Staatssimulation noch lange durchhält. Das Deutsche Reich hat für diese Leute nämlich einen großen Nachteil: es ist das **DEUTSCHE** Reich, kein willfähriger Vasallenstaat irgendwelcher Siegermächte.

Das Deutschland Protokoll

Die Bundesrepublik Deutschland ist ein souveräner Staat und das Grundgesetz ist unsere Verfassung. So wird es uns seit 1990 hypnotisch eingetrichtert und beinahe jedermann glaubt es. Aber stimmt das wirklich so? Oder wird im angeblich ***freiesten Staat Deutscher Geschichte*** nur Augenwischerei betrieben? Wenn Sie an Tatsachen und nicht an Märchen interessiert sind, sollten Sie weiter lesen. Wenn Sie aber weiterhin den gleichgeschalteten Massenmedien unter US-Hoheit Glauben schenken möchten, dann legen Sie es besser wieder weg, denn die Fakten könnten Sie vielleicht überfordern! Dieses Buch offenbart Ihnen erstmals, daß die BRD kein souveräner Staat, sondern ein weiterhin fortbestehendes besatzungsrechtliches Mittel der Alliierten ist; warum sich die bundesdeutsche Politik weiterhin nach US-Vorgaben auszurichten hat oder warum seit 1990 keine gesamtdeutschen Wahlen stattfinden!

Sie finden hier erstmals alle Beweise und Fakten die es Ihnen selbst ermöglichen, die in diesem Buch vorgetragenen Behauptungen selbst zu überprüfen. Das Traurige an diesem Buch ist die Wahrheit darin. Sie sind vielleicht der Meinung, das sei alles weit hergeholt?

Wissen Sie, weshalb Sie einen ***Personalausweis*** und keinen ***Personenausweis*** besitzen? Wessen Personal sind Sie? Vielleicht sind Sie sich auch wirklich ganz sicher, das Deutschland mit dem ***2plus4-Vertrag*** von 1990 einen Friedensvertrag hat. Selbstverständlich ist auch das ***Grundgesetz für die Bundesrepublik Deutschland*** unsere Verfassung - auch das wird sogar in Schulen so gelehrt. Sie können hoffentlich mit diesen und mehr Enttäuschungen umgehen, denn genau dies wird dieses Buch mit Ihnen tun: Es wird Sie ***enttäuschen*** und Ihnen ungeschminkt die verschwiegenen Fakten präsentieren, vor denen sich die Bundespolitiker aller Fraktionen so sehr fürchten!

Die US-amerikanische ***American Free Press*** schrieb am 7. Oktober 2002: „Ironischerweise ist Deutschland keine souveräne Nation, ohne Friedensvertrag und mit über 70.000 US-amerikanischer Besatzungstruppen noch immer auf seinem Boden: Die USA und Großbritannien könnten die Bundestagswahl annullieren unter Deutschlands ***tatsächlicher*** Verfassung, dem Londoner Abkommen vom ***8. August 1945***."

Dies ist nur ein kleiner Vorgeschmack auf weitere Enthüllungen und Fakten dieses Buches. Unter anderem erfahren Sie: Warum die BRD keine Rechtsgrundlage für ihr Handeln besitzt; warum die bundesdeutschen Regierungen und alle Wahlen seit 1990 illegal sind; weshalb Berlin kein Bundesland der BRD sein kann; weshalb jeder Bundesdeutsche staatenlos ist; wieso es keine Staatsangehörigkeit „Deutsch" gibt; wofür und für wen Sie hohe Steuern zahlen; warum Deutschland weiterhin von den USA besetzt ist; was das Grundgesetz ***für*** die Bundesrepublik Deutschland wirklich ist; warum Deutschland keinen Friedensvertrag hat, warum Deutschland noch immer unter mittelbarem Kriegsrecht steht; weshalb der Euro keine legale Banknote ist und keinen Bestand haben wird; warum Bundeswehrsoldaten Söldner und Freischärler und keine Soldaten im Sinne des Völkerrechts sind; warum sich die BRD nicht an das Völkerrecht hält - und vieles mehr!

Vergessen Sie die ***freie Presse***! Vergessen Sie die ***freien Medien***!
Vergessen Sie die ***frei gewählten Politiker***! Vergessen Sie alles, was man Ihnen bisher erzählte und prüfen Sie den Inhalt des Buches auf seinen Tatsachengehalt selbst nach!
Aber Vorsicht: Sie werden künftig die Welt mit ganz anderen Augen sehen!

ISBN 978-3-940845-88-7

Andreas Clauss

Das Deutschland Protokoll II

„Die Wenigen, die das System verstehen, werden so sehr an seinen Profiten interessiert oder so abhängig sein von der Gunst des Systems, dass aus deren Reihen nie eine Opposition hervorgehen wird.
Die große Masse der Leute aber, mental unfähig zu begreifen, wird seine Last ohne Murren tragen, vielleicht sogar ohne zu mutmaßen, dass das System ihren Interessen feindlich ist."

Rothschild, 1863

Anhand der jüngsten Finanzkrise, der gegenwärtigen Rechtslage und Rechtssprechung in Deutschland zeigt der Autor, dass die Gültigkeit des Zitates aus dem 19. Jahrhundert nicht nur weitsichtig, sondern leider auch zutreffend war. In unserer globalisierten Welt geht es nun um Dimensionen, die alle bisherigen Wirtschaftskrisen in den Schatten zu stellen droht.

Auf unterhaltsame und informative Weise führt Sie der Autor in die Hintergründe der Finanzkrise und deren Auswirkungen auf Ihr Leben. In Fortsetzung des ersten Bandes werden Möglichkeiten und persönliche Wege aus der Geld-, Steuer- und Abhängigkeitsfalle gezeigt. Sie bekommen ein paar Ideen, auf welchem Wege es gelingen wird, sich über das Thema Gemeinnützigkeit und Ausland, dem Geld- und (Un)Rechtssystem der BRD zu entziehen, ohne gleich das Land verlassen zu müssen.

Nach den Worten des Autors setzt sich das Wort Wertpapier aus zwei unterschiedlichen Substantiven zusammen: Wert und Papier. Wie Sie mittlerweile selbst den Mainstream-Medien entnehmen können, gehen diese getrennte Wege:

Wenige besitzen die Werte, viele haben das Papier.

Der Tausch Ihres Papiergeldes gegen das bedruckte Papier zwischen diesen beiden Klappdeckeln, könnte sich als eine sinnvolle Investition erweisen, um in der Zukunft auf der für Sie wahrscheinlich besseren und gesünderen Seite zu stehen.

Gleichzeitig bekommen sie ein paar Anhaltspunkte, dass es um sehr viel mehr, als um Geld geht. Es geht um unsere Autarkie, unsere Lebensfähigkeit als Individuum und in der Gemeinschaft, denn Sie können weder Ihr Geld noch dieses Buch essen.

Es geht um Sie, um unser Volk, um unser Land.

Es geht um den Unterschied zwischen Staats- und Privatrecht und wie man es zu unserem Wohle wieder richtig anwendet.

Es geht um lebensfähige, reproduzierbare Alternativen.

ISBN 978-3-940845-90-0

Toni Haberschuss

Das Deutschland Protokoll III

Dieses Buch wird Sie an Ihrem Verstand zweifeln lassen!

Der Autor erzählt in berichtender Romanform Erlebnisse, die rückwärts betrachtet und im Vergleich zu den Geschehnissen der Zeit auf einmal einen Sinn ergeben. Erst jetzt wird die Bedeutung von bestimmten Zeitabläufen in Bezug auf Politik, Wissenschaft (insbesondere der Physik) der medizinischen Versorgung, wie medizinische Behandlung und Pharmaindustrie deutlich.

Wir werden nicht richtig ernährt. Wir werden medizinisch falsch behandelt. Wir werden mit pharmazeutischen Produkten regelrecht hingemordet. Und das alles mit dem Segen der Politik.

Aber es geht noch weiter. Die Politik hält uns in Bezug auf alternative Energien völlig unterbelichtet, erklärt uns aber über die gekauften Medien ständig ihr Bemühen, die Entwicklung von alternativen Energien zu fördern. Dabei handelt es sich aber nur um Techniken, die nicht in Konkurrenz zu bestehenden Energieträgern stehen und diese deshalb niemals ersetzen können. Tatsachen, die ein völlig neues Weltbild ergeben, werden zurückgehalten und nur ausgesuchten Eliten zugänglich gemacht. Es ist ein so unglaubliches Komplott, dass das Wissen darum niemals einer großen Öffentlichkeit zugänglich gemacht werden darf. Politiker oder Wissenschaftler können für solche Miss-Handlungen am Volk nicht einfach gekauft werden. Wie die Elite dazu gebracht wird, bei solchen Volksmordungen mitzumachen, ist für den normalen Menschen nicht vorstellbar. Wer ist diese Personengruppe die eine solche Macht ausübt, reihenweise Staatschefs als Vasallen zu beschäftigen? Dieses Buch ist nichts für schwache Nerven, denn es wird die Vorstellungen - über machbare Perversionen und Verbrechen - von normalen Menschengehirnen weit übersteigen.

ISBN 978-3-940845-97-9